2018

# 天津调查年鉴

# Tianjin Survey Yearbook

国家统计局天津调查总队　天津市统计局　编

NBS Survey Office in Tianjin　Tianjin Municipal Bureau of Statistics

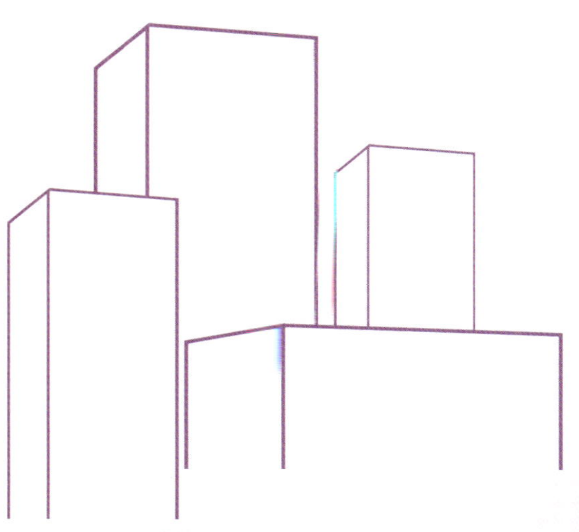

图书在版编目（CIP）数据

天津调查年鉴. 2018：汉英对照 / 国家统计局天津调查总队编. -- 北京 ：中国统计出版社, 2018.10
ISBN 978-7-5037-8582-5

Ⅰ. ①天… Ⅱ. ①国… Ⅲ. ①统计资料－天津－2018－年鉴－汉、英 Ⅳ. ①C832.21-54

中国版本图书馆 CIP 数据核字(2018)第 178104 号

天津调查年鉴—2018

作　　者/国家统计局天津调查总队　天津市统计局
责任编辑/李　冲
装帧设计/李雪燕
出版发行/中国统计出版社
通信地址/北京市丰台区西三环南路甲 6 号　邮政编码/100073
电　　话/邮购（010）63376909　书店（010）68783171
网　　址/http://www.zgtjcbs.com/
印　　刷/河北鑫兆源印刷有限公司
经　　销/新华书店
开　　本/880mm×1230mm　1/16
字　　数/432 千字
印　　张/14.25　0.5 彩页
版　　别/2018 年 10 月第 1 版
版　　次/2018 年 10 月第 1 次印刷
定　　价/280.00 元　280.00yuan (RMB)

本书附同版本 CD-ROM 一张，光盘内容以书面文字为准。
如有印装差错，由本社发行部调换。

## 2017 年全市居民人均可支配收入构成

## 2017 年城镇居民人均可支配收入构成

## 2017 年农村居民人均可支配收入构成

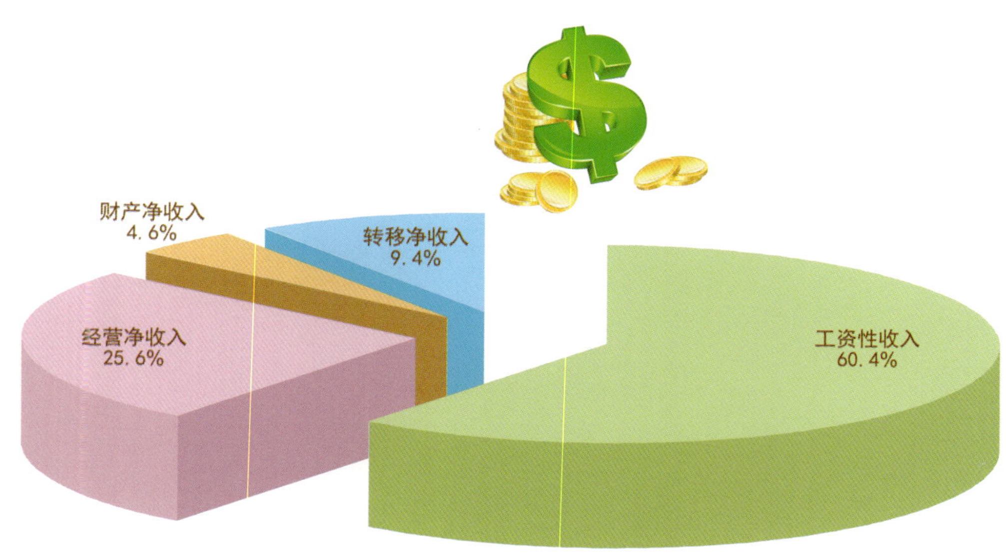


## 2017 年全市居民人均消费支出构成

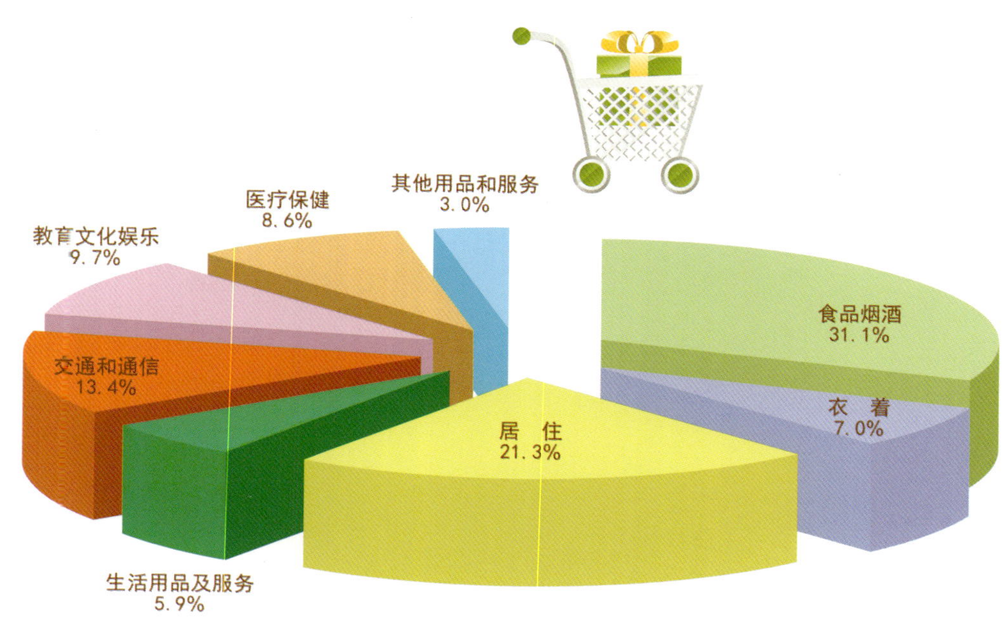

## 2017年城镇居民人均消费支出构成

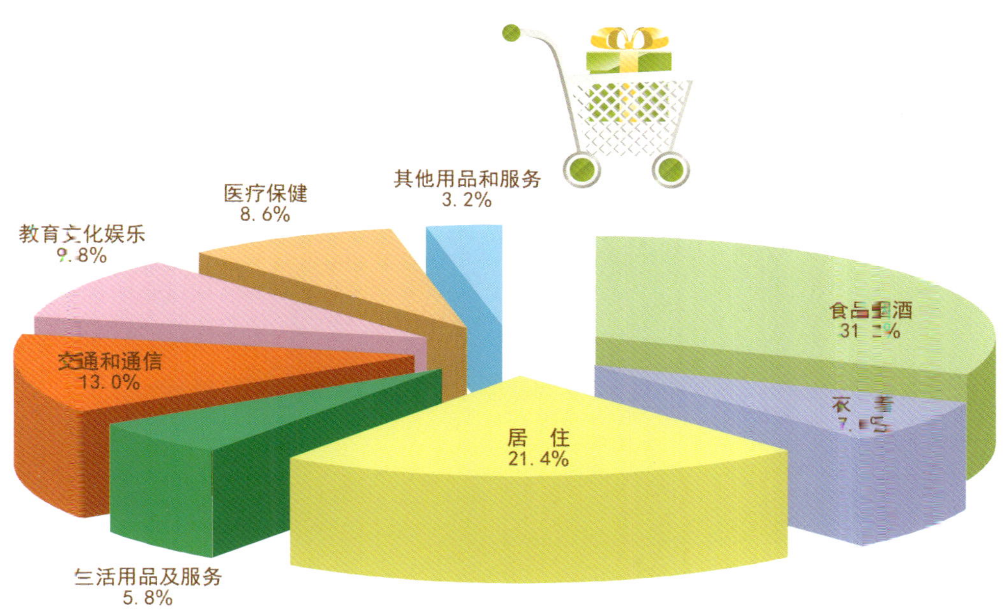


## 2017年农村居民人均消费支出构成

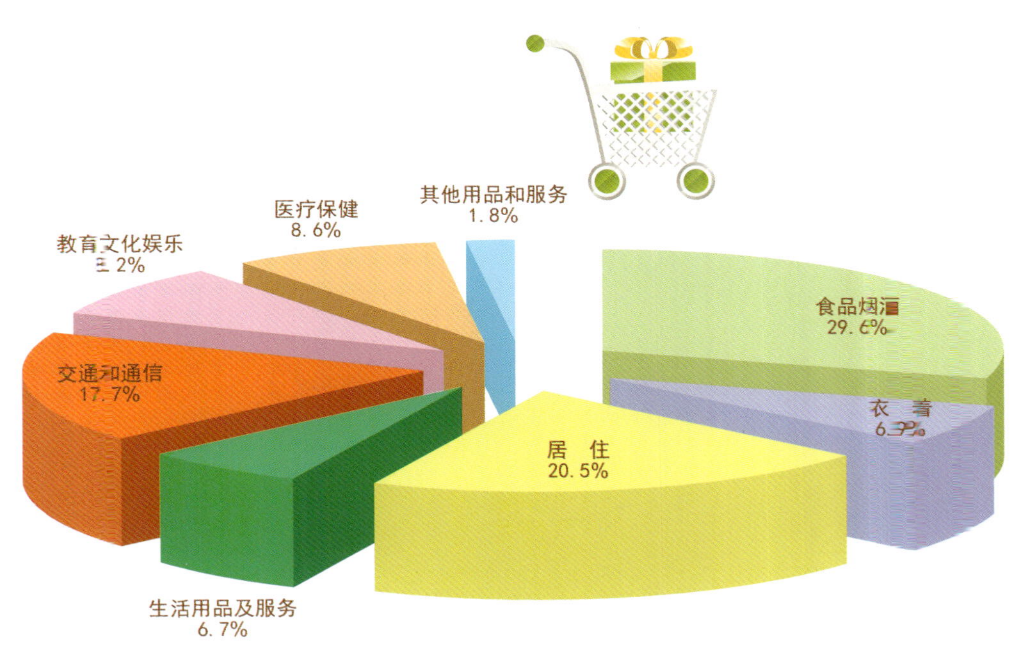

## 2006-2017 年商品零售价格指数和居民消费价格指数

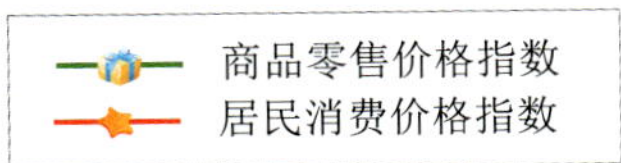


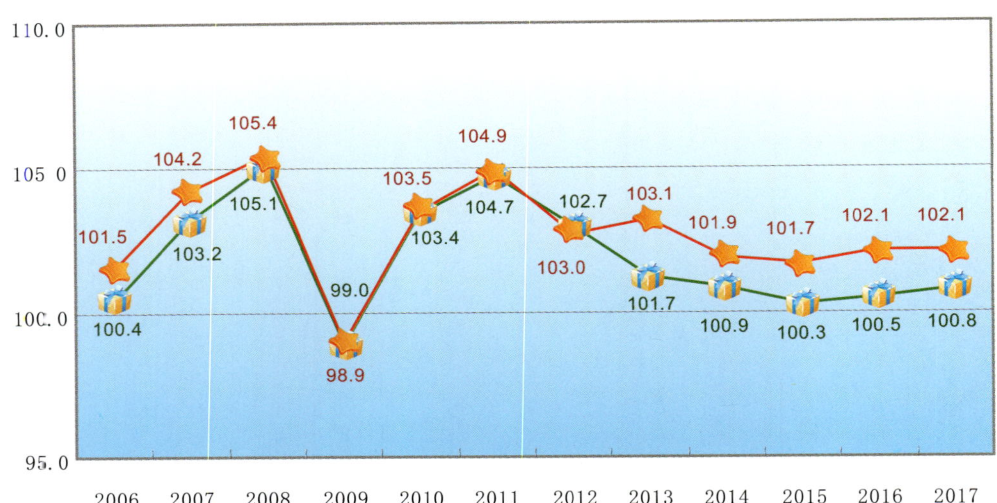


## 2006-2017 年工业生产者出厂价格指数和购进价格指数

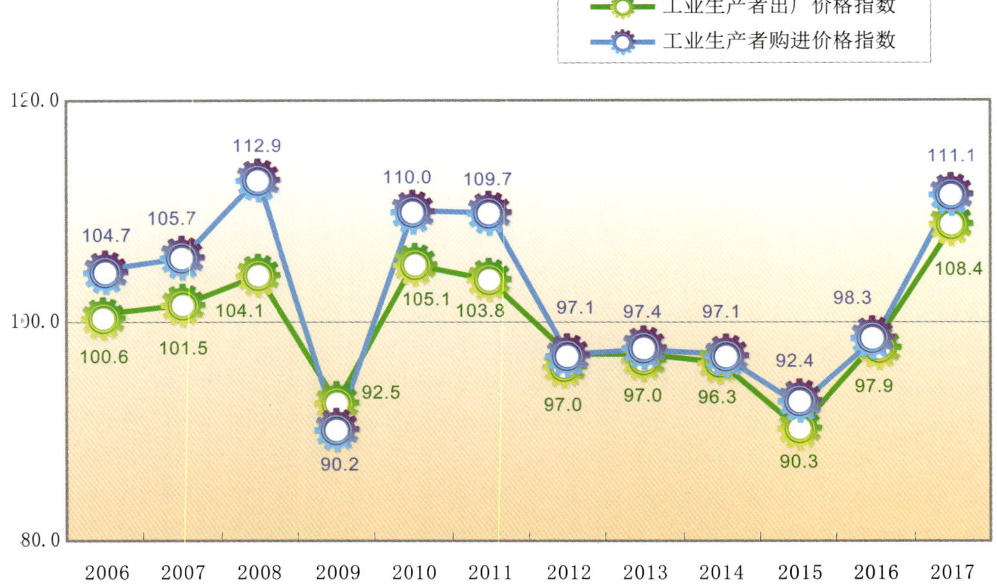

## 2017 年 1-12 月住宅销售价格指数（新建住宅）

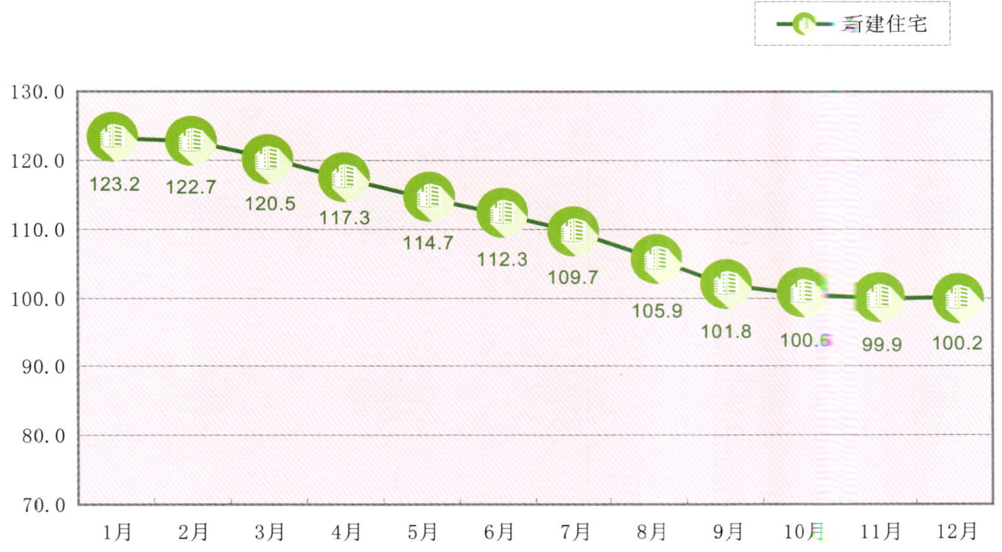


## 2017 年 1-12 月住宅销售价格指数（二手住宅）

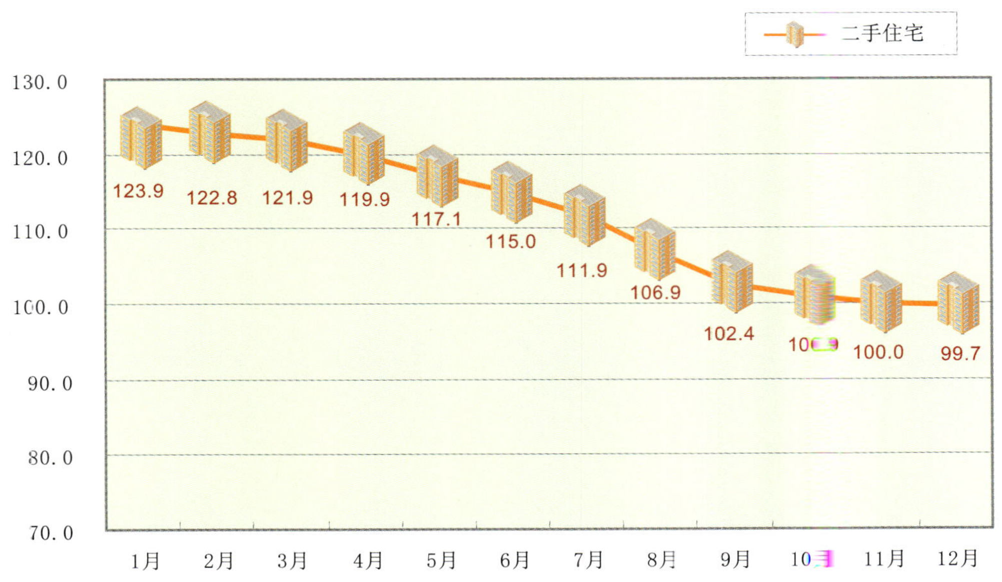

# 天津调查年鉴—2018

## 编辑委员会

# Tianjin Survey Yearbook 2018
# Editorial Board and Staff

# 编者说明

一、《天津调查年鉴》是一部反映天津城乡居民生活、居民消费价格、工业生产者价格、房地产价格、固定资产投资价格、农村与农业发展情况的统计资料工具书，创刊于2006年，逐年出版。本书以翔实的抽样调查资料与统计资料向社会各界展现天津经济与民计民生发展状况，成为社会各界了解天津、认识天津和分析研究天津经济和社会发展的权威性的资料工具书。

二、《天津调查年鉴2018》载有综合篇、人民生活篇、价格及价格指数篇、农业篇四个篇目。为方便读者使用，在书中每篇后注明统计指标解释。

三、本年鉴数据资料所使用的计量单位，除部分面积单位使用亩或万亩外，其他均为国际统一标准计量单位。

四、本年鉴统计图表中，“#”表示其中的主要项，“空格”表示统计指标无数据，“…”表示数据不足本表最小计量单位数。

五、由于与不同年份有关专业的普查结果相衔接，以及国家统计制度变化等原因，年鉴中部分指标的历史年度数据会有变动。读者在使用历史资料时，凡以前的年鉴与本年鉴数据有出入的，均以本年鉴为准。

六、感谢广大读者对《天津调查年鉴》编辑出版工作的支持和帮助，欢迎继续提出宝贵意见，使《天津调查年鉴》的形式和内容更趋完善。

# EDITOR'S NOTES

Ⅰ.*Tianjin Survey Yearbook* is a statistics publication, which reflects various aspects of the livelihood of urban and rural Tianjin residents, consumer prices, industrial producer prices, real estate price, fixed-asset investment prices, purchasing managers' index , rural and agricultural development. It was created in 2006 and published annually ever since. Possessing plentiful and detailed Sampling survey and statistical materials to reflect various aspects of Tianjin's economic and the development of people's livelihood, the yearbook has become the most authoritative statistics publication for various circles to get to know Tianjin and to analyze Tianjin's economic and social development.

Ⅱ. There are four chapters in *Tianjin Survey Yearbook 2018* including General Survey, People's Living Conditions, Price and Price Indices, Agricultural. To facilitate and ensure comprehension, there are explanatory notes attached after each chapter.

Ⅲ. The units of measurement used in this yearbook are internationally standard measurement units except for partial area units which used mu or million mus.

Ⅳ. In the charts of this yearbook: "#" indicates a major breakdown of the total; (blank space) indicates the data is not available; and "…" indicates the figure is not large enough to be measured with the smallest unit in the table.

Ⅴ. Some data in this yearbook is different from former yearbook for the reason of keeping consistent with data of census as well as changes of national statistics system. The data of this yearbook should be considered as authoritative.

Ⅵ. The readers' support and help during the editing and publishing work of *Tianjin survey Yearbook* is very much appreciated. And we hope for your valuable suggestions to make the form and content of *Tianjin Survey Yearbook* more perfect.

# 目 录

# Contents

## 一、综合

## GENERAL SURVEY



## 二、人民生活

## PEOPLE'S LIVING CONDITIONS

## 三、价格及价格指数
## PRICE AND PRICE INDICES

## 四、农 业
## AGRICULTURE

# 一、综　合

# Chapter 1
## GENERAL SURVEY

# 2017年天津市国民经济和社会发展统计公报

天津市统计局

国家统计局天津调查总队

2017年，全市上下深入学习贯彻党的十九大精神，以习近平新时代中国特色社会主义思想为指引，以习近平总书记对天津工作提出的“三个着力”重要要求为元为纲，全面落实中央和市委决策部署，牢固树立新发展理念，坚持稳中求进工作总基调，深化供给侧结构性改革，推进京津冀协同发展，推动新旧动能转换，整体经济保持增长，质量效益稳步提升，转型发展成效显现，人民生活继续改善，各项社会事业蓬勃发展。

## 一、综合

2017年，全市生产总值（GDP）18595.38亿元，按可比价格计算，比上年增长3.6%。其中，第一产业增加值218.28亿元，增长2.0%；第二产业增加值7590.36亿元，增长1.0%；第三产业增加值10786.74亿元，增长6.0%。三次产业结构为1.2∶40.8∶58.0。

**财政收入质量持续改善。**全年一般公共预算收入2310.11亿元。其中，税收收入1611.71亿元，占一般公共预算收入的比重为69.5%，比上年提高9.9个百分点。从主体税种看，增值税649.05亿元，增长42.4%；企业所得税309.90亿元，增长11.3%；个人所得税116.51亿元，增长20.4%。全年一般公共预算支出3282.16亿元。其中，社会保障和就业支出458.92亿元，增长21.4%；教育支出435.29亿元，增长0.2%。

**供给侧结构性改革持续深化。**去产能扎实推进，全年化解粗钢产能380万吨、生铁175万吨，排查取缔一批“地条钢”企业，四季度规模以上工业产能利用率77.1%，比上年同期提高[illegible].4个百分点；去库存持续显效，全年商品房待售面积下降29.9%；去杠杆稳步实施，年末规模以上工业企业资产负债率59.8%，比上年末下降2.1个百分点；全年新出台两批52项降成本政策措施，规模以上工业企业每百元主营业务收入成本84.92元，比上年减少0.63元；补短板逐步加力，全年科研技术服务、信息技术服务和居民服务投资分别增长76.1%、52.4%和16.9%。

**民营经济活力不断释放。**“放管服”改革持续深化，市级行政审批事项减少到253项，出台营造企业家创业发展良好环境的“天津八条”，民营经济主体大幅增加。全年新登记民营市场主体22.67万户，增长36.7%，占全市新登记市场主体的98.7%。民间投资保持活跃，全年民间投资7092.16亿元，增长4.6%，占全市投资的62.9%。限额以上批发零售业中，民营企业销售额13868.30亿元，增长7.1%，占全市的46.1%，比上年提高1.3个百分点。规模以上营利性服务业中，民营经济营业收入1546.66亿元，占全市的67.2%，增长32.9%，快于全市6.2个百分点。

**消费价格温和上涨。**2017年，居民消费价格上涨2.1%，涨幅与上年持平。服务价格上涨4.1%，拉动CPI上涨1.7个百分点。工业生产者出厂价格上涨8.4%，工业生产者购进价格上涨11.1%，涨幅分别比上年提高10.5个和12.8个百分点。

## 二、农业

**农业生产基本稳定。**全年农业总产值483.67亿元，增长0.5%。其中，种植业产值254.93亿元，增长

5.7%；林业产值 8.85 亿元，增长 6.0%；畜牧业产值 122.43 亿元，下降 2.9%；渔业产值 84.74 亿元，下降 8.8%；农林牧渔服务业产值 12.71 亿元，增长 6.1%。

**现代都市型农业加快发展**。切实提高农产品质量安全水平，累计建成放心菜基地 234 个，完成 312 家放心肉鸡养殖基地的提升改造，建成 180 个放心猪肉基地。科技引领农业设施发展，共建成 60 万亩高标准设施农业、20 个现代农业园区、155 个养殖园区。培育市级以上龙头企业 182 个，一村一品专业村 123 个。

## 三、工业和建筑业

全年工业增加值 6863.98 亿元，增长 2.3%；建筑业增加值 747.23 亿元，下降 10.9%。

**工业结构调整逐步深入**。全年规模以上工业增加值增长 2.3%。其中，国有及国有控股企业增加值增长 2.1%；民营企业增加值下降 4.1%；外商及港澳台商控股企业增加值增长 10.7%。装备制造业增加值增长 3.6%，占规模以上工业的 35.6%。消费品制造业增加值增长 3.2%，占规模以上工业的 15.9%。规模以上工业出口交货值增长 9.3%。

**企业效益增长较快**。全年规模以上工业企业主营业务收入增长 5.3%，利润总额增长 22.4%。全市 39 个行业大类中，38 个行业盈利。消费品制造业实现利润占全市的 15.3%，增长 22.0%，拉动全市工业利润增长 3.4 个百分点。

**建筑业生产回落**。全年建筑业总产值 4262.35 亿元，下降 12.9%。建筑业企业房屋施工面积 15231.23 万平方米，其中新开工面积 4425.79 万平方米。截至年末，全市总承包和专业承包建筑业中具有特级、一级和二级资质企业 854 家，比上年末增加 140 家。

## 四、批发零售和住宿餐饮

全年批发和零售业增加值 2346.03 亿元，增长 5.1%；住宿和餐饮业增加值 309.10 亿元，增长 5.2%。

**商贸经济稳步发展**。全年批发和零售业商品销售额 49133.33 亿元，增长 7.1%。社会消费品零售总额 5729.67 亿元，增长 1.7%。发展享受型消费增长较快。在限额以上企业商品零售额中，体育娱乐用品类零售额增长 85.7%，化妆品类增长 14.8%，金银珠宝类增长 9.6%。全市亿元以上批发市场共 60 家，全年交易额 2146 亿元。

**餐饮市场增长较快**。全年住宿和餐饮业营业额 920.91 亿元，增长 11.0%。其中，限额以上住宿和餐饮业营业额 153.73 亿元，增长 3.6%；限额以下住宿和餐饮业营业额 767.18 亿元，增长 12.6%，占全市营业额的 83.3%。

## 五、交通、运输和邮电

全年交通运输、仓储和邮政业增加值 780.40 亿元，增长 6.1%。

**交通运输运行稳定**。全年货运量 52992.42 万吨，其中，公路 34720 万吨，铁路 8734.93 万吨，水运 8344.08 万吨。货物周转量 1939.94 亿吨公里，其中，公路 398.02 亿吨公里，铁路 236.52 亿吨公里，水运 1298.09 亿吨公里。客运量 1.92 亿人次，下降 3.7%；旅客周转量 527.86 亿人公里，增长 9.6%。港口货物吞吐量 5.01 亿吨，下降 9.1%；集装箱吞吐量 1506.90 万标准箱，增长 3.8%。机场旅客吞吐量 2100.50 万人次，增长 24.5%；货邮吞吐量 26.83 万吨，增长 13.2%。全年城市公交客运量 17.31 亿人次，下降 4.2%；轨道交通客运量 3.50 亿人次，增长 13.6%。截至年末，全市民用汽车保有量 287.75 万辆，其中私人汽车 242.56 万辆；民用轿车 188.15 万辆，其中私人轿车 170.36 万辆。

**邮政电信保持快速增长**。全年邮电业务总量 406.81 亿元，增长 55.2%。其中，电信业务总量 300.68 亿元，增长 71.3%；邮政行业业务总量 106.13 亿元，增长 22.7%。全年快递业务量 5.02 亿件，增长 22.4%。年末移动电话用户 1580.1 万户，增长 5.4%；短信业务总量 35.1 亿条，下降 8.8%。年末互联网宽带接入用户 339.3 万户，光纤接入用户 320.1 万户。

## 六、金融

全年金融业增加值 1951.75 亿元，增长 8.0%。

**金融存贷规模稳步扩大**。存贷款规模双双超过 3 万亿。截至年末，全市金融机构（含外资）本外币各项存款余额 30940.81 亿元，比年初增加 873.77 亿元；各项贷款余额 31602.54 亿元，比年初增加 2848.49 亿元。

**企业上市挂牌加快推进**。全年新增上市公司和新三板挂牌企业 50 家，其中新增 4 家境内上市公司，上市和新三板挂牌企业累计达到 268 家。年末证券帐户 477.74 万户，增长 8.8%。全年各类证券交易额 43527.96 亿元，下降 0.7%。其中，股票交易额 22299.66 亿元，下降 14.8%；债券交易额 19572.70 亿元，增长 24.7%；基金交易额 1597.96 亿元，下降 17.1%。期货市场成交额 60422.64 亿元，增长 0.2%。

**保险市场平稳发展**。全年原保险保费收入 565.01 亿元，增长 6.7%。其中，人身险收入 423.44 亿元，增长 5.4%；财产险收入 141.57 亿元，增长 11.0%。赔付支出 155.32 亿元，下降 12.6%。其中，人身险赔付 81.23 亿元，下降 2.5%；财产险赔付 74.10 亿元，下降 21.5%。

## 七、开发开放

**招商引资势头良好**。出台扩大对外开放积极利用外资的若干意见，全年新批外商投资企业 951 家，合同外资额 264.23 亿美元，实际直接利用外资 106.08 亿美元，增长 5.0%；其中服务业实际直接利用外资 71.64 亿美元，增长 6.3%，比重达 67.5%。在津投资世界 500 强企业达到 167 家。全年实际利用内资 2500.78 亿元。

**国际合作迈出新步伐**。主动融入"一带一路"建设，加快建设天津中欧先进制造产业园，全力参与中巴经济走廊建设。全年新设境外企业机构 67 家，中方投资额 33.24 亿美元。对外承包工程新签合同额 45 亿美元，完成营业额 50 亿美元。截至年末，对外承包工程和劳务合作在外人员 1.33 万人。

**外贸进出口回稳向好**。全年外贸进出口总额 7646.85 亿元，增长 12.8%。其中，进口 4694.49 亿元，增长 21.6%；出口 2952.36 亿元，增长 1.2%。从出口方式看，一般贸易出口 1437.32 亿元，增长 3.7%，占全市出口的 48.7%。从出口市场看，对日本、美国、欧盟出口分别增长 11.2%、7.1%和 8.3%，合计出口额占全市的 37.8%。

**旅游业健康发展**。全年接待入境旅游者 345.06 万人次，增长 3.0%；其中，外国人 317.65 万人次，增长 2.8%。旅游外汇收入 37.52 亿美元，增长 5.5%。接待国内游客增长 10.4%，国内旅游收入增长 12.8%。出境游 48.50 万人次，增长 14.3%。邮轮旅游快速升温，接待到港国际邮轮 175 艘次，增长 23.2%。年末全市旅行社 463 家，其中有出境资质的 64 家。

**自贸试验区建设扎实推进**。改革创新不断深入，90 项改革任务完成 81 项，175 项制度创新中 169 项落地实施，10 项创新经验在全国复制推广。深入推进双向投资便利化，全年自贸试验区实际直接利用外资 28.03 亿美元，增长 12.1%，占全市的 26.4%。全面开展汽车平行进口试点。融资租赁保持全国领先地位，飞机、国际航运船舶和海工平台租赁业务均占全国的 80%以上。

## 八、京津冀协同发展

**京津冀协同发展取得重要进展**。高水平承接北京非首都功能疏解，确立全市"1+16"承接格局。全力支持服务雄安新区规划建设，与河北省签订支持雄安新区建设发展战略合作协议。滨海—中关村科技园注册企业累计达到 355 家，北京市科学技术研究院等 13 家科研院所落户天津，中煤科工金融租赁等一批投资合作项目签约落地。"通武廊"携手打造协同发展试验示范区。京冀企业来津投资到位资金 1089.14 亿元，占全市实际利用内资的 43.6%，天津企业到河北投资 435 亿元。

**重点领域合作实现新突破**。基础设施互联互通更加便利。京滨、京唐城际铁路开工建设，京津城际实现“月票制”，滨保高速全线贯通。试运行京津冀航空货运班车，京津冀机场一体化运营机制初步形成。天津口岸进出口总额中，来自北京与河北的货物比重达到29.8%。产业对接合作加快。中沙新材料产业园、西青电子城数据中心等项目加快推进，津冀芦台协同发展示范区等园区建设进展顺利。生态联防联控联治取得新成效。

## 九、新经济

**新产业新产品快速成长**。全年规模以上工业战略性新兴产业增加值增长3.9%，快于全市1.6个百分点；高技术产业(制造业)增加值增长10.4%，快于全市8.1个百分点，对工业增长的贡献率达到64.6%。符合产业升级方向和市场要求的新产品生产形势较好，碳纤维增强复合材料、太阳能电池、锂离子电池、集成电路、服务机器人和城市轨道车辆产量分别增长29.3%、27.9%、26.6%、14.2%、3.5%和2.3%。首架A330飞机交付，“彩虹—5”无人机试飞，量子保密通信“京沪干线”天津城域网建设进展顺利，通用航空产业示范区获得国家批复。

**新业态新模式蓬勃发展**。摩拜单车等一批总部企业落户，滴滴出行等一批新兴企业迅速崛起。全年限额以上批发和零售业网上零售额418.60亿元，增长30.0%，占全市的17.8%，比上年提高5.7个百分点。规模以上服务业中，战略性新兴服务业和高技术服务业营业收入分别增长30.2%和15.8%。共享单车快速发展带动自行车生产，全年两轮脚踏自行车产量增长31.6%。

## 十、固定资产投资、城市建设和房地产

**投资结构调整优化**。全年固定资产投资（不含农户）11274.69亿元，增长0.5%。其中，第一产业投资262.22亿元，第二产业投资3475.80亿元，第三产业投资7536.67亿元。实体投资6803.95亿元，占全市投资的60.3%。工业投资3352.34亿元，增长3.8%。其中，工业优势产业投资增长6.9%。“三新”产业投资1926.15亿元，增长30.5%，占全市投资的比重为17.1%，比上年提高4.0个百分点。其中，高技术服务业投资增长66.6%。

**现代综合交通体系建设提速**。南疆27#通用码头和大港、高沙岭、北塘港区口岸建设进展顺利，国际邮轮母港码头二期对外开放，天津港新开7条集装箱航线。大北环铁路和西南环线开通运营，南港铁路主体工程基本完工。地铁5、6号线实现区间试运行。截至年末，全市公路里程16532公里。其中，高速公路1248公里。

**“智慧天津”建设成效显著**。互联网出口带宽达到1.72万吉比特每秒，光纤入户覆盖能力1090万户。云计算、大数据、物联网加快发展，京津冀大数据协同处理中心正式启动，天津工业云具备对外服务能力，建成窄带物联网基站6000多个，基本实现城镇区域全覆盖。

**公用事业服务水平不断提升**。改造水气热旧管网100公里，解放南路和中新生态城海绵城市试点及17.7公里地下综合管廊加快建设。自来水供水总量9.17亿立方米，自来水综合生产能力454.55万立方米/日。城市生活垃圾无害化处理率95.9%，污水处理率92.5%，分别比上年提高1.8个和0.5个百分点。全社会用电量805.59亿千瓦时，其中城乡居民生活用电量99.68亿千瓦时。

**房地产市场调整态势明显**。全年房地产业增加值783.27亿元，下降11.2%。房地产开发投资2233.39亿元，下降2.9%。商品房销售面积1482.12万平方米，下降45.3%；销售额2272.30亿元，下降34.7%。全年存量房交易面积1010.4万平方米，下降44.8%；交易额1276.1亿元，下降42.3%。

## 十一、教育和科学技术

**教育事业全面发展**。加快实施学前教育五年行动计划，新建改扩建和提升改造幼儿园106所。扎实推

进第三轮义务教育学校现代化标准建设，330多所义务教育学校通过达标验收，完成第二批特色高中建设评估验收。推进一流大学和一流学科建设，5所高校、12个学科入选国家“双一流”建设项目。积极推进国家现代职业教育改革创新示范区建设，成功举办第十届全国职业院校技能大赛和全国职业教育活动周。

**自主创新能力持续提升**。加快建设国家自主创新示范区，滨海高新区成为国家第二批双创示范基地。全年新增科技型企业、规模超亿元科技型企业1.20万家和420家，累计达到9.69万家和4228家。全年认定高新技术企业1611家，累计达4093家。新认定科技领军企业20家、产学研用创新联盟20家，新认定和支持“杀手锏”产品和重点新产品214项。全市备案市级众创空间154个，聚集创业团队超过5600个、创业企业超过3500家。全年受理专利申请8.70万件；专利授权4.17万件，其中发明专利5844件；年末有效专利14.47万件，其中发明专利2.86万件。年末全市共有国家级重点实验室13个，国家级企业技术中心50家，国家技术创新示范企业16家。

**科技创新成果丰硕**。召开首届世界智能大会。全市19项科技成果获得国家科学技术奖，其中，技术发明奖2项，科技进步奖17项。全年完成市级科技成果2300项，其中，属于国际领先水平78项，达到国际先进水平264项。全年签订技术合同12512项，合同成交额658亿元，增长9.3%；技术交易额497亿元，增长14.1%。

**人才集聚能力进一步增强**。全年发放人才“绿卡”4.36万张。在津院士38人，从国外引进人才13200人次。新建博士后工作站25个，年末博士后流动站77个、工作站252个，在站博士后1200余人。

## 十二、文化、卫生和体育

**文化事业繁荣发展**。进一步完善现代文化服务体系，街镇综合性文化服务中心基本实现全覆盖，实施公共图书馆免押金借阅服务。11家市属院团创新剧目节目20多部，创作推出《换了人间》《赶大营》等一批重点文艺作品。截至年末，全市共有艺术表演团体84个，文化馆19个，博物馆65个，公共图书馆32个，街乡镇综合文化站239个。全年摄制电影故事片18部。全年出版图书7476万册，期刊2997万册，报纸3.92亿份。

**医疗卫生服务体系继续完善**。全面推开家庭医生签约服务，396万人已签约。实现医保异地就医住院费用直接结算，145家本市医疗机构纳入异地就医机构范围。截至年末，全市共有各类卫生机构5538个。其中医院、卫生院573个。卫生机构床位6.84万张，其中医院、卫生院6.43万张。卫生技术人员10.09万人，其中执业（助理）医师4.11万人，注册护士3.82万人。

**体育事业再创佳绩**。成功举办第十三届全国运动会。举办2017WTA天津公开赛、2017天津马拉松比赛等赛事，全年本市体育健儿在国内、外大赛上共夺得47枚金牌。新建116个多功能运动场地和946个健身园。建成侯台城市公园体育园和水上公园智能型健身步道、海河划艇运动基地和航空运动营地等健身休闲设施。举办大型健身赛事活动120余项，参与市民达200万人。

## 十三、人口、就业和人民生活

**人口总量基本稳定**。截至年末，全市常住人口1556.87万人，比上年末减少5.25万人；其中，外来人口498.23万人，占全市常住人口的32.0%。常住人口中，城镇人口1291.11万人，城镇化率为82.93%，与上年持平。常住人口出生率7.65‰，死亡率5.05‰，自然增长率2.60‰。年末全市户籍人口1049.99万人。

**就业规模继续扩大**。多措并举稳定就业，持续推进大众创业、万众创新，继续实施百万技能人才培训福利计划，应届大学生就业率达到90%以上。全年新增就业48.95万人，增长0.1%。城镇登记失业率为3.5%。截至年末，全社会就业人口894.83万人。其中，第一产业就业人口62.71万人，第二产业就业人口290.90万人，第三产业就业人口541.22万人，第三产业就业人口比重达60.5%，首次超过六成。

**居民收支稳步增长**。制定并落实20项居民增收措施，最低工资标准提高至2050元，城乡居民基础养老金标准上调至277元。据抽样调查，全年全市居民人均可支配收入37022元，增长8.7%。全市居民人均消费支出 27841 元，增长 6.6%，其中，医疗保健、教育文化娱乐、食品烟酒支出分别增长 18.1%、12.0%和 7.8%。

## 十四、社会保障和社会服务

**社会保障能力不断增强。**全民参保计划深入实施，社会保险覆盖范围不断扩大。截至年末，全市参加医疗保险人数 1088.46 万人，比上年末增加 21.68 万人；参加基本养老保险人数 811.82 万人，增加 38.32 万人；参加城镇职工工伤保险人数 395.33 万人，增加 7.22 万人；参加城镇职工失业保险人数 311.3 万人，增加 8.83 万人；参加城镇职工生育保险人数 296.95 万人，增加 11.99 万人。

**社会服务取得新成效。**截至年末，全市老年日间照料服务中心（站）达 1251 个、床位 9892 张；全市低保对象（不含农村五保）19.84 万人，救助站 12 个，提供救助服务 8564 人次。提供住宿的社会服务机构拥有床位 5.39 万张，各类服务机构年末收养人员 3.10 万人。全年新安置残疾人就业 8402 人。

## 十五、环境保护

**绿色发展有力推进。**开展“散乱污”企业集中治理，关停、取缔和异地搬迁改造企业 2.1 万家。实施秋冬季大气污染综合治理攻坚行动。全年空气质量达标天数达到 209 天，PM2.5 平均浓度下降到 62 微克/立方米。持续推进水污染治理，强化 60 个工业集聚区污水集中处理，完成 66 个工业纳污坑塘整治，提标改造 55 座污水处理厂。道路交通噪声平均声级 67.7 分贝，中心城区区域环境噪声平均声级 53.9 分贝。年末全市共有环境监测站 19 个，国家生态示范区 1 个，自然保护区 8 个，自然保护区面积 9.06 万公顷。建成区绿地率 33.46%，人均公园绿地面积 11.48 平方米。

注：1. 本公报中数据均为初步统计数。

2. 全市生产总值、各产业增加值绝对数按现价计算，增长速度按不变价计算。自 2016 年开始，将研究与开发支出计入地区生产总值核算，并对历史数据进行了修订。

3. 规模以上工业企业是指年主营业务收入 2000 万元及以上的全部法人工业企业。

4. 规模以上服务业企业是指年营业收入 1000 万元及以上，或年末从业人员 50 人及以上的交通运输、仓储和邮政业，信息传输、软件和信息技术服务业，房地产业（不含房地产开发经营），租赁和商务服务业，科学研究和技术服务业，水利、环境和公共设施管理业，教育，卫生和社会工作法人单位；年营业收入 500 万元及以上，或年末从业人员 50 人及以上的居民服务、修理和其他服务业，文化、体育和娱乐业法人单位。

5. 限额以上批发业企业是指年主营业务收入 2000 万元及以上的批发业企业；限额以上零售业企业是指年主营业务收入 500 万元及以上的零售业企业；限额以上住宿和餐饮业企业是指年主营业务收入 200 万元及以上的住宿和餐饮业企业。

6. 固定资产投资（不含农户）统计口径范围为计划总投资 500 万元及以上的固定资产项目投资及所有房地产开发项目投资。

7. 邮政行业业务总量按 2010 年价格计算，电信业务总量按 2015 年价格计算。

# 2017年天津居民收入保持平稳增长

2017年，天津以新发展理念为指导，紧紧抓住京津冀协同发展的重大机遇，全面落实稳增长、促改革、调结构、惠民生等重大决策部署，积极推进供给侧结构性改革，努力推动转型升级和提质增效，克服农产品价格大幅下跌、大力治理“小散乱污”企业等不利于居民当年增收因素的影响，全市居民收入继续保持平稳增长态势。

## 一、稳增长惠民生，收入各项增长有方

提高人民收入水平是党的十九大报告提出的逐步实现全体人民共同富裕时代目标的重要内容，也是天津市委市政府历年重要工作任务。2017年全市各级政府励精图治，全市人民奋发图强，想办法、破难关，求创新、谋发展，有效保障了居民收入的平稳增长。全市居民人均可支配收入实现37022元，比上年增长8.7%，其中城镇居民人均可支配收入40278元，增长8.5%；农村居民人均可支配收入21754元，增长8.4%。扣物价因素后，全市居民可支配收入实际增长6.5%，其中城镇居民实际增长6.3%，农村居民实际增长6.2%。

### （一）增资利好，工资性收入较快增长

2017年居民收入中超过六成均来自于工资性收入，全市居民人均工资性收入为23165元，增长9.2%，占可支配收入的62.6%。其中，城镇居民人均工资性收入为25303元，增长9.0%；农村居民人均工资性收入为13139元，增长9.1%。

一是政策增资效果明显。机关事业单位人员落实通讯补贴和上下班交通补贴、上调全市最低工资标准、提高机关单位2016年绩效考核奖金标准并落实到位等各项利好政策，加之上年增资措施的翘尾影响，共同助推工资性收入较快增长。二是就业形势稳定。京津冀协同发展的大背景下，外地企业落户天津，带动就业人员的增加。同时各级政府加大劳动力培训力度，促进劳动力转移就业。三是部分行业薪酬提升。受去产能等因素影响，部分行业效益逐步回升，高新企业、新兴产业效益较好，带动从业人员工资上涨。

### （二）砥砺前行，经营净收入小幅增长

2017年全市居民人均经营净收入为3262元，增长4.0%，其中城镇居民人均经营净收入为2772元，增长4.0%；农村居民人均经营净收入为5562元，增长4.8%。

今年以来，家庭经营活动受到诸多不利因素冲击，全市居民家庭经营净收入增速较上年回落3.9个百分点，城镇居民回落4.5个百分点，农村居民回落2.5个百分点。一是粮食、生猪、鸡蛋、蔬菜等主要农产品价格普遍下滑，受污染治理的影响，部分区的生猪散养户被取缔，对一产经营收入产生不利影响。二是大批“小散乱污”企业关停，冬季采暖期“限产令”也使建材、建筑、装修等行业受到影响，致使部分经营户收入增长乏力。

### （三）资产增值，财产净收入持续增加

2017年全市居民人均财产净收入为3505元，增长8.9%，其中城镇居民人均财产净收入为4037元，增长8.5%；农村居民人均财产净收入为1008元，增长12.7%。

财产性收入的增长主要来自于两方面：一是城乡居民投资收益增加较多，尤其是农村居民投资分红增长较快，比去年增加98元；二是土地流转规模继续扩大，出租土地价格稳中有升，农民出让土地经营权收入继续增加，同比增长19.4%。此外，城镇居民的出租房屋收入持续增加，同比增长5.1%，也对居民财产性收入的增长起到积极作用。

### （四）政策依托，转移净收入增长明显

2017 年全市居民人均转移净收入为 7090 元，增长 9.0%，其中城镇居民人均转移净收入为 8166 元，增长 8.6%；农村居民人均转移净收入为 2045 元，增长 12.1%。

2017 年市委市政府进一步织密扎牢民生保障网，提高了机关事业单位和企业退休、退职人员基本养老金，以及城乡居民基础养老金待遇，同时受“三改一化”影响，农村居民养老保险覆盖率逐步提高，有力地推动了转移性收入的增加。城镇居民养老金退休金收入同比增长 9.9%，农村居民同比增长 16.4%。随着各项惠农政策不断调整落实，2017 年农村居民现金性惠农补贴同比增长 23.4%。

## 二、观上下言左右，水平居上增速偏低

2017 年全国居民人均可支配收入为 25974 元，同比增长 9.0%，其中城镇居民人均可支配收入 36396 元，增长 8.3%；农村居民人均可支配收入 13432 元，增长 8.6%。扣除物价因素，2017 年全国居民人均可支配收入实际增长 7.3%，城镇居民和农村居民人均可支配收入实际增长率分别为 6.5%和 7.3%。

从全国由高到低的排位来看，天津市居民收入水平在全国的位置比较稳定，全市居民收入位于第 4 位，城镇位于第 6 位，农村位于第 4 位。从收入的增速看，全市、城镇、农村居民收入增速分别排在全国第 24 位、第 9 位和第 22 位。

在四直辖市中，天津市收入水平低于京沪排在第 3 位。在增速上，全体居民增速 8.7%排在第 3 位，比上海高 0.1 个百分点；而城镇居民收入和农村居民收入增速均排在第 4 位。

2017 年天津市大力治理“小散乱污”，在打赢污染防治攻坚战中取得很大成绩，但从居民增收角度看，这不可避免影响到相关行业人员的工资收入和经营收入。加上全国农产品价格大幅下跌，北方地区受玉米价格下跌影响较大，对天津市居民特别是农村居民的收入产生了较大的负面影响。在此情况下，天津市城乡居民收入保持了 8%以上的增长率、农村居民收入增速接近城镇居民收入增速实属不易。

# 2017年天津居民消费支出简析

2017年天津市居民人均消费支出27841元，比上年增长6.6%，其中：城镇居民人均消费支出30284元，首次突破3万元，比上年增长6.8%；农村居民人均消费支出16386元，比上年增长3.0%。城乡居民消费支出总体保持稳定增长，生活质量进一步提升，但各大类增速差别较大，城乡居民消费热点各异，需要促进居民增收提振消费信心。

## 一、居民八大类消费支出增长“七涨一降”

受医疗费改革影响，人均医疗保健支出2390元，比上年增长18.1%，增速居八大类消费之首。教育文化娱乐消费支出涨势同样强劲，人均2691元，比上年增长12.0%。吃、穿、住、用等基本消费支出增长相对较慢，同比分别增长7.8%、0.7%、4.7%、6.0%。人均交通通信支出持平略降，主要是通讯资费下调和优惠条件增加，城乡居民获得了实惠。

## 二、服务消费特别是饮食服务消费增长强劲

2017年天津市居民服务性消费快速增长，人均8099元，比上年增长11.7%，快于商品性消费7.1个百分点。其中饮食服务支出增长17.5%，拉动消费支出总增速0.7个百分点；学前、小学、初中、高中教育培训费支出较上年均有较大增长，分别增长了19.3%、47.1%、44.5%和28.2%，共拉动消费支出总增速0.4个百分点；文化娱乐服务支出同比增长18.3个百分点，拉动消费支出总增速0.6个百分点；医疗费支出增长明显，比上年增加了23.5个百分点，拉动消费支出总增速1.2个百分点。

## 三、产品类消费日趋精致

随着收入持续增加和消费观念的不断更新，天津市居民产品类消费日益精致，提高生活质量、陶冶情操、休闲娱乐的消费越来越多。天津市居民食品种类日益丰富，食品结构更加合理，食品消费朝精致化方向发展。食品烟酒消费中，糕点类、干鲜瓜果类、水产品、奶类消费支出增速较快，分别达到11.9%、11.4%、10.7%和8.4%。同时，人们更加注重居住环境的质量，2017年人均住房装潢支出同比增长13.3%，家具支出同比增长14.9%，室内装饰品支出同比增长22.3%。精神文化方面的需求正在快速增长，文具纸张、园艺花卉、宠物等文化娱乐产品的支出也大幅提升，同比分别增长了32.5%、17.1%和54.0%。

## 四、农村居民交通通信和网购消费增长潜力很大

与城镇居民消费增长模式不同，农村居民增速最高的消费类别是交通通信消费，同比增长9.6%，对农村居民消费支出增长的贡献率为53.8%。其中交通工具和交通工具用燃料分别增长11.5%和11.6%，通信服务增长14.3%。手机和网络的普及也带动农村居民网购的增加，2017年，农村居民人均通过互联网购买的商品或服务支出增长14.0%，高于城镇居民5.9个百分点。其他用品和服务消费、医疗保健消费也增长较快，同比分别增长9.3和5.4个百分点。

## 五、促进居民增收提振消费信心

收入是消费的基础。相比前几年，2017 年天津市居民收入增速有所放缓，特别农民收入增长速度慢于城镇居民收入增速，这是多年未有的，需要引起重视。2017 年农村居民人均消费支出增长仅为 3.0%，与部分农民收入增长缓慢有直接关系。建议有关部门更加积极促进产业结构优化升级，增加就业机会，提升就业质量；加快乡村振兴规划实施步伐，促进农村基础设施建设和相关项目的发展，改善农村消费环境、促进农民增收；积极引导企业和商家创新消费形式，鼓励其积极融入“互联网+”的大潮中，线上销售与线下经营并行，激发天津市城乡居民的消费热情；促进和规范乡村旅游，积极引导城乡居民增加在天津本土的休闲消费，制定出台新的“双增加”惠农惠民转移措施，既增加居民收入，又增加居民消费、提升生活质量。

# 2017年天津市居民消费价格呈温和上涨态势

受服务价格走高、工业品价格由降转升等因素影响，2017年天津市居民消费价格上涨2.1%，呈温和上涨态势。食品价格下降、服务价格持续上涨且涨幅扩大是上年价格变化的主要特点。在食品价格保持基本稳定、服务价格涨幅回落的影响下，2018年天津市居民消费价格仍将继续保持温和上涨态势，物价形势总体保持平稳。

## 一、CPI运行的总体情况

2017年天津市居民消费价格继续保持平稳运行态势，全年上涨2.1%，涨幅与上年持平。其中食品价格下降0.1%，非食品价格上涨2.6%；消费品价格上涨0.7%，服务项目价格上涨4.1%。在总水平2.1%的涨幅中，滞后因素约为1.0个百分点，新涨价因素约为1.1个百分点。

### （一）月度同比指数高低起伏，波幅渐缓

2017年天津市CPI月度同比涨幅呈现高低起伏的震荡运行走势，但是波动幅度渐趋减弱。1月份受天气及春节影响，CPI同比上涨3.4%，涨幅最高；9月份涨幅最低，为1.5%。全年共有6个月同比指数在2.0%以上，且多集中于上半年，下半年随着翘尾因素逐渐减弱，涨幅迅速回落至2%以下。

### （二）月度环比指数呈现L型走势

从环比数据来看，除1月份以外，各月指数运行较为平稳，1月份受节日及季节因素影响，食品类、文化娱乐类价格走高，拉动CPI大幅上涨。节日过后，环比涨幅迅速回落，其主要原因是：受暖冬影响，鲜菜价格较低；另外，猪肉供应由紧转松和禽蛋产能过剩、价格走低也影响食品价格总水平的回落。7月份在服务价格走高的情况下带动CPI环比上涨，12月份受天气及节日影响，食品价格涨幅较大，拉动指数由降转升。

### （三）服务价格走高，医疗、教育文化领涨

从两大分类指数来看，服务和消费品价格分别上涨4.1%和0.7%，涨幅分别较上年扩大0.4个百分点和回落0.2个百分点。从八大分类来看，价格均呈现上涨态势，其中，医疗保健类价格上涨15.4%，涨幅居八大类之首，上拉总指数1.2个百分点；教育文化和娱乐类价格上涨3.2%，上拉总指数0.35个百分点；居住类价格上涨1.4%，上拉总指数0.36个百分点。以上三类对总指数的贡献率达91%，是推升CPI的三大因素。

### （四）与全国及部分省市对比

2017年全国居民消费价格上涨1.6%，天津高于全国0.5个百分点，在全国31个省市价格指数排位中居第3位，仅次于海南和新疆。从月度同比数据来看，天津市居民消费价格走势与全国基本一致。7月份之前，天津市指数水平明显高于全国； 7月份之后，与全国指数差距甚微，上下不超过0.2个百分点。

在直辖市价格指数对比中，天津分别比北京、上海、重庆高0.2个、0.4个和1.1个百分点；在京津冀三地价格指数对比中，天津分别比北京、河北高0.2个和0.4个百分点。

## 二、CPI变动的主要特点

### （一）“菜篮子”价格下降致食品类价格出现近10年来首次负增长

2017年，天津市食品类价格同比下降0.1%，出现近10年来的首次负增长。在十四类食品中，虽然价

格变化呈"八涨六降"，但肉禽蛋菜奶等主要食品价格降多升少，其中价格下降的主要有：鲜菜价格下降 7.5%，猪肉价格下降 4.8%，鸡蛋价格下降 4.3%，鲜奶价格下降 1.2%；价格上涨的主要有：水产品价格上涨 2.9%，鲜瓜果价格上涨 2.6%。

1．鲜菜同比价格降幅较大。各月份鲜菜价格波动频繁，季节性特征明显。与上年同期相比，1-3 月受暖冬及去年基数较高影响，鲜菜价格逐月走低，3 月份降幅达到 31.4%；4-5 月降幅不断收窄，直到 6 月份价格由降转升，同比上涨 19.4%；7-8 月涨幅不断缩小，9 月份价格由升转降，同比下降 7.4%；10 月份小幅回升过后，11-12 月降幅继续扩大。

2．猪肉价格降幅靠前。受上年猪肉价格偏高影响，2017 年猪肉价格保持下降态势。与上年同期相比，1-3 月在节日效应影响下，猪肉消费需求旺盛，价格保持上涨，之后各月随着生猪出栏量增加、猪饲料价格回落以及消费需求走弱等因素影响，猪肉供应逐渐宽松，价格进入下行周期。

3．鸡蛋价格降幅收窄。与上年同期相比，1-7 月鸡蛋价格始终保持下降态势，持续低迷；8 月开始，价格止跌回升，并一路上涨。影响鸡蛋价格起伏波动的主要原因是前期产能过剩、蛋鸡存栏量较高、环保整改拆迁促使集中抛售等因素促进了鸡蛋市场供给的增加。而自 8 月份开始，由于临近中秋国庆两节，迎来传统消费旺季，需求提升；另外在上半年的价格低迷态势下，养殖企业补栏积极性不高，淘汰鸡增多，使得鸡蛋供应偏紧，价格出现反弹。

4．水产品、鲜瓜果价格上涨。水产品中，2017 年淡水鱼价格上涨明显，这主要是由于淡水鱼存塘量减少，叠加养殖成本、运输成本上升所致。2017 年水果市场供销两旺，个别品种价格上涨明显，如橙子、国产香蕉、木瓜等，主要受产地货源减少、运输成本上涨影响。

（二）服务价格持续上涨，成为 CPI 上涨的主要推手

2017 年天津市服务价格上涨 4.1%，较上年涨幅扩大 0.4 个百分点，上拉总指数约 1.73 个百分点，对 CPI 上涨的贡献率约为 82.4%，是推升 CPI 上涨的主要动力。

医疗服务价格上涨是影响服务价格上涨的主要因素，据统计，2017 年天津市医疗服务价格上涨 27.5%，涨幅较上年扩大 9.8 个百分点，影响服务价格上涨约 2.5 个百分点，总指数上升约 1.06 个百分点，影响程度达 50.5%。

与上年相比，2017 年天津市教育服务、文化娱乐服务价格分别上涨 2.5%和 2.3%，涨幅较上年分别扩大 1.7 个百分点和 0.9 个百分点。家长日益重视孩子教育，同时教育机构办学成本逐年上涨，使得课外教育价格上涨 7.4%、学前教育价格上涨 3.8%。居民对美好生活的追求日益提升，消费结构不断优化升级，使得飞机票、旅游、景点门票和健身活动价格分别上涨 11.0%、8.6%、4.5%和 4.0%。

另外，天津市服务性消费日趋活跃，劳务价格持续走高，带动服务价格平稳上涨，如住房装潢维修费上涨 17.2%、家政服务价格上涨 5.7%、衣着洗涤保养价格上涨 3.9%，车辆修理与保养价格上涨 3.4%。

（三）工业品价格由降转升，助推指数上升

在全球经济进入复苏、国内供给侧结构性改革的大背景下，内外需持续改善，加上 PPI 的传导效应进一步提升，工业品价格稳步提升。2017 年工业品价格上涨 1.0%，是近三年来的首次上涨。其中，受国际原油价格波动影响，2017 年国内成品油价格经历 10 涨 6 降，影响汽、柴油价格分别上涨 8.8%和 10.0%；受国际贵金属价格波动影响，金饰品价格上涨 4.5%；原材料和人工成本上涨，也带动部分工业品价格回升，价格上涨明显的主要有：药品及医疗器具价格上涨 3.5%，水泥、板材等住房装璜材料价格上涨 1.8%。

部分工业品价格继续延续下降趋势，且降幅较大，如：小型汽车价格下降 4.0%，降幅较去年扩大 1.8 个百分点；电冰箱、抽油烟机等价格降幅超过 3.0%。

## 三、影响 CPI 变动的因素分析

（一）宏观经济形势为价格整体走势稳定提供有利条件

2017 年，全球经济表现良好，经济复苏由美国扩散到众多发达经济体以及新兴经济体，全球贸易以及

跨境资本流动复苏明显。2017 年我国宏观经济运行总体平稳，经济结构不断优化，新旧动能加快转换，质量效益明显提升，主要经济指标延续了稳中有进、稳中向好的态势。我国货币政策保持稳健中性。这些都为 CPI 平稳运行提供了有利的条件。

（二）政策性因素对 CPI 波动影响深远

2016 年 7 月和 12 月天津市出台推进医疗服务改革的相关政策措施，理顺医疗服务价格机制，调整涉及的百姓就医的常规项目较多，部分项目价格涨幅较大，对 2017 年医疗服务价格上涨的影响依然较大，其翘尾影响达 24.1 个百分点，影响程度达 87.6 %；2017 年 9 月和 12 月份天津市继续推进医疗卫生综合体制改革，调整规范部分医疗服务项目收费价格，全年医疗服务价格新涨价因素为 3.4 个百分点，影响程度为 12.4%。

2017 年 3 月底，天津市出台房地产限购限贷新政，促进房地产市场平稳健康发展。从天津市租赁房房租价格和自有住房价格走势来看，从 5 月开始，该两项价格止涨回稳，政策效果初步显现，全年居住类价格上涨 1.4%，涨幅较上年回落 2.2 个百分点。

另外，在供给侧结构性改革的大背景下，去产能政策持续深入推进，PPI 稳步回升，对 CPI 的传导效应也进一步提升，影响全年工业品价格由降转升。成品油等交通工具用燃料价格在政策调整下全年上涨 8.6%，拉升 CPI 上涨约 0.16 个百分点。

（三）供需关系不断改善，影响食品价格回落

近两年，天津市出台多种措施保障农副产品供应，加上天气稳定有利于农业生产，天津市菜肉禽蛋等主要食品市场供应充裕，供需关系改善，带动食品价格下降。

（四）消费结构升级，推升部分服务价格

随着人民生活水平的提高，居民消费观念由过去的温饱型向品质型转变，消费结构不断升级，对教育以及文化娱乐性消费渐趋活跃、需求增加。2017 年教育文化和娱乐类价格上涨 3.2%，对 CPI 的拉升作用由上年的第五位跃升至第三位。

（五）成本因素成为推动价格上涨的动力之一

一是人工成本上涨。近年来各地连续提高最低工资标准，天津市自 2017 年 7 月起上调最低工资标准，劳务成本上涨，推动家政服务等初级型劳动服务价格普遍上涨。二是资源成本上涨。包括成品油、天然气等能源价格上调不仅直接影响 CPI 的上涨，而且也间接影响商品的生产成本和流通成本。三是钢材等原料成本上涨，影响 2017 年天津市 PPI 上涨 8.4%，涨幅较上年扩大 10.5 个百分点，对 CPI 的传导效应也逐步显现。

## 四、2018 年 CPI 走势展望

（一）有利于价格稳定的因素

从国内形势看，2018 年经济工作仍将坚持稳中求进的工作总基调，以供给侧结构性改革为主线，推动高质量发展，实施积极的财政政策和保持中性的稳健货币政策。同时，强化实体经济吸引力和竞争力，加强基本民生保障，完善促进房地产市场平稳健康发展的长效机制等。2017 年 12 月末广义货币 M2 余额同比增长 8.2%，增速创新低，从货币层面来看，通胀压力不大。这些都为 2018 年价格形势总体稳定创造了有利条件。

具体来看，一是主要食品价格有望保持稳定。2017 年全国粮食喜获丰收，粮食总产量实现增长，预计 2018 年粮食价格保持稳定。2017 年天津市生猪存栏量、出栏量均小幅下降，但是结合饲料价格平稳、猪肉消费需求不旺、可替代性提高等因素，预计猪肉价格仍将保持稳定。2017 年 8 月以后，育雏鸡补栏量保持连续环比增长态势，在产蛋鸡存栏量预计至少在一季度都将稳步上涨，但结合环保因素、需求因素等，鸡蛋价格仍将小幅上涨。2018 年天津市将继续贯彻落实“菜篮子”市长负责制实施方案，对粮油肉蛋主要食品价格稳定也会起到积极的作用。

二是服务价格涨幅将会回落。据测算，服务价格上年翘尾因素的影响程度将明显回落，将促使服务价

格涨幅回落。房地产调控政策效应不断凸显，自有住房涨幅将继续回落。但随着品质消费和享受型消费日益活跃，服务性消费价格会稳中有升。

（二）推动价格上涨的因素

但同时也应关注，推动价格上涨的动力依然存在。

一是国际形势影响原油价格继续走强。2018 年全球经济逐渐复苏，石油需求整体高于 2017 年，同时欧佩克延长原油减产协议到 2018 年底。在减产持续叠加需求稳步回升的情况下，2018 年原油价格将逐步回升，对非食品 CPI 产生拉高作用。

二是成本要素趋势向上。首先是人工成本上涨压力，人工成本上涨多为刚性，成本递增效应 2018 年继续存在，将带动劳务价格继续上涨。其次是物流成本，能源价格和货车新政限载限速等推动运输成本上涨。第三是环保成本，企业进行环保整改支出增加，成本增加。

三是政策性调价影响。天津市陆续推进价格机制改革，推进电力、天然气、医疗服务、交通运输等能源资源价格、民生价格的改革，逐步放开政府定价中的竞争性领域和环节价格，势必导致上述项目价格的调整。

综合以上分析，预计 2018 年天津 CPI 仍将继续保持温和上涨态势，物价总体形势保持平稳。

## 五、做好 2018 年物价调控工作的建议

2018 年是贯彻党的十九大精神的开局之年，是改革开放 40 周年，是决胜全面建成小康社会、实施“十三五”规划承上启下的关键一年。做好全年价格工作，对实现宏观调控目标、稳定经济发展意义重大。

（一）继续做好主要食品的保供稳价工作

主要食品价格稳定对满足人民基本生活需要、保障生活水平具有重大积极作用。虽然 2017 年食品价格出现多年来首次下降，但是不能排除 2018 年鲜菜、猪肉、鸡蛋等价格上涨叠加的影响对 CPI 的冲击。因此，还应继续深入推进“菜篮子”工程，从生产、流通、质量安全监管、调控保障等方面提高管理能力，切实保障“菜篮子”价格稳定。

（二）审慎推进政策性价格改革

由于政策性价格调整引起的部分商品和服务项目价格的上涨对 CPI 的直接影响和间接影响均较大，为使居民消费价格平稳运行，建议相关部门结合价格运行情况，广泛听取社会各界意见建议，尤其是涉及民生价格改革，把握好政府调价项目出台的时机、力度和节奏。

# 2017 年天津市工业生产者价格运行分析

2017 年，天津市工业生产者价格指数回升较为明显。生产资料、重工业产品价格上涨，是拉动天津市工业生产者价格上涨的主要因素。随着供给侧结构性改革等政策的稳步推进，在 2018 年考虑 2017 年翘尾影响以及国际上大宗商品变动预期，预计天津市工业生产者价格将继续呈现上涨态势。

## 一、2017 年天津市工业生产者价格运行情况

据国家统计局天津调查总队抽样调查资料显示：2017 年全年，天津市工业生产者出厂价格平均同比上涨 8.4%，购进价格平均同比上涨 11.1%。

### （一）月度同比呈现 M 型走势

从全年月度同比数据来看，天津市工业生产者出厂价格呈 M 型走势，其中 2 月份同比上涨幅度全年最大，为 11.9%；9 月份达到下半年最高同比涨幅，为 9.0%。6 月份为全年涨幅最低的月份，同比上涨 6.1%。购进价格与出厂价格运行轨迹相似，2 月份和 10 月份涨幅分别达到高点，7 月份为全年涨幅最低的月份。

### （二）月度环比呈现两头高中间低走势

从全年月度环比数据来看，天津市工业生产者出厂价格呈两头高中间低走势，其中 3-6 月份环比下降，4 月份降幅最大，为-0.8%；其他月份均为上涨，全年来看 8 月份涨幅最大，为 1.3%。购进价格环比 4-6 月份下降，4 月份降幅最大，为-0.6%；其他月份均为上涨，全年来看 9 月份上涨幅度最大，为 1.7%。

### （三）基础产品价格上涨是拉升天津市工业生产者出厂价格的主要因素

2017 年天津市生产资料出厂价格同比平均上涨 12.0%，与 2016 年相比由降转升，涨跌幅相差 14.1 个百分点，影响 2017 年总指数上涨 8.9 个百分点。其中采掘业、原料业、加工业同比平均分别上涨 27.7%、16.3% 和 8.4%。

2017 年天津市重工业产品出厂价格同比平均上涨 10.2%，与 2016 年相比同样由降转升，涨跌幅相差 13.1 个百分点，影响 2017 年总指数上涨 8.1 个百分点。

### （四）主要行业出厂价格回升明显

在国际原油价格上涨带动下，2017 年天津市石油和天然气开采业出厂价格同比平均上涨 34.6%；石油加工、炼焦和核燃料加工业出厂价格同比平均上涨 14.1%；作为下游行业的化学原料和化学制品制造业价格同比平均上涨 15.6%；三大行业对 2017 年总指数贡献了 2.9 个百分点。与 2016 年比较，石油和天然气开采业，石油加工、炼焦和核燃料加工业均由降转升，涨跌幅分别相差 47.9 和 21.0 个百分点；化学原料和化学制品制造业价格则表现为涨幅扩大了 14.1 个百分点。

受去产能和环保限产等政策影响，2017 年天津市黑色金属冶炼和压延加工业出厂价格同比平均上涨 26.3%；其上游的黑色金属矿采选业价格同比平均上涨 8.3%；其下游的金属制品业价格同比平均上涨 13.6%；三大行业对 2017 年总指数贡献了 4.7 个百分点。与 2016 年比较，黑色金属冶炼和压延加工业价格涨幅扩大了 24.4 个百分点；黑色金属矿采选业和金属制品业则均由降转升，涨跌幅分别相差 17.6 和 14.4 个百分点；

受期货市场和黑色金属市场影响，有色金属冶炼和压延加工业出厂价格 2017 年上涨 16.5%，与 2016 年相比由降转升，涨跌幅相差 18.6 个百分点。影响 2017 年总指数上涨 0.5 个百分点。

### （五）九大类购进价格“八升一降”

2017 年，九大类原材料购进价格中有八大类同比上涨，其中黑色金属材料类上涨幅度最大，涨幅为

23.6%；其次是建筑材料及非金属类，有色金属材料及电线类，燃料、动力类，同比分别上涨 20.3%、19.0% 和 17.2%，这四大类共拉动总指数上涨 8.2 个百分点。

2017 年，受猪肉等产品价格下降影响，农副产品类成为天津市唯一购进价格下降的大类，同比平均下降 0.4%，拉动总指数下降 0.02 个百分点。

## 二、工业生产者价格区域比较

### （一）天津市与全国工业生产者价格走势一致

据国家统计局反馈数据资料显示：2017 年，全国工业生产者出厂价格同比指数平均为 106.3，天津市为 108.4，高于全国 2.1 个百分点，在 31 个省、区、直辖市排位中，天津市居第 12 位；全国购进价格同比指数为 108.1，天津市为 111.1，高于全国 3.0 个百分点，在 30 个省、区、直辖市（不含西藏）排位中，天津市居第 7 位。

### （二）京津冀三地中天津市走势居中

比较 2017 年京津冀三地的工业生产者出厂价格同比指数，河北省比天津市高，全年同比平均上涨 15.0%；北京市比天津市低，全年同比平均上涨仅 0.7%。从各月同比走势看，天津市工业生产者出厂价格始终在三个地区中居中。

## 三、影响天津市工业生产者价格运行的主要原因

### （一）国际原油价格上涨的传导拉动

天津市石油开采业产品价格与国际原油价格接轨，当前天津市两家石油开采企业：中国石油天然气股份有限公司大港油田分公司和中海石油（中国）有限公司天津分公司。其出厂的原油价格均参照国际原油价格进行定价，直接受国际油价波动影响。2017 年杜里原油现货价格上涨达到 37%左右，天津市石油开采业全年同比上涨 34.6%，传导显著。原油作为基础工业原料，其价格上涨又传导到石油加工、炼焦和核燃料加工业，化学原料和化学制品制造业等下游行业，从而拉升天津市工业生产者价格。

### （二）去产能及环保政策效果明显

2017 年我国钢铁、煤炭和有色金属等行业继续推进去产能，市场供需关系得到持续改善，相应行业出厂价格回升也比较明显。同时 2017 年以来环保治理力度加大，治理“散乱污”、“2+26”城市大气污染治理、采暖季市区土石方等工程停工等环保限停产政策取得成效。综合来看，由于产量减少生产成本相应提高，出厂价格体现为上涨走势。

### （三）2016 年下半年出厂价格上涨较为明显，翘尾因素影响本年度同比指数回升，全年各月翘尾因素平均为上涨 6.3%。

## 四、2018 年天津市工业生产者价格走势预测

2018 年是贯彻党的十九大精神的开局之年，将继续坚持以供给侧结构性改革为主线，推动化解过剩产能，大力培育新动能，我国工业经济结构性矛盾发生积极变化，初步预测在国际国内市场环境相对稳定的前提下，考虑 2017 年翘尾因素影响，2018 年天津市工业生产者价格将继续保持上涨态势。

# 2017年天津市固定资产投资价格走势分析

2017 年，天津市固定资产投资价格涨幅明显回升，其中建筑安装、装饰工程价格受钢材等建筑材料价格上涨影响涨幅较大；设备工器具购置价格较为平稳，其他费用价格继续小幅上涨。

据国家统计局天津调查总队抽样调查资料显示：2017 年天津市固定资产投资价格同比累计上涨 4.3%，涨幅比上年回升 4.9 个百分点。其中：建筑安装、装饰工程价格上涨 6.6%，设备工器具购置价格上涨 0.5%，其他费用价格上涨 0.7%。从各季度情况看，一至四季度天津市固定资产投资价格同比分别上涨 3.8%、2.2%、4.8%和 6.2%，固定资产投资价格呈持续上升态势。

## 一、建安安装、装饰工程价格涨幅较大

2017 年天津市建筑安装、装饰工程价格同比累计上涨 6.6%，涨幅比上年回升 7.7 个百分点。从各季度看，同比分别上涨 5.9%、3.1%、7.6%和 9.8%。

### （一）建筑材料价格上涨较快

2017 年天津市建筑工程中材料费价格同比累计上涨 8.2%，涨幅比上年回升 10.3 个百分点。从各季度看，同比分别上涨 7.2%、3.6%、9.7%和 12.5%。

2017 年以来钢材等主要产品价格呈现持续上涨趋势，致使材料费价格不断走高，成为拉动固定资产投资价格上升的主要因素。从分类情况来看，在建筑工程材料中占比重较大的钢材价格，受去产能、环保取缔“地条钢”、上游铁矿石价格上涨等多种因素影响，今年以来价格涨幅较大，钢材价格全年同比累计上涨 23.9%，涨幅比上年回升 26.4 个百分点，成为拉动材料费价格上升的主要因素；水泥、电料和地方建筑材料同比累计分别上涨 2.7%、2.4%和 2.0%；木材、其他材料和化工材料价格同比累计分别上涨 1.6%、1.6%和 1.5%。

### （二）普通工人薪酬涨幅最大

2017 年人工费保持稳步上升趋势，同比累计上涨 3.5%，涨幅比上年回升 1.1 个百分点。人工费价格持续稳步上涨的主要原因：一是务工人员加薪预期增加；二是建筑行业工种特殊，工作时间长劳动强度大，普通工人人员短缺，企业不得不以通过提高工人待遇招人留人。从各季度看，一至四季度人工费同比分别上涨 3.8%、2.7%、3.6%和 3.9%。

分人员看，工程管理人员人工费同比累计上涨 2.4%、工程技术人员人工费同比累计上涨 3.2%；普通工人人工费同比累计上涨 3.7%，普通工人人工费涨幅最大。

### （三）机械费价格略有上升

2017 年机械费价格同比累计上涨 0.8%，涨幅比上年回升 1.2 个百分点。从各季度看，一至四季度同比分别上涨 1.0%、0.5%、0.3%和 1.4%。机械费价格稳中有升主要是受人工费、水电费以及汽油、柴油价格上涨影响。

在各类机械费中，加工机械和其他机械价格同比累计分别上涨 3.1%和 2.7%；土石方及筑路机械和打桩机械价格同比累计分别上涨 1.1%和 1.0%；混凝土及砂浆机械、运输机械和起重机械价格同比累计分别上涨 0.8%、0.6%和 0.5%；泵类机械价格同比累计下降 1.1%。

## 二、设备工器具购置价格较为平稳

2017年天津市设备工器具购置价格同比累计上涨0.5%，涨幅比上年回升1.7个百分点。从各季度看，一至四季度设备工器具购置价格同比分别为-0.4% 、0.3%、0.7%和1.4%，总体呈现平稳态势。

## 三、其他费用价格小幅上涨

2017年其他费用价格同比累计上涨0.7%，涨幅比上年回落0.5个百分点。从各季度看，一至三季度同比分别上涨1.3%、1.2%和0.1%，四季度持平。主要受土地取得费、前期工程费和施工工作费用价格上涨的拉动。在其他费用的四大类中，土地取得费、前期工程费、施工工作费和建设单位其他费用价格同比累计分别上涨1.2%、0.8%、0.5%和0.1%。

# 2017年天津市住宅销售价格运行情况分析

2017年，为贯彻落实好习近平总书记“房子是用来住的，不是用来炒的”指导思想，天津市出台了一系列房地产调控措施，房管、金融等部门积极抓落实，使天津市房地产市场呈现健康平稳发展，与2016年相比，新建商品住宅量跌价平，二手住宅量价齐跌，措施精准有效，达到预期效果。

自2016年9月份和2017年3月份天津市连续2次出台调控房地产实施意见后，全年住房价格上涨势头得到有效控制。根据全国70个大中城市住宅销售价格资料显示：2017年1月份天津市新建商品住宅销售价格、二手住宅销售价格同比涨幅分别为24.4%和23.9%，到12月份回落到0.1%和-0.3%，涨幅呈现逐月收窄走势。其中，新建商品住宅销售价格在11月份结束了同比连续26个月的上涨走势，由升转降，降幅为0.2%，12月份略有反弹。二手住宅销售价格同比涨幅12月份也实现由升转降，调控效果明显，房地产市场价格趋于稳定。

## 一、住宅销售价格涨幅逐渐收窄

### （一）新建商品住宅销售价格平稳，同比涨幅逐月收窄

从各月环比来看，2017年天津市新建商品住宅销售价格总体保持平稳，环比指数在100.0上下小幅波动，涨幅最高点出现在2月份，为上涨0.4%；降幅最大出现在1月份和11月份，为下降0.3%。其他各月均围绕100.0上下波动，整体保持了相对平稳，没有出现明显的大涨大落。

从各月同比来看，天津市新建商品住宅价格自2016年11月份达到2011年1月份以来六年内的单月最大涨幅26.6%后，从2016年12月份开始，同比涨幅转向持续收窄，该态势一直延续至2017年10月份，11月份同比由升转降，降幅为0.2%。随后的12月份，同比又出现了微幅上涨态势，涨幅仅为0.1%。

### （二）二手住宅销售价格同比涨幅持续收窄，环比多数月份处于下降态势

从各月环比来看，2017年，天津市二手住宅销售价格各月呈现显著的上涨、下降两个不同阶段。1-4月份，价格环比呈现上涨态势，其中3月份是全年涨幅最高，为1.6%；5-11月份，价格环比呈现下降态势，其中6月份是全年最大降幅，为0.9%；12月份则由降转平。

从各月同比来看，2017年天津市二手住宅销售价格1-10月份涨幅持续收窄，10月份收窄至0.9%。11月份涨幅开始由涨转平，12月份则由平转降，为2015年8月份开始连续28个月以来首次下降，降幅为0.3%。

## 二、十五个热点城市新建商品住宅销售价格指数比较

从2017年12月份新建商品住宅同比价格指数来看，与年初的1月份相比，15个热点城市（北京、天津、上海、南京、无锡、杭州、合肥、福州、厦门、济南、郑州、武汉、广州、深圳、成都）新建商品住宅同比价格指数在70个大中排位变化明显。因城施策的调控措施对15个一线和热点二线城市新建商品住宅价格变动产生深远影响。

15个城市中同比价格指数变化幅度最明显是合肥市，差距达到44.4个百分点，变化最小是成都市为6.1个百分点。天津在15个热点城市中变化幅度排在第十位，下降24.3个百分点。可以看出“因城施策”的房

地产调控政策在2017年对15个热点城市的新建商品住宅价格起到了有效的市场调节作用。

## 三、天津市全年房地产市场主要变化及其对价格的影响

2017年，天津市市委市政府加大了对天津市房地产市场的调控力度，出台了一系列限购限贷限价等调控措施，特别是3月31日出台的《关于进一步深化天津市房地产市场调控工作的实施意见》（简称3.31新政），取得显著政策效果，房地产市场过热势头得到有效遏制，房地产市场健康有序调整，2017年天津市新建商品住宅、二手住宅成交量和成交价格变化明显，成交量同比大幅下降，价格稳中有降。

### （一）市场趋冷，房屋成交量大幅下降

2017年，天津市全市（不含蓟州区）新建商品住宅销售面积为1124.35万平方米，同比下降49.8%，成交101836套，同比下降49.1%。4月份由于3.31新政落地，成交量创全年最低，为4700余套。

天津市全市二手住宅成交101397套，同比下降47.4%。从各月情况来看，以3.31新政前后两个月为分界点，3月份、4月份为二手住宅成交量最高点均近17000套，5月份开始二手住宅成交套数持续回落，6-12月份各月成交套数在5400-6000套左右波动运行，成交低靡。

### （二）政策收紧，二手住宅价格下行势头更为明显

3.31新政落地后，天津市房管部门加大了新建商品住宅市场的管理，在销售许可证办理环节对新建商品住宅价格进行了有效控制，发挥了积极而显著的平抑房价作用，新建商品住宅价格保持相对平稳，未出现明显的大涨大落。

二手住宅价格则出现了明显的下降态势，由于二手住宅成交量不断缩水，很多急于套现的卖家在市场低靡的大环境下愿意降低价格尽快出手，二手住宅价格在12月份价格同比指数为99.7，与2016年12月份二手住宅价格比，已经出现下滑态势。地段相对偏远或房龄较长的二手住宅房价下跌趋势更为明显。

### （三）滨海新区成为天津市2017年楼市主要成交区

从全年成交量看，滨海新区新建商品住宅成交22000余套，占全市16个区总成交套数的21.4%，成交量居各区之首，这与滨海新区对本市居民及满足社保要求的外地居民不限购有关。

天津市市内六区成交7600余套，占7.3%，环城四区成交40000余套，占比为39.2%。临近北京，有高铁直接通达的武清区成交套数12000余套，占比为11.7%。宝坻、静海两区成交16000余套，占比为15.9%。宁河、蓟州两个远郊区成交4700余套，占比为4.5%。

成交区域呈现上述特点的主要原因：一是由于市内六区新推楼盘日益减少，2017年销售的项目不多，所以成交占比相对较少。二是东丽、西青、津南、北辰四个环城区由于相对较低的平米单价，吸引了较多购房者置业，因此在全市成交所占比例相对较高。三是远郊五区里，武清、宝坻、静海由于与天津主城区距离相对较近，加上便捷的轨道交通和良好的未来交通预期，成交势头良好。而离主城区相对较远的宁河、蓟州两区，成交占比相对较低。

### （四）90-144平米户型成为天津市2017年新建商品住宅成交主力

从全市（不含蓟州区）成交住房面积看，90（不含）平米以下户型成交28000余套，占总成交套数的27.9%，同比下降1.8个百分点；90-144平米户型成交63000余套，占总成交套数的62.7%，同比上升4.8百分点；144（不含）平米以上户型成交9000余套，占总成交套数的9.4%，同比下降3.0个百分点。可以看出，中等户型的新建商品住宅日趋得到天津购房者的认同和青睐。

### （五）成交均价全市区域性差异较为明显

2017年，和平、河东、河西、南开、红桥、河北市内六区成交平均价格为每平米36284元；近郊东丽、西青、北辰、津南环城四区成交平均价格为每平米17727元；滨海新区成交平均价格为每平米13196元；武清、宝坻、静海、宁河、蓟州五个远郊区的平均价格为每平米11563元。从区域来看，市内六区平均价格最高，远郊五区平均价格最低，与房产价值的地段决定因素密切相关，房产所处地段的好坏差异有着较明显的价格落差。

### 四、对 2018 年天津市住宅价格走势的初步判断

总体来看，2018 年，天津市房地产市场将延续 2017 年基本面，随着天津市房地产市场调控长效机制逐步建立，住宅价格将保持相对稳定，大涨大落的可能性较小。特别是天津市政府在天津市十七届人大一次会议的政府工作报告中强调：“要严格防控房地产市场风险。坚持房子是用来住的、不是用来炒的定位，保持房地产市场调控政策连续性和稳定性。加强住房信贷管理，严格限制信贷资金用于投资投机性购房，防止信贷资金过度向房地产领域集中，有效防范房地产泡沫引发金融风险。稳控住房价格，合理引导市场预期和购房行为，加快建立多主体供应、多渠道保障、租购并举的住房制度，促进房地产市场平稳健康发展。”因此，预测 2018 年天津房地产市场价格将以“稳”字为主基调。在当前的调控政策引领下，市场波动不会剧烈，住宅价格保持平稳或略降。

# 2017年天津市粮食种植结构优化、产量提高

2017 年，天津市深入贯彻习近平总书记对“三农”问题的重要指示精神，落实中央 1 号文件精神和中央农村工作会议要求，着力推进供给侧结构性改革，下大力气确保粮食绝对安全。粮食作物种植结构调整成效显著，粮食总产量达到 212.27 万吨，比上年增加 11.87 万吨，增长 5.9%。

## 一、粮食作物种植结构明显优化

天津市主动调整农业种植结构，优化区域布局，着力增加稻谷、小麦播种面积，调减玉米种植面积。2017 年全市粮食作物播种面积 527.1 万亩，比上年减少 15.9 万亩，减幅为 2.9%。从主要粮食品种种植情况来看：

玉米作为主要调减的粮食作物，在国家玉米临时收储政策取消后，价格逐步向市场回归。在经济效益不占优势的情况下，农户调整优化种植结构，2017 年玉米播种面积明显减少，为 302.1 万亩，比上年减少 27.2 万亩，减幅为 8.2%。

为提高种植效益，农户采用小麦和夏玉米复种的情况明显增加，小麦播种面积小幅增长。2017 年小麦播种面积为 163.2 万亩，比上年增加 2.2 万亩，增长 1.4%。

由于近年水稻价格持续稳定，加之天津市加强农田水利建设，灌溉条件改善，促进了水稻种植面积的提升。2017 年水稻播种面积达到 45.7 万亩,比上年增加 6.0 万亩，增长 15.0%。

## 二、气候条件、土壤改良、科技进步，共同促进粮食单产水平提升

2017 年天津市粮食作物平均亩产 402.7 公斤，比上年增加 33.6 公斤，增长 9.1%。其中玉米平均亩产为 394.8 公斤，增加 34.4 公斤，增长 9.5%；小麦平均亩产为 382.5 公斤，增加 16.5 公斤，增长 4.5%；水稻平均亩产为 575.8 公斤，增加 72.0 公斤，增长 14.3%。粮食单产提升，主要得益于以下三个方面：

一是气候条件好，未出现明显灾情。2017 年，主要涉农区均未发生明显灾情，气候条件明显好于前几年，为粮食亩产的大幅提升奠定了基础；

二是低产田改造效果明显。国家级农业科技项目“渤海粮仓”在静海区、滨海新区、宁河区等 6 个区 143.2 万亩中低产田上引入耐盐碱、耐贫瘠小麦、玉米、水稻品种，有效提升，随着渤海粮仓项目等低产田改造项目成果显现，天津市粮食亩产快速增加；

三是高产创建成果的推广应用。在提升低产田粮食产量的同时，高产创建工作也取得积极进展。根据农业部国家粮食生产功能区划分，天津市 150 万亩小麦和 20 万亩水稻被确认为国家粮食生产功能区，高产创建成熟配套成果得到加速推广，推进了粮食平均亩产的提升。

## 三、天津市粮食生产发展存在的问题和对策建议

虽然天津市粮食生产呈现出持续增长的良好态势，但仍然存在一些不利于粮食生产持续健康发展的不利因素：

### （一）玉米播种面积占比仍然较高

2017 年，我市玉米播种面积占全部粮食作物播种面积的 57.3%，比 2016 年下降了 3.3 个百分点，但仍

处于较高水平，玉米播种面积占比过高，不利于粮食作物品种的结构优化和效益提升。建议有针对性的加强对其他粮食品种的支持力度。

（二）口粮生产发展仍然受到种植条件限制

小麦、水稻作为主要口粮，近年来种植效益相对稳定，但由于其对土壤、水源等生长环境的依赖程度高于玉米，部分地区受限于种植条件无法进行种植，只能选择种植适应能力较强的玉米等作物。为确保粮食安全，同时提高种植户经济效益，建议进一步增加农田水利设施投入，在更多地区实施低产田改造。

（三）小品种粮食作物机械化水平有待提高

由于农村劳动力资源不断减少，粮食品种的机械化程度成为决定其播种面积增长的决定性因素。针对小品种粮食作物机械化水平较低的情况，建议加大对大豆、高粱、谷子等小品种种植收获机械的研发、引进和推广力度，为小品种粮食作物播种面积的增加创造有利条件。

# 2017年天津市畜牧业降规模促转型

## 一、2017年畜牧业生产主要特点

### （一）生猪产能及价格均呈下降趋势，结构调整优化

1、生猪存、出栏下降

2017年，天津市全年生猪出栏297.2万头，同比下降16.4%。截至2017年末，生猪存栏180.0万头，同比下降0.5%；能繁母猪存栏21.5万头，同比下降2.3%。

生猪存、出栏量下降主要有三方面原因：一是农村城镇化步伐加快，环保政策愈发规范和严格，不规范的中小型养殖场和散户逐步退出市场；二是生猪价格持续走低，养殖户信心不足，缩小产能；三是部分区要求年末村庄内畜禽养殖户一律关停搬迁，部分架子猪被提前出售和宰杀，使年末可出栏肥猪数量大幅减少。

2、生猪生产结构调整明显

截止2017年末，全市大型生猪养殖户存、出栏量占全市存、出栏量比例分别为20.2%和17.2%，较去年末提高0.6和1.2个百分点。同时，蓟州、宝坻、宁河三个生猪大县抽中调查小区的散户数量由去年的81户下降为今年的60户。在畜牧业供给侧结构改革和畜牧业转型升级的推动下，生猪养殖结构逐步调整优化。

3、生猪价格下降，饲养成本提高，养殖效益下滑

生产结构的调整必然出现价格的波动。2017年，生猪价格高位下滑并持续低位运行，各季度平均价格分别为17.1元/公斤，14.6元/公斤、14.2元/公斤和14.4元/公斤。养殖成本方面，调查显示，四季度玉米价格为1.5元/公斤，同比上涨5.0%；料精价格为4800元/吨，同比上涨20%；加之冬季较冷并控制烧煤取暖，生猪存活率较去年同期下降。生猪养殖效益由年初的每头650元左右元下降至年末的250元左右。

### （二）肉牛养殖效益提升，奶牛养殖持续低迷

2017年，天津市肉牛出栏19.5万头，同比下降2.9%。全年平均价格为22.6元/公斤，同比上涨1.1%。调查显示，目前农户自行配比饲料的价格约为2.2元/公斤，养殖户出栏一头活牛利润由年初的2500元左右提高到3300元左右，肉牛养殖效益明显提升。

在价格、成本上下挤压，资源、环境的双重约束，以及进口奶源价格冲击下，奶牛养殖持续低迷，牛奶价格有所下降，牛奶产量小幅增加。全年牛奶产量52.1万吨，同比增长4.0%；牛奶全年平均价格为3.4元/公斤，同比下降1.1%。

### （三）活羊价格恢复性上涨，养殖逐步恢复

前期活羊养殖市场持续低迷，经过近两年的调整，活羊养殖效益逐步提升。2017年，全市活羊出栏55.2万只，同比下降13.0%；羊肉产量1.4万吨，同比下降4.7%。供需关系使活羊价格攀升至21.2元/公斤，同比上涨29.4%；年末活羊存栏43.5万只，同比下降0.8%。

### （四）肉鸡养殖仍在调整，蛋鸡养殖基本恢复

2017年环境整治行动和禽流感冲击加速了养殖企业优胜劣汰，较多治污能力差、生产效益不佳的家禽养殖户逐步退出生产。同时，农村城镇化进一步加速了家禽养殖规模调整。2017年肉鸡出栏5818.2万只，同比下降18.2%；截至年末肉鸡存栏936.3万只，同比下降22.3%。据调查，合同鸡和市场鸡的每只利润分别为2.0元和0.5元，养殖利润依然偏低。

2017年蛋鸡养殖持续调整，鸡蛋价格“跌宕起伏”。年初，鸡蛋价格持续下行，二季度平均价格达到

6.6 元/公斤，养殖户不断调整规模降低存栏量。进入下半年，供需关系使鸡蛋价格逐步恢复。至四季度末，蛋鸡存栏 1237.0 万只，同比下降 0.1%；全年鸡蛋产量为 17.7 万吨，同比下降 0.6%；鸡蛋平均价格为 11.8 元/公斤，养殖户扭亏为盈。由于全年低价位运行时间较长，总体来看，今年仍有部分养殖户亏损。

## 二、天津畜牧业发展中产生的新问题

### （一）畜禽养殖规模化程度还有待提高

通过近年来持续的畜牧业供给侧改革和转型升级，部分散户逐步淘汰，畜禽养殖规模化程度逐年提高，但规模户和龙头企业仍然偏少。虽然大型养殖户饲养量占全市比重增加，但大型养殖户数量减少。同时，环评严格且投入较大，用地审批愈发严格等因素使大型、中小规模户扩大养殖难度较大。如何加快提高规模化养殖程度仍是难题。

### （二）畜牧业发展中环境保护问题迫在眉睫

2014 年来，《畜禽规模养殖污染防治条例》、《环保法》、《水污染防治计划》、《畜禽养殖禁养区划定技术指南》等文件的相继出台对畜牧业发展中的环境保护问题明确提出了刚性要求。我市在 2017 年也印发了《天津市加快推进畜禽养殖废弃物资源化利用工作方案》、《天津市标准化示范场创建工作方案》等文件并开展畜禽粪污治理工程。在畜禽养殖污染相关法律法规迅速出台并日趋完善和严格的形势下，畜禽养殖面临越来越大的环保投入和压力。如果畜禽企业转型升级无法跟上步伐，生产将持续低位徘徊，不利于可持续发展和长期稳定生产。

### （三）畜牧业科技化、现代化水平仍需提高

天津市畜牧业科技化、现代化水平不足主要表现在以下几个方面。一是最新畜禽粪污处理技术使用率不高。我市废弃物循环利用发展还处于初级阶段，大多数中小型养猪场是传统的单纯养殖模式，废弃物综合循环利用有待提高。二是疾病防控形势严峻。当前，规模化发展速度不断加快，病毒变异速度也在加快。防疫人员力量相对薄弱，应对大规模疫情的防疫水平仍需提升。三是猪周期，禽流感等事件造成了畜牧产品市场的大起大落，如何加强信息化系统的应用，拓宽信息渠道，做好应急处理是未来需要解决的问题。

## 三、促进天津畜牧业健康发展的几点建议

### （一）发展规模养殖并加强重点龙头企业建设

积极扶持规模养殖场建设，通过发展规模化养殖、标准化生产、集约化管理提高畜牧业产业化程度,降低养殖成本，增强抵抗风险能力，加快畜牧业结构调整和发展方式转变。同时，着力加强重点龙头企业建设，通过龙头企业联农带农模式促进现代都市型畜牧业建设和农民增收。

### （二）生态养殖，循环发展，推动产业升级

以养殖环保治理为契机促进养殖行业产业升级和转型。一是积极推广高效生态循环模式，形成布局合理、种养结合、循环发展养殖模式，实现经济、生态、社会效益统一。二是持续推动畜禽粪污治理工作。推广漏缝地面、雨污分离、粪尿分离、干清粪等治污技术，建设生物发酵床零排放等生化处理设备，加快推进农牧有机结合，确保资源循环利用。三是对转产转型的养殖户在技术、信息上给予定向帮扶，引导畜禽养殖户加快向生态高效种养业转型。

# 改革开放四十年
# 天津城镇居民生活变迁

## 一、天津城镇居民收入水平显著提高

改革开放 40 年来，伴随着天津经济的快速发展，城镇居民收入不断提高。2017 年，城镇居民人均可支配收入达到 40278 元，较 1978 年增长 123.8 倍，年均增长 13.2%；扣除价格因素，年均实际增长 7.9%。40 年来，天津城镇居民人均可支配收入经历了“四个阶段”。

第一阶段（1978-1991 年）：经济体制转型初期的天津城镇居民收入

1978 年，党的十一届三中全会确立了“解放思想、开动脑筋、实事求是、团结一致向前看”的指导方针，确定了以经济建设为中心的工作重心转移。天津积极响应号召，在调整工业结构、提高国民经济整体效益、以城市建设为重点加快对外开放为方针进行商品经济体制改革的过程中，充分依托天津北方经济中心以及港口优势，取得积极成效。经济的迅速发展带动居民收入的明显提高，到 1985 年天津城镇居民人均可支配收入达到 876 元，首次实现比 1978 年翻番，至 1991 年达到人均 1845 元，年均增幅达 12.7%，扣除价格因素，实际增长 6.2%。

第二阶段（1992-2002 年）：建立市场经济体制时期的天津城镇居民收入

1992 年邓小平南巡讲话后，市场经济体制正式走入全面建立时期，中国经济进入快车道。天津经济在此期间，轻工业和重工业迅速发展，到 2002 年末，天津国内生产总值达 2151 亿元，是 1991 年的 343 亿元的 6 倍多；全年工业总产值 3718 亿，是 1991 年 787 亿元的 4.7 倍。改革开放各项政策的落实，极大提高城镇居民劳动生产积极性，社会劳动生产率 2002 年人均 41820 元，11 年间增加 5.8 倍。而此期间的“以按劳分配为主体，多种分配方式并存”的分配制度，使城镇居民收入更加多源化，极大提升了城镇居民收入，至 2002 年，天津城镇居民人均可支配收入达到 8968 元，年均增幅达 16.6%，扣除价格因素，实际增长 9.1%。

第三阶段（2003-2012 年）：完善市场经济体制期的天津城镇居民收入

2003 年党的十六届三中全会提出“完善社会主义市场经济体制”主题，提出大力发展混合所有制经济，允许非公有资本进入法律法规未禁入的基础设施、公共事业及其他行业和领域。同时 2004 年的《宪法修正案》和 2007 年的《物权法》，完善对私有财产保护等一系列措施的出台，使非公有制经济迅速发展，也使得市场经济优胜劣汰从而促使生产效率提升的优势得以充分发挥。在此期间，天津城镇居民工资性收入稳步提升的同时，经营净收入和财产净收入占比也有所提升。至 2012 年，天津城镇居民人均可支配收入 26586 元，年均增长 12.2%，扣除价格因素，实际增长 9.4%。其中，经营净收入和财产净收入占可支配收入的 17.5%，高出 2002 年 9.0 个百分点。

第四阶段（2013 年至今）：经济结构转型期的天津城镇居民收入

党的十八大以来，在以习近平同志为总书记的党中央领导下，中国经济发生了深刻的变革，具体体现在经济结构转型速度加快，人民生活水平明显提高，人民幸福感显著增强。而天津作为“京津冀一体化”的重要组成部分，也乘势而为，不仅在产业结构上实现升级，更是加大落实各项民生保障政策，使“首都圈”发展更具活力，人民生活更加幸福。至 2017 年，天津城镇居民年人均可支配收入突破 4 万元，达到 40278 元，年均增长 8.9%，扣除价格因素，实际增长 6.6%。

2017 年全国城镇居民人均可支配收入 36396 元，天津比全国高 3882 元；在全国 31 个省市由高到低的排位中，居第 6 位。

## 二、城镇居民收入构成发生明显变化

收入构成不仅能体现出居民收入来源的转变方向，也可以反映出居民生活水平的提升，更能从侧面间接反映出经济发展的态势。改革开放 40 年，天津城镇居民工资性收入占比从 96.5%降为 62.8%，而经营净收入、财产净收入和转移净收入总占比不断上升。城镇居民收入的多样化，是天津市经济发展居民参与度提升的表现。

表 1　1978-2017 年部分年份四大类收入占比情况

单位：%

| 年　度 | 工资性收入 | 经营净收入 | 财产净收入 | 转移净收入 |
|---|---|---|---|---|
| 1978 | 96.5 | 0.0 | 0.6 | 2.9 |
| 1986 | 75.9 | 0.6 | 0.4 | 23.1 |
| 1996 | 73.7 | 1.5 | 1.7 | 23.1 |
| 2006 | 58.8 | 8.1 | 2.9 | 30.2 |
| 2016 | 62.5 | 7.2 | 10.0 | 20.3 |
| 2017 | 62.8 | 6.9 | 10.0 | 20.3 |

### （一）工资性收入稳步增加

2017 年，天津城镇居民人均工资性收入 25303 元，是 1978 年的 67.5 倍，年均增幅 11.4%。工资性收入占可支配收入的比重比 1978 年下降 33.7 个百分点，但 40 年来工资性收入在居民家庭收入中的主导地位没有改变，所占比重维持在 55%以上。工资性收入稳定增长得益于两方面。一是城镇居民就业的机会和岗位增多，为城镇居民工资性收入稳定增加发挥了积极作用。经济的快速发展、改革开放的不断深入以及扩大就业政策措施的日臻完善和居民就业观念的变化，特别是进入新世纪以来，积极实施再就业工程，加强职业技能培训，多渠道创造公益性岗位，使就业规模不断扩大。2017 年末，全社会就业人口 894.83 万人，比 1978 年增加 528.13 万人，年均增长 2.3%，高于同期户籍人口增长率 1.4 个百分点。二是工资制度、工资增长机制的建立和不断完善，也有效地保障了职工工资收入的增长。特别是 2003 年以来，天津市委市政府更加切实地把提升工资性收入政策落到实处。建立正常工资增长机制，建立欠薪保障制度，建立最低工资保障制度；落实经营者收入与职工工资增长挂钩制度，推行工资集体协商制度；机关事业单位工资制度改革；增加机关公务员津补贴；建立事业单位绩效工资制度等制度的颁布和实施，使得天津城镇居民收入处于稳步提升状态。2013 年以来，面对天津经济结构转型的实际要求，天津市委市政府实施积极的就业政策，用提高劳动力素质、颁布企业工资指导线、提高最低工资标准等多项措施，保证了转型期城镇居民工资的平稳过渡。

### （二）经营净收入从无到有

改革开放以来，随着产业结构的不断调整和国企改革的深入推进，私营企业主群体从无到有，快速发展，十八大以后持续深化“放管服”改革，出台营造企业家创业发展良好环境的“天津八条”，使更多的居民参与到主动创业中来，特别是市九次党代会后，民营企业发展成为天津经济增长的新亮点。截止到 2017 年底，天津市民营经济市场主体达 94.5 万户，民营企业达到 41.83 万户以上，民营经济增加值占全市生产总值比重达 48%以上。民营经济的迅猛发展带动城镇居民家庭中个体劳动者逐年增加，使天津城镇居民经营净收入从无到有，2017 年城镇居民人均经营净收入达到 2772 元。特别是“十一五”计划实施以来，天津城镇居民经营净收入呈现出稳步上升态势（图 1），从经营项目中可以看出“居民生活类创业增多、技术类创业增多、高污染小作坊创业减少、低效率创业减少”，居民经营净收入可持续增收生命力更强。

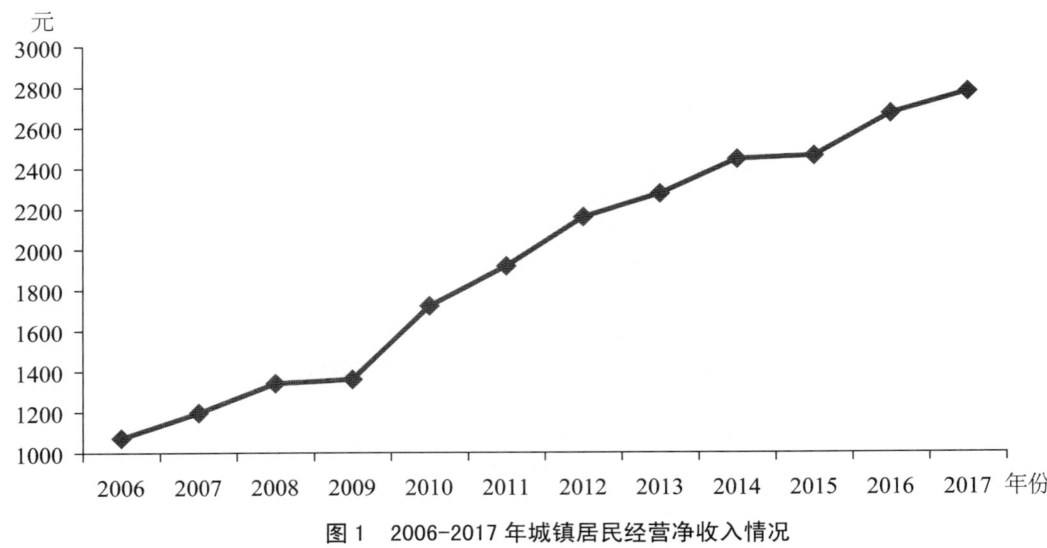


图 1　2006-2017 年城镇居民经营净收入情况

（三）财产净收入实现突破

改革开放后的一段时间里，居民财产净收入数量较少且结构单一，由于投融资渠道相对较少和投资观念落后，银行利息是城镇居民财产净收入的主要渠道，到 2006 年城镇居民财产净收入占总收入的比重不到 3%。党的十七大首次提出："让更多群众拥有财产性收入"，随着居民劳动收入的增加和投资意识的不断增强，城镇居民财产净收入来源日趋多元化，居民财产净收入有所突破。2017 年天津城镇居民财产净收入为 4037 元，金融投资分红和出租房屋收入逐渐成为主要构成部分，财产净收入占可支配收入的比重达到 10%。扣除价格因素影响，十七大以来，年均增幅为 20.4%（图 2）。

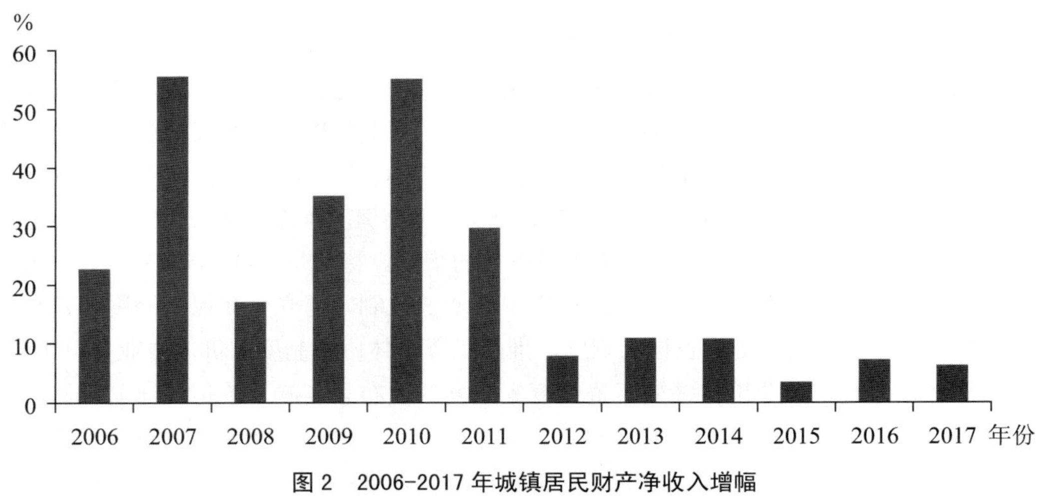


图 2　2006-2017 年城镇居民财产净收入增幅

注：增幅已经扣除价格影响因素。

（四）离退休金等转移净收入快速增长

改革开放以来，基本医疗、养老、工伤、失业等保险体系和困难群体价补联动机制、大病和意外伤害保险等制度不断建立和完善，天津社会保险覆盖范围不断扩大，社会保障能力不断增强。截至 2017 年末，全市参加医疗保险人数 1088.46 万人，参加基本养老保险人数 811.82 万人，参加城镇职工工伤保险人数 395.33 万人，参加城镇职工失业保险人数 311.3 万人，参加城镇职工生育保险人数 296.95 万人，全市低保对象（不含农村五保）19.84 万人，救助站 12 个。抽样调查数据显示，2017 年，城镇居民参加养老保险人数占比接近 90%，参加医疗保险的人口比例超过 98%。与此同时，市委市政府持之以恒保障和改善民生，及时提高最低生活保障、最低工资标准，失业金标准和离退休人员的离退休金标准。2017 年，企业退休人员养老金标准月均达到 2895 元、企业最低工资标准月均达到 2050 元、城乡最低生活保障标准月均达到 860 元、城乡居民基础养老金标准月均达到 277 元、城乡居民基本医疗保险政府补助标准达到 800 元，此外，失业保险金标准、低收入家庭救助标准、城市特困人员供养标准等也在逐年提高。多种保障措施有效带动城镇居民转移净收入快速增长。2017 年，天津城镇居民转移净收入为 8166 元，比 1978 年增长 741.4 倍，年均增长 18.5%。

## 三、城镇居民消费水平显著提高

改革开放 40 年，城镇居民消费水平显著提高。2017 年，城镇居民人均消费达 30284 元，比 1978 年增长 86.8 倍，年均增幅达 12.2%。伴随收入的不断增加，居民的消费热点出现转移，消费结构持续升级，从构成居民消费的八大项来看，城镇居民消费整体呈现出生存型消费递减、发展享受型消费占比逐渐提升的态势（见表 2）。生存型消费主要包括：食品、衣着、居住和生活用品及服务，发展享受型消费主要包括：交通通信、教育文化娱乐、医疗保健、其他用品和服务。

**表 2　1978-2017 年天津城镇居民消费占比情况**

单位：%

| 年度 | 食品 | 衣着 | 居住 | 生活用品及服务 | 交通通信 | 教育文化娱乐 | 医疗保健 | 其他用品和服务 |
|---|---|---|---|---|---|---|---|---|
| 1978 | 58.1 | 15.5 | 5.7 | 9.8 | 2.9 | 5.4 | 1.1 | 1.5 |
| 1986 | 54.5 | 14.3 | 3.9 | 13.5 | 1.9 | 9.4 | 0.8 | 1.7 |
| 1996 | 51.3 | 12.2 | 6.9 | 8.0 | 5.3 | 9.3 | 3.0 | 4.0 |
| 2006 | 32.6 | 7.7 | 20.4 | 5.9 | 9.4 | 11.6 | 9.3 | 3.1 |
| 2012 | 33.2 | 8.7 | 20.3 | 5.7 | 13.3 | 8.5 | 7.1 | 3.2 |
| 2013 | 32.6 | 8.2 | 22.1 | 5.5 | 13.5 | 8.0 | 7.0 | 3.1 |
| 2014 | 33.2 | 8.4 | 21.6 | 5.7 | 12.8 | 8.3 | 7.1 | 2.9 |
| 2015 | 32.2 | 8.2 | 21.6 | 6.1 | 13.0 | 8.7 | 7.2 | 3.0 |
| 2016 | 30.6 | 7.5 | 21.8 | 5.9 | 14.1 | 9.3 | 7.7 | 3.1 |
| 2017 | 31.2 | 7.0 | 21.4 | 5.9 | 13.0 | 9.8 | 8.6 | 3.1 |

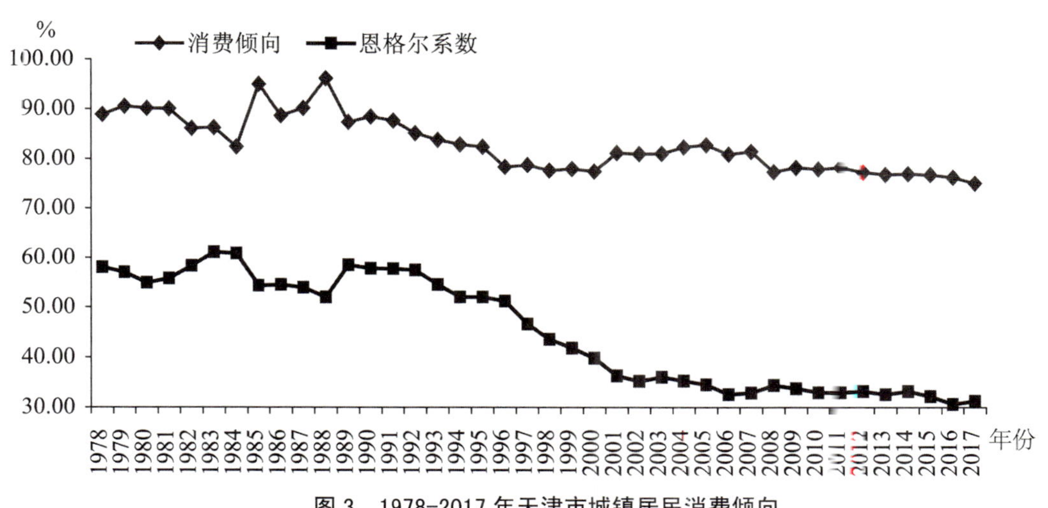


**图 3　1978-2017 年天津市城镇居民消费倾向**

但受消费预期不乐观、房价高企、养老和医疗制度不完善、教育制度不健全等因素影响，居民消费倾向整体呈现出逐步降低的趋势（见图 3），即由于收入增加，消费也增加，但消费增长幅度要小于收入增长幅度(平均消费倾向递减)，并且越来越小(边际消费倾向递减)。2001-2005 年城镇居民消费倾向出现小幅上浮的主要原因得益于中国加入 WTO 的举措极大丰富了天津居民的消费品市场，同时也激增了天津居民消费信心，此后随着经济发展和人民生活水平的进一步提高，消费倾向继续呈现稳步温和递减态势。

## 四、城镇居民生活质量持续改善

### （一）恩格尔系数呈下降趋势，食品消费更加均衡

40 年来，随着居民收入的提升和生活的改善，恩格尔系数从 1978 年的 58.1%降到 2017 年的 31.2%，年均下降 0.7 个百分点（见图 3）。

40 年来城镇居民的膳食结构有了极大的改善，健康饮食的观念深入人心。一方面食品消费从早期以满足温饱为目的，到如今追求更加健康均衡，粮食消费在食品消费中不再占主导地位，有营养和对健康更有帮助的食品消费占比上升。2017 年，肉禽蛋奶水产品消费占食品消费额的 41.8%（食品消费额不包括烟酒消费）；干鲜瓜果、食品糕点以及其他食品占 26.2%。粮食消费内部结构变化也反映了消费的升级，粗粮消费增多，2017 年，小米、玉米等其他谷物消费量占总谷物消费量的 8.0%以上，薯类和豆类消费占总粮食消费量 9.1%以上。另一方面在外用餐消费不断提升。由于居民生活水平的整体改善、餐饮业的蓬勃发展以及“互联网+餐饮”的广泛普及，2017 年，在外用餐消费人均 2312 元，占食品消费的近四分之一。

### （二）发展享受型需求明显提升，消费占比上升

在实现温饱社会，迈向小康、富裕社会的过程中，天津城镇居民消费也从生存型消费为主逐步向发展享受型消费转变，特别是在 2001 年以后，发展享受型消费进入迅速发展期。

出行交流更加快捷。2017 年，城镇交通通信消费人均 3924 元，占总消费的 13.0%，比 1978 年提高 10.1 个百分点。电信通讯设备技术的迅猛发展、汽车制造业的兴旺满足了人们对交通通信的消费需求。2017 年天津城镇居民通讯消费人均 1298 元，其中，购买通讯工具占 26.9%；交通消费人均 2626 元，其中，购买交通工具占 32.4%。

娱乐休闲教育等精神消费需求旺。2017 年人均教育文化娱乐消费 2979 元，占总消费的 9.8%，比 1978 年提高 4.4 个百分点。教育机构规范化、分类培训机构蓬勃发展、居民自我提升需求提高、天津文化艺术的普及和推广、娱乐模式的多样化满足了天津人民日益增长的各类精神层次消费需求。2017 年天津城镇居民教育消费人均 1439 元，其中，大专及以上教育和成人教育费用占 30.6%，各教育层次培训费用支出占 34.1%；文化娱乐消费人均 1540 元，其中，团体旅游、景点门票、各类演出票等文化娱乐服务支出占比达 70.9%。

保健养生消费受推崇。2017 年人均医疗保健消费 2600 元，占总消费的 8.6%，比 1978 年提高 7.5 个百分点。天津医疗水平的提高、医保报销制度实行、医疗进社区、保健知识舆论宣传等，在天津城镇居民老龄化的大环境下，极大满足了居民日益增长的医疗保健需求，改变了居民的就医理念，提高了居民的身体素质。2017 年，天津市人均寿命为 78.9 岁，在全国 31 个省市中排第三位。

### （三）居住环境明显改善，居住条件显著提升

改革开放以后，各级政府投入大量资金，加快对老城区的改造和新生活区的建设。1992 年天津全面启动城镇住房改革后，住房发展迅速，城镇居民的居住水平快速提高。抽样调查数据显示，2017 年，城镇居民人均居住面积超过 30 平方米，比 1978 年提高 8 倍多，其中：居住在两居室及以上的住房中的住户占 78.8%，80.8%的住户拥有了“自己”的产权。

与此同时，天津着力提升城市载体功能，促进城市综合环境质量改善。抽样调查数据显示，截至 2017 年底，96.0%的住宅外道路已经铺布上水泥或柏油路面，97.8%的住宅使用管道供水入户，100%实现饮用水为过滤或桶装水，83.6%的住宅实现市政或小区集中供暖，80.0%的住宅以管道天然气作为主要炊用能源，社区九成以上配备有健身器材，97.0%以上的社区幼儿园小学配备合理，77.9%的社区配有社区医院或卫生站。

居住条件的改善也带动了家庭设备性能的提升。从 70 年代末价值百元的“手表、自行车、缝纫机、收

音机”等的“老四件”到 80 年代的电视机、电风扇、录音机、洗衣机、电冰箱、手扶机等“新六件”，再到 90 年代的“空调器、影碟机、电脑”等新产品，新世纪，通讯设备、家庭设备不断更新换代，价值十万元级的汽车成消费热点。截至 2017 年底，家用汽车百户拥有量达 41.7 辆，户均移动电话拥有量超过 2 部，户均彩电、洗衣机、电冰箱、空调也达到 1 台以上。

# 改革开放四十年
# 天津农村居民生活变迁

## 一、天津农村居民收入增长迅猛，收入水平不断提高

改革开放以来，天津农村经济社会快速发展，物质文化日益丰富，居民的收入也同样大幅提高。2017年，农村居民人均可支配收入达到21754元，比1978年增长162.4倍，年均增长14.0%。从40年天津农村居民收入发展变化状况来看，大致可以分为五个阶段：

**第一阶段（1978-1983年）**：农业生产经营方式转变初期的天津农村居民收入

党的十一届三中全会召开后，在解放思想、实事求是思想路线的指引下，中国农民创造了以包产到户、包干到户为主要形式的家庭联产承包责任制，1982年，党中央出台了改革开放以来第一个关于农村工作的一号文件，明确指出包产到户、包干到户都是社会主义集体经济的生产责任制；1983年党中央在《当前农村经济政策的若干问题》中肯定联产承包制是在党的领导下我国农民的伟大创造，是马克思主义农业合作化理论在我国实践中的新发展。在此期间，天津认真落实党中央政策，积极推广家庭联产承包责任制，解放和发展了农村生产力，充分调动了农民生产的积极性，农村经济得到快速发展，农民收入不断提升。截止到1983年，天津农村居民人均可支配收入412元，比1978年增长1.69倍，年均增长21.9%。

**第二阶段（1984-1991年）**：农村工业化兴起时期的天津农村居民收入

1984年，国家开始实行政社分开，开展农产品价格改革，逐步取消农产品统购统派制度，鼓励农民面向市场，开始确立农户独立的市场主体地位。1984年中央一号文件明确指出“只有发展商品生产，才能进一步促进社会分工，才能使农村繁荣富裕起来，才能加速实现我国社会主义农业的现代化”。在中央文件的指导下，天津市委市政府在1984年的全市乡镇企业工作会议上将社队企业改名为乡镇企业，提出了“统一思想，依托城市，城乡结合，相互协作，相得益彰，比翼齐飞”的乡镇企业发展方针。1986年天津根据中央政策，进一步提出城乡一体化发展战略，1988年确定了“城乡结合发展乡镇企业，整体推动振兴天津经济”的基本思路，为乡镇企业的稳定健康发展提供了政策支持。在政策的引领下，天津乡镇企业和民营企业得到快速发展，越来越多的农村居民开始进厂务工或投资办厂，农村居民收入来源日益丰富。1991年，天津农村居民人均可支配收入达到1169元，8年间，农村居民人均可支配收入年均增长13.9%。

**第三阶段（1992-2002年）**：农村改革深化时期的天津农村居民收入

1992年邓小平同志南巡讲话后，进一步激发了农民和乡镇企业职工的生产积极性。为扶持和引导乡镇企业持续健康发展，保护乡镇企业的合法权益，1996年国家制定了《乡镇企业法》。在这段时期，天津大部分乡镇企业与民营企业开始转制和调整重组，乡镇企业再次得到快速发展，全市乡镇企业数量、从业人数、固定资产原值都得到了不同程度的增长。2002年，天津农村居民人均可支配收入达到4229元，在此期间，农村居民人均可支配收入年均增长14.8%。

**第四阶段（2003-2012年）**：大力推进社会主义新农村建设时期的天津农村居民收入

党的十六大以来，中央高度关注“三农”问题，相继出台了一系列旨在解决“三农”突出问题的重要政策和措施，包括调整收入分配结构，加大对“三农”的扶持力度，全面取消农业税，进一步放开农产品市场和价格等政策。在此期间，天津在落实国家政策的基础上，大力支持示范小城镇的发展，到2011年已经先后批准了四批示范小城镇建设项目。农村城镇化的快速发展再加上社会主义新农村的建设，使得天津

农村居民可支配收入进一步提高，至 2012 年，天津农村居民人均可支配收入达到 13593 元。10 年间，农村居民人均可支配收入年均增长 11.3%。

**第五阶段（2013 年至今）**：农业供给侧结构性改革时期的天津农村居民收入

党的十八大以来，天津市委市政府深入贯彻落实习近平总书记系列讲话精神特别是习总书记在天津考察时提出的“三个着力”重要要求，适应把握经济发展新常态，全面落实精准扶贫政策，大力推动乡村振兴战略。为提高农民收入水平，市委市政府紧紧围绕示范工业园区建设和中小企业发展，为农民开发更多就业岗位；积极推进农业结构调整，通过调减低效作物改种高效益经济作物，大力发展农产品电子商务，帮助农民建设农产品网络销售平台，促进农民增收。同时，积极稳妥推进村集体产权股份合作制改革；加大财政转移支付力度，继续提高城乡居民养老金标准，实现了城乡低保标准和城乡补贴标准的统一。至 2017 年底，天津农村居民人均可支配收入达到 21754 元。5 年里，农村居民人均可支配收入年均增长 10.0%。

2017 年全国农村居民人均可支配收入 13432 元，天津比全国高 8322 元；在全国 31 个省市由高到低的排位中，居第 4 位。

## 二、增收内在机制不断完善，城乡差距减小

改革开放以来，天津市委市政府始终把农村改革发展放在重要位置，通过深化改革，创新体制，扩大开放，活跃农村经济主导力量，不断拓展农村居民增收的渠道。从收入构成看，天津农村居民工资净收入占比从 1978 年的 86.3%降到 2017 年的 60.4%，而经营净收入、财产净收入和转移净收入从少到多，占比不断上升。

**表 1 1978 年以来部分年份天津农村居民收入来源情况**

单位：%

| 年 份 | 工资性收入占比 | 经营净收入占比 | 财产净收入占比 | 转移净收入占比 |
|---|---|---|---|---|
| 1978 | 86.3 | 13.7 | | |
| 1985 | 40.1 | 56.6 | 3.3 | |
| 2000 | 45.3 | 51.2 | 1.1 | 2.4 |
| 2011 | 55.8 | 31.4 | 3.8 | 9.0 |
| 2015 | 59.7 | 26.8 | 4.2 | 9.3 |
| 2017 | 60.4 | 25.6 | 4.6 | 9.4 |

1978 年，天津农村居民以工资性收入为主。随着家庭联产承包责任制的兴起，加上农产品收购价格改革，停滞的生产力获得解放，农村经济逐渐走出单一的农业经济格局，乡镇企业迅速崛起，产业结构得到调整，二、三产业异军突起，为农村居民增收开辟了新途径。1985 年，天津农村居民家庭人均经营净收入首次超过工资性收入，工资性收入和经营净收入占可支配收入的比重分别为 40.1%和 56.6%。进入 90 年代，特别是邓小平“南巡”讲话之后，天津不断加大支农惠农力度，大力发展区县经济，私营、个体、股份制等民营经济蓬勃发展。随着农民自由流动的放开，务工收入逐渐成为农民增收的重要途径。2000 年，天津农民工资性收入占比达到 45.3%，比 1985 年提高 5.2 个百分点。进入新世纪，天津统筹城乡经济社会发展，建立了“工业反哺农业、城市支持农业”的长效机制，加大对农村社会保障、基础设施建设、农村教育和医疗卫生事业的投入；探索了“宅基地换房”推进小城镇和新农村建设新机制，建立了帮扶机制，鼓励企业参与新农村建设，采取了多种措施不断完善增收机制，打造“四金”（薪金、养老金、租金、股金）农民。2011 年，天津农民收入突破万元大关，居民财产净收入和转移净收入占比分别提高到 3.8%和 9.0%。党的十八大以来，在全国率先实现了统筹城乡的基本养老和基本医疗保险制度，加快“三区”

联动发展，持续推进新型工业化进程，加快农业转型升级，推动循环农业建设，融合推进一二三产发展，各级政府通过多种途径狠抓就业，促进农村劳动力转移。农民工队伍不断壮大，工资性收入成为农村居民增收最直接、最重要、最稳定的推动力。2017 年我市农民工总量为 146.7 万人，其中，本地农民工 111.0 万人，占农民工总量的 75.7%，农村居民财产净收入和转移净收入占比持续提高，分别达到 4.6%和 9.4%，租金、红利、转让土地经营权租金的快速增长以及农民社会保障水平的不断提高，为农民增收提供了持续动力。

改革开放以来，天津积极推进传统农村向现代化城镇转变，城镇化建设水平不断提高。2017 年天津城镇化率达到 82.93%，比 1978 年提高约 68 个百分点。城镇居民和农村居民收入差距基本呈现出逐年缩小的态势（见表 2）。2017 年城乡收入倍差为 1.85，比 1978 年缩小 0.69。收入差距的减小一方面体现为“一体化”成效逐步显现，二元化结构制约壁垒逐渐破除，同时也体现出天津市政府在多渠道增加农民收入，打造社会主义新农村过程中取得的有效成绩。

**表 2　1978 年以来部分年份天津城乡收入差距情况**

| 年　份 | 城镇人均可支配收入（元） | 农村人均可支配收入（元） | 城乡居民收入比值 | 城乡居民收入绝对差 |
|---|---|---|---|---|
| 1978 | 388 | 153 | 2.54：1 | 235 |
| 2001 | 8672 | 3911 | 2.22：1 | 4761 |
| 2006 | 13266 | 6096 | 2.18：1 | 7170 |
| 2011 | 24158 | 11941 | 2.02：1 | 12217 |
| 2012 | 26586 | 13593 | 1.96：1 | 12993 |
| 2013 | 28980 | 15353 | 1.89：1 | 13627 |
| 2014 | 31506 | 17014 | 1.85：1 | 14492 |
| 2017 | 40278 | 21754 | 1.85：1 | 18524 |

## 三、消费水平稳步提高，消费质量逐步优化

随着收入的增加、农村消费市场的建立及完善和农村消费环境的改善，天津农村居民的生活消费状况也得到了显著改善。2017 年，天津农村居民人均消费支出大幅提高达到 16386 元，是 1978 年的 124.2 倍，年均增长 13.2%。

农村居民消费结构不断优化，逐步由基本生活型向享受型消费转变。2017 年，农村居民用于食品、衣着、居住、生活用品及服务四项消费支出的比重合计达 63.7%，较 1978 年降低了 31 个百分点；而在交通通信、医疗保健、教育文化娱乐的消费支出比重达 34.5%，较 1978 年提高 32.2 个百分点。

### （一）食品消费从生存向营养转变

随着改革开放的不断深入，社会主义市场经济的逐步建立，消费品市场的不断完善，农村居民收入的持续增长，农村居民食品烟酒消费绝对值保持平稳较快增长，2017 年人均达到 4852 元，比 1978 年增长 60.4 倍，年均增长 11.1%。农村居民恩格尔系数不断下降，1978 年为 59.8%；2000 年首次降至 40%以下，为 39.5%；2017 年底已下降至 29.6%。

同时天津农村居民食品消费结构不断改善，膳食搭配日益优化。尤其近几年来，随着健康生活合理饮食消费理念的不断普及，农村居民的食品消费结构已从改革开放初期的以粮食为主的结构，逐渐向种类繁多、营养优质、搭配合理的优质饮食结构转变。2017 年，农村居民人均粮食消费量从 1978 年的 245 公斤下降到 142.4 公斤；肉禽蛋奶水产品消费量从 1978 年的 4.5 公斤上升到 66.9 公斤；干鲜瓜果从无到有，2017 年达到 71.3 公斤。

（二）衣着消费逐渐多元化

80 年代初期，农村居民的穿衣观念尚未得到改变，农村居民衣着消费增速较慢。90 年代，随着改革开放的逐渐深入，服装生产力水平不断提高，服装材质渐渐增多，衣着逐渐告别短缺，成衣化趋势明显，农村居民衣着消费逐渐多元化，从穿着暖和转向穿着舒服再到穿着漂亮，不断追求时尚化、个性化发展，并逐步向城镇居民靠近。

2017 年，农村居民人均衣着消费 1128 元，比 1978 年增长 55.4 倍，年均增长 10.9%。占消费支出的比重为 6.9%，比 1978 年下降 8.3 个百分点。城乡居民衣着消费的差距由 1978 年的 2.70 倍缩小到 2017 年的 1.88 倍。

（三）居住条件和生活环境更加清新优美

从 1984 年起，天津市委市政府坚持每年为农村居民办实事，不断推动基础设施建设向农村覆盖，努力改善村容村貌。抽样调查数据显示，2017 年农村电网覆盖率达 100%，自来水普及率达 98.2%，垃圾集中处理率达 95.4%，26.4%的村有绿化园林景观设计，23.0%的村开通了管道燃气， 15.1%的村还实现了集中供暖。

生活环境的日益改善也促使了农村居民居住条件的变化。房屋结构早就告别了土坯房，房屋质量也今非昔比。2017 年，农村居民人均建筑面积 33.5 平方米，比 1978 年增长了 2.7 倍左右。人均居住消费支出 3354 元，是 1978 年的将近 240 倍；占总消费比重由 1978 年的 10.6%提升到 20.5%。

与此同时，家庭耐用消费品不断升级换代。从自行车、缝纫机、手表的普及到淘汰，再到电冰箱、洗衣机、热水器、空调的从无到有，并逐步普及，节能环保型家电逐渐成为农民家庭的新追求。2017 年，农村居民人均生活用品及服务消费支出 1101 元，比 1978 年增长 90.75 倍，年均增长 12.3%。2017 年末，百户拥有洗衣机 99.5 台，电冰箱 100.3 台，热水器 93.0 台，空调 81.9 台。

（四）出行和交通发生质的飞跃

交通通信消费是改革开放以来农村居民变化最大的一类消费，在改革开放初期，农村居民基本没有交通通信支出，到 1992 年人均也就只有 20 元的消费。随着交通、道路、通信等基础设施建设的不断完善，为农村居民的出行和沟通提供了便利。抽样调查数据显示，2017 年村村实现了道路硬化、通公路、通电话、通宽带和通有线电视，农村电网覆盖率达 100%，73.8%的村可以便利乘坐公共汽车。从自行车、摩托车的鼎盛到没落，从助力车、轿车的从无到有，居民的出行方式也经历更多选择。同时，随着电话、手机、宽带的普及，农民与外界的联系更加紧密。特别是近十年，伴随着智能手机的普及，交通通信消费水平继续保持高速增长。2007-2017 年，农村居民人均交通通信消费从 442 元增加至 2902 元，年均增速高达 20.7%。家庭年末每百户拥有的助力车、家用汽车、移动电话数量也迅猛增长，10 年间分别增加了 57.3 辆、30.6 辆和 84.5 部。

（五）精神文化消费需求进一步释放

改革开放后，天津不断加大对农村基础教育的投入，持续改善农村教育环境，积极推行义务教育和“两免一补”政策，农民基础教育水平不断提高，农村职业教育和成人教育体系日臻完善。抽样调查数据显示，2017 年 95.8%的村上幼儿园或学前班便利，97.5%的村上小学便利，81.1%的农村劳动力达到初中以上文化程度。同时，政府积极引导文化消费，实现了村村通有线电视，公园、体育健身场所、图书室、文化站等文化设施不断完善，2017 年，74.2%的村有政府组织的文化服务，93.4%的村有健身器材。教育文化娱乐消费属于精神消费的层次，受收入水平和消费观念的影响，农村居民的教育文化和娱乐消费在很长一段时间都集中在教育消费上。近十年，随着农村居民收入的提高，农村居民越来越注重发展享受型消费，文化和娱乐消费增多，2017 年，人均教育文化娱乐消费 1343 元，占总支出的比重为 8.2%，比 1978 年提高 7.4 个百分点。同时，教育消费在教育文化娱乐消费中所占比重逐渐降低，2017 年，教育消费占比已降到 71.2%，文化娱乐消费占比上升到 20.8%。

（六）保健防病意识日益增强

改革开放以来，天津不断深化农村医疗卫生体制改革，加强农村医疗队伍建设，健全基层医疗卫生服务网络，均衡医疗卫生服务资源布局，在开展新型农村合作医疗试点的基础上，在全国范围内率先建立统筹城乡居民的基本医疗保险制度，保险覆盖面不断扩大，农村医疗卫生服务能力和水平不断提高。抽样调查数据显示，2017 年，99.8%的农村居民参加了医疗保险，88.0%的村设有卫生站。同时，天津出台多项政策，不断提高医疗补贴标准，提升医疗保障能力，改善基层医疗条件。近几年，随着医疗药品市场的逐步规范，加上农村居民对医疗保健的重视程度不断提升，带动了医疗保健消费支出的快速增长。2017 年，人均医疗保健消费 1407 元，占总消费比重为 8.6%，比 1978 年提高 7.1 个百分点。

# 天津价格改革四十年
# 历程艰辛 成果丰硕

1978 年以来，中国的“渐进式”市场化改革取得了举世瞩目的成就，也为天津的发展带来了历史机遇，天津 GDP 总量从 1978 年的 82.65 亿元增长到 2017 年的 18595.38 亿元，按可比价格计算平均增长速度达 11.1%。与市场化改革相适应的是各个领域的物价改革稳步推进、逐步放开，由计划经济体制下的统一定价机制逐步转变为由市场供求关系确定的市场经济定价机制。我市物价总水平也由过去的大起大落逐步转变为低通胀、温和运行的新常态。

## 一、改革开放以来总体价格形势回顾

改革开放四十年来，伴随着经济发展与价格改革的进程，天津物价总水平（1994 年之前为职工生活费用价格指数，之后为居民消费价格指数）上升了 648.7%，年平均上涨 5.1%。1991-1995 年，天津经历过严重的通货膨胀，物价总水平涨幅连续超过 10%，最高的年份达到 24%。随着市场定价机制的逐步完善，2000 年之后，天津 CPI 一直保持比较平稳的运行态势，直到 2007-2011 年间，CPI 又经历了一个小型过山车式的波动，随后直到 2017 年，进入平稳运行期。（见图 1）

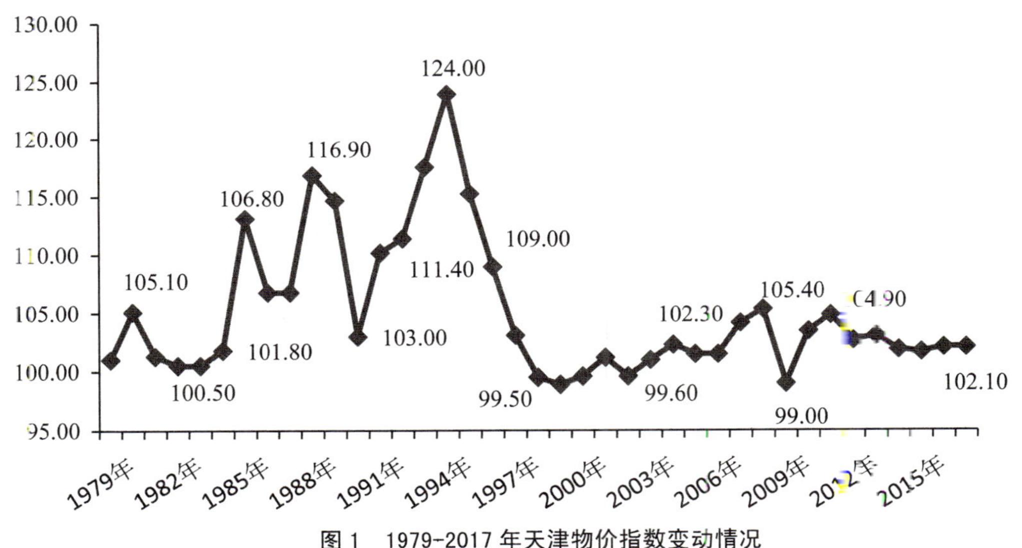


图 1 1979-2017 年天津物价指数变动情况

## 二、计划价格体制时期（1978-1992 年初）

这一时期的价格改革可以概括为“调放结合”，具体可以分为三个阶段。

### （一）第一阶段：改革开放初期（1979-1984 年），以计划定价为手段建立合理价格体系，以调为主，以放为辅

六年间天津职工生活费用价格总水平上涨了 10.56%，平均每年上涨 1.7%。1979 年，全国统一提高粮食收购价格，促进农民增收、农业增产，同时提高猪肉、禽类、水产品、蔬菜等 8 种主要副食品的收购价格与零售价格，导致 1980 年天津市城市职工生活费用总水平上涨 5.1%。1981 年提高烟酒零售价格，当年烟酒茶价格上涨 4.1%，1982 年上涨 20.4%。1983 年提高棉布、书报杂志的价格，当年衣着价格由降转升。在

价格调整的同时，为了不影响职工的生活水平，政府对职工每人每月发放 5 元的副食品价格补贴。

**表 1 1979-1984 年主要类价格指数**

| 年 份 | 职工生活费用价格指数 | 食品 | 衣着 | 文化娱乐用品 | 药及医疗用品 | 服务项目 |
|---|---|---|---|---|---|---|
| 1979 | 101.0 | 102.4 | 99.4 | 102.5 | 100.9 | 100.2 |
| 1980 | 105.1 | 107.6 | 100.6 | 100.3 | 101.2 | 100.5 |
| 1981 | 101.3 | 102.0 | 100.0 | 100.2 | 98.9 | 99.4 |
| 1982 | 100.5 | 103.0 | 97.6 | 100.0 | 100.2 | 100.0 |
| 1983 | 100.5 | 102.6 | 100.6 | 98.5 | 102.0 | 100.0 |
| 1984 | 101.8 | 102.2 | 101.0 | 99.7 | 107.9 | 102.3 |

这一阶段的价格改革正处于探索性阶段，主要侧重于理顺价格结构，使不合理的价格体系得到了初步调整，为价格形成机制的转换奠定了基础。

（二）第二阶段：1985-1988 年，以放开价格管理权限为主，价格改革全面展开，价格涨幅较高

在这期间，天津职工生活费用价格总水平连连攀升，上涨了 50.8%，年平均上涨 10.9%。1985 年国家进一步放开猪肉、水产品、家禽、鲜菜等鲜活食品价格，当年食品价格上涨 19.7%。同年为加快卫生事业发展，国家正式启动医疗改革，放权让利，促使医疗机构逐步实现市场化；1988 年国家进一步推动医疗改革，调整医疗卫生服务收费标准，鼓励医疗卫生事业单位进行“以副补主”，1985 年、1988 年和 1989 年天津药及医疗用品价格分别上涨 8.9%、24.1%和 24.7%。1986 年至 1987 年，小商品价格全面放开，包括自行车、黑白电视机、电冰箱、洗衣机等。1988 年，国家继续扩大价格放开范围，包括副食品和工业品，当年 8 月波及全国的抢购风潮也影响到我市，市政府为了控制物价上涨，通过增加财政补贴、商业让利、企业强帮弱等措施稳定市场，全年用于猪肉补贴 2.3 亿元，鸡蛋补贴 6215 万元，蔬菜补贴 7300 万元，牛奶补贴 1000 万元。

**表 2 1985-1988 年主要类价格指数**

| 年 份 | 职工生活费用价格指数 | 食品 | 衣着 | 文化娱乐用品 | 药及医疗用品 | 服务项目 |
|---|---|---|---|---|---|---|
| 1985 | 113.1 | 119.7 | 100.5 | 99.7 | 108.9 | 102.7 |
| 1986 | 106.8 | 109.0 | 105.7 | 101.0 | 101.1 | 101.6 |
| 1987 | 106.8 | 108.3 | 105.9 | 103.0 | 102.5 | 106.1 |
| 1988 | 116.9 | 118.7 | 120.5 | 117.1 | 124.1 | 105.1 |

这一阶段，经过一系列的改革，多数商品的比价渐趋合理，对促进生产发展、活跃市场起到了积极的作用。但同时，长期以来抑制性的通货膨胀在需求的拉动下很快释放出来，给经济发展和人民生活带来了一定的影响。

（三）第三阶段：1989-1991 年，三年的治理整顿，“管、调、放”相结合，抑制了过高的物价涨势

在这期间，天津职工生活费用价格总水平上涨了 30.2%，年平均上涨 9.3%。1989 年，我市政府坚决贯彻执行“治理经济环境，整顿经济秩序，全面深化改革”的各项措施，放慢价格改革的步伐，以抑制通货膨胀、稳定市场物价为主。1990 年，天津职工生活费用价格指数仅上涨 3.0%，涨幅大幅回落。

**表 3 1989-1991 年主要类价格指数**

| 年 份 | 职工生活费用价格指数 | 食品 | 衣着 | 文化娱乐用品 | 药及医疗用品 | 服务项目 |
|---|---|---|---|---|---|---|
| 1989 | 114.70 | 111.2 | 123.4 | 115.8 | [illegible] | 109.4 |
| 1990 | 103.00 | 101.0 | 110.6 | 95.8 | [illegible] | 106.5 |
| 1991 | 110.20 | 111.1 | 106.0 | 91.3 | [illegible] | 137.9 |

## 三、创建和完善市场价格体制时期（1992 年至今）

这一时期的价格改革放弃了原来的“计划体制”，开始转向建立和完善市场价格体制，可以分为四个阶段。

（一）第一阶段：1992-1996 年，社会主义市场经济体制最终确立，价格改革全面展开，物价涨势偏高

五年间，天津居民消费价格总水平（1994 年正式编制）上涨了 104.2%，年平均上涨 15.5%。1992 年邓小平南巡讲话后，天津加快改革开放和经济发展步伐，六年间国内生产总值增长 25[illegible]%，年平均增长 24.5%，进入全国发展较快地区的行列。伴随着经济的增长，价格领域的改革也全面铺开。1992 年天津调高房租价格，并上调了粮食、和制品、牛奶、自来水、民用煤和燃气价格，放开了鲜菜、猪牛羊肉价格。1993 年又放开了粮油、牛奶价格，并相继调整了民用水、民用电价格，提高学杂费收费标准。1994 年提高部分报纸、杂志价格，放开了托幼园所的收费标准。1995 年天津继续提高住房租金，调整了食盐价格，提高了铁路客运价格，同时给职工每人每月增发 12 元的价格津贴。1996 年提高了民用水、食盐价格，调整了民用电、民用煤、燃气价格，以及公交票价、学杂费标准等。

**表 4 1992-1996 年主要类价格指数**

| 年 份 | 居民消费价格指数（1994 年正式编制） | 食品 | 衣着 | 医疗保健 | 居住 | 服务项目 |
|---|---|---|---|---|---|---|
| 1992 | 111.40 | 113.4 | 105.5 | —— | —— | 133.1 |
| 1993 | 117.60 | 116.7 | 108.4 | —— | —— | 147.3 |
| 1994 | 124.00 | 128.5 | 110.0 | 121.9 | 109.1 | 158.4 |
| 1995 | 115.30 | 121.5 | 107.2 | 115.5 | 116.0 | 112.8 |
| 1996 | 109.00 | 106.7 | 104.8 | 106.6 | 137.1 | 117.4 |

这一阶段，价格改革的调放力度较大、范围较广，对于解决价格矛盾，改善不合理的价格结构，促进生产发展市场繁荣发挥了积极的作用，社会主义市场价格体制初步建立。

（二）第二阶段：1997-2006 年，价格改革进入巩固阶段，社会主义市场价格体制日趋完善，物价波动进入平稳期

这一时期，天津 CPI 低位运行，十年间总水平仅上涨 8.4%，年平均上涨 0.8%。1998-2000 年，受亚洲金融危机波及，需求疲软，加上食品市场供应充裕，粮食价格连连下降，天津居民消费价格处于低迷状态，通缩特征明显。

随着天津“米袋子”、“菜篮子”工程建设的不断发展，各类农贸批发市场建设日臻完善，这一时期，天津食品价格保持平稳运行。2003 年开始的食品价格新一轮上涨周期源于粮食价格的上涨，非典时期的疫情对肉禽蛋等食品供应的影响，以及农业的结构性调整。

这一时期，市政府为疏导价格矛盾、理顺价格机制、减轻财政负担，结合国内国际宏观经济形势，经过充分调研、多方论证，陆续调高民用水、民用电、住房租金、燃料等价格，天津居住价格连续上涨，年

平均上涨 5.5%。

1998 年，《价格法》正式实施，逐步完善宏观经济调控下主要由市场形成价格的机制，我市价格改革不断向深入推进，大多数商品和服务价格实行市场调节价。2002 年，天津市政府首次发布了政府定价目录，共计 127 项。

**表 5　1997-2006 年主要类价格指数**

| 年　份 | 居民消费价格指数 | 食品 | 医疗保健 | 居住 | 服务项目 |
|---|---|---|---|---|---|
| 1997 | 103.10 | 102.1 | 101.4 | 118.4 | 105.1 |
| 1998 | 99.50 | 97.7 | 94.2 | 104.3 | 112.5 |
| 1999 | 98.90 | 95.8 | 102.2 | 101.4 | 115.0 |
| 2000 | 99.60 | 98.0 | 99.7 | 104.3 | 111.6 |
| 2001 | 101.20 | 100.8 | 101.5 | 106.4 | 110.2 |
| 2002 | 99.60 | 99.3 | 102.6 | 103.7 | 104.4 |
| 2003 | 101.00 | 103.3 | 92.1 | 101.7 | 107.8 |
| 2004 | 102.30 | 109.9 | 91.6 | 103.6 | 100.3 |
| 2005 | 101.50 | 103.4 | 97.6 | 106.7 | 101.6 |
| 2006 | 101.50 | 102.7 | 101.5 | 104.4 | 101.5 |

这一阶段，伴随市场经济的不断发展，由价格放开带来的商品短缺状况得到有效缓解，市场供求平衡使价格变化趋于稳定，物价稳定运行在一位数时代。

（三）第三阶段：2007-2011 年，国际物价的传导影响日益深远，价格改革进入“深水区”、“攻坚区”，价格改革以宏观调控为主

这一时期，天津 CPI 经历两个通胀周期，总水平上涨 18.0%，年平均上涨 3.4%。从影响程度来看，食品价格成为影响 CPI 波动的主要因素。第一轮通货通胀是由于部分食品供给问题引起的结构性上涨，加上国际市场石油、钢材、有色金属等大宗商品价格的变化带来的传导影响。第二轮通货膨胀来自于食品价格的全面上涨，尤其是粮食、油脂等价格的上涨。

这一时期，为缓解价格水平快速上涨，国家层面从供给、需求层面采取了一系列行之有效的措施。2008 年提出“防止价格总水平过快上涨”是宏观调控的重大任务，并将货币政策取向由稳健调整为从紧。2011 年提出“要把稳定价格总水平作为宏观调控的首要任务”，货币政策取向也由湿度宽松转为稳健。天津市委、市政府积极贯彻落实国家的支持农业生产、促进蔬菜供给等一系列增加有效供给的政策，2008 年连续出台了发放能繁母猪补贴资金、保险、扶持生猪生产等一系列稳定猪肉市场价格的措施。2009 年市政府出台《全力做好新形势下价格工作促进经济平稳较快发展的实施意见》，从 28 个重点方面推进价格工作更好服务经济社会发展。2011 年为做好低收入群众的生活保障工作，天津积极落实党中央国务院决策部署，建立社会救助和保障标准与物价上涨挂钩的联动机制。为缓解价格上涨压力，天津延迟出台资源、能源、公共服务等相关价格调整措施，避免价格水平进一步上升。

**表 6　2007-2011 年主要类价格指数**

| 年　份 | 居民消费价格指数 | 食品 | 医疗保健 | 居住 | 工业消费品 | 服务项目 |
|---|---|---|---|---|---|---|
| 2007 | 104.20 | 111.6 | 99.5 | 103.5 | 99.6 | 101.6 |
| 2008 | 105.40 | 112.1 | 102.4 | 105.3 | 102.7 | 100.6 |
| 2009 | 99.00 | 101.2 | 104.2 | 94.9 | 99.8 | 95.2 |
| 2010 | 103.50 | 108.0 | 104.1 | 102.3 | 101.1 | 101.3 |
| 2011 | 104.90 | 111.4 | 100.7 | 104.7 | 101.8 | 103.0 |

这一阶段价格改革的指导思想是从宏观调控角度出发，以价格改革带动政府职能的转变。竞争性产品的价格完全由市场形成，垄断行业产品的价格形成引入竞争机制，价格管理侧重在总量调节基础上有针对性进行结构调节，调节手段由直接调节转变为间接调节。在全球化趋势逐步加强的背景下，价格管理的范围逐步由单纯的国内价格管理转为国内外价格的统一调控。

（四）第四阶段：2012 年至今，价格调控手段日益成熟，价格改革进一步深化，物价一直保持平稳运行态势

这一时期，天津 CPI 一直处于 2%上下波动，年均增长 2.3%，而且经济增长速度始终保持在 10%左右，形成了高增长低通胀的良好局面。十八大以来，天津紧紧围绕党中央、国务院决策部署，根据中发[2015]28 号文件精神，制定《关于推进价格机制改革的实施意见》（津党发[2016]17 号），总体目标：到 2017 年，放开我市政府定价中的竞争性领域和环节价格，到 2020 年，市场决定价格机制基本完善，价格改革领域涉及能源资源、民生保障、环境保护、京津冀协同发展等。2016 年天津开启公立医院改革步伐，逐步取消公立医院药品加成、取消一次性医用耗材加成等，理顺医疗服务价格，2016 年、2017 年天津医疗保健价格分别上涨 8.8%和 15.4%。

2015 年，天津对执行了 13 年的政府定价目录进行首次修订，留下 44 项，烟叶、化肥、教材、电信基本业务资费等商品和服务项目全部实行市场调节价，药品、交通运输、重要专业服务中有相当一部分品种也已退出政府定价范围。2018 年 4 月 1 日，又对政府定价目录进行修订，只保留了电力、天然气、水、供热等重要公共事业价格，交通运输、教育、养老、福利等重要公共服务价格，救援拖运、司法等重要专业服务共 27 项定价目录，比之前缩减了 17 项。

表 7　2012-2017 年主要类价格指数

| 年　份 | 居民消费价格指数 | 食品 | 医疗保健 | 居住 | 工业消费品 | 服务项目 |
|---|---|---|---|---|---|---|
| 2012 | 102.70 | 106.4 | 102.3 | 100.9 | 101.9 | 100.3 |
| 2013 | 103.10 | 105.8 | 101.2 | 104.4 | 100.2 | 103.8 |
| 2014 | 101.90 | 103.0 | 100.9 | 102.0 | 100.5 | 102.2 |
| 2015 | 101.70 | 101.7 | 101.2 | 102.6 | 100.0 | 103.4 |
| 2016 | 102.10 | 102.8 | 108.8 | 103.6 | 99.9 | 103.7 |
| 2017 | 102.10 | 99.9 | 115.4 | 101.4 | 101.0 | 104.1 |

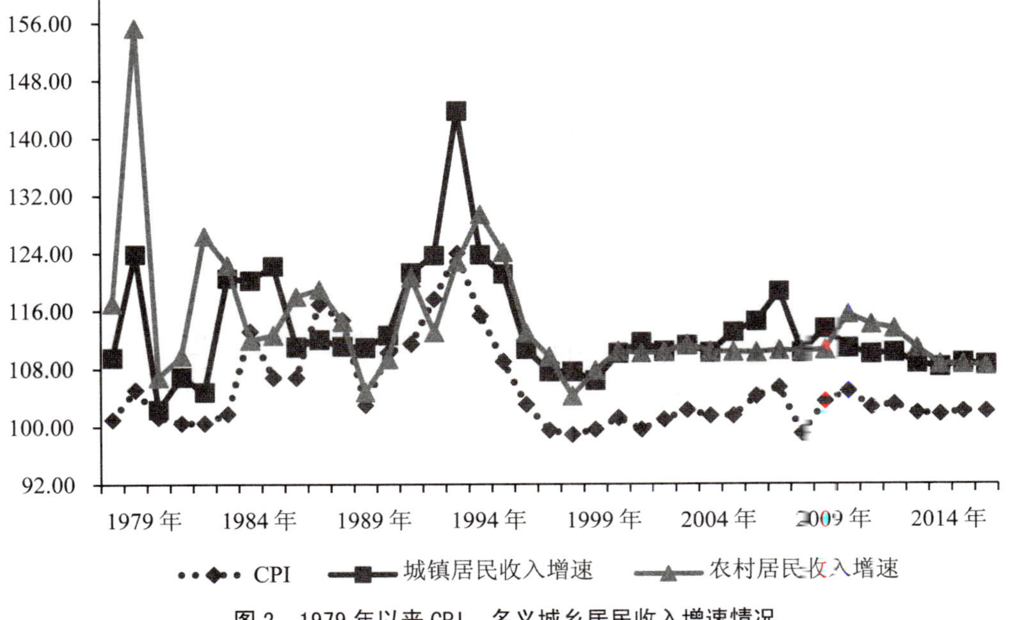


图 2　1979 年以来 CPI、名义城乡居民收入增速情况

这一时期，竞争性产品的价格完全由市场形成，垄断行业产品的价格形成引入竞争机制，价格管理侧重结构调节。CPI 的波动影响因素正慢慢从食品向服务、工业品转移，尤其是服务价格的变化是影响 CPI 波动的主要因素。

（五）价格改革取得成果，居民收入跑赢物价

1978 年—2017 年天津城镇居民人均收入收入增长了 123.8 倍，农村居民人均收入增长了 162.4 倍，而价格指数增长了 5.48 倍，除个别年份外，城乡居民收入都跑赢了物价。特别是自 1996 年社会主义市场价格体制初步确立之后，物价增速始终显著慢于名义居民收入增速，居民收入取得了较高的实际增长率。价格机制的改革作为市场经济体制改革中的关键一环，与整个经济体制的改革组成了一个统一有机体，与收入分配制度改革相辅相成，相得益彰。（见图 2）

## 四、价格形成机制得到深刻变革，市场决定作用日益增强

经过四十年的价格改革，天津价格形成机制发生了深刻的变化，价格机制的作用日益增强，尤其是十八大以来，天津价格改革的各项内容稳步向纵深推进，公平、开放、透明的价格政策体系基本建立，为加快建设美丽天津、全面建成高质量小康社会营造了良好的价格环境。

（一）能源资源价格改革行稳致远

按照“管住中间、放开两头”的思路，电力、天然气价格改革加快推进，同步建立起输配环节价格监管制度。成品油价格机制进一步完善，能够更加灵敏地反映市场。水价形成机制和供热收费机制逐步完善，供热价格矛盾逐步理顺。

（二）民生价格管理成效日益凸显

公立医院医疗服务价格改革全面放开，公立医院药品加成全部取消，破除了多年来的以药补医机制，推进实施按病种、按人头、按服务单元等收费模式。教育收费改革稳步推进，民办义务教育学校纳入“两免一补”政策范围，积极探索高等学校学分制收费制度改革，合理确定公办幼儿园收费标准。旅游价格改革、交通运输价格、保障性住房价格改革等改革持续完善。

（三）环保价格政策导向性作用有效发挥

有利于推广清洁能源的价格政策逐步健全，企业主动节能减排的积极性得到提高。按照“污染付费、公平负担、补偿成本、合理盈利”的原则，全面反映环境使用价格、环境污染价格、污染物处置价格的环境价格形成机制初步建立。对高污染、高能耗行业用电实行阶梯电价政策，有效压减低效供给。

（四）政府定价制度逐步完善

新版政府定价目录已经缩减到 27 项，而且明确了定价内容和定价部门，确保目录之外无定价权。行政事业性收费和经营服务性收费管理机制逐步完善，2017 年，我市废止了 52 份经营服务收费文件。成本监审制度逐步强化，将关系群众切身利益的政府定价项目均纳入成本监审目录，实行逢调必审。

（五）市场价格秩序依法规范

市政府多次组织专项检查小组，开展食品、药品、交通运输等价格检查，维护市场价格秩序。重大节假日期间，密切跟踪市场价格走势，开展市场价格巡查，确保市场价格秩序规范。

（六）价格调控体系日益健全

政府联合运用法律、经济、行政等手段精准调控物价，保持价格总水平稳定。按照“促发展、保两头、活流通、增储备、管市场”的思路，做好农产品的保供稳价工作。落实基本生活必需品价格上涨与困难群众生活补助联动机制，困难群众基本生活得到有效保障。

## 五、新时代、新特点

四十年的价格改革，影响价格波动的因素已经发生了根本性的变化，由“全面上涨”转向“结构性影响”，尤其是十八大以来，我市物价波动呈现出以下几个新特点：

（一）物价总体波动进入平稳期，且慢于居民收入增速

2012-2017 年，天津居民消费价格温和上涨，各年度价格总水平分别上涨 2.7%、3.1%、1.9%、1.7%、2.1%和 2.1%，年均上涨 2.3%，总体进入“2”时代，且各年之间波动趋稳，极值差异仅为 1.4 个百分点，是各个阶段的最小值。

（二）CPI 主要由食品拉动向服务拉动转变

2012 年以来，食品价格对 CPI 的贡献率分别为 70.7%、57.8%、50.8%、33.5%、23.3%和-1.4%，逐年下降且在 2017 年由正转负。相反，服务价格对 CPI 的贡献率分别为 4.1%、39.0%、37.3%、65.9%、73.3%、82.4%，基本处于逐年上涨态势，而且已经成为拉动 CPI 上涨的第一因素。尤其是反映人们美好生活的各项服务项目价格上涨明显，如旅游、教育、健身、养老等。

（三）工业品价格走势出现结构性变化

电子产品不断升级换代，价格不断走低，如移动电话机、电脑、空调等，通信工具价格累计下降 17.5%，百姓得到实惠。交通工具价格也在市场竞争越来越充分、激烈的前提下逐渐下降，而且交通出行方式呈现新变化，共享单车、共享汽车的出现降低了居民出行成本、提升了出行便利性，交通工具价格累计下降 16.1%。药品价格在多重因素影响下逐渐上涨，尤其是中药材价格涨幅不断扩大。

十九大提出中国特色社会主义进入新时代，我国社会主要矛盾已经转化为人民日益增长的美好生活需要和不平衡不充分的发展之间的矛盾，人民对美好生活的追求体现在消费领域的方方面面，如食品健康化、衣着舒适化、家居智能化、教育多样化、阅读国民化等，这些都正在居民消费价格指数中有所反映。当前天津的价格水平平稳运行、价格环境良好可控，为建设美丽天津、全面建成小康社会、经济高质量发展提供了广阔的空间。

# 改革开放四十年<br>天津农业实现跨越式发展

改革开放40年来，天津市农业发生了翻天覆地的变化，实现了跨越式发展。全市农产品产量大幅增加，生产条件显著提升，生态环境持续改善，天津农业发展模式正在由高速发展向绿色发展、高质量发展快速转变，都市型现代农业建设已经取得丰硕成果，农业全面升级的目标正在加速实现。

## 一、农业生产实现跨越式发展

作为农业高新技术产业示范区、京津冀绿色精品高档菜篮子产品供给区和农产品物流中心区，天津农业跨越式发展呈现三大特点：

### （一）农产品产量大幅增加

随着新农村建设、“菜篮子”工程、“4412”工程以及设施农业提升工程等支农惠农工程的实施，天津各类农产品产量大幅增加。

种植业产品情况。2017年天津市粮食总产量达到212.3万吨，比1978年增加了95.3万吨，增长81.5%；棉花总产量达到2.5万吨，是1978年的10.9倍；油料产量1.3万吨，增加了26.1%；蔬菜及食用菌产量269.6万吨，是1978年的2.2倍。

畜牧业产品情况。2017年天津市生猪出栏297.2万头，是1978年的4.1倍；1978年牛出栏仅为0.07万头，随着生活水平提高，牛肉需求增加，2017年牛出栏已达到19.5万头，是1978年的278.4倍；2017年羊出栏55.2万只，是1978年的14.4倍；家禽出栏6137.6万只，比1995年纳入统计范围时增加了96.7%。猪、牛、羊、禽四大畜牧业品种肉类总产量为36.1万吨，是1978年6.51万吨的5.5倍；禽蛋总产量达到19.0万吨，是1978年的11.6倍；牛奶产量达到52.1万吨，彻底摆脱改革开放前牛奶供应的紧张状态。

渔业生产情况。2017年，天津市水产品总产量达到32.3万吨，是1978年的7.2倍。水产品养殖的快速发展带动了水产品总产量的提高，2017年全市养殖水产品产量达到27.8万吨，是1978年的83.5倍，其中海水养殖产品产量达到0.9万吨，是1978年的81.2倍；淡水养殖产品产量达到26.9万吨，是1978年的83.6倍。

### （二）资源利用效率明显提高

在耕地资源有限、城镇化进程不断加快、环境保护压力持续增大的情况下，天津市从提升资源利用效率入手推动农业快速发展，农产品供给能力不断增强。

种植业产品单位面积产量大幅提高。2017年，天津市粮食作物平均亩产为402.7公斤，是1978年的3.1倍，其中小麦、玉米、水稻、大豆四个主要品种平均亩产分别是1978年的2.5倍、3.4倍、2.5倍和1.78倍；油料作物平均亩产150.6公斤，是1978年的4.4倍；蔬菜及食用菌平均亩产3647.4公斤，是1978年的1.7倍。

畜牧业生产效率大幅提高。改革开放以来，天津市畜禽养殖逐步摆脱自给自足的生产经营模式，快速实现产业化发展，生产效率得到大幅提升。其中，生猪养殖周期大幅缩短，出栏率由1978年的72.3%提升至2017年的165.2%；活牛养殖发生根本性变革，改革开放前以役用牛养殖为主，1978年牛出栏率仅为1.3%，到2017年肉牛、奶牛存栏分别达到13.8万头和11.9万头，役用牛仅有几百头，牛出栏率达75.4%，牛肉产量3.4万吨，牛奶产量52.1万吨；羊出栏量则由1978年的3.8万只增长至2017年的55.2万只；家禽养殖也由产蛋为主逐渐转变为产肉、产蛋并重，2017年禽肉产量达到7.7万吨，禽蛋产量达到19.0万吨。

（三）农业产业结构加速优化。

农林牧渔业生产格局发生彻底转变。种植业产值占农林牧渔业总产值的比重从1978年的80.4%下降到2017年的47.9%；林业产值比重从1978年的0.6%提升到2017年的2.3%；畜牧业比重从15.6%提升到28.3%；渔业比重从3.3%提升到18.3%；农林牧渔服务业得到快速发展，2017年比重已达到3.2%。总格局优化的同时，各个产业内部结构也发生了明显变化。

在种植业内部，粮食作物播种面积比重从1978年的85.8%下降到2017年的80.0%，经济作物比重比1978年上升了5.8个百分点。

畜牧业生产方面，马、驴、骡等役用牲畜由1978年的17.8万头减少至数千头，牛的主要用途由役用转为食用，存栏则由1978年的5.3万头提升至25.8万头。生猪、羊、家禽等提供肉、蛋、奶、皮毛等产品的畜禽存栏不断提高，2017年生猪存栏180.0万头，比1978年增长79.3%；羊存栏43.5万只，增长93.5%；家禽存栏达到2294.5只。

## 二、农业生产条件大幅改观

农业生产的跨越式发展，离不开生产条件的改善，天津市广大农村干部群众积极落实中央部署，不断改善农业生产条件，为农业生产快速发展奠定了坚实基础。

（一）农田水利建设水平明显提高

天津市作为全国水资源最为紧缺的城市之一，农田水利设施建设的发展正快速由增加有效灌溉面积向提升节水灌溉率的方向发展， 2017年末，天津市有效灌溉面积为457.9万亩，其中节水灌溉面积为353.2万亩，农业节水灌溉率达到77.1%。节水灌溉的快速发展，使有限的水资源得到了更加充分的利用。

（二）农业机械化水平大幅提高

天津市农业机械化的发展可分为两个阶段。第一阶段由1978年至2002年，农业机械数量、农业机械化水平均有较大幅度提高，农业机械总动力由182.1万千瓦迅速提升至612.7万千瓦，农用拖拉机数量由1.66万台增加至4.54万台，其中大中型拖拉机0.89万台，小型拖拉机3.65万台。得益于农业机械化的发展，2002年全市农田机耕率达90.7%，农田机播率45.2%，机收面积占总收获面积的比重为20.4%，其中小麦机收率达97%，水稻机收率达62%。第二阶段由2002年至2017年，农业机械快速向大型化、集约化方向发展，农业机械数量有所减少但发展水平加速提升。2017年，天津市农业机械总动力调整至464.65万千瓦，农用拖拉机数量调整至1.73万台，其中大中型拖拉机1.55万台，小型拖拉机0.18万台。虽然农业机械总动力、数量均有所下降，但在农业机械大型化、集约化的推动下，2017年全市小麦种植实现全程机械化，机耕、机播、机收率均达到100%；水稻种植机械化水平达到94.73%；玉米种植机械化水平达到97.92%。

（三）设施农业建设加速发展

通过“菜篮子”工程、“4412”工程及设施农业提升工程的实施，2017年，天津市温室数量达到6.3万个，占地面积9.4万亩；大棚数量达到6.2万个，占地面积8.4万亩。温室和大棚蔬菜种植面积达到32.8万亩，产量123.8万吨，占全部蔬菜播种面积的44.4%，产量占蔬菜总产量的45.9%。

（四）畜禽养殖规模化程度明显提高

第三次全国农业普查结果显示，截止2016年末，在养殖户中，生猪养殖规模户和生产经营单位总户数占养殖户总数的31.4%，但其拥有的生猪存栏占全市生猪存栏的比例达到83.8%；牛养殖规模户和生产经营单位总户数占养殖总户数的21.4%，但其拥有的牛存栏占全市牛存栏总量的比例达到83.1%。羊和鸡几乎全部由规模户和生产经营单位饲养。

（五）绿色农业、生态农业深入人心

随着生活水平的提高，人们对生活方式的健康环保要求越来越高，为满足人民需要，农业生产也正逐步向绿色农业、生态农业迈进。

化肥、农药使用量逐渐减少。改革开放初期，化肥、农药的推广使用曾经极大的促进了天津农业的快速发展，施用量在2009年达到最高值。近年来，人们更加注重健康、绿色，对绿色、有机、无公害农产品需求量显著增加，化肥、农药施用量开始逐渐减少。2017年，天津市化肥施用折纯量为18.01万吨，比2009年的最高值25.96万吨减少了30.6%；农药使用量为0.24万吨，比2009年最高值的0.38万吨减少了36.8%。

畜禽废弃物治理工作加速推进。天津市委市政府高度重视畜禽养殖废弃物对环境的影响，采取多项措施加强畜禽废弃物污染治理，提升资源化利用水平。一是制定了《天津市规模户畜禽养殖场粪污治理工程实施方案》、《天津市加快推进畜禽养殖废弃物资源和利用工作方案》，并专门成立了粪污治理工程办公室；二是完善配套资金支持，对规模化畜禽养殖场粪污治理工程的财政补贴由40%提升至80%；三是加快有机肥厂建设，引导农户增加施用有机肥，减少化肥施用，有机肥年产量达到20万吨左右。截止2017年，天津市共完成1615家规模养殖场的畜禽废弃物污染治理工作。

现代农业与生态环境保护协同发展。为促进农业发展、加快生态城市和美丽天津建设，市委市政府颁布《天津市生态用地保护红线划定方案》、《天津市湿地保护条例》、《关于健全生态保护补偿机制的实施意见》等文件，大力促进天津市郊野公园、湿地公园建设。在促进生态环境保护的同时，市委市政府一方面下发《关于进一步加强我市郊野公园建设用地管理工作的通知》，切实保障耕地占补平衡，另一方面在郊野公园和湿地公园的运营过程中，着力引入现代新型农业生产经营模式。绿色农业、生态农业、循环农业、特色优质农业、高标准设施农业等在公园内蓬勃发展，大幅提高了农民收入，带动了天津市农业科技水平的快速提高。

休闲农业和乡村旅游快速发展。近年来，天津市大力推动农业供给侧结构性改革和一二三产业融合发展，共投入休闲农业和乡村旅游建设资金6000余万元，社会资本投入超过80亿元。目前，全市已建成4个全国休闲农业与乡村旅游示范县（区），20个全国休闲农业与乡村旅游示范点，14个中国美丽休闲乡村，35个全国一村一品示范点。2017年全市休闲农业和乡村旅游直接从业农民达7万人，接待游客超过1600万人次。为进一步落实乡村振兴战略，天津市已经提出休闲农业与乡村旅游发展规划，计划到2020年，全市休闲农业和乡村旅游接待游客数量达到3150万人次，消费规模突破125亿元。

## 三、成功的经验

回顾改革开放40年天津农业的发展历程，之所以能够取得如此辉煌的成就，关键在于：

一是全面落实中央“三农”改革相关政策，有力推动天津农产品供给能力的提升。改革开放40年，历届市委、市政府都把全面落实中央关于“三农”改革相关政策放在重中之重的位置。“联产承包责任制”、“国家对18种农产品价格平均上调24.8%”、“合同定购和市场收购”、“进一步深化粮食流通体制改革”以及“取消农业税”等各项改革政策在天津的全面落实，极大地调动了农民的生产积极性，农产品产量快速增长，供给能力明显提升。

二是坚持以人为本，农业发展日趋规范、农业功能日趋完善。在过去的40年里，天津始终坚持想事情、定政策从解决好群众最关心、最直接、最现实的利益问题入手，制定了一系列加快“农业”发展的政策措施。为满足群众需求和改善农村居民生活环境，天津从1988年陆续开启了“菜篮子”、“米袋子”和“畜禽废弃物治理”、“畜禽废弃物资源利用”、“湿地公园建设和森林公园保护工程”、“生态移民工程”、“天津市文明生态村创建”、“百村创建、千户发展、万人参与”的休闲农业“百千万”工程等工作。这些工作效果的显现，实实在在地解决民生问题，改善了农村居住环境，优化了农业产业结构，提升了农业经济效益，增加了农民家庭收入。

三是坚持解放思想，不断改革创新，带动农业产业升级。40年来，天津不断创新发展思路，完善农村生产关系，转变发展方式，一切工作坚持高起点、高标准、高水平，使天津市“三农”工作取得了重大进展。在上世纪80年代天津实施了农业良种工程，依靠科技支撑了农业的持续快速发展。90年代，积极实施农业产业化发展战略，极大地促进了高产、优质、高效农业的迅速发展。进入本世纪，土地流转进程和农民专业合作社建设步伐加快，土地集约化和农业专业化程度明显提升。各项工作的落实，不仅解决了天津当时农业方面存在的诸多问题，而且推进了农业产业优化升级。

四是坚持统筹城乡经济社会共同发展，增加农业投入，农业生产条件明显改观。进入新世纪以来，天津紧紧抓住城乡经济社会共同发展这个主题，突破了就农业论农业的传统思维模式，把农业发展放到整个国民经济发展中统筹部署。牢固树立对农业“多予、少取”的发展理念，在公共财政支出方面向农业生产倾斜，增加农业生产投入，进而带动农村基础设施水平、农业机械化率明显提高，设施农业、农业科技水平明显提升，农业生产条件明显改观。

注：2017 年粮食、经济作物、畜禽数据为根据第三次全国农业普查结果修订的数据。

# 二、人民生活

# Chapter 2
## PEOPLE'S LIVING CONDITIONS

# 2-1 全市居民家庭基本情况
# Basic Conditions of Citywide Households
# (2013-2017)

| 项　目 | Item | 单位 | Unit | 2013 | 2014 | 2015 | 2016 | 2017 |
|---|---|---|---|---|---|---|---|---|
| **一、调查样本户数** | **Number of Households Surveyed** | 户 | **household** | **3917** | **3916** | **3929** | **3958** | **3970** |
| 1.城镇住户 | Urban | 户 | household | 2927 | 2931 | 2943 | 3014 | 3018 |
| 2.农村住户 | Rural | 户 | household | 990 | 985 | 986 | 944 | 952 |
| **二、调查样本户结构** | **Structure of Household** | | | | | | | |
| 1.城镇住户 | Urban | % | | 74.7 | 74.8 | 74.9 | 76.1 | 76.0 |
| 2.农村住户 | Rural | % | | 25.3 | 25.2 | 25.1 | 23.9 | 24.0 |
| **三、住户基本情况** | **Basic Conditions of Households** | | | | | | | |
| 户均常住成员 | Average Number of Permanent Residents Per Household | 人/户 | person/household | 2.93 | 2.93 | 2.90 | 2.93 | 2.92 |
| 户均就业成员 | Average Number of Employees Per Household | 人/户 | person/household | 1.64 | 1.62 | 1.55 | 1.56 | 1.51 |
| 平均每户就业人口比重 | Average Employment Proportion Per Household | % | | 56.0 | 55.3 | 53.7 | 53.2 | 51.6 |
| 平均每一就业者负担人口 | Average Number of Dependents Per Employee | 人 | person | 1.79 | 1.81 | 1.86 | 1.88 | 1.94 |
| **四、住户常住成员户口登记地** | **Registered Location of Permanent Residents** | | | | | | | |
| 1.本村(居委会) | Home Village or Residents' Committee | % | | 73.7 | 78.8 | 80.3 | 79.8 | 80.7 |
| 2.村外乡(镇、街道)内 | Outside Home Village | % | | 7.0 | 6.9 | 6.2 | 4.8 | 4.8 |
| 3.乡外县(区)内 | Outside Home Township Residential District | % | | 3.8 | 4.1 | 4.2 | 4.8 | 3.4 |
| 4.县外市内 | Outside Home County (District) | % | | 5.5 | 5.6 | 5.8 | 6.2 | 6.2 |
| 5.市外省内 | Outside Home Municipality | % | | | | | | |
| 6.省外 | Outside Home Province | % | | 5.0 | 4.6 | 3.5 | 5.6 | 4.9 |
| 7.其他(如户口待定) | Others | % | | | | | | |
| **五、住户6周岁及以上成员受教育程度** | **Education Level of Residents Above 6-Year-Old** | | | | | | | |
| 1.未上过学 | Non-Educated | % | | 2.3 | 2.0 | 1.8 | 1.5 | 1.4 |
| 2.小学 | Primary School | % | | 15.8 | 15.8 | 15.4 | 15.5 | 15.5 |
| 3.初中 | Junior Middle School | % | | 38.1 | 37.6 | 37.2 | 36.6 | 36.7 |
| 4.高中 | Senior Middle School | % | | 24.0 | 23.7 | 24.1 | 22.9 | 22.9 |
| 5.大学专科 | Junior College | % | | 11.4 | 11.5 | 12.1 | 11.8 | 11.8 |
| 6.大学本科 | Undergraduate College | % | | 7.9 | 8.8 | 8.7 | 10.6 | 10.6 |
| 7.研究生 | Graduate | % | | 0.5 | 0.6 | 0.7 | 1.1 | 1.1 |
| **六、住户从业人员参加养老保险情况** | **Pension Insurance** | | | | | | | |
| 1.新型农村社会养老保险 | The New Rural Community Pension Insurance | % | | 1.2 | 0.9 | 1.2 | 1.0 | 0.8 |
| 2.城镇职工基本养老保险 | Urban Employee Pension Insurance | % | | 55.1 | 54.8 | 53.8 | 55.7 | 55.4 |
| 3.城乡居民基本养老保险 | Urban-Rural Residents Basic Pension Insurance | % | | 17.0 | 18.6 | 21.6 | 24.4 | 25.2 |
| 4.商业养老保险 | Business Pension Insurance | % | | 0.6 | 0.6 | 0.7 | 0.9 | 0.9 |
| 5.其他养老保险 | Others | % | | | | | | |
| 6.没有参加任何养老保险 | No Pension Insurance | % | | 26.1 | 25.1 | 22.7 | 18.0 | 17.7 |
| **七、住户从业人员参加医疗保险情况** | **Medical Care Insurance** | | | | | | | |
| 1.新型农村合作医疗 | The New Rural Cooperative Medical Care Insurance | % | | 0.6 | 0.9 | 1.4 | 1.3 | 0.8 |
| 2.城镇职工基本医疗保险 | Urban Employee Basic Medical Care Insurance | % | | 44.6 | 44.1 | 50.8 | 53.3 | 52.7 |
| 3.城乡居民基本医疗保险 | Urban-Rural Residents Basic Medical Care Insurance | % | | 49.7 | 51.5 | 45.0 | 43.1 | 44.0 |
| 4.公费医疗 | Socialized Medical Care | % | | | | | | |

注：根据国家统计局统一工作部署，自2012年4季度城镇住户调查和农村住户调查实施了一体化改革。改革后的农村住户调查，样本地域范围由涉农区县城乡结合区、镇中心区、乡村缩小到只包括乡村，城乡结合区和镇中心区均纳入城镇。同时，调整了部分指标口径和计算方法。

Notes: According to the arrangement of NBS,urban and rural household surveys have implemented integrated reform since the fourth quarter of 2012 After the reform, the geographic area of the rural household survey has shrunk from urban-rural fringe zone and town center and villages of all the districts and counties to only villages. Urban-rural fringe zone and town center have been brought into urban area. Meanwhile, the reform has adjusted some statistical caliber and its calculations.

2-1 续表 1 continued

| 项　目 | Item | 单位 | 2013 | 2014 | 2015 | 2016 | 2017 |
|---|---|---|---|---|---|---|---|
| 5.商业医疗保险 | Business Medical Care Insurance | % | 1.1 | 1.2 | 0.8 | 0.7 | 0.9 |
| 6.其他医疗保险 | Others | % | | | | | |
| 7.没有参加任何医疗保险 | No Medical Care Insurance | % | 4.0 | 2.3 | 2.0 | 1.6 | 1.6 |
| **八、住户从业人员行业分布** | **Industry Distribution** | | | | | | |
| 1.第一产业 | Primary Industry | % | 8.3 | 7.9 | 6.6 | 5.5 | 4.9 |
| 2.第二产业 | Secondary Industry | % | 36.8 | 36.7 | 37.0 | 34.6 | 34.8 |
| 3.第三产业 | Tertiary Industry | % | 54.9 | 55.4 | 56.4 | 59.9 | 60.3 |
| **九、住户从业人员职业分布** | **Profession Distribution** | | | | | | |
| 1.国家机关、党群组织、企业、事业单位负责人 | Directors of Government Agency, CPC or Mass Organizations, Enterprises and Institutions | % | 2.5 | 2.1 | 1.7 | 1.4 | 1.3 |
| 2.专业技术人员 | Professional Staff | % | 15.2 | 15.9 | 17.3 | 19.0 | 18.9 |
| 3.办事人员和有关人员 | Clerks | % | 19.0 | 18.8 | 20.1 | 22.1 | 22.9 |
| 4.商业、服务业人员 | Commercial and Service Personel | % | 23.3 | 23.8 | 24.1 | 24.8 | 24.5 |
| 5.农、林、牧、渔、水利业生产人员 | Primary Industry and Irrigation Workers | % | 9.5 | 8.9 | 7.1 | 5.6 | 5.1 |
| 6.生产、运输设备操作人员及有关人员 | Equipment Operators | % | 30.4 | 30.4 | 29.5 | 26.9 | 27.2 |
| 7.军人 | Soldiers | % | 0.1 | 0.1 | 0.2 | 0.2 | 0.1 |
| 8.不便分类的其他从业人员 | Others | % | | | | | |
| **十、住户从业人员就业分布** | **Employment Distribution** | | | | | | |
| 1.雇主 | Employers | % | 1.1 | 0.9 | 0.2 | 0.4 | 0.3 |
| 2.公职人员 | Public Servants | % | 1.9 | 1.6 | 1.5 | 1.9 | 1.9 |
| 3.事业单位人员 | Institutions Staff | % | 5.6 | 5.4 | 4.5 | 5.4 | 5.0 |
| 4.国有企业雇员 | State-Owned Enterprise Employees | % | 10.7 | 11.8 | 13.5 | 13.0 | 12.3 |
| 5.其他雇员 | Other Employees | % | 61.4 | 63.1 | 65.0 | 64.5 | 66.7 |
| 6.农业自营 | Agricultrual Managers | % | 8.6 | 7.6 | 6.1 | 4.9 | 4.3 |
| 7.非农自营 | Secendary and Teriary Industry Managers | % | 10.7 | 9.6 | 9.2 | 9.9 | 9.5 |
| **十一、住户成员健康状况** | **Health Condition** | | | | | | |
| 1.健康 | Healthy | % | 86.1 | 87.1 | 87.6 | 89.9 | 89.6 |
| 2.基本健康 | General Healthy | % | 11.1 | 10.3 | 9.8 | 8.0 | 8.4 |
| 3.不健康，但生活能自理 | Unhealthy but Independent | % | 2.5 | 2.3 | 2.2 | 1.8 | 1.8 |
| 4.生活不能自理 | Dependent | % | 0.3 | 0.3 | 0.4 | 0.3 | 0.2 |
| **十二、常住居民收入与支出** | **Income and Expenditure** | | | | | | |
| 全体居民人均可支配收入 | Per-Capita Disposable Income | 元/人 | 26359 | 28832 | 31291 | 34074 | 37022 |
| 全体居民人均消费性支出 | Per-Capita Consumption Expenditure | 元/人 | 20419 | 22343 | 24162 | 26129 | 27841 |
| 平均消费倾向 | Average Propensity to Consume | % | 77.5 | 77.5 | 77.2 | 76.7 | 75.2 |
| **十三、住户现住房居住空间样式** | **Housing Style** | | | | | | |
| 1.单栋楼房 | Single Building | % | 1.1 | 0.5 | 0.6 | 0.7 | 0.5 |
| 2.单栋平房 | Single Bungalow | % | 26.0 | 26.5 | 26.0 | 23.9 | 24.3 |
| 3.四居室及以上单元房 | Apartment with 4 Bedrooms or More | % | 0.2 | 0.2 | 0.2 | 0.2 | 0.3 |
| 4.三居室单元房 | Apartment with 3 Bedrooms | % | 7.9 | 8.4 | 8.6 | 9.0 | 9.1 |
| 5.二居室单元房 | Apartment with 2 Bedrooms | % | 39.9 | 42.3 | 44.5 | 45.9 | 46.3 |
| 6.一居室单元房 | Apartment with 1 Bedrooms | % | 16.6 | 15.0 | 13.9 | 14.2 | 13.5 |
| 7.筒子楼或连片平房 | Tube-Shaped Apartment or Cottage | % | 8.2 | 7.0 | 5.4 | 5.5 | 5.4 |
| 8.其他 | Others | % | 0.1 | 0.1 | 0.8 | 0.6 | 0.6 |
| **十四、住户现住房房屋来源** | **Source Of House** | | | | | | |
| 1.租赁公房 | Rent Public House | % | 16.6 | 15.7 | 13.3 | 10.6 | 10.4 |
| 2.租赁私房 | Rent Private House | % | 3.9 | 3.6 | 2.7 | 2.9 | 2.3 |
| 3.自建住房 | Self-Help House | % | 28.0 | 28.1 | 27.2 | 25.7 | 25.6 |
| 4.购买商品房 | Purchased Commercial House | % | 26.4 | 28.3 | 30.0 | 30.2 | 31.0 |
| 5.购买房改住房 | Purchased Public House | % | 10.8 | 10.5 | 12.9 | 14.2 | 14.5 |

2-1 续表 2 continued

| 项 目 | Item | 单位 | 2013 | 2014 | 2015 | 2016 | 2017 |
|---|---|---|---|---|---|---|---|
| 6.购买保障性住房 | Purchased Social House | % | 1.7 | 1.1 | 1.8 | 2.4 | 2.5 |
| 7.拆迁安置房 | Resettlement House | % | 5.5 | 7.2 | 8.0 | 10.0 | 10.1 |
| 8.其他 | Others | % | 7.1 | 5.5 | 4.1 | 4.0 | 3.6 |
| **十五、住户主要饮用水来源情况** | **Source Of Drinking Water** | | | | | | |
| 1.经过净化处理的自来水 | Tap Water | % | 91.2 | 90.2 | 95.7 | 96.6 | 96.5 |
| 2.受保护的井水和泉水 | Protected Wells and Springs | % | 7.7 | 8.8 | 3.4 | 2.4 | 2.3 |
| 3.不受保护的井水和泉水 | Unprotected Wells and Springs | % | | | | | |
| 4.江河湖泊水 | River and Lake Water | % | | | | | |
| 5.收集雨水 | Collected Rain Water | % | | | | | |
| 6.桶装水 | Bottled Water | % | 1.1 | 1.0 | 0.9 | 1.0 | 1.2 |
| 7.其他水源 | Others | % | | | | | |
| **十六、住户主要取暖用能源状况** | **Fuel for Heating** | | | | | | |
| 1.柴草 | Firewoods | % | | | | | |
| 2.煤炭 | Coal | % | 30.4 | 28.6 | 28.3 | 26.2 | 20.8 |
| 3.罐装液化石油气 | Canned Liquefied Petroleum Gas | % | | | | | |
| 4.管道液化石油气 | Pipeline Liquefied Petroleum Gas | % | | | | | |
| 5.管道煤气 | Pipeline Coal Gas | % | | | | | |
| 6.管道天然气 | Pipeline Natural Gas | % | | | | | 2.9 |
| 7.电 | Electricity | % | 1.1 | 1.9 | 0.8 | 1.3 | 3.7 |
| 8.燃料用油 | Fuel Oil | % | | | | | |
| 9.沼气 | Methane | % | | | | | |
| 10.其他 | Others | % | | | | | |
| 11.集中供暖 | Central Heating | % | 68.5 | 69.5 | 70.9 | 72.5 | 72.6 |
| **十七、住户主要炊用能源状况** | **Fuel for Cooking** | | | | | | |
| 1.柴草 | Firewoods | % | 2.0 | 1.[illegible] | 1.4 | 0.2 | 0.2 |
| 2.煤炭 | Coal | % | 1.7 | 1.[illegible] | 2.4 | 2.1 | 1.7 |
| 3.罐装液化石油气 | Canned Liquefied Petroleum Gas | % | 26.7 | 26.[illegible] | 25.3 | 24.8 | 23.2 |
| 4.管道液化石油气 | Pipeline Liquefied Petroleum Gas | % | | | | | |
| 5.管道煤气 | Pipeline Coal Gas | % | | | | | |
| 6.管道天然气 | Pipeline Natural Gas | % | 64.0 | 64.[illegible] | 65.5 | 67.3 | 69.7 |
| 7.电 | Electricity | % | 1.7 | 2.[illegible] | 2.1 | 2.3 | 2.2 |
| 8.燃料用油 | Fuel Oil | % | | | | | |
| 9.沼气 | Methane | % | | | | | |
| 10.其他 | Others | % | | | | | |
| 11.无炊用行为 | No Cooking Behavior | % | 3.9 | 3.[illegible] | 3.3 | 3.3 | 3.0 |
| **十八、住户厕所类型** | **Toilet Type** | | | | | | |
| 1.水冲式卫生厕所 | Sanitary Water Flush Toilet | % | 81.1 | 81.7 | 82.5 | 83.4 | 85.3 |
| 2.水冲式非卫生厕所 | Non-Sanitary Water Flush Toilet | % | | | | | |
| 3.卫生旱厕 | Sanitary Dry Toilet | % | 4.5 | 5.6 | 5.3 | 5.2 | 4.4 |
| 4.普通旱厕 | Common Dry Toilet | % | 8.5 | 8.7 | 7.8 | 7.1 | 6.1 |
| 5.无厕所 | No Toilet | % | 5.9 | 4.0 | 4.4 | 4.3 | 4.2 |
| **十九、住户洗澡设施情况** | **Bath Facilities** | | | | | | |
| 1.统一供热水 | Unified Supply of Hot Water | % | 8.2 | [illegible].6 | 6.2 | 6.4 | 5.7 |
| 2.家庭自装热水器 | Water Heater Installed by Household | % | 80.6 | 8[illegible].2 | 87.9 | 88.2 | 88.4 |
| 3.其他 | Others | % | 3.3 | [illegible].5 | 1.9 | 0.6 | 1.4 |
| 4.无洗澡设施 | No Bath Facilities | % | 7.9 | [illegible].7 | 4.0 | 4.8 | 4.5 |

# 2-2 全市居民人均食品消费量
## Per Capita Consumption of Foods by Citywide Households (2013-2017)

单位：公斤 (kg)

| 项　目 | Item | 2013 | 2014 | 2015 | 2016 | 2017 |
|---|---|---|---|---|---|---|
| 粮食 | Grain | 117.9 | 116.6 | 119.6 | 119.9 | 120.1 |
| #谷物 | Cereal | 110.1 | 108.0 | 110.5 | 110.7 | 109.7 |
| 薯类 | Tuber | 2.0 | 2.5 | 2.7 | 2.8 | 3.1 |
| 豆类 | Beans and the Products | 5.8 | 6.2 | 6.4 | 6.4 | 7.3 |
| 食用油 | Oil and Fats | 12.1 | 12.1 | 12.1 | 12.0 | 11.9 |
| 蔬菜及菜制品 | Vegetables and Edible Fungi | 112.7 | 114.3 | 115.1 | 117.5 | 118.3 |
| #鲜菜 | Fresh Vegetables | 109.8 | 111.3 | 111.9 | 113.9 | 114.8 |
| 肉及制品 | Meat and Meat Products | 23.7 | 24.0 | 25.2 | 26.3 | 26.5 |
| #猪肉 | Pork | 14.8 | 15.3 | 15.8 | 16.1 | 15.8 |
| 牛羊肉 | Beef and Mutton | 4.6 | 4.8 | 5.6 | 6.1 | 6.2 |
| 家禽及制品 | Poultry and Poultry Products | 4.4 | 4.8 | 4.9 | 5.6 | 5.6 |
| 水产及制品 | Aquatic Products | 15.4 | 16.3 | 16.6 | 16.9 | 16.9 |
| 蛋类及蛋制品 | Eggs and Related Products | 16.9 | 16.8 | 16.8 | 17.8 | 18.3 |
| #鲜蛋 | Eggs | 16.1 | 15.9 | 16.0 | 17.0 | 17.5 |
| 奶和奶制品 | Milk and Dairy Products | 18.1 | 18.2 | 18.0 | 18.3 | 18.4 |
| 干鲜瓜果类 | Dried and Fresh Melons and Fruits | 63.5 | 69.3 | 72.7 | 73.8 | 75.3 |
| #鲜瓜果 | Fresh Melons and Fruits | 57.9 | 63.1 | 66.3 | 67.5 | 68.8 |
| 糖果糕点类 | Confectionery | 8.1 | 8.2 | 8.3 | 8.2 | 8.4 |
| 白酒 | Wine | 3.3 | 3.5 | 3.6 | 3.6 | 3.8 |

# 2-3 全市居民家庭每百户年末主要耐用消费品拥有量
## Main Durable Goods Owned Per 100 Households Citywide (2013-2017)

| 项　目 | Item | 单位 | unit | 2013 | 2014 | 2015 | 2016 | 2017 |
|---|---|---|---|---|---|---|---|---|
| 摩托车 | Motorcycle | 辆 | unit | 13.2 | 14.2 | 12.6 | 10.1 | 6.4 |
| 助力车 | Electric Bicycle | 辆 | unit | 43.0 | 46.1 | 43.5 | 45.4 | 47.9 |
| 家用汽车 | Automobile | 辆 | unit | 28.8 | 30.1 | 36.5 | 39.7 | 41.2 |
| 洗衣机 | Washing Machine | 台 | set | 98.6 | 99.1 | 99.8 | 99.7 | 99.9 |
| 电冰箱(柜) | Refrigerator | 台 | set | 99.6 | 102.4 | 101.6 | 101.5 | 101.0 |
| 彩色电视机 | Color Television Set | 台 | set | 113.9 | 116.6 | 117.4 | 118.1 | 118.8 |
| 家用电脑 | Micro-Computer | 台 | set | 61.2 | 66.6 | 68.1 | 69.3 | 70.2 |
| 摄像机 | Vidicon | 台 | set | 8.3 | 9.1 | 10.4 | 9.8 | — |
| 照相机 | Camera | 架 | set | 35.0 | 36.4 | 31.1 | 28.5 | 29.6 |
| 微波炉 | Microwave Oven | 台 | set | 68.7 | 70.7 | 69.4 | 70.9 | 71.5 |
| 空调器 | Air Conditioner | 台 | set | 115.7 | 125.9 | 124.3 | 126.4 | 129.8 |
| 热水器 | Water Heater | 台 | set | 91.1 | 93.2 | 91.8 | 92.3 | 93.7 |
| 固定电话 | Telephone | 部 | set | 53.3 | 60.7 | 55.5 | 54.2 | 38.9 |
| 移动电话 | Mobile Telephone | 部 | set | 208.2 | 214.3 | 217.6 | 219.3 | 222.8 |

# 2-4 城乡居民家庭人均可支配收入和消费支出
# Per Capita Disposable Income and Consumption Expenditures of Urban and Rural Households (1978-2017)

单位：元 (yuan)

| 年 度<br>Year | 人均可支配收入<br>Per Capita Disposable Income | | | 人均消费支出<br>Per Capita Consumption Expenditures | | |
|---|---|---|---|---|---|---|
| | 城镇居民<br>Urban Residents | 农村居民<br>Rural Residents | 城乡居民收入比<br>(农村居民收入＝100)<br>Ratio of Urban-Rural Residents' Income<br>(Rural Residents' Disposable Income=100) | 城镇居民<br>Urban Residents | 农村居民<br>Rural Residents | 城乡居民消费支出比<br>(农村居民消费＝100)<br>Ratio of Urban-Rural Residents' Consumption Expenditures<br>(Rural Residents'Consumption Expenditures=100) |
| 1978 | 388 | 153 | 253.6 | 345 | 132 | 261.4 |
| 1979 | 425 | 179 | 237.4 | 385 | 135 | 285.2 |
| 1980 | 527 | 278 | 189.6 | 475 | 208 | 228.0 |
| 1981 | 540 | 298 | 181.3 | 486 | 249 | 195.0 |
| 1982 | 577 | 326 | 176.9 | 497 | 267 | 186.4 |
| 1983 | 604 | 412 | 146.7 | 521 | 335 | 154.8 |
| 1984 | 728 | 505 | 144.3 | 600 | 371 | 161.7 |
| 1985 | 876 | 565 | 155.2 | 771 | 426 | 180.9 |
| 1986 | 1070 | 635 | 168.5 | 949 | 480 | 197.6 |
| 1987 | 1187 | 749 | 158.4 | 1071 | 539 | 198.8 |
| 1988 | 1330 | 891 | 149.2 | 1279 | 7[illegible]4 | 179.1 |
| 1989 | 1478 | 1020 | 144.9 | 1291 | 7[illegible]1 | 165.2 |
| 1990 | 1639 | 1069 | 153.3 | 1440 | 7[illegible]3 | 196.6 |
| 1991 | 1845 | 1169 | 157.9 | 1586 | 796 | 199.3 |
| 1992 | 2238 | 1309 | 171.0 | 1907 | 847 | 225.3 |
| 1993 | 2769 | 1473 | 188.0 | 2322 | 938 | 247.6 |
| 1994 | 3982 | 1836 | 216.9 | 3301 | 1161 | 284.4 |
| 1995 | 4930 | 2406 | 204.9 | 4064 | 1548 | 262.5 |
| 1996 | 5967 | 3000 | 198.9 | 4680 | 1957 | 239.1 |
| 1997 | 6609 | 3244 | 203.8 | 5204 | 1882 | 276.5 |
| 1998 | 7053 | 3388 | 208.2 | 5482 | 2008 | 273.1 |
| 1999 | 7527 | 3396 | 221.7 | 5875 | 1963 | 299.3 |
| 2000 | 7946 | 3598 | 220.9 | 6158 | 2088 | 294.9 |
| 2001 | 8672 | 3911 | 221.7 | 7045 | 2[illegible]79 | 323.4 |
| 2002 | 8968 | 4229 | 212.1 | 7265 | 2[illegible]34 | 311.2 |
| 2003 | 9823 | 4502 | 218.2 | 7964 | 2[illegible]43 | 313.2 |
| 2004 | 10831 | 4938 | 219.4 | 8930 | 2[illegible]45 | 303.2 |
| 2005 | 11839 | 5475 | 216.2 | 9813 | 3[illegible]42 | 285.1 |
| 2006 | 13266 | 6096 | 217.6 | 10745 | 3[illegible]50 | 279.1 |
| 2007 | 15062 | 6845 | 220.1 | 12280 | 4[illegible]42 | 296.5 |
| 2008 | 17726 | 7705 | 230.0 | 13732 | 4550 | 301.8 |
| 2009 | 19371 | 8441 | 229.5 | 15174 | 5167 | 293.7 |
| 2010 | 21800 | 9764 | 223.3 | 17015 | 6072 | 280.2 |
| 2011 | 24158 | 11941 | 202.3 | 18928 | 8273 | 228.8 |
| 2012 | 26586 | 13593 | 195.6 | 20572 | 10254 | 200.6 |
| 2013 | 28980 | 15353 | 188.8 | 22306 | 12491 | 178.6 |
| 2014 | 31506 | 17014 | 185.2 | 24290 | 13739 | 176.8 |
| 2015 | 34101 | 18482 | 184.5 | 26230 | 14739 | 178.0 |
| 2016 | 37110 | 20076 | 184.8 | 28345 | 1[illegible]912 | 178.1 |
| 2017 | 40278 | 21754 | 185.2 | 30284 | 1[illegible]385 | 184.8 |

注：本表2013年及以后为一体化住户调查新口径数据，2012年及以前数据为按可比口径回溯获得。

Notes: The data of the year 2013 and later in the table are integrated household survey data in new scope,the year 2012 and before are reckoned at comparable coverage.

# 2-5 城乡居民人均可支配收入和消费支出名义指数
# Nominal Indices of Per Capita Disposable Income and Consumption Expenditures of Urban and Rural Households (1978-2017)

| 年 度 Year | 人均可支配收入指数 Nominal Index of Per Capita Disposable Income (1978=100) | | 人均消费支出指数 Nominal Index of Per Capita Consumption Expenditures(1978=100) | |
|---|---|---|---|---|
| | 城镇居民 Urban Households | 农村居民 Rural Households | 城镇居民 Urban Households | 农村居民 Rural Households |
| 1978 | 100.0 | 100.0 | 100.0 | 100.0 |
| 1979 | 109.5 | 117.0 | 111.7 | 102.3 |
| 1980 | 135.7 | 181.7 | 137.6 | 157.6 |
| 1981 | 138.9 | 194.1 | 140.9 | 188.6 |
| 1982 | 148.5 | 213.1 | 144.0 | 202.3 |
| 1983 | 155.6 | 269.3 | 151.0 | 277.3 |
| 1984 | 187.5 | 329.4 | 173.9 | 281.8 |
| 1985 | 225.4 | 368.6 | 223.5 | 322.7 |
| 1986 | 275.5 | 415.0 | 275.2 | 363.6 |
| 1987 | 305.8 | 489.5 | 310.6 | 408.3 |
| 1988 | 342.5 | 582.4 | 370.8 | 540.9 |
| 1989 | 380.5 | 666.7 | 374.4 | 591.7 |
| 1990 | 422.0 | 698.7 | 417.7 | 555.3 |
| 1991 | 475.1 | 764.1 | 459.8 | 603.0 |
| 1992 | 576.3 | 921.6 | 553.0 | 699.2 |
| 1993 | 712.9 | 1041.2 | 673.3 | 765.2 |
| 1994 | 1025.2 | 1278.4 | 957.3 | 965.2 |
| 1995 | 1269.2 | 1654.2 | 1178.4 | 1296.2 |
| 1996 | 1537.0 | 2053.6 | 1356.9 | 1591.7 |
| 1997 | 1701.4 | 2319.0 | 1509.0 | 1598.5 |
| 1998 | 1830.7 | 2542.5 | 1586.4 | 1712.1 |
| 1999 | 1969.9 | 2650.3 | 1696.7 | 1768.2 |
| 2000 | 2095.9 | 2856.2 | 1774.8 | 1812.9 |
| 2001 | 2307.6 | 3153.6 | 2026.0 | 1983.3 |
| 2002 | 2575.3 | 3473.9 | 2085.4 | 2104.5 |
| 2003 | 2843.2 | 3830.7 | 2281.2 | 2284.1 |
| 2004 | 3161.6 | 4264.7 | 2552.3 | 2497.7 |
| 2005 | 3484.1 | 4707.2 | 2799.0 | 2719.7 |
| 2006 | 3937.0 | 5190.8 | 3058.5 | 2900.8 |
| 2007 | 4507.9 | 5720.3 | 3487.8 | 3119.7 |
| 2008 | 5350.8 | 6320.3 | 3891.9 | 3479.5 |
| 2009 | 5896.6 | 6977.1 | 4291.7 | 3731.8 |
| 2010 | 6692.7 | 7713.1 | 4802.2 | 4247.0 |
| 2011 | 7415.5 | 8908.6 | 5342.2 | 5094.7 |
| 2012 | 8157.0 | 10164.7 | 5806.1 | 6315.9 |
| 2013 | 8989.0 | 11536.9 | 6467.8 | 9462.9 |
| 2014 | 9771.1 | 12782.9 | 7043.0 | 10408.3 |
| 2015 | 10572.3 | 13882.3 | 7606.5 | 11168.1 |
| 2016 | 11502.7 | 15076.1 | 8222.6 | 12061.6 |
| 2017 | 12480.4 | 16342.5 | 8781.7 | 12423.4 |

# 2-6 城乡居民平均消费率和恩格尔系数
# The Average Consumption Rate & Engel's Coefficient of Urban and Rural Households (1978-2017)

单位：% (%)

| 年 度<br>Year | 城镇居民<br>Urban Households | | 农村居民<br>Rural Households | |
|---|---|---|---|---|
| | 平均消费率<br>Average<br>Consumption Rate | 恩格尔系数<br>Engel's<br>Coefficient | 平均消费率<br>Average<br>Consumption Rate | 恩格尔系数<br>Engel's<br>Coefficient |
| 1978 | 88.9 | 58.1 | 86.3 | 59.8 |
| 1979 | 90.6 | 57.0 | 75.4 | 64.4 |
| 1980 | 90.1 | 54.9 | 74.8 | 56.7 |
| 1981 | 90.0 | 55.8 | 83.8 | 50.6 |
| 1982 | 86.1 | 58.5 | 81.9 | 50.6 |
| 1983 | 86.2 | 61.2 | 88.8 | 44.8 |
| 1984 | 82.4 | 60.9 | 73.8 | 49.2 |
| 1985 | 88.0 | 54.4 | 75.5 | 47.4 |
| 1986 | 88.7 | 54.5 | 75.6 | 49.0 |
| 1987 | 90.2 | 54.0 | 72.0 | 49.9 |
| 1988 | 96.2 | 52.1 | 80.1 | 46.1 |
| 1989 | 87.4 | 58.6 | 76.6 | 47.8 |
| 1990 | 87.9 | 57.9 | 68.6 | 54.0 |
| 1991 | 85.9 | 58.6 | 68.1 | 52.4 |
| 1992 | 85.2 | 57.6 | 65.5 | 51.0 |
| 1993 | 83.9 | 54.6 | 63.4 | 50.6 |
| 1994 | 82.9 | 52.1 | 65.1 | 56.3 |
| 1995 | 82.4 | 52.1 | 67.6 | 57.3 |
| 1996 | 78.4 | 51.3 | 66.9 | 52.3 |
| 1997 | 78.7 | 46.7 | 59.5 | 51.1 |
| 1998 | 76.9 | 43.6 | 58.1 | 47.1 |
| 1999 | 76.5 | 42.0 | 57.6 | 44.3 |
| 2000 | 75.2 | 40.1 | 54.8 | 42.6 |
| 2001 | 78.0 | 37.0 | 54.3 | 40.5 |
| 2002 | 77.0 | 36.2 | 52.3 | 38.2 |
| 2003 | 76.3 | 37.7 | 51.4 | 38.3 |
| 2004 | 76.8 | 37.2 | 50.5 | 38.5 |
| 2005 | 76.4 | 36.7 | 49.8 | 38.3 |
| 2006 | 73.9 | 34.9 | 48.2 | 38.0 |
| 2007 | 73.5 | 35.3 | 47.[illegible] | 38.9 |
| 2008 | 69.1 | 37.3 | 47.5 | 39.9 |
| 2009 | 69.2 | 36.5 | 46.1 | 39.5 |
| 2010 | 68.2 | 35.9 | 47.5 | 39.0 |
| 2011 | 68.4 | 36.2 | 56.6 | 37.9 |
| 2012 | 67.6 | 36.7 | 61.4 | 36.2 |
| 2013 | 77.0 | 32.1 | 81.4 | 33.1 |
| 2014 | 77.1 | 32.7 | 80.8 | 33.8 |
| 2015 | 76.9 | 32.2 | 79.8 | 33.1 |
| 2016 | 76.4 | 30.6 | 79.3 | 31.3 |
| 2017 | 75.2 | 31.2 | 75.3 | 29.6 |

# 2-7 全市居民人均可支配收入及构成
# Per Capita Disposable Income and Component of Citywide Households (2013-2017)

| 项目 | Item | 2013 | 2014 | 2015 | 2016 | 2017 |
|---|---|---|---|---|---|---|
| **人均可支配收入(元)** | **Per Capita Disposable Income (yuan)** | **26359** | **28832** | **31291** | **34074** | **37022** |
| 工资性收入 | Income of Wages and Salaries | 15567 | 17162 | 19256 | 21218 | 23165 |
| 经营净收入 | Net Business Income | 2682 | 2876 | 2906 | 3137 | 3262 |
| 财产净收入 | Net Income from Property | 2445 | 2782 | 2928 | 3217 | 3505 |
| 转移净收入 | Net Income from Transfer | 5665 | 6012 | 6201 | 6502 | 7090 |
| #养老金或离退休金 | Pensions and Retirement Pay | 5911 | 6592 | 7083 | 7562 | 8349 |
| **人均可支配收入构成(%)** | **Component of Per Capita Disposable Income (%)** | **100.0** | **100.0** | **100.0** | **100.0** | **100.0** |
| 工资性收入 | Income of Wages and Salaries | 59.1 | 59.5 | 61.5 | 62.3 | 62.6 |
| 经营净收入 | Net Business Income | 10.2 | 10.0 | 9.3 | 9.2 | 8.8 |
| 财产净收入 | Net Income from Property | 9.3 | 9.6 | 9.4 | 9.4 | 9.5 |
| 转移净收入 | Net Income from Transfer | 21.4 | 20.9 | 19.8 | 19.1 | 19.1 |
| #养老金或离退休金 | Pensions and Retirement Pay | 22.4 | 22.9 | 22.6 | 22.2 | 22.6 |

# 2-8 全市居民人均消费支出及构成
# Per Capita Consumption Expenditure and Component of Citywide Households (2013-2017)

| 项目 | Item | 2013 | 2014 | 2015 | 2016 | 2017 |
|---|---|---|---|---|---|---|
| **人均消费支出(元)** | **Per Capita Consumption Expenditure(yuan)** | **20419** | **22343** | **24162** | **26129** | **27841** |
| 食品烟酒 | Food,Tobacco and Liquor | 6607 | 7377 | 7900 | 8020 | 8647 |
| 衣着 | Clothing | 1652 | 1859 | 1949 | 1931 | 1945 |
| 居住 | Residence | 4525 | 4873 | 5138 | 5655 | 5922 |
| 生活用品及服务 | Household Facilities, Articles and Services | 1135 | 1296 | 1514 | 1562 | 1655 |
| 交通和通信 | Transportations and Communications | 2832 | 2905 | 3186 | 3752 | 3745 |
| 教育文化娱乐 | Education, Cultural and Recreation | 1597 | 1834 | 2005 | 2404 | 2691 |
| 医疗保健 | Health Care and Medical Services | 1445 | 1584 | 1757 | 2023 | 2390 |
| 其他用品和服务 | Miscellaneous Goods and Services | 626 | 615 | 713 | 782 | 846 |
| **人均消费支出构成(%)** | **Component of Per Capita Consumption Expenditure(%)** | **100.0** | **100.0** | **100.0** | **100.0** | **100.0** |
| 食品烟酒 | Food,Tobacco and Liquor | 32.4 | 33.0 | 32.7 | 30.7 | 31.1 |
| 衣着 | Clothing | 8.1 | 8.3 | 8.1 | 7.4 | 7.0 |
| 居住 | Residence | 22.1 | 21.8 | 21.3 | 21.6 | 21.3 |
| 生活用品及服务 | Household Facilities, Articles and Services | 5.6 | 5.8 | 6.2 | 6.0 | 5.9 |
| 交通和通信 | Transportations and Communications | 13.8 | 13.0 | 13.2 | 14.4 | 13.4 |
| 教育文化娱乐 | Education, Cultural and Recreation | 7.8 | 8.2 | 8.3 | 9.2 | 9.7 |
| 医疗保健 | Health Care and Medical Services | 7.1 | 7.1 | 7.3 | 7.7 | 8.6 |
| 其他用品和服务 | Miscellaneous Goods and Services | 3.1 | 2.8 | 2.9 | 3.0 | 3.0 |

# 2-9 全市居民人均消费支出

## Per Capita Consumption Expenditure of Citywide Households (2013-2017)

单位：元 (yuan)

| 项　　目 | Item | 2013 | 2014 | 2015 | 2016 | 2017 |
|---|---|---|---|---|---|---|
| **人均消费支出** | **Per Capita Consumption Expenditure** | **20419** | **22343** | **24162** | **26129** | **27841** |
| (一)食品烟酒 | Food,Tobacco and Liquor | 6607 | 7377 | 7900 | 8020 | 8647 |
| 1.食品 | Food | 4523 | 4797 | 5039 | 5230 | 5453 |
| 2.烟酒 | Tobacco and Liquor | 651 | 735 | 774 | 762 | 816 |
| 3.饮料 | Drink | – | 180 | 214 | 193 | 209 |
| 4.饮食服务 | Catering Services | 1434 | 1664 | 1873 | 1835 | 2169 |
| (二)衣着 | Clothing | 1652 | 1859 | 1949 | 1931 | 1945 |
| 1.衣类 | Clothes | 1253 | 1385 | 1472 | 1450 | 1468 |
| 2.鞋类 | Shoes | 399 | 475 | 477 | 481 | 477 |
| (三)居住 | Residence | 4525 | 4873 | 5138 | 5655 | 5922 |
| 1.租赁房房租 | Rent of Rental Housing | 177 | 195 | 183 | 195 | 220 |
| 2.住房维修及管理 | Housing Maintenance and Management | 391 | 438 | 471 | 593 | 639 |
| 3.水电燃料及其他 | Water,Electricity,Fuel and Others | 1149 | 1194 | 1240 | 1293 | 1223 |
| 4.自有住房折算租金 | Imputed Rents of Owner-occupied Dwelling | 2808 | 3046 | 3244 | 3574 | 3840 |
| (四)生活用品及服务 | Household Facilities, Articles and Services | 1135 | 1296 | 1514 | 1562 | 1655 |
| 1.家具及室内装饰品 | Furniture and Interior Decoration | 253 | 190 | 242 | 221 | 244 |
| 2.家用器具 | Household Appliances | 297 | 350 | 473 | 435 | 439 |
| 3.家用纺织品 | Home Textiles | 88 | 108 | 108 | 121 | 116 |
| 4.家庭日用杂品 | Family Daily Groceries | 299 | 382 | 384 | 420 | 447 |
| 5.个人用品 | Personal Products | 160 | 217 | 266 | 317 | 363 |
| 6.家庭服务 | Family Services | 39 | 50 | 41 | 48 | 46 |
| (五)交通和通信 | Transportations and Communications | 2832 | 2905 | 3186 | 3752 | 3745 |
| 1.交通 | Transportations | 1865 | 1826 | 2072 | 2563 | 2525 |
| 2.通信 | Communications | 967 | 1079 | 1114 | 1189 | 1220 |
| (六)教育文化娱乐 | Education, Cultural and Recreation | 1597 | 1834 | 2005 | 2404 | 2691 |
| 1.教育 | Education | 757 | 835 | 935 | 1231 | 1354 |
| 2.文化娱乐 | Cultural and Recreation | 839 | 998 | 1070 | 1173 | 1337 |
| (七)医疗保健 | Health Care and Medical Services | 1445 | 1584 | 1757 | 2023 | 2390 |
| 1.医疗器具及药品 | Medical Equipment and Medicine | 606 | 622 | 662 | 677 | 723 |
| 2.医疗服务 | Medical Services | 839 | 962 | 1095 | 1346 | 1667 |
| (八)其他用品和服务 | Miscellaneous Goods and Services | 626 | 615 | 713 | 782 | 846 |
| 1.其他用品 | Other Goods | 378 | 397 | 448 | 414 | 448 |
| 2.其他服务 | Other Services | 248 | 218 | 265 | 368 | 398 |

# 2-10 城镇居民家庭基本情况
# Basic Conditions of Urban Households
# (2013-2017)

| 项目 | Item | 单位 Unit | 2013 | 2014 | 2015 | 2016 | 2017 |
|---|---|---|---|---|---|---|---|
| 一、住户基本情况 | Basic Conditions of Households | | | | | | |
| 户均常住成员 | Average Number of Permanent Residents Per Household | 人/户 | 2.78 | 2.80 | 2.78 | 2.82 | 2.81 |
| 户均就业成员 | Average Number of Employees Per Household | 人/户 | 1.49 | 1.49 | 1.43 | 1.46 | 1.41 |
| 平均每户就业人口比重 | Average Employment Proportion Per Household | % | 53.6 | 53.2 | 51.4 | 51.8 | 50.2 |
| 平均每一就业者负担人口 | Average Number of Dependents Per Employee | 人 | 1.87 | 1.88 | 1.94 | 1.93 | 1.99 |
| 二、住户常住成员户口登记地 | Registered Location of Permanent Residents | | | | | | |
| 1.本村(居委会) | Home Village or Residents' Committee | % | 74.7 | 74.9 | 76.9 | 76.3 | 77.4 |
| 2.村外乡(镇、街道)内 | Outside Home Village | % | 8.2 | 8.1 | 6.9 | 5.4 | 5.4 |
| 3.乡外县(区)内 | Outside Home Township Residential District | % | 4.5 | 4.9 | 4.9 | 4.2 | 4.0 |
| 4.县外市内 | Outside Home County (District) | % | 6.7 | 6.7 | 7.1 | 7.4 | 7.5 |
| 5.市外省内 | Outside Home Municipality | % | | | | | |
| 6.省外 | Outside Home Province | % | 5.9 | 5.4 | 4.2 | 6.7 | 5.7 |
| 7.其他(如户口待定) | Others | % | | | | | |
| 三、住户6周岁及以上成员受教育程度 | Education Level of Residents Above 6-Year-Old | | | | | | |
| 1.未上过学 | Non-Educated | % | 2.0 | 1.7 | 1.6 | 1.4 | 1.3 |
| 2.小学 | Primary School | % | 13.0 | 13.0 | 13.0 | 13.6 | 13.6 |
| 3.初中 | Junior Middle School | % | 34.9 | 34.4 | 33.6 | 32.8 | 33.0 |
| 4.高中 | Senior Middle School | % | 27.0 | 26.7 | 27.0 | 25.3 | 25.3 |
| 5.大学专科 | Junior College | % | 13.3 | 13.3 | 13.9 | 13.5 | 13.4 |
| 6.大学本科 | Undergraduate College | % | 9.2 | 10.2 | 10.0 | 12.1 | 12.1 |
| 7.研究生 | Graduate | % | 0.6 | 0.7 | 0.9 | 1.3 | 1.3 |
| 四、住户从业人员参加养老保险情况 | Pension Insurance | | | | | | |
| 1.新型农村社会养老保险 | The New Rural Community Pension Insurance | % | 1.5 | 1.1 | 1.4 | 1.2 | 1.0 |
| 2.城镇职工基本养老保险 | Urban Employee Basic Pension Insurance | % | 65.5 | 64.7 | 62.5 | 64.7 | 64.3 |
| 3.城乡居民基本养老保险 | Urban-Rural Residents Basic Pension Insurance | % | 14.4 | 16.4 | 19.4 | 20.6 | 21.2 |
| 4.商业养老保险 | Business Pension Insurance | % | 0.5 | 0.5 | 0.7 | 0.8 | 0.8 |
| 5.其他养老保险 | Others | % | | | | | |
| 6.没有参加任何养老保险 | No Pension Insurance | % | 18.1 | 17.3 | 16.0 | 12.7 | 12.7 |
| 五、住户从业人员参加医疗保险情况 | Medical Care Insurance | | | | | | |
| 1.新型农村合作医疗 | The New Rural Cooperative Medical Care Insurance | % | 1.2 | 1.2 | 1.6 | 1.5 | 1.1 |
| 2.城镇职工基本医疗保险 | Urban Employee Basic Medical Care Insurance | % | 53.2 | 53.3 | 60.0 | 62.4 | 61.5 |
| 3.城乡居民基本医疗保险 | Urban-Rural Residents Basic Medical Care Insurance | % | 41.8 | 41.5 | 35.2 | 33.2 | 34.5 |
| 4.公费医疗 | Socialized Medical Care | % | | | | | |
| 5.商业医疗保险 | Bussiness Medical Care Insurance | % | 1.2 | 1.4 | 0.8 | 0.8 | 1.0 |
| 6.其他医疗保险 | Others | % | | | | | |
| 7.没有参加任何医疗保险 | No Medical Care Insurance | % | 2.6 | 2.6 | 2.4 | 2.1 | 1.9 |
| 六、住户从业人员行业分布 | Industry Distribution | | | | | | |
| 1.第一产业 | Primary Industry | % | 3.5 | 2.7 | 1.9 | 1.6 | 1.3 |
| 2.第二产业 | Secondary Industry | % | 34.9 | 35.0 | 35.1 | 32.0 | 32.1 |
| 3.第三产业 | Tertiary Industry | % | 61.6 | 62.3 | 63.0 | 66.4 | 66.6 |

注：2013年城镇居民住房建筑面积数据取自于天津统计年鉴，自2014年起，该数据使用居民收支调查结果。

Note: In 2013, floor space of urban household was taken from Tianjin statistical Yearbook. These data have been using the result of residents income and expenditure investigation since 2014.

2-10 续表 1 continued

| 项 目 | Item | 单位 Unit | 2013 | 2014 | 2015 | 2016 | 2017 |
|---|---|---|---|---|---|---|---|
| **七、住户从业人员职业分布** | **Profession Distribution** | | | | | | |
| 1.国家机关、党群组织、企业、事业单位负责人 | Directors of Government Agency, CPC or Mass Organizations,Enterprises and Institutions | % | 3.1 | 2.4 | 1.9 | 1.4 | 1.4 |
| 2.专业技术人员 | Professional Staff | % | 16.3 | 16.6 | 18.0 | 19.7 | 19.4 |
| 3.办事人员和有关人员 | Clerks | % | 20.3 | 21.2 | 23.1 | 24.7 | 25.4 |
| 4.商业、服务业人员 | Commercial and Service Personel | % | 27.0 | 26.9 | 26.9 | 27.3 | 26.9 |
| 5.农、林、牧、渔、水利业生产人员 | Primary Industry and Irrigation Workers | % | 3.8 | 3.1 | 2.2 | 1.7 | 1.5 |
| 6.生产、运输设备操作人员及有关人员 | Equipment Operators | % | 29.4 | 29.7 | 27.7 | 25.0 | 25.3 |
| 7.军人 | Soldiers | % | 0.1 | 0.1 | 0.2 | 0.2 | 0.1 |
| 8.不便分类的其他从业人员 | Others | % | | | | | |
| **八、住户从业人员就业分布** | **Employment Distribution** | | | | | | |
| 1.雇主 | Employers | % | 1.2 | 1.0 | 0.3 | 0.4 | 0.3 |
| 2.公职人员 | Public Servants | % | 2.4 | 1.9 | 1.8 | 2.3 | 2.3 |
| 3.事业单位人员 | Institutions Staff | % | 7.0 | 6.6 | 5.4 | 6.4 | 6.0 |
| 4.国有企业雇员 | State-owned Enterprise Employees | % | 13.7 | 15.0 | 16.9 | 16.0 | 15.1 |
| 5.其他雇员 | Other Employees | % | 61.7 | 63.5 | 65.1 | 64.2 | 66.1 |
| 6.农业自营 | Agricultrual Managers | % | 3.5 | 2.5 | 1.6 | 1.3 | 1.0 |
| 7.非农自营 | Secendary and Teriary Industry Managers | % | 10.5 | 9.5 | 8.9 | 9.4 | 9.2 |
| **九、住户成员健康状况** | **Health Condition** | | | | | | |
| 1.健康 | Healthy | % | 84.6 | 86.1 | 86.6 | 89.2 | 88.9 |
| 2.基本健康 | General Healthy | % | 12.4 | 11.5 | 10.8 | 8.8 | 9.1 |
| 3.不健康，但生活能自理 | Unhealthy But Independent | % | 2.5 | 2.1 | 2.2 | 1.7 | 1.8 |
| 4.生活不能自理 | Dependent | % | 0.5 | 0.3 | 0.4 | 0.3 | 0.2 |
| **十、常住居民收入与支出** | **Income and Expenditure of Urban Households** | | | | | | |
| 城镇居民人均可支配收入 | Per-Capita Disposable Income of Urban Households | 元/人 | 28930 | 31506 | 34101 | 37110 | 40278 |
| 城镇居民人均消费性支出 | Per-Capita Consumption Expenditure of Urban Households | 元/人 | 22306 | 24290 | 26230 | 28345 | 30284 |
| 平均消费倾向 | Average Propensity To Consume of Urban Households | % | 77.0 | 77.1 | 76.9 | 76.4 | 75.2 |
| **十一、住户现住房居住空间样式** | **Housing Style** | | | | | | |
| 1.单栋楼房 | Single Building | % | 1.1 | 0.5 | 0.6 | 0.6 | 0.5 |
| 2.单栋平房 | Single Bungalow | % | 15.4 | 16.2 | 15.6 | 13.8 | 14.0 |
| 3.四居室及以上单元房 | Apartment with 4 Bedrooms or More | % | 0.2 | 0.2 | 0.2 | 0.2 | 0.3 |
| 4.三居室单元房 | Apartment with 3 Bedrooms | % | 9.2 | 9.7 | 9.8 | 10.1 | 10.3 |
| 5.二居室单元房 | Apartment with 2 Bedrooms | % | 46.7 | 49.0 | 51.5 | 53.3 | 53.7 |
| 6.一居室单元房 | Apartment with 1 Bedroom | % | 19.7 | 17.8 | 16.3 | 16.7 | 15.8 |
| 7.筒子楼或连片平房 | Tube-Shaped Apartment or Cottage | % | 7.5 | 6.5 | 5.0 | 4.6 | 4.7 |
| 8.其他 | Others | % | 0.2 | 0.1 | 1.0 | 0.7 | 0.7 |
| **十二、住户现住房房屋来源** | **Source of House** | | | | | | |
| 1.租赁公房 | Rent Public House | % | 19.8 | 18.6 | 15.7 | 12.5 | 12.3 |
| 2.租赁私房 | Rent Private House | % | 4.5 | 4.2 | 3.2 | 3.4 | 2.7 |
| 3.自建住房 | Self-Help House | % | 15.5 | 16.2 | 15.5 | 13.8 | 13.9 |
| 4.购买商品房 | Purchased Commercial House | % | 30.9 | 33.2 | 34.9 | 35.3 | 35.7 |
| 5.购买房改住房 | Purchased Public House | % | 12.8 | 12.4 | 15.2 | 16.6 | 17.1 |
| 6.购买保障性住房 | Purchased Social House | % | 2.1 | 1.3 | 2.1 | 2.8 | 2.9 |
| 7.拆迁安置房 | Resettlement House | % | 6.0 | 7.6 | 8.5 | 10.9 | 11.2 |
| 8.其他 | Others | % | 8.4 | 6.5 | 4.9 | 4.7 | 4.2 |

2-10 续表 2 continued

| 项 目 | Item | 单 位 Unit | 2013 | 2014 | 2015 | 2016 | 2017 |
|---|---|---|---|---|---|---|---|
| **十三、住户主要饮用水来源情况** | **Source Of Drinking Water** | | | | | | |
| 1.经过净化处理的自来水 | Tap Water | % | 93.3 | 92.9 | 96.3 | 97.1 | 96.8 |
| 2.受保护的井水和泉水 | Protected Wells And Springs | % | 5.4 | 5.9 | 2.7 | 1.8 | 1.8 |
| 3.不受保护的井水和泉水 | Unprotected Wells And Springs | % | | | | | |
| 4.江河湖泊水 | River And Lake Water | % | | | | | |
| 5.收集雨水 | Collected Rain Water | % | | | | | |
| 6.桶装水 | Bottled Water | % | 1.3 | 1.2 | 1.0 | 1.1 | 1.4 |
| 7.其他水源 | Others | % | | | | | |
| **十四、住户主要取暖用能源状况** | **Fuel For Heating** | | | | | | |
| 1.柴草 | Firewoods | % | | | | | |
| 2.煤炭 | Coal | % | 19.3 | 17.4 | 17.1 | 14.5 | 11.8 |
| 3.罐装液化石油气 | Canned Liquefied Petroleum Gas | % | | | | | |
| 4.管道液化石油气 | Pipeline Liquefied Petroleum Gas | % | | | | | |
| 5.管道煤气 | Pipeline Coal Gas | % | | | | | |
| 6.管道天然气 | Pipeline Natural Gas | % | | | | | 1.5 |
| 7.电 | Electricity | % | 1.1 | 2.0 | 0.8 | 1.2 | 2.7 |
| 8.燃料用油 | Fuel Oil | % | | | | | |
| 9.沼气 | Methane | % | | | | | |
| 10.其他 | Others | % | | | | | |
| 11.集中供暖 | Central Heating | % | 79.6 | 80.6 | 82.1 | 84.3 | 84.0 |
| **十五、住户主要炊用能源状况** | **Fuel For Cooking** | | | | | | |
| 1.柴草 | Firewoods | % | 0.4 | 0.3 | 0.3 | | |
| 2.煤炭 | Coal | % | 1.4 | 1.3 | 1.7 | 1.5 | 1.3 |
| 3.罐装液化石油气 | Canned Liquefied Petroleum Gas | % | 16.7 | 16.2 | 16.5 | 14.5 | 13.7 |
| 4.管道液化石油气 | Pipeline Liquefied Petroleum Gas | % | | | | | |
| 5.管道煤气 | Pipeline Coal Gas | % | | | | | |
| 6.管道天然气 | Pipeline Natural Gas | % | 75.6 | 75.8 | 76.2 | 78.4 | 80.0 |
| 7.电 | Electricity | % | 1.3 | 1.8 | 1.4 | 1.7 | 1.5 |
| 8.燃料用油 | Fuel Oil | % | | | | | |
| 9.沼气 | Methane | % | | | | | |
| 10.其他 | Others | % | | | | | |
| 11.无炊用行为 | No Cooking Behavior | % | 4.6 | 4.6 | 3.9 | 3.9 | 3.5 |
| **十六、住户厕所类型** | **Toilet Type** | | | | | | |
| 1.水冲式卫生厕所 | Sanitary Water Flush Toilet | % | 86.4 | 86.9 | 87.1 | 89.7 | 90.2 |
| 2.水冲式非卫生厕所 | Non-Sanitary Water Flush Toilet | % | | | | | |
| 3.卫生旱厕 | Sanitary Dry Toilet | % | 3.3 | 3.9 | 3.8 | 3.4 | 3.2 |
| 4.普通旱厕 | Common Dry Toilet | % | 5.1 | 5.7 | 5.2 | 4.3 | 4.1 |
| 5.无厕所 | No Toilet | % | 5.2 | 3.5 | 3.9 | 2.6 | 2.5 |
| **十七、住户洗澡设施情况** | **Bath Facilities** | | | | | | |
| 1.统一供热水 | Unified Supply Of Hot Water | % | 9.4 | 8.9 | 7.2 | 7.4 | 6.5 |
| 2.家庭自装热水器 | Water Heater Installed By Household | % | 80.4 | 84.3 | 87.4 | 87.5 | 88.4 |
| 3.其他 | Others | % | 2.2 | 1.0 | 1.4 | 0.5 | 0.7 |
| 4.无洗澡设施 | No Bath Facilities | % | 8.0 | 5.8 | 4.0 | 4.6 | 4.4 |
| **十八、城镇居民住房建筑面积** | **Floor Space of Urban Household** | **平方米/人** | **35.75** | **30.75** | **31.10** | **30.67** | **30.49** |

# 2-11 城镇居民人均食品消费量
## Per Capita Consumption of Food by Urban Househclds
## (2013-2017)

单位：公斤 (kg)

| 项 目 | tem | 2013 | 2014 | 2015 | 2016 | 2017 |
|---|---|---|---|---|---|---|
| 粮食 | Grain | 112.6 | 110.8 | 114.4 | 116.5 | 115.9 |
| #谷物 | Cereal | 103.1 | 100.6 | 105.0 | 107.1 | 105.6 |
| 薯类 | Tuber | 2.4 | 2.8 | 2.7 | 2.8 | 3.1 |
| 豆类 | Beans and the Products | 7.0 | 7.4 | 6.7 | 6.6 | 7.2 |
| 食用油 | Oil and Fats | 12.5 | 12.8 | 12.5 | 12.4 | 12.1 |
| 蔬菜及菜制品 | Vegetables and Edible Fungi | 119.6 | 121.3 | 116.[illegible] | 118.0 | 120.0 |
| #鲜菜 | Fresh Vegetables | 116.4 | 117.9 | 113.[illegible] | 114.5 | 116.3 |
| 肉及制品 | Meat and Meat Products | 24.2 | 24.4 | 26.[illegible] | 27.4 | 27.5 |
| #猪肉 | Pork | 15.0 | 15.6 | 16.[illegible] | 16.5 | 16.2 |
| 牛羊肉 | Beef and Mutton | 4.9 | 5.0 | 6.1 | 6.7 | 6.8 |
| 家禽及制品 | Poultry and Poultry Products | 4.8 | 5.1 | 5.[illegible] | 5.9 | 6.0 |
| 水产品及制品 | Aquatic Products | 16.5 | 17.1 | 17.[illegible] | 17.9 | 17.8 |
| 蛋类及蛋制品 | Eggs and Related Products | 18.0 | 17.6 | 17.[illegible] | 18.3 | 18.6 |
| #鲜蛋 | Eggs | 17.1 | 16.7 | 16.[illegible] | 17.4 | 17.7 |
| 奶和奶制品 | Milk and Dairy Products | 20.3 | 19.9 | 19.5 | 20.3 | 20.4 |
| 干鲜瓜果类 | Dried and Fresh Melons and Fruits | 67.7 | 71.6 | 74.0 | 76.5 | 78.1 |
| #鲜瓜果 | Fresh Melons and Fruits | 61.6 | 65.2 | 67.5 | 69.2 | 71.6 |
| 糖果糕点类 | Confectionery | 8.9 | 8.6 | 8.7 | 9.0 | 9.1 |
| 白酒 | Wine | 3.1 | 3.3 | 3.3 | 3.5 | 3.6 |

# 2-12 城镇居民家庭年末每百户主要耐用消费品拥有量
## Main Durable Goods Owned Per 100 Urban Households
## (2013-2017)

| 项 目 | Item | 单 位 | Unit | 2013 | 2014 | 2015 | 2016 | 2017 |
|---|---|---|---|---|---|---|---|---|
| 摩托车 | Motorcycle | 辆 | unit | 6.0 | 6.6 | 6.2 | 3.4 | 2.6 |
| 助力车 | Electric Bicycle | 辆 | unit | 34.6 | 37.4 | 34.8 | 36.5 | 38.3 |
| 家用汽车 | Automobile | 辆 | unit | 30.4 | 32.1 | 37.3 | 40.5 | 41.7 |
| 洗衣机 | Washing Machine | 台 | unit | 98.7 | 100.0 | 101.7 | 101.6 | 101.7 |
| 电冰箱(柜) | Refrigerator | 台 | unit | 100.6 | 103.1 | 102.7 | 102.5 | 102.5 |
| 彩色电视机 | Color Television Set | 台 | unit | 112.7 | 115.0 | 114.8 | 116.9 | 116.1 |
| 家用电脑 | Micro-Computer | 台 | unit | 72.0 | 76.7 | 78.5 | 79.2 | 79.2 |
| 摄像机 | Vidicon | 架 | unit | 8.6 | 10.6 | 11.0 | 10.9 | — |
| 照相机 | Camera | 架 | unit | 40.0 | 41.1 | 35.2 | 32.7 | 33.8 |
| 微波炉 | Microwave Oven | 台 | unit | 75.5 | 77.5 | 78.2 | 79.3 | 79.4 |
| 空调器 | Air Conditioner | 台 | unit | 130.8 | 134.2 | 131.3 | 133.6 | 135.3 |
| 热水器 | Warer Heater | 台 | unit | 91.1 | 93.7 | 92.2 | 92.3 | 93.9 |
| 固定电话 | Telephone | 部 | unit | 52.4 | 57.5 | 52.4 | 51.9 | 35.6 |
| 移动电话 | Mobile Telephone | 部 | unit | 215.6 | 220.4 | 219.5 | 220.3 | 221.2 |

# 2-13 城镇居民人均可支配收入及构成
## Per Capita Disposable Income and Component of Urban Households (2013-2017)

| 项目 | Item | 2013 | 2014 | 2015 | 2016 | 2017 |
|---|---|---|---|---|---|---|
| **人均可支配收入(元)** | **Per Capita Disposable Income (yuan)** | **28980** | **31506** | **34101** | **37110** | **40278** |
| 工资性收入 | Income of Wages and Salaries | 17156 | 18797 | 21060 | 23207 | 25303 |
| 经营净收入 | Net Business Income | 2272 | 2442 | 2458 | 2666 | 2772 |
| 财产净收入 | Net Income from Property | 2862 | 3230 | 3400 | 3721 | 4037 |
| 转移净收入 | Net Income from Transfer | 6690 | 7037 | 7183 | 7516 | 8166 |
| #养老金或离退休金 | Pensions and Retirement Pay | 7106 | 7858 | 8387 | 8864 | 9742 |
| **人均可支配收入构成(%)** | **Component of Per Capita Disposable Income (%)** | **100.0** | **100.0** | **100.0** | **100.0** | **100.0** |
| 工资性收入 | Income of Wages and Salaries | 59.2 | 59.7 | 61.8 | 62.5 | 62.8 |
| 经营净收入 | Net Business Income | 7.8 | 7.8 | 7.2 | 7.2 | 6.9 |
| 财产净收入 | Net Income from Property | 9.9 | 10.2 | 10.0 | 10.0 | 10.0 |
| 转移净收入 | Net Income from Transfer | 23.1 | 22.3 | 21.0 | 20.3 | 20.3 |
| #养老金或离退休金 | Pensions and Retirement Pay | 24.5 | 24.9 | 24.6 | 23.9 | 24.2 |

# 2-14 城镇居民人均消费支出及构成
## Per Capita Consumption Expenditure and Component of Urban Households (2013-2017)

| 项目 | Item | 2013 | 2014 | 2015 | 2016 | 2017 |
|---|---|---|---|---|---|---|
| **人均消费支出(元)** | **Per Capita Consumption Expenditure(yuan)** | **22306** | **24290** | **26230** | **28345** | **30284** |
| 食品烟酒 | Food,Tobacco and Liquor | 7160 | 7943 | 8448 | 8680 | 9456 |
| 衣着 | Clothing | 1819 | 2051 | 2144 | 2114 | 2119 |
| 居住 | Residence | 4997 | 5320 | 5667 | 6187 | 6470 |
| 生活用品及服务 | Household Facilities, Articles and Services | 1223 | 1387 | 1594 | 1664 | 1774 |
| 交通和通信 | Transportations and Communications | 3056 | 3182 | 3403 | 3992 | 3924 |
| 教育文化娱乐 | Education, Cultural and Recreation | 1778 | 2013 | 2283 | 2644 | 2979 |
| 医疗保健 | Health Care and Medical Services | 1562 | 1721 | 1888 | 2172 | 2600 |
| 其他用品和服务 | Miscellaneous Goods and Services | 711 | 673 | 803 | 892 | 962 |
| **人均消费支出构成(%)** | **Component of Per Capita Consumption Expenditure(%)** | **100.0** | **100.0** | **100.0** | **100.0** | **100.0** |
| 食品烟酒 | Food,Tobacco and Liquor | 32.1 | 32.7 | 32.2 | 30.6 | 31.2 |
| 衣着 | Clothing | 8.2 | 8.4 | 8.2 | 7.5 | 7.0 |
| 居住 | Residence | 22.4 | 21.9 | 21.6 | 21.8 | 21.4 |
| 生活用品及服务 | Household Facilities, Articles and Services | 5.5 | 5.7 | 6.1 | 5.9 | 5.8 |
| 交通和通信 | Transportations and Communications | 13.7 | 13.1 | 13.0 | 14.1 | 13.0 |
| 教育文化娱乐 | Education, Cultural and Recreation | 8.0 | 8.3 | 8.7 | 9.3 | 9.8 |
| 医疗保健 | Health Care and Medical Services | 7.0 | 7.1 | 7.2 | 7.7 | 8.6 |
| 其他用品和服务 | Miscellaneous Goods and Services | 3.1 | 2.8 | 3.0 | 3.1 | 3.2 |

# 2-15 城镇居民人均消费支出

## Per Capita Consumption Expenditure of Urban Households (2013-2017)

单位：元 (yuan)

| 项　目 | Item | 2013 | 2014 | 2015 | 2016 | 2017 |
|---|---|---|---|---|---|---|
| **人均消费支出** | **Per Capita Consumption Expenditure** | **22306** | **24290** | **26230** | **28345** | **30284** |
| (一)食品烟酒 | Food,Tobacco and Liquor | 7160 | 7943 | 8448 | 8680 | 9456 |
| 1.食品 | Food | 4919 | 5154 | 5409 | 5594 | 5892 |
| 2.烟酒 | Tobacco and Liquor | 656 | 743 | 744 | 794 | 859 |
| 3.饮料 | Drink | – | 165 | 189 | 205 | 223 |
| 4.饮食服务 | Catering Services | 1585 | 1881 | 2106 | 2087 | 2482 |
| (二)衣着 | Clothing | 1819 | 2051 | 2144 | 2114 | 2119 |
| 1.衣类 | Clothes | 1390 | 1534 | 1631 | 1595 | 1607 |
| 2.鞋类 | Shoes | 429 | 517 | 513 | 519 | 512 |
| (三)居住 | Residence | 4997 | 5320 | 5667 | 6187 | 6470 |
| 1.租赁房房租 | Rent of Rental Housing | 216 | 239 | 214 | 230 | 258 |
| 2.住房维修及管理 | Housing Maintenance and Management | 384 | 383 | 468 | 616 | 683 |
| 3.水电燃料及其他 | Water,Electricity,Fuel and Others | 1223 | 1277 | 1336 | 1378 | 1291 |
| 4.自有住房折算租金 | Imputed Rents of Owner-occupied Dwelling | 3174 | 3421 | 3649 | 3963 | 4238 |
| (四)生活用品及服务 | Household Facilities, Articles and Services | 1223 | 1387 | 1594 | 1664 | 1774 |
| 1.家具及室内装饰品 | Furniture and Interior Decoration | 287 | 204 | 265 | 245 | 274 |
| 2.家用器具 | Household Appliances | 305 | 369 | 474 | 455 | 457 |
| 3.家用纺织品 | Home Textiles | 93 | 117 | 115 | 127 | 124 |
| 4.家庭日用杂品 | Family Daily Groceries | 315 | 403 | 399 | 437 | 475 |
| 5.个人用品 | Personal Products | 178 | 240 | 295 | 347 | 392 |
| 6.家庭服务 | Family Services | 45 | 54 | 46 | 53 | 52 |
| (五)交通和通信 | Transportations and Communications | 3056 | 3182 | 3403 | 3992 | 3924 |
| 1.交通 | Transportations | 1990 | 1992 | 2221 | 2714 | 2626 |
| 2.通信 | Communications | 1066 | 1190 | 1182 | 1278 | 1298 |
| (六)教育文化娱乐 | Education, Cultural and Recreation | 1778 | 2013 | 2283 | 2644 | 2979 |
| 1.教育 | Education | 819 | 863 | 1005 | 1292 | 1439 |
| 2.文化娱乐 | Cultural and Recreation | 959 | 1150 | 1278 | 1352 | 1540 |
| (七)医疗保健 | Health Care and Medical Services | 1562 | 1721 | 1888 | 2172 | 2600 |
| 1.医疗器具及药品 | Medical Equipment and Medicine | 648 | 644 | 688 | 716 | 762 |
| 2.医疗服务 | Medical Services | 914 | 1077 | 1200 | 1456 | 1838 |
| (八)其他用品和服务 | Miscellaneous Goods and Services | 711 | 673 | 803 | 892 | 962 |
| 1.其他用品 | Other Goods | 423 | 432 | 503 | 468 | 506 |
| 2.其他服务 | Other Services | 288 | 241 | 300 | 424 | 456 |

# 2-16 农村居民家庭基本情况
# Basic Conditions of Rural Households
# (2013-2017)

| 项 目 | Item | 单 位 Unit | 2013 | 2014 | 2015 | 2016 | 2017 |
|---|---|---|---|---|---|---|---|
| **一、住户基本情况** | **Basic Conditions of Households** | | | | | | |
| 户均常住成员 | Average Number of Permanent Residents Per Household | 人/户 | 3.35 | 3.32 | 3.25 | 3.29 | 3.28 |
| 户均就业成员 | Average Number of Employees Per Household | 人/户 | 2.09 | 2.01 | 1.92 | 1.87 | 1.82 |
| 平均每户就业人口比重 | Average Employment Proportion Per Household | % | 62.4 | 60.5 | 59.1 | 56.8 | 55.5 |
| 平均每一就业者负担人口 | Average Number of Dependents Per Employee | 人 | 1.60 | 1.65 | 1.69 | 1.76 | 1.80 |
| **二、住户常住成员户口登记地** | **Registered Location Of Permanent Residents** | | | | | | |
| 1.本村(居委会) | Home Village or Residents' Committee | % | 95.9 | 95.8 | 95.8 | 96.0 | 96.1 |
| 2.村外乡(镇、街道)内 | Outside Home Village | % | 1.9 | 1.9 | 2.7 | 2.1 | 2.2 |
| 3.乡外县(区)内 | Outside Home Township Residential District | % | 0.5 | 0.6 | 0.7 | 0.7 | 0.7 |
| 4.县外市内 | Outside Home County (District) | % | 0.7 | 0.6 | 0.3 | 0.4 | 0.4 |
| 5.市外省内 | Outside Home Municipality | % | | | | | |
| 6.省外 | Outside Home Province | % | 1.0 | 1.1 | 0.5 | 0.8 | 0.6 |
| 7.其他(如户口待定) | Others | % | | | | | |
| **三、住户6周岁及以上成员受教育程度** | **Education Level of Residents Above 6-Year-Old** | | | | | | |
| 1.未上过学 | Non-Educated | % | 3.5 | 3.1 | 2.4 | 2.0 | 2.0 |
| 2.小学 | Primary School | % | 27.5 | 28.0 | 26.7 | 24.6 | 24.6 |
| 3.初中 | Junior Middle School | % | 51.7 | 51.5 | 53.6 | 54.4 | 54.4 |
| 4.高中 | Senior Middle School | % | 11.6 | 11.2 | 10.5 | 11.8 | 11.6 |
| 5.大学专科 | Junior College | % | 3.1 | 3.3 | 3.7 | 3.8 | 4.0 |
| 6.大学本科 | Undergraduate College | % | 2.5 | 2.8 | 3.0 | 3.3 | 3.3 |
| 7.研究生 | Graduate | % | 0.1 | 0.1 | 0.1 | 0.1 | 0.1 |
| **四、住户从业人员参加养老保险情况** | **Pension Insurance** | | | | | | |
| 1.新型农村社会养老保险 | The New Rural Community Pension Insurance | % | 0.1 | | | | |
| 2.城镇职工基本养老保险 | Urban Employee Basic Pension Insurance | % | 6.8 | 7.3 | 7.2 | 10.2 | 10.2 |
| 3.城乡居民基本养老保险 | Urban-Rural Residents Basic Pension Insurance | % | 29.1 | 29.4 | 35.7 | 43.5 | 46.3 |
| 4.商业养老保险 | Business Pension Insurance | % | 1.1 | 0.9 | 0.9 | 1.4 | 1.5 |
| 5.其他养老保险 | Others | % | 0.1 | | | | |
| 6.没有参加任何养老保险 | No Pension Insurance | % | 62.8 | 62.4 | 56.2 | 44.9 | 42.0 |
| **五、住户从业人员参加医疗保险情况** | **Medical Care Insurance** | | | | | | |
| 1.新型农村合作医疗 | The New Rural Cooperative Medical Care Insurance | % | | | | | |
| 2.城镇职工基本医疗保险 | Urban Employee Basic Medical Care Insurance | % | 3.5 | 3.7 | 5.6 | 6.2 | 7.2 |
| 3.城乡居民基本医疗保险 | Urban-Rural Residents Basic Medical Care Insurance | % | 93.0 | 95.7 | 94.0 | 93.2 | 92.1 |
| 4.公费医疗 | Socialized Medical Care | % | | | | | |
| 5.商业医疗保险 | Bussiness Medical Care Insurance | % | 0.6 | 0.5 | 0.4 | 0.6 | 0.7 |
| 6.其他医疗保险 | Others | % | 0.3 | | | | |
| 7.没有参加任何医疗保险 | No Medical Care Insurance | % | 2.6 | 0.1 | | | |
| **六、住户从业人员行业分布** | **Industry Distribution** | | | | | | |
| 1.第一产业 | Primary Industry | % | 28.8 | 27.7 | 24.9 | 21.8 | 20.0 |
| 2.第二产业 | Secondary Industry | % | 43.7 | 42.9 | 44.8 | 45.6 | 46.3 |
| 3.第三产业 | Tertiary Industry | % | 27.5 | 29.4 | 30.3 | 32.6 | 33.7 |
| **七、住户从业人员职业分布** | **Profession Distribution** | | | | | | |
| 1.国家机关、党群组织、企业、事业单位负责人 | Directors of Government Agency, CPC or Mass Organizations Enterprises And Institutions | % | 0.7 | 0.6 | 1.0 | 1.2 | 0.8 |

## 2-16 续表 1 continued

| 项 目 | Item | 单位 Unit | 2013 | 2014 | 2015 | 2016 | 2017 |
|---|---|---|---|---|---|---|---|
| 2.专业技术人员 | Professional Staff | % | 13.0 | 13.2 | 14.5 | 16.2 | 16.9 |
| 3.办事人员和有关人员 | Clerks | % | 13.3 | 9.5 | 8.3 | 11.4 | 12.2 |
| 4.商业、服务业人员 | Commercial and Service Personel | % | 10.3 | 12.2 | 13.5 | 13.9 | 14.2 |
| 5.农、林、牧、渔、水利业生产人员 | Primary Industry and Irrigation Workers | % | 32.0 | 30.9 | 26.2 | 22.3 | 20.5 |
| 6.生产、运输设备操作人员及有关人员 | Equipment Operators | % | 30.7 | 33.4 | 36.5 | 35.0 | 35.3 |
| 7.军人 | Soldiers | % | | 0.1 | | | 0.1 |
| 8.不便分类的其他从业人员 | Others | % | | 0.1 | | | |
| **八、住户从业人员就业分布** | **Employment Distribution** | | | | | | |
| 1.雇主 | Employers | % | 0.9 | 0.6 | 0.2 | 0.4 | 0.4 |
| 2.公职人员 | Public Servants | % | 0.5 | 0.2 | 0.2 | 0.2 | 0.1 |
| 3.事业单位人员 | Institutions Staff | % | 0.6 | 0.7 | 1.0 | 1.2 | 0.7 |
| 4.国有企业雇员 | State-Owned Enterprise Employees | % | 0.5 | 0.4 | 0.1 | 0.5 | 0.3 |
| 5.其他雇员 | Other Employees | % | 50.2 | 61.5 | 64.4 | 65.9 | 69.4 |
| 6.农业自营 | Agricultrual Managers | % | 35.8 | 26.6 | 23.6 | 20.1 | 18.2 |
| 7.非农自营 | Secondary and Teriary Industry Managers | % | 11.5 | 10.0 | 10.5 | 11.7 | 10.9 |
| **九、住户成员健康状况** | **Health Condition** | | | | | | |
| 1.健康 | Healthy | % | 91.2 | 91.6 | 92.1 | 93.2 | 93.1 |
| 2.基本健康 | General Healthy | % | 5.3 | 4.9 | 5.3 | 4.8 | 4.9 |
| 3.不健康，但生活能自理 | Unhealthy but Independent | % | 3.0 | 3.1 | 2.2 | 1.9 | 1.8 |
| 4.生活不能自理 | Dependent | % | 0.5 | 0.4 | 0.4 | 0.1 | 0.2 |
| **十、常住居民收入与支出** | **Income and Expenditure of Rural Households** | | | | | | |
| 农村居民人均可支配收入 | Per-Capita Disposable Income of Rural Households | 元/人 | 15353 | 17014 | 18482 | 20076 | 21754 |
| 农村居民人均消费性支出 | Per-Capita Consumption Expenditure of Rural Households | 元/人 | 12491 | 13739 | 14739 | 15912 | 16386 |
| 平均消费倾向 | Average Propensity to Consume of Rural Households | % | 81.4 | 80.8 | 79.8 | 79.3 | 75.3 |
| **十一、住户现住房居住空间样式** | **Housing Style** | | | | | | |
| 1.单栋楼房 | Single Building | % | 0.6 | 0.5 | 0.7 | 1.3 | 1.1 |
| 2.单栋平房 | Single Bungalow | % | 81.7 | 82.2 | 83.4 | 79.8 | 81.8 |
| 3.四居室及以上单元房 | Apartment with 4 Bedrooms or More | % | | | | | |
| 4.三居室单元房 | Apartment with 3 Bedrooms | % | 1.1 | 1.2 | 1.9 | 2.7 | 2.8 |
| 5.二居室单元房 | Apartment with 2 Bedrooms | % | 4.7 | 5.9 | 5.5 | 5.1 | 5.1 |
| 6.一居室单元房 | Apartment with 1 Bedroom | % | | 0.6 | 0.6 | 0.4 | 0.3 |
| 7.筒子楼或连片平房 | Tube-Shaped Apartment or Cottage | % | 11.9 | 9.6 | 7.9 | 10.7 | 8.9 |
| 8.其他 | Others | % | | | | | |
| **十二、住户现住房房屋来源** | **Source of House** | | | | | | |
| 1.租赁公房 | Rent Public House | % | | | | | |
| 2.租赁私房 | Rent Private House | % | 0.6 | 0.2 | | 0.3 | 0.2 |
| 3.自建住房 | Self-Help House | % | 93.3 | 92.2 | 91.6 | 91.5 | 91.8 |
| 4.购买商品房 | Purchased Commercial House | % | 2.6 | 2.9 | 2.8 | 2.2 | 4.2 |
| 5.购买房改住房 | Purchased Public House | % | 0.4 | 0.2 | 0.2 | 0.8 | |
| 6.购买保障性住房 | Purchased Social House | % | | | | | |
| 7.拆迁安置房 | Resettlement House | % | 3.1 | 4.5 | 5.4 | 5.2 | 3.8 |
| 8.其他 | Others | % | | | | | |
| **十三、住户主要饮用水来源情况** | **Source of Drinking Water** | | | | | | |
| 1.经过净化处理的自来水 | Tap Water | % | 80.4 | 75.6 | 92.6 | 94.0 | 94.1 |

2-16 续表 2 continued

| 项 目 | Item | 单 位 Unit | 2013 | 2014 | 2015 | 2016 | 2017 |
|---|---|---|---|---|---|---|---|
| 2.受保护的井水和泉水 | Protected Wells and Springs | % | 19.6 | 24.4 | 7.4 | 6.0 | 5.8 |
| 3.不受保护的井水和泉水 | Unprotected Wells and Springs | % | | | | | |
| 4.江河湖泊水 | River and Lake Water | % | | | | | |
| 5.收集雨水 | Collected Rain Water | % | | | | | |
| 6.桶装水 | Bottled Water | % | | | | | 0.1 |
| 7.其他水源 | Others | % | | | | | |
| **十四、住户主要取暖用能源状况** | **Fuel for Heating** | | | | | | |
| 1.柴草 | Firewoods | % | | | | | |
| 2.煤炭 | Coal | % | 92.7 | 91.6 | 90.4 | 90.8 | 70.8 |
| 3.罐装液化石油气 | Canned Liquefied Petroleum Gas | % | | | | | |
| 4.管道液化石油气 | Pipeline Liquefied Petroleum Gas | % | | | | | |
| 5.管道煤气 | Pipeline Coal Gas | % | | | | | |
| 6.管道天然气 | Pipeline Natural Gas | % | | | | | 11.2 |
| 7.电 | Electricity | % | 0.8 | 1.4 | 0.6 | 1.5 | 9.4 |
| 8.燃料用油 | Fuel Oil | % | | | | | |
| 9.沼气 | Methane | % | | | | | |
| 10.其他 | Others | % | | | | | |
| 11.集中供暖 | Central Heating | % | 6.5 | 7.0 | 9.0 | 7.7 | 8.6 |
| **十五、住户主要炊用能源状况** | **Fuel for Cooking** | | | | | | |
| 1.柴草 | Firewoods | % | 9.8 | 8.1 | 7.4 | 0.9 | 0.9 |
| 2.煤炭 | Coal | % | 3.4 | 3.6 | 6.0 | 5.3 | 4.3 |
| 3.罐装液化石油气 | Canned Liquefied Petroleum Gas | % | 79.3 | 79.1 | 74.6 | 81.8 | 76.1 |
| 4.管道液化石油气 | Pipeline Liquefied Petroleum Gas | % | | | | | |
| 5.管道煤气 | Pipeline Coal Gas | % | | | | | |
| 6.管道天然气 | Pipeline Natural Gas | % | 3.6 | 5.4 | 6.0 | 6.2 | 12.2 |
| 7.电 | Electricity | % | 3.9 | 3.8 | 6.0 | 5.8 | 6.5 |
| 8.燃料用油 | Fuel Oil | % | | | | | |
| 9.沼气 | Methane | % | | | | | |
| 10.其他 | Others | % | | | | | |
| 11.无炊用行为 | No Cooking Behavior | % | | | | | |
| **十六、住户厕所类型** | **Toilet Type** | | | | | | |
| 1.水冲式卫生厕所 | Sanitary Water Flush Toilet | % | 53.1 | 54.0 | 57.3 | 57.4 | 58.7 |
| 2.水冲式非卫生厕所 | Non-Sanitary Water Flush Toilet | % | | | | | |
| 3.卫生旱厕 | Sanitary Dry Toilet | % | 11.3 | 15.1 | 13.6 | 13.7 | 13.6 |
| 4.普通旱厕 | Common Dry Toilet | % | 26.1 | 24.5 | 21.6 | 21.6 | 20.6 |
| 5.无厕所 | No Toilet | % | 9.5 | 6.4 | 7.5 | 7.3 | 7.1 |
| **十七、住户洗澡设施情况** | **Bath Facilities** | | | | | | |
| 1.统一供热水 | Unified Supply of Hot Water | % | 1.8 | 1.0 | 0.6 | 0.6 | 0.9 |
| 2.家庭自装热水器 | Water Heater Installed by Household | % | 82.0 | 90.0 | 90.6 | 92.1 | 88.3 |
| 3.其他 | Others | % | 8.9 | 4.3 | 4.6 | 1.4 | 5.1 |
| 4.无洗澡设施 | No Bath Facilities | % | 7.3 | 4.7 | 4.2 | 5.9 | 5.7 |
| **十八、农村居民住房建筑面积** | **Floor Space of Rural Households** | **平方米/人 sq.m/person** | **31.80** | **31.93** | **32.14** | **32.35** | **33.46** |

## 2-17 农村居民人均食品消费量
## Per Capita Annual Consumption on Food of Rural Households (2013-2017)

单位：公斤 (kg)

| 项 目 | Item | 2013 | 2014 | 2015 | 2016 | 2017 |
|---|---|---|---|---|---|---|
| 粮食 | Grain | 141.8 | 140.9 | 143.2 | 142.9 | 142.4 |
| #谷物 | Cereal | 136.4 | 134.4 | 135.7 | 135.1 | 134.3 |
| 薯类 | Tuber | 1.6 | 2.0 | 2.7 | 2.8 | 2.9 |
| 豆类 | Beans and the Products | 3.8 | 4.5 | 4.8 | 5.0 | 5.2 |
| 食用油 | Oil and Fats | 9.8 | 10.3 | 10.5 | 10.1 | 10.1 |
| 蔬菜及菜制品 | Vegetables and Edible Fungi | 83.7 | 90.3 | 95.8 | 97.2 | 99.0 |
| #鲜菜 | Fresh Vegetables | 82.1 | 88.5 | 90.7 | 94.2 | 96.1 |
| 肉及制品 | Meat and Meat Products | 18.4 | 21.3 | 20.9 | 21.6 | 22.0 |
| #猪肉 | Pork | 13.2 | 15.0 | 14.7 | 14.0 | 14.4 |
| 牛羊肉 | Beef and Mutton | 2.8 | 2.9 | 2.9 | 3.3 | 3.2 |
| 家禽及制品 | Poultry and Poultry Products | 2.4 | 3.7 | 3.4 | 4.3 | 4.1 |
| 水产品及制品 | Aquatic Products | 10.9 | 13.0 | 12.3 | 12.6 | 12.6 |
| 蛋类及蛋制品 | Eggs and Related Products | 12.4 | 13.2 | 15.1 | 15.5 | 16.7 |
| #鲜蛋 | Eggs | 12.0 | 12.8 | 14.7 | 15.0 | 16.2 |
| 奶和奶制品 | Milk and Dairy Products | 9.3 | 10.6 | 11.0 | 10.9 | 11.5 |
| 干鲜瓜果类 | Dried and Fresh Melons and Fruits | 46.2 | 59.2 | 66.7 | 68.0 | 71.3 |
| #鲜瓜果 | Fresh Melons and Fruits | 42.3 | 54.1 | 60.4 | 62.1 | 63.8 |
| 糖果糕点类 | Confectionery | 5.4 | 6.3 | 6.3 | 6.1 | 6.3 |
| 白酒 | Wine | 4.2 | 4.6 | 4.8 | 4.4 | 4.3 |

## 2-18 农村居民家庭年末每百户主要耐用消费品拥有量
## Main Durable Goods Owned Per 100 Rural Households (2013-2017)

| 项 目 | Item | 单 位 | Unit | 2013 | 2014 | 2015 | 2016 | 2017 |
|---|---|---|---|---|---|---|---|---|
| 摩托车 | Motorcycle | 辆 | unit | 39.8 | 39.7 | 41.5 | 36.7 | 29.8 |
| 助力车 | Electric Bicycle | 辆 | unit | 74.6 | 75.5 | 77.7 | 79.7 | 84.3 |
| 家用汽车 | Automobile | 辆 | unit | 24.0 | 27.5 | 32.6 | 36.4 | 38.6 |
| 洗衣机 | Washing Machine | 台 | unit | 98.1 | 98.0 | 99.2 | 99.3 | 99.5 |
| 电冰箱(柜) | Refrigerator | 台 | unit | 94.6 | 98.6 | 100.1 | 100.2 | 100.3 |
| 彩色电视机 | Color Television Set | 台 | unit | 119.8 | 120.3 | 121.6 | 119.6 | 120.8 |
| 家用电脑 | Micro-Computer | 台 | unit | 42.6 | 45.5 | 44.2 | 45.3 | 45.3 |
| 摄像机 | Vidieon | 架 | unit | 1.6 | 1.6 | 7.0 | 4.5 | — |
| 照相机 | Camera | 架 | unit | 10.6 | 12.4 | 10.2 | 8.9 | 6.2 |
| 微波炉 | Microwave Oven | 台 | unit | 35.4 | 36.3 | 37.6 | 37.3 | 37.3 |
| 空调器 | Air Conditioner | 台 | unit | 71.2 | 71.1 | 75.4 | 76.9 | 81.9 |
| 热水器 | Water Heater | 台 | unit | 89.5 | 90.6 | 90.2 | 92.4 | 93.0 |
| 固定电话 | Telephone | 部 | unit | 57.7 | 67.0 | 72.7 | 63.0 | 57.8 |
| 移动电话 | Mobile Telephone | 部 | unit | 196.4 | 203.4 | 209.6 | 210.1 | 214.5 |

## 2-19 农村居民人均可支配收入及构成
## Per Capita Disposable Income and Component of Rural Households (2013-2017)

| 项 目 | Item | 2013 | 2014 | 2015 | 2016 | 2017 |
|---|---|---|---|---|---|---|
| **人均可支配收入(元)** | **Per Capita Disposable Income (yuan)** | **15353** | **17014** | **18482** | **20076** | **21754** |
| 工资性收入 | Income of Wages and Salaries | 8898 | 9941 | 11032 | 12048 | 13139 |
| 经营净收入 | Net Business Income | 4404 | 4791 | 4949 | 5310 | 5562 |
| 财产净收入 | Net Income from Property | 694 | 799 | 775 | 894 | 1008 |
| 转移净收入 | Net Income from Transfer | 1357 | 1483 | 1726 | 1824 | 2045 |
| #养老金或离退休金 | Pensions and Retirement Pay | 890 | 999 | 1142 | 1558 | 1814 |
| **人均可支配收入构成(%)** | **Component of Per Capita Disposable Income (%)** | **100.0** | **100.0** | **100.0** | **100.0** | **100.0** |
| 工资性收入 | Income of Wages and Salaries | 58.0 | 58.4 | 59.7 | 60.0 | 60.4 |
| 经营净收入 | Net Business Income | 28.7 | 28.2 | 26.8 | 26.4 | 25.6 |
| 财产净收入 | Net Income from Property | 4.5 | 4.7 | 4.2 | 4.5 | 4.6 |
| 转移净收入 | Net Income from Transfer | 8.8 | 8.7 | 9.3 | 9.1 | 9.4 |
| #养老金或离退休金 | Pensions and Retirement Pay | 5.8 | 5.9 | 6.2 | 7.8 | 8.3 |

## 2-20 农村居民人均消费支出及构成
## Per Capita Consumption Expenditure and Component of Rural Households (2013-2017)

| 项 目 | Item | 2013 | 2014 | 2015 | 2016 | 2017 |
|---|---|---|---|---|---|---|
| **人均消费支出(元)** | **Per Capita Consumption Expenditure(yuan)** | **12491** | **13739** | **14739** | **15912** | **16386** |
| 食品烟酒 | Food,Tobacco and Liquor | 4132 | 4645 | 4878 | 4981 | 4852 |
| 衣 着 | Clothing | 951 | 1013 | 1060 | 1088 | 1128 |
| 居 住 | Residence | 2784 | 3036 | 3247 | 3198 | 3354 |
| 生活用品及服务 | Household Facilities, Articles and Services | 767 | 891 | 954 | 1091 | 1101 |
| 交通和通信 | Transportations and Communications | 1811 | 1813 | 2096 | 2647 | 2902 |
| 教育文化娱乐 | Education, Cultural and Recreation | 833 | 1041 | 1145 | 1299 | 1343 |
| 医疗保健 | Health Care and Medical Services | 953 | 980 | 1060 | 1334 | 1407 |
| 其他用品和服务 | Miscellaneous Goods and Services | 260 | 320 | 299 | 274 | 299 |
| **人均消费支出构成(%)** | **Component of Per Capita Consumption Expenditure(%)** | **100.0** | **100.0** | **100.0** | **100.0** | **100.0** |
| 食品烟酒 | Food,Tobacco and Liquor | 33.1 | 33.8 | 33.1 | 31.3 | 29.6 |
| 衣 着 | Clothing | 7.6 | 7.4 | 7.2 | 6.8 | 6.9 |
| 居 住 | Residence | 22.3 | 22.1 | 22.0 | 20.1 | 20.5 |
| 生活用品及服务 | Household Facilities, Articles and Services | 6.1 | 6.5 | 6.5 | 6.9 | 6.7 |
| 交通和通信 | Transportations and Communications | 14.5 | 13.2 | 14.2 | 16.6 | 17.7 |
| 教育文化娱乐 | Education, Cultural and Recreation | 6.7 | 7.6 | 7.8 | 8.2 | 8.2 |
| 医疗保健 | Health Care and Medical Services | 7.6 | 7.1 | 7.2 | 8.4 | 8.6 |
| 其他用品和服务 | Miscellaneous Goods and Services | 2.1 | 2.3 | 2.0 | 1.7 | 1.8 |

# 2-21 农村居民人均消费支出
# Per Capita Consumption Expenditure of Rural Households (2013-2017)

单位：元 (yuan)

| 项 目 | Item | 2013 | 2014 | 2015 | 2016 | 2017 |
|---|---|---|---|---|---|---|
| **人均消费支出** | **Per Capita Consumption Expenditure** | **12491** | **13739** | **14739** | **15912** | **16386** |
| (一)食品烟酒 | Food,Tobacco and Liquor | 4132 | 4645 | 4378 | 4981 | 4852 |
| 1.食品 | Food | 2805 | 3164 | 3370 | 3554 | 3391 |
| 2.烟酒 | Tobacco and Liquor | 577 | 645 | 527 | 613 | 616 |
| 3.饮料 | Drink | – | 192 | 159 | 143 | 141 |
| 4.饮食服务 | Catering Services | 750 | 644 | 722 | 671 | 704 |
| (二)衣着 | Clothing | 951 | 1013 | 1060 | 1088 | 1128 |
| 1.衣类 | Clothes | 677 | 724 | 749 | 784 | 814 |
| 2.鞋类 | Shoes | 274 | 289 | 311 | 304 | 314 |
| (三)居住 | Residence | 2784 | 3036 | 3247 | 3198 | 3354 |
| 1.租赁房房租 | Rent of Rental Housing | 9 | 14 | 38 | 32 | 41 |
| 2.住房维修及管理 | Housing Maintenance and Management | 563 | 665 | 484 | 487 | 436 |
| 3.水电燃料及其他 | Water, Electricity, Fuel and Others | 850 | 844 | 1050 | 900 | 906 |
| 4.自有住房折算租金 | Imputed Rents of Owner-occupied Dwelling | 1362 | 1513 | 1675 | 1779 | 1971 |
| (四)生活用品及服务 | Household Facilities, Articles and Services | 767 | 891 | 954 | 1091 | 1101 |
| 1.家具及室内装饰品 | Furniture and Interior Decoration | 107 | 128 | 135 | 111 | 102 |
| 2.家用器具 | Household Appliances | 263 | 266 | 308 | 347 | 352 |
| 3.家用纺织品 | Home Textiles | 65 | 68 | 79 | 93 | 78 |
| 4.家庭日用杂品 | Family Daily Groceries | 234 | 289 | 294 | 341 | 319 |
| 5.个人用品 | Personal Products | 83 | 112 | 117 | 177 | 229 |
| 6.家庭服务 | Family Services | 15 | 28 | 21 | 22 | 21 |
| (五)交通和通信 | Transportations and Communications | 1813 | 1811 | 2096 | 2647 | 2902 |
| 1.交通 | Transportations | 1301 | 1154 | 1292 | 1869 | 2048 |
| 2.通信 | Communications | 512 | 657 | 804 | 778 | 854 |
| (六)教育文化娱乐 | Education, Cultural and Recreation | 833 | 1041 | 1145 | 1299 | 1343 |
| 1.教育 | Education | 496 | 714 | 767 | 952 | 956 |
| 2.文化娱乐 | Cultural and Recreation | 337 | 327 | 378 | 347 | 387 |
| (七)医疗保健 | Health Care and Medical Services | 953 | 980 | 1060 | 1334 | 1407 |
| 1.医疗器具及药品 | Medical Equipment and Medicine | 428 | 528 | 543 | 499 | 544 |
| 2.医疗服务 | Medical Services | 525 | 452 | 517 | 835 | 863 |
| (八)其他用品和服务 | Miscellaneous Goods and Services | 260 | 320 | 299 | 274 | 299 |
| 1.其他用品 | Other Goods | 184 | 221 | 196 | 163 | 173 |
| 2.其他服务 | Other Services | 76 | 99 | 103 | 111 | 125 |

# 2-22 全国31省市城乡居民人均可支配收入和增速
# Per Capita Disposable Income and Growth of Urban and Rural Households by 31 Regions (2017)

| 地区名称 | Name of Regions | 全体居民（元）Urban and Rural Households (yuan) | 增速 Growth (%) | 城镇居民（元）Urban Households (yuan) | 增速 Growth (%) | 农村居民（元）Rural Households (yuan) | 增速 Growth (%) |
|---|---|---|---|---|---|---|---|
| **全　国** | **National Average** | **25974** | **9.0** | **36396** | **8.3** | **13432** | **8.6** |
| 北　京 | Beijing | 57230 | 8.9 | 62406 | 9.0 | 24240 | 8.7 |
| 天　津 | Tianjin | 37022 | 8.7 | 40278 | 8.5 | 21754 | 8.4 |
| 河　北 | Hebei | 21484 | 8.9 | 30548 | 8.1 | 12881 | 8.1 |
| 山　西 | Shanxi | 20420 | 7.2 | 29132 | 6.5 | 10788 | 7.0 |
| 内蒙古 | Inner Mongolia | 26212 | 8.6 | 35670 | 8.2 | 12584 | 8.4 |
| 辽　宁 | Liaoning | 27835 | 6.9 | 34993 | 6.4 | 13747 | 6.7 |
| 吉　林 | Jilin | 21368 | 7.0 | 28319 | 6.7 | 12950 | 6.8 |
| 黑龙江 | Heilongjiang | 21206 | 6.9 | 27446 | 6.6 | 12665 | 7.0 |
| 上　海 | Shanghai | 58988 | 8.6 | 62596 | 8.5 | 27825 | 9.0 |
| 江　苏 | Jiangsu | 35024 | 9.2 | 43622 | 8.6 | 19158 | 8.8 |
| 浙　江 | Zhejiang | 42046 | 9.1 | 51261 | 8.5 | 24956 | 9.1 |
| 安　徽 | Anhui | 21863 | 9.3 | 31640 | 8.5 | 12758 | 8.9 |
| 福　建 | Fujian | 30048 | 8.8 | 39001 | 8.3 | 16335 | 8.9 |
| 江　西 | Jiangxi | 22031 | 9.6 | 31198 | 8.8 | 13242 | 9.1 |
| 山　东 | Shandong | 26930 | 9.1 | 36789 | 8.2 | 15118 | 8.3 |
| 河　南 | Henan | 20170 | 9.4 | 29558 | 8.5 | 12719 | 8.7 |
| 湖　北 | Hubei | 23757 | 9.0 | 31889 | 8.5 | 13812 | 8.5 |
| 湖　南 | Hunan | 23103 | 9.4 | 33948 | 8.5 | 12936 | 8.4 |
| 广　东 | Guangdong | 33003 | 8.9 | 40975 | 8.7 | 15780 | 8.7 |
| 广　西 | Guangxi | 19905 | 8.7 | 30502 | 7.7 | 11325 | 9.3 |
| 海　南 | Hainan | 22553 | 9.2 | 30817 | 8.3 | 12902 | 8.9 |
| 重　庆 | Chongqing | 24153 | 9.6 | 32193 | 8.7 | 12638 | 9.4 |
| 四　川 | Sichuan | 20580 | 9.4 | 30727 | 8.4 | 12227 | 9.1 |
| 贵　州 | Guizhou | 16704 | 10.5 | 29080 | 8.7 | 8869 | 9.6 |
| 云　南 | Yunnan | 18348 | 9.7 | 30996 | 8.3 | 9862 | 9.3 |
| 西　藏 | Tibet | 15457 | 13.3 | 30671 | 10.3 | 10330 | 13.6 |
| 陕　西 | Shaanxi | 20635 | 9.3 | 30810 | 8.3 | 10265 | 9.2 |
| 甘　肃 | Gansu | 16011 | 9.1 | 27763 | 8.1 | 8076 | 8.3 |
| 青　海 | Qinghai | 19001 | 9.8 | 29169 | 9.0 | 9462 | 9.2 |
| 宁　夏 | Ningxia | 20562 | 9.2 | 29472 | 8.5 | 10738 | 9.0 |
| 新　疆 | Xinjiang | 19975 | 8.8 | 30775 | 8.1 | 11045 | 8.5 |

# 2-23 全国31省市城乡人均居民消费支出和增速
# Per Capita Consumption Expenditure and Growth of Urban and Rural Households by 31 Regions (2017)

| 地区名称 | Name of Regions | 全体居民 (元) Urban and Rural Households (yuan) | 增速 Growth (%) | 城镇居民 (元) Urban Households (yuan) | 增速 Growth (%) | 农村居民 (元) Rural Households (yuan) | 增速 Growth (%) |
|---|---|---|---|---|---|---|---|
| **全 国** | **National Average** | **18322** | **7.1** | **24445** | **5.9** | **10955** | **8.1** |
| 北 京 | Beijing | 37425 | 5.7 | 40346 | 5.5 | 18810 | 8.5 |
| 天 津 | Tianjin | 27841 | 6.6 | 30284 | 6.8 | 16386 | 3.0 |
| 河 北 | Hebei | 15437 | 8.3 | 20600 | 7.8 | 10536 | 7.5 |
| 山 西 | Shanxi | 13664 | 7.7 | 18404 | 8.3 | 8424 | 4.9 |
| 内蒙古 | Inner Mongolia | 18946 | 4.8 | 23638 | 3.9 | 12184 | 6.3 |
| 辽 宁 | Liaoning | 20463 | 3.1 | 25379 | 1.5 | 10787 | 8.4 |
| 吉 林 | Jilin | 15632 | 5.8 | 20051 | 4.6 | 10279 | 8.0 |
| 黑龙江 | Heilongjiang | 15577 | 7.8 | 19270 | 6.2 | 10524 | 11.7 |
| 上 海 | Shanghai | 39792 | 6.2 | 42304 | 6.1 | 18090 | 6.0 |
| 江 苏 | Jiangsu | 23469 | 6.0 | 27726 | 4.9 | 15612 | 8.2 |
| 浙 江 | Zhejiang | 27079 | 6.1 | 31924 | 6.2 | 18093 | 4.2 |
| 安 徽 | Anhui | 15752 | 7.1 | 20740 | 5.8 | 11106 | 8.0 |
| 福 建 | Fujian | 21249 | 5.4 | 25980 | 3.9 | 14003 | 8.5 |
| 江 西 | Jiangxi | 14459 | 9.1 | 19244 | 8.8 | 9870 | 8.1 |
| 山 东 | Shandong | 17281 | 8.5 | 23072 | 7.3 | 10342 | 8.6 |
| 河 南 | Henan | 13730 | 8.0 | 19422 | 7.4 | 9212 | 7.3 |
| 湖 北 | Hubei | 16938 | 6.6 | 21276 | 6.2 | 11633 | 6.3 |
| 湖 南 | Hunan | 17160 | 9.0 | 23163 | 8.1 | 11534 | 8.5 |
| 广 东 | Guangdong | 24820 | 5.8 | 30198 | 5.5 | 13200 | 6.3 |
| 广 西 | Guangxi | 13424 | 9.2 | 18349 | 6.3 | 9437 | 13.0 |
| 海 南 | Hainan | 15403 | 7.9 | 20372 | 7.1 | 9599 | 7.6 |
| 重 庆 | Chongqing | 17898 | 9.2 | 22759 | 8.2 | 10936 | 9.9 |
| 四 川 | Sichuan | 16180 | 9.0 | 21991 | 6.4 | 11397 | 11.8 |
| 贵 州 | Guizhou | 12970 | 8.7 | 20348 | 6.0 | 8299 | 10.2 |
| 云 南 | Yunnan | 12658 | 7.6 | 19560 | 5.0 | 8027 | 9.5 |
| 西 藏 | Tibet | 10320 | 10.7 | 21088 | 8.5 | 6691 | 10.2 |
| 陕 西 | Shaanxi | 14900 | 6.9 | 20388 | 5.3 | 9306 | 8.6 |
| 甘 肃 | Gansu | 13120 | 7.1 | 20659 | 5.7 | 8030 | 7.2 |
| 青 海 | Qinghai | 15503 | 4.9 | 21473 | 3.0 | 9903 | 7.4 |
| 宁 夏 | Ningxia | 15350 | 2.6 | 20219 | -0.7 | 9982 | 9.2 |
| 新 疆 | Xinjiang | 15087 | 7.3 | 22797 | 7.4 | 8713 | 5.3 |

# 2-24 全国31省市城乡居民人均可支配收入(分季度)
# Per Capita Disposable Income of Urban and Rural Households by 31 Regions (by Quarters) (2017)

单位：元 (yuan)

| 地区名称 | Name of Regions | 一季度 the First Quarter | | | 上半年 the First Half | | |
|---|---|---|---|---|---|---|---|
| | | 全体居民 Urban and Rural Households | 城镇居民 Urban Households | 农村居民 Rural Households | 全体居民 Urban and Rural Households | 城镇居民 Urban Households | 农村居民 Rural Households |
| **全　国** | **National Average** | **7184** | **9986** | **3880** | **12932** | **18322** | **6562** |
| 北　京 | Beijing | 14558 | 15739 | 7030 | 28566 | 31016 | 12953 |
| 天　津 | Tianjin | 10421 | 11307 | 6321 | 19691 | 21476 | 11401 |
| 河　北 | Hebei | 5577 | 7829 | 3532 | 10478 | 14672 | 6638 |
| 山　西 | Shanxi | 5116 | 7253 | 2817 | 9434 | 13791 | 4728 |
| 内蒙古 | Inner Mongolia | 7091 | 9295 | 3954 | 12485 | 17692 | 5073 |
| 辽　宁 | Liaoning | 7545 | 9022 | 4690 | 14365 | 17589 | 8074 |
| 吉　林 | Jilin | 5910 | 7281 | 4264 | 10597 | 14138 | 6346 |
| 黑龙江 | Heilongjiang | 5826 | 7051 | 4158 | 9884 | 13163 | 5421 |
| 上　海 | Shanghai | 15841 | 16685 | 8630 | 29902 | 31524 | 15923 |
| 江　苏 | Jiangsu | 11337 | 13459 | 7498 | 18266 | 22670 | 10278 |
| 浙　江 | Zhejiang | 13040 | 15603 | 8389 | 22163 | 26523 | 14184 |
| 安　徽 | Anhui | 6193 | 8689 | 3915 | 11065 | 15718 | 6816 |
| 福　建 | Fujian | 8620 | 11487 | 4291 | 15617 | 20813 | 7769 |
| 江　西 | Jiangxi | 5646 | 8133 | 3307 | 10006 | 14873 | 5430 |
| 山　东 | Shandong | 7513 | 10055 | 4548 | 13807 | 18344 | 8516 |
| 河　南 | Henan | 5185 | 7762 | 3198 | 9407 | 14506 | 5477 |
| 湖　北 | Hubei | 6714 | 9108 | 3836 | 11537 | 16223 | 5880 |
| 湖　南 | Hunan | 6318 | 9228 | 3657 | 10812 | 16055 | 6018 |
| 广　东 | Guangdong | 9191 | 11334 | 4595 | 17224 | 21445 | 8152 |
| 广　西 | Guangxi | 5442 | 8258 | 3193 | 9929 | 15044 | 5845 |
| 海　南 | Hainan | 5975 | 8211 | 3421 | 11595 | 15408 | 7239 |
| 重　庆 | Chongqing | 6996 | 9386 | 3649 | 12515 | 16913 | 6332 |
| 四　川 | Sichuan | 5638 | 8312 | 3486 | 10463 | 15502 | 6409 |
| 贵　州 | Guizhou | 4197 | 7681 | 2057 | 7904 | 14590 | 3779 |
| 云　南 | Yunnan | 4700 | 8213 | 2415 | 8604 | 15344 | 4202 |
| 西　藏 | Tibet | 2792 | 7311 | 1333 | 6169 | 15292 | 3210 |
| 陕　西 | Shaanxi | 5472 | 7945 | 2973 | 10255 | 15292 | 5164 |
| 甘　肃 | Gansu | 4221 | 7248 | 2228 | 7340 | 13148 | 3515 |
| 青　海 | Qinghai | 4829 | 7365 | 2503 | 8522 | 13538 | 3921 |
| 宁　夏 | Ningxia | 4983 | 7198 | 2575 | 9018 | 13655 | 3978 |
| 新　疆 | Xinjiang | 4211 | 7661 | 1400 | 7610 | 14960 | 1624 |

2-24 续表 continued

单位：元 (yuan)

| 地区名称 | Name of Regions | 前三季度 the First Three Quarters | | | 全年 All Year | | |
|---|---|---|---|---|---|---|---|
| | | 全体居民 Urban and Rural Households | 城镇居民 Urban Households | 农村居民 Rural Households | 全体居民 Urban and Rural Households | 城镇居民 Urban Households | 农村居民 Rural Households |
| **全 国** | **National Average** | **19342** | **27430** | **9778** | **25974** | **36396** | **13432** |
| 北 京 | Beijing | 42641 | 46296 | 19347 | 57230 | 62406 | 24240 |
| 天 津 | Tianjin | 29448 | 32212 | 16611 | 37022 | 40278 | 21754 |
| 河 北 | Hebei | 15776 | 22358 | 9749 | 21484 | 30548 | 12881 |
| 山 西 | Shanxi | 14785 | 21459 | 7578 | 20420 | 29132 | 10788 |
| 内蒙古 | Inner Mongolia | 19321 | 26939 | 8478 | 26212 | 35670 | 12584 |
| 辽 宁 | Liaoning | 21106 | 26261 | 11052 | 27835 | 34993 | 13747 |
| 吉 林 | Jilin | 15273 | 21005 | 8393 | 21368 | 28319 | 12950 |
| 黑龙江 | Heilongjiang | 15053 | 20170 | 8086 | 21206 | 27446 | 12665 |
| 上 海 | Shanghai | 44360 | 46839 | 23006 | 58988 | 62596 | 27825 |
| 江 苏 | Jiangsu | 26530 | 33161 | 14504 | 35024 | 43622 | 19158 |
| 浙 江 | Zhejiang | 32414 | 39108 | 20108 | 42046 | 51261 | 24956 |
| 安 徽 | Anhui | 16341 | 23600 | 9715 | 21863 | 31640 | 12758 |
| 福 建 | Fujian | 23416 | 30819 | 12092 | 30048 | 39001 | 16335 |
| 江 西 | Jiangxi | 15577 | 22666 | 8913 | 22031 | 31198 | 13242 |
| 山 东 | Shandong | 20580 | 27656 | 12328 | 26930 | 36789 | 15118 |
| 河 南 | Henan | 14369 | 21670 | 8743 | 20170 | 29558 | 12719 |
| 湖 北 | Hubei | 17338 | 23958 | 9346 | 23757 | 31889 | 13812 |
| 湖 南 | Hunan | 16303 | 24210 | 9071 | 23103 | 33948 | 12936 |
| 广 东 | Guangdong | 26055 | 32325 | 12579 | 33003 | 40975 | 15780 |
| 广 西 | Guangxi | 14671 | 22813 | 8169 | 19905 | 30502 | 11325 |
| 海 南 | Hainan | 16824 | 22886 | 9901 | 22553 | 30817 | 12902 |
| 重 庆 | Chongqing | 18467 | 24834 | 9516 | 24153 | 32193 | 12638 |
| 四 川 | Sichuan | 15198 | 22856 | 9036 | 20580 | 30727 | 12227 |
| 贵 州 | Guizhou | 11949 | 21654 | 5962 | 16704 | 29080 | 8869 |
| 云 南 | Yunnan | 12927 | 22840 | 6453 | 18348 | 30996 | 9862 |
| 西 藏 | Tibet | 10574 | 23347 | 6429 | 15457 | 30671 | 10330 |
| 陕 西 | Shaanxi | 15591 | 23359 | 7741 | 20635 | 30810 | 10265 |
| 甘 肃 | Gansu | 11477 | 20670 | 5423 | 16011 | 27763 | 8076 |
| 青 海 | Qinghai | 13559 | 21272 | 6486 | 19001 | 29169 | 9462 |
| 宁 夏 | Ningxia | 14207 | 20981 | 6844 | 20562 | 29472 | 10738 |
| 新 疆 | Xinjiang | 12017 | 22514 | 3467 | 19975 | 30775 | 11045 |

# 2-25 全国31省市城乡居民人均可支配收入增速(分季度)

# Per Capita Disposable Income Growth of Urban and Rural Households by 31 Regions (by Quarters) (2017)

单位：% (%)

| 地区名称 | Name of Regions | 一季度 the First Quarter | | | 上半年 the First Half | | |
|---|---|---|---|---|---|---|---|
| | | 全体居民 Urban and Rural Households | 城镇居民 Urban Households | 农村居民 Rural Households | 全体居民 Urban and Rural Households | 城镇居民 Urban Households | 农村居民 Rural Households |
| **全　国** | **National Average** | **8.5** | **7.9** | **8.4** | **8.8** | **8.1** | **8.5** |
| 北　京 | Beijing | 8.0 | 8.0 | 7.1 | 9.1 | 9.0 | 8.2 |
| 天　津 | Tianjin | 8.5 | 8.4 | 8.4 | 8.8 | 8.5 | 8.4 |
| 河　北 | Hebei | 8.8 | 8.1 | 7.8 | 9.0 | 8.0 | 7.9 |
| 山　西 | Shanxi | 6.5 | 5.9 | 6.1 | 7.0 | 6.0 | 6.2 |
| 内蒙古 | Inner Mongolia | 8.2 | 8.0 | 8.0 | 8.8 | 8.3 | 8.0 |
| 辽　宁 | Liaoning | 6.0 | 6.3 | 5.8 | 6.2 | 6.2 | 5.9 |
| 吉　林 | Jilin | 6.5 | 6.8 | 5.3 | 6.7 | 6.7 | 5.5 |
| 黑龙江 | Heilongjiang | 6.3 | 6.3 | 5.6 | 6.6 | 6.4 | 5.7 |
| 上　海 | Shanghai | 8.4 | 8.4 | 8.6 | 8.6 | 8.6 | 8.8 |
| 江　苏 | Jiangsu | 8.4 | 8.1 | 8.4 | 8.8 | 8.3 | 8.4 |
| 浙　江 | Zhejiang | 8.5 | 8.2 | 8.5 | 8.7 | 8.2 | 8.7 |
| 安　徽 | Anhui | 9.0 | 8.3 | 8.7 | 8.9 | 8.1 | 8.8 |
| 福　建 | Fujian | 8.4 | 7.9 | 8.6 | 8.5 | 8.0 | 8.7 |
| 江　西 | Jiangxi | 9.2 | 8.3 | 8.7 | 9.4 | 8.4 | 8.7 |
| 山　东 | Shandong | 8.6 | 8.0 | 8.1 | 8.8 | 8.1 | 8.1 |
| 河　南 | Henan | 8.9 | 8.3 | 8.4 | 8.9 | 8.3 | 8.5 |
| 湖　北 | Hubei | 8.7 | 8.3 | 8.3 | 8.9 | 8.4 | 8.4 |
| 湖　南 | Hunan | 8.7 | 8.2 | 8.1 | 8.9 | 8.3 | 8.2 |
| 广　东 | Guangdong | 8.8 | 8.4 | 8.7 | 8.9 | 8.4 | 8.7 |
| 广　西 | Guangxi | 8.3 | 7.2 | 9.5 | 8.3 | 7.3 | 9.4 |
| 海　南 | Hainan | 8.4 | 7.6 | 8.8 | 8.2 | 8.0 | 7.2 |
| 重　庆 | Chongqing | 9.0 | 8.5 | 9.6 | 9.2 | 8.6 | 9.6 |
| 四　川 | Sichuan | 9.0 | 8.2 | 9.4 | 9.2 | 8.3 | 9.3 |
| 贵　州 | Guizhou | 10.7 | 8.6 | 9.9 | 10.9 | 8.6 | 9.8 |
| 云　南 | Yunnan | 10.4 | 8.3 | 9.4 | 10.8 | 8.4 | 9.5 |
| 西　藏 | Tibet | 14.1 | 9.8 | 14.3 | 14.3 | 10.0 | 13.9 |
| 陕　西 | Shaanxi | 8.8 | 7.9 | 8.3 | 9.0 | 8.0 | 8.4 |
| 甘　肃 | Gansu | 9.0 | 8.1 | 8.0 | 9.1 | 8.1 | 7.9 |
| 青　海 | Qinghai | 9.8 | 8.8 | 9.1 | 9.9 | 8.7 | 9.1 |
| 宁　夏 | Ningxia | 9.4 | 8.2 | 8.5 | 9.7 | 8.3 | 8.7 |
| 新　疆 | Xinjiang | 9.1 | 7.8 | 8.1 | 9.4 | 7.9 | 8.1 |

2-25 续表 continued

单位：% (%)

| 地区名称 | Name of Regions | 前三季度 the First Three Quarters | | | 全年 All Year | | |
|---|---|---|---|---|---|---|---|
| | | 全体居民 Urban and Rural Households | 城镇居民 Urban Households | 农村居民 Rural Households | 全体居民 Urban and Rural Households | 城镇居民 Urban Households | 农村居民 Rural Households |
| **全　国** | **National Average** | **9.1** | **8.3** | **8.7** | **9.0** | **8.3** | **8.6** |
| 北　京 | Beijing | 9.2 | 9.1 | 8.4 | 8.9 | 9.0 | 8.7 |
| 天　津 | Tianjin | 8.9 | 8.6 | 8.5 | 8.7 | 8.5 | 8.4 |
| 河　北 | Hebei | 9.3 | 8.2 | 8.0 | 8.9 | 8.1 | 8.1 |
| 山　西 | Shanxi | 7.3 | 6.4 | 6.6 | 7.2 | 6.5 | 7.0 |
| 内蒙古 | Inner Mongolia | 8.8 | 8.2 | 8.1 | 8.6 | 8.2 | 8.4 |
| 辽　宁 | Liaoning | 6.3 | 6.3 | 6.1 | 6.9 | 6.4 | 6.7 |
| 吉　林 | Jilin | 6.9 | 6.8 | 5.7 | 7.0 | 6.7 | 6.8 |
| 黑龙江 | Heilongjiang | 6.8 | 6.6 | 5.8 | 6.9 | 6.6 | 7.0 |
| 上　海 | Shanghai | 8.5 | 8.5 | 9.0 | 8.6 | 8.5 | 9.0 |
| 江　苏 | Jiangsu | 8.9 | 8.4 | 8.7 | 9.2 | 8.6 | 8.8 |
| 浙　江 | Zhejiang | 8.9 | 8.4 | 9.0 | 9.1 | 8.5 | 9.1 |
| 安　徽 | Anhui | 9.1 | 8.3 | 8.9 | 9.3 | 8.5 | 8.9 |
| 福　建 | Fujian | 8.6 | 8.2 | 8.8 | 8.8 | 8.3 | 8.9 |
| 江　西 | Jiangxi | 9.6 | 8.7 | 9.0 | 9.6 | 8.8 | 9.1 |
| 山　东 | Shandong | 9.0 | 8.2 | 8.3 | 9.1 | 8.2 | 8.3 |
| 河　南 | Henan | 9.0 | 8.4 | 8.7 | 9.4 | 8.5 | 8.7 |
| 湖　北 | Hubei | 9.0 | 8.5 | 8.6 | 9.0 | 8.5 | 8.5 |
| 湖　南 | Hunan | 9.4 | 8.5 | 8.5 | 9.4 | 8.5 | 8.4 |
| 广　东 | Guangdong | 9.1 | 8.6 | 8.9 | 8.9 | 8.7 | 8.7 |
| 广　西 | Guangxi | 8.3 | 7.3 | 9.5 | 8.7 | 7.7 | 9.3 |
| 海　南 | Hainan | 8.7 | 8.2 | 8.3 | 9.2 | 8.3 | 8.9 |
| 重　庆 | Chongqing | 9.4 | 8.7 | 9.6 | 9.6 | 8.7 | 9.4 |
| 四　川 | Sichuan | 9.3 | 8.4 | 9.3 | 9.4 | 8.4 | 9.1 |
| 贵　州 | Guizhou | 10.9 | 8.7 | 9.8 | 10.5 | 8.7 | 9.6 |
| 云　南 | Yunnan | 10.6 | 8.2 | 9.5 | 9.7 | 8.3 | 9.3 |
| 西　藏 | Tibet | 14.3 | 10.3 | 14.1 | 13.3 | 10.3 | 13.6 |
| 陕　西 | Shaanxi | 9.3 | 8.3 | 8.8 | 9.3 | 8.3 | 9.2 |
| 甘　肃 | Gansu | 9.2 | 8.2 | 8.1 | 9.1 | 8.1 | 8.3 |
| 青　海 | Qinghai | 9.6 | 8.7 | 9.1 | 9.8 | 9.0 | 9.2 |
| 宁　夏 | Ningxia | 9.8 | 8.5 | 8.9 | 9.2 | 8.5 | 9.0 |
| 新　疆 | Xinjiang | 9.5 | 8.1 | 8.4 | 8.8 | 8.1 | 8.5 |

# 2-26 全国31省市城乡居民人均消费支出(分季度)

# Per Capita Consumption Expenditure of Urban and Rural Households by 31 Regions(by Quarters) (2017)

单位：元 (yuan)

| 地区名称 | Name of Regions | 一季度 the First Quarter | | | 上半年 the First Half | | |
|---|---|---|---|---|---|---|---|
| | | 全体居民 Urban and Rural Households | 城镇居民 Urban Households | 农村居民 Rural Households | 全体居民 Urban and Rural Households | 城镇居民 Urban Households | 农村居民 Rural Households |
| **全　国** | **National Average** | **4796** | **6387** | **2921** | **8834** | **11931** | **5174** |
| 北　京 | Beijing | 9266 | 9968 | 4796 | 18381 | 19829 | 9155 |
| 天　津 | Tianjin | 7254 | 7910 | 4220 | 13835 | 15120 | 7865 |
| 河　北 | Hebei | 3985 | 5255 | 2831 | 7383 | 9906 | 5073 |
| 山　西 | Shanxi | 3570 | 4754 | 2295 | 6442 | 8642 | 4066 |
| 内蒙古 | Inner Mongolia | 5096 | 6320 | 3353 | 9220 | 11519 | 5948 |
| 辽　宁 | Liaoning | 5237 | 6487 | 2820 | 10024 | 12506 | 5181 |
| 吉　林 | Jilin | 3764 | 4735 | 2600 | 7256 | 9391 | 4695 |
| 黑龙江 | Heilongjiang | 3779 | 4565 | 2708 | 7189 | 8879 | 4887 |
| 上　海 | Shanghai | 10166 | 10762 | 5072 | 19528 | 20710 | 9346 |
| 江　苏 | Jiangsu | 6343 | 7454 | 4332 | 11525 | 13702 | 7577 |
| 浙　江 | Zhejiang | 7403 | 8558 | 5306 | 13370 | 15530 | 9417 |
| 安　徽 | Anhui | 4349 | 5534 | 3267 | 7919 | 10434 | 5623 |
| 福　建 | Fujian | 5822 | 7244 | 3674 | 10650 | 13397 | 6501 |
| 江　西 | Jiangxi | 3763 | 4920 | 2676 | 6675 | 8988 | 4501 |
| 山　东 | Shandong | 4621 | 6158 | 2828 | 8166 | 10856 | 5028 |
| 河　南 | Henan | 3593 | 4992 | 2515 | 6567 | 9300 | 4461 |
| 湖　北 | Hubei | 4666 | 5803 | 3300 | 8366 | 10583 | 5690 |
| 湖　南 | Hunan | 4626 | 6151 | 3232 | 8248 | 11383 | 5381 |
| 广　东 | Guangdong | 6416 | 7837 | 3370 | 12119 | 14851 | 6249 |
| 广　西 | Guangxi | 3523 | 4724 | 2564 | 6489 | 9024 | 4465 |
| 海　南 | Hainan | 4088 | 5392 | 2598 | 7687 | 10129 | 4897 |
| 重　庆 | Chongqing | 4834 | 6403 | 2636 | 8655 | 11444 | 4734 |
| 四　川 | Sichuan | 3960 | 5716 | 2546 | 7297 | 10534 | 4692 |
| 贵　州 | Guizhou | 3333 | 5460 | 2026 | 6138 | 10189 | 3639 |
| 云　南 | Yunnan | 3185 | 5023 | 1989 | 5852 | 9268 | 3622 |
| 西　藏 | Tibet | 2347 | 5671 | 1274 | 4280 | 10345 | 2312 |
| 陕　西 | Shaanxi | 3903 | 5225 | 2566 | 7269 | 10005 | 4503 |
| 甘　肃 | Gansu | 3461 | 5329 | 2231 | 6258 | 10204 | 3659 |
| 青　海 | Qinghai | 3850 | 5244 | 2572 | 7124 | 9922 | 4558 |
| 宁　夏 | Ningxia | 3930 | 5120 | 2635 | 7133 | 9708 | 4334 |
| 新　疆 | Xinjiang | 3575 | 5465 | 2036 | 7039 | 11010 | 3805 |

2-26 续表 continued

单位：元 (yuan)

| 地区名称 | Name of Regions | 前三季度 the First Three Quarters | | | 全年 All Year | | |
|---|---|---|---|---|---|---|---|
| | | 全体居民 Urban and Rural Households | 城镇居民 Urban Households | 农村居民 Rural Households | 全体居民 Urban and Rural Households | 城镇居民 Urban Households | 农村居民 Rural Households |
| **全　国** | **National Average** | **13162** | **17846** | **7623** | **18322** | **24445** | **10955** |
| 北　京 | Beijing | 27448 | 29610 | 13669 | 37425 | 40346 | 18810 |
| 天　津 | Tianjin | 20658 | 22526 | 11980 | 27841 | 30284 | 16386 |
| 河　北 | Hebei | 10948 | 14759 | 7459 | 15437 | 20600 | 10536 |
| 山　西 | Shanxi | 9784 | 13322 | 5963 | 13664 | 18404 | 8424 |
| 内蒙古 | Inner Mongolia | 13675 | 17141 | 8743 | 18946 | 23638 | 12184 |
| 辽　宁 | Liaoning | 14758 | 18390 | 7674 | 20463 | 25379 | 10787 |
| 吉　林 | Jilin | 10760 | 13998 | 6872 | 15632 | 20051 | 10279 |
| 黑龙江 | Heilongjiang | 10769 | 13468 | 7094 | 15577 | 19270 | 10524 |
| 上　海 | Shanghai | 29441 | 31258 | 13784 | 39792 | 42304 | 18090 |
| 江　苏 | Jiangsu | 17187 | 20381 | 11394 | 23469 | 27726 | 15612 |
| 浙　江 | Zhejiang | 19853 | 23340 | 13444 | 27079 | 31924 | 18093 |
| 安　徽 | Anhui | 11618 | 15343 | 8217 | 15752 | 20740 | 11106 |
| 福　建 | Fujian | 16055 | 20007 | 10009 | 21249 | 25980 | 14003 |
| 江　西 | Jiangxi | 9965 | 13548 | 6596 | 14459 | 19244 | 9870 |
| 山　东 | Shandong | 12135 | 16224 | 7367 | 17281 | 23072 | 10342 |
| 河　南 | Henan | 9729 | 13837 | 6563 | 13730 | 19422 | 9212 |
| 湖　北 | Hubei | 12319 | 15676 | 8266 | 16938 | 21276 | 11633 |
| 湖　南 | Hunan | 12225 | 17086 | 7781 | 17160 | 23163 | 11534 |
| 广　东 | Guangdong | 18213 | 22382 | 9251 | 24820 | 30198 | 13200 |
| 广　西 | Guangxi | 9634 | 13662 | 6417 | 13424 | 18349 | 9437 |
| 海　南 | Hainan | 11332 | 15120 | 7005 | 15403 | 20372 | 9599 |
| 重　庆 | Chongqing | 12715 | 16733 | 7066 | 17898 | 22759 | 10936 |
| 四　川 | Sichuan | 11035 | 15742 | 7248 | 16180 | 21991 | 11397 |
| 贵　州 | Guizhou | 9021 | 15067 | 5292 | 12970 | 20348 | 8299 |
| 云　南 | Yunnan | 8772 | 14174 | 5244 | 12658 | 19560 | 8027 |
| 西　藏 | Tibet | 6669 | 15466 | 3815 | 10320 | 21088 | 6691 |
| 陕　西 | Shaanxi | 10862 | 14985 | 6695 | 14900 | 20388 | 9306 |
| 甘　肃 | Gansu | 9272 | 15163 | 5392 | 13120 | 20659 | 8030 |
| 青　海 | Qinghai | 10618 | 15089 | 6517 | 15503 | 21473 | 9903 |
| 宁　夏 | Ningxia | 10499 | 14207 | 6468 | 15350 | 20219 | 9982 |
| 新　疆 | Xinjiang | 10596 | 16608 | 5700 | 15087 | 22797 | 8713 |

# 2-27 全国31省市城乡居民人均消费支出增速(分季度)
# Per Capita Consumption Expenditure Growth of Urban and Rural Households by 31 Regions (by Quarters) (2017)

单位：% (%)

| 地区名称 | Name of Regions | 一季度 the First Quarter | | | 上半年 the First Half | | |
|---|---|---|---|---|---|---|---|
| | | 全体居民 Urban and Rural Households | 城镇居民 Urban Households | 农村居民 Rural Households | 全体居民 Urban and Rural Households | 城镇居民 Urban Households | 农村居民 Rural Households |
| **全　国** | **National Average** | **7.7** | **7.0** | **8.0** | **7.6** | **6.7** | **8.1** |
| 北　京 | Beijing | 4.5 | 4.4 | 5.2 | 6.5 | 6.3 | 7.3 |
| 天　津 | Tianjin | 8.0 | 7.8 | 8.3 | 5.4 | 5.0 | 6.0 |
| 河　北 | Hebei | 7.2 | 6.7 | 6.4 | 7.3 | 6.6 | 6.2 |
| 山　西 | Shanxi | 7.1 | 7.1 | 5.6 | 5.4 | 5.0 | 4.0 |
| 内蒙古 | Inner Mongolia | 7.7 | 7.6 | 7.4 | 4.9 | 4.9 | 3.9 |
| 辽　宁 | Liaoning | 8.8 | 8.8 | 9.9 | 5.5 | 4.7 | 9.0 |
| 吉　林 | Jilin | 4.4 | 3.7 | 5.4 | 4.2 | 3.4 | 5.2 |
| 黑龙江 | Heilongjiang | 3.1 | 1.6 | 5.9 | 4.1 | 2.3 | 7.8 |
| 上　海 | Shanghai | 8.7 | 8.6 | 10.9 | 7.0 | 6.9 | 9.0 |
| 江　苏 | Jiangsu | 7.7 | 7.1 | 8.8 | 7.2 | 6.0 | 9.8 |
| 浙　江 | Zhejiang | 5.3 | 6.2 | 2.1 | 7.3 | 7.2 | 6.3 |
| 安　徽 | Anhui | 10.8 | 11.0 | 9.7 | 11.2 | 12.3 | 8.3 |
| 福　建 | Fujian | 6.1 | 5.3 | 7.7 | 7.1 | 6.4 | 8.5 |
| 江　西 | Jiangxi | 8.1 | 5.3 | 11.7 | 8.8 | 7.2 | 10.1 |
| 山　东 | Shandong | 6.5 | 5.2 | 7.9 | 8.4 | 7.2 | 8.8 |
| 河　南 | Henan | 7.7 | 7.2 | 7.5 | 7.2 | 7.0 | 6.3 |
| 湖　北 | Hubei | 5.8 | 6.8 | 3.1 | 6.1 | 7.0 | 3.2 |
| 湖　南 | Hunan | 9.1 | 8.7 | 8.7 | 9.1 | 8.7 | 8.4 |
| 广　东 | Guangdong | 8.2 | 7.6 | 8.9 | 6.9 | 6.0 | 9.0 |
| 广　西 | Guangxi | 10.3 | 8.5 | 12.4 | 9.2 | 8.9 | 9.2 |
| 海　南 | Hainan | 5.1 | 4.2 | 5.7 | 8.1 | 7.1 | 9.2 |
| 重　庆 | Chongqing | 7.4 | 6.3 | 10.3 | 7.7 | 6.6 | 9.8 |
| 四　川 | Sichuan | 11.9 | 10.7 | 12.9 | 10.1 | 8.2 | 12.3 |
| 贵　州 | Guizhou | 13.0 | 11.5 | 12.0 | 12.4 | 10.0 | 12.4 |
| 云　南 | Yunnan | 9.1 | 7.3 | 8.4 | 8.9 | 5.6 | 10.5 |
| 西　藏 | Tibet | 15.6 | 13.2 | 13.2 | 13.2 | 8.3 | 14.1 |
| 陕　西 | Shaanxi | 6.4 | 4.6 | 8.4 | 7.2 | 6.9 | 5.8 |
| 甘　肃 | Gansu | 8.2 | 6.9 | 8.6 | 10.5 | 10.6 | 8.1 |
| 青　海 | Qinghai | 5.9 | 5.5 | 4.7 | 1.9 | -2.9 | 10.4 |
| 宁　夏 | Ningxia | 6.2 | 4.3 | 7.9 | 6.5 | 4.4 | 8.7 |
| 新　疆 | Xinjiang | 7.6 | 6.9 | 6.8 | 9.8 | 9.3 | 8.0 |

## 2-27 续表 continued

单位：% (%)

| 地区名称 | Name of Regions | 前三季度 the First Three Quarters | | | 全年 All Year | | |
|---|---|---|---|---|---|---|---|
| | | 全体居民 Urban and Rural Households | 城镇居民 Urban Households | 农村居民 Rural Households | 全体居民 Urban and Rural Households | 城镇居民 Urban Households | 农村居民 Rural Households |
| **全 国** | **National Average** | **7.5** | **6.2** | **8.6** | **7.1** | **5.9** | **8.1** |
| 北 京 | Beijing | 6.6 | 6.3 | 8.7 | 5.7 | 5.5 | 8.5 |
| 天 津 | Tianjin | 5.0 | 4.7 | 5.5 | 6.6 | 6.8 | 3.0 |
| 河 北 | Hebei | 8.4 | 8.3 | 6.1 | 8.3 | 7.8 | 7.5 |
| 山 西 | Shanxi | 6.8 | 6.4 | 5.4 | 7.7 | 8.3 | 4.9 |
| 内蒙古 | Inner Mongolia | 3.9 | 2.9 | 5.4 | 4.8 | 3.9 | 6.3 |
| 辽 宁 | Liaoning | 4.6 | 3.5 | 9.8 | 3.1 | 1.5 | 8.4 |
| 吉 林 | Jilin | 3.5 | 3.1 | 3.7 | 5.8 | 4.6 | 8.0 |
| 黑龙江 | Heilongjiang | 3.8 | 2.5 | 6.2 | 7.8 | 6.2 | 11.7 |
| 上 海 | Shanghai | 6.2 | 6.1 | 8.3 | 6.2 | 6.1 | 6.0 |
| 江 苏 | Jiangsu | 6.3 | 4.6 | 10.6 | 6.0 | 4.9 | 8.2 |
| 浙 江 | Zhejiang | 6.4 | 6.2 | 5.8 | 6.1 | 6.2 | 4.2 |
| 安 徽 | Anhui | 9.9 | 9.5 | 9.6 | 7.1 | 5.8 | 8.0 |
| 福 建 | Fujian | 5.7 | 4.5 | 8.8 | 5.4 | 3.9 | 8.5 |
| 江 西 | Jiangxi | 8.5 | 7.2 | 9.2 | 9.1 | 8.8 | 8.1 |
| 山 东 | Shandong | 8.1 | 6.6 | 9.0 | 8.5 | 7.3 | 8.6 |
| 河 南 | Henan | 7.0 | 6.6 | 6.6 | 8.0 | 7.4 | 7.3 |
| 湖 北 | Hubei | 8.0 | 6.6 | 10.3 | 6.6 | 6.2 | 6.3 |
| 湖 南 | Hunan | 9.7 | 10.2 | 6.6 | 9.0 | 8.1 | 8.5 |
| 广 东 | Guangdong | 6.6 | 5.7 | 9.0 | 5.8 | 5.5 | 6.3 |
| 广 西 | Guangxi | 10.2 | 9.1 | 11.3 | 9.2 | 6.3 | 13.0 |
| 海 南 | Hainan | 7.8 | 7.1 | 8.0 | 7.9 | 7.1 | 7.6 |
| 重 庆 | Chongqing | 8.6 | 7.7 | 9.4 | 9.2 | 8.2 | 9.9 |
| 四 川 | Sichuan | 10.9 | 9.2 | 12.7 | 9.0 | 6.4 | 11.8 |
| 贵 州 | Guizhou | 11.6 | 7.9 | 14.0 | 8.7 | 6.0 | 10.2 |
| 云 南 | Yunnan | 8.6 | 4.8 | 10.9 | 7.6 | 5.0 | 9.5 |
| 西 藏 | Tibet | 12.6 | 7.0 | 14.4 | 10.7 | 8.5 | 10.2 |
| 陕 西 | Shaanxi | 6.7 | 5.8 | 6.6 | 6.9 | 5.3 | 8.6 |
| 甘 肃 | Gansu | 8.6 | 7.6 | 8.2 | 7.1 | 5.7 | 7.2 |
| 青 海 | Qinghai | 5.7 | 2.3 | 11.5 | 4.9 | 3.0 | 7.4 |
| 宁 夏 | Ningxia | 2.5 | -1.0 | 8.5 | 2.6 | -0.7 | 9.2 |
| 新 疆 | Xinjiang | 7.6 | 7.1 | 6.0 | 7.3 | 7.4 | 5.3 |

# 2-28 全市各区城乡居民人均可支配收入
# Per Capita Disposable Income of Urban and Rural Households by Districts (2016-2017)

| 地区名称 | Name of Districts | 全体居民 Urban and Rural Households | | | 城镇居民 Urban Households | | | 农村居民 Rural Households | | |
|---|---|---|---|---|---|---|---|---|---|---|
| | | 绝对数(元) Number(yuan) | | 增速 Growth (%) | 绝对数(元) Number(yuan) | | 增速 Growth (%) | 绝对数(元) Number(yuan) | | 增速 Growth (%) |
| | | 2016 | 2017 | | 2016 | 2017 | | 2016 | 2017 | |
| **全　市** | **City Average** | **34074** | **37022** | **8.7** | **37110** | **40278** | **8.5** | **20076** | **21754** | **8.4** |
| 和平区 | Heping | 46525 | 50480 | 8.5 | 46525 | 50480 | 8.5 | — | — | — |
| 河东区 | Hedong | 38116 | 41279 | 8.3 | 38116 | 41279 | 8.3 | — | — | — |
| 河西区 | Hexi | 44028 | 47770 | 8.5 | 44028 | 47770 | 8.5 | — | — | — |
| 南开区 | Nankai | 42057 | 45632 | 8.5 | 42057 | 45632 | 8.5 | — | — | — |
| 河北区 | Hebei | 39386 | 42773 | 8.6 | 39386 | 42773 | 8.6 | — | — | — |
| 红桥区 | Hongqiao | 37186 | 40272 | 8.3 | 37186 | 40272 | 8.3 | — | — | — |
| 东丽区 | Dongli | 32488 | 35161 | 8.2 | 33423 | 36096 | 8.0 | 24521 | 26556 | 8.3 |
| 西青区 | Xiqing | 33039 | 35871 | 8.6 | 34218 | 37127 | 8.5 | 24787 | 26918 | 8.6 |
| 津南区 | Jinnan | 31648 | 34304 | 8.4 | 32541 | 35274 | 8.4 | 23145 | 25066 | 8.3 |
| 北辰区 | Beichen | 32168 | 34838 | 8.3 | 33096 | 35843 | 8.3 | 23433 | 25378 | 8.3 |
| 武清区 | Wuqing | 25728 | 27941 | 8.6 | 31337 | 34032 | 8.6 | 20361 | 22112 | 8.6 |
| 宝坻区 | Baodi | 23767 | 25722 | 8.2 | 29364 | 31742 | 8.1 | 19094 | 20697 | 8.4 |
| 滨海新区 | Binhai | 42625 | 46291 | 8.6 | 42869 | 46556 | 8.6 | 20719 | 22438 | 8.3 |
| 宁河区 | Ninghe | 23110 | 25039 | 8.3 | 28911 | 31311 | 8.3 | 19495 | 21113 | 8.3 |
| 静海区 | Jinghai | 24424 | 26498 | 8.5 | 29570 | 32024 | 8.3 | 19665 | 21336 | 8.5 |
| 蓟州区 | Jizhou | 23042 | 24989 | 8.5 | 28740 | 31182 | 8.5 | 19165 | 20774 | 8.4 |

# 2-29 全市各区城乡居民人均可支配收入(2017年一季度)
# Per Capita Disposable Income of Urban and Rural Households by Districts (the first quarter of 2017)

| 地区名称 | Name of Districts | 全体居民 Urban and Rural Households | | | 城镇居民 Urban Households | | | 农村居民 Rural Households | | |
|---|---|---|---|---|---|---|---|---|---|---|
| | | 绝对数(元) Number(yuan) | | 增速 Growth (%) | 绝对数(元) Number(yuan) | | 增速 Growth (%) | 绝对数(元) Number(yuan) | | 增速 Growth (%) |
| | | 2016 | 2017 | | 2016 | 2017 | | 2016 | 2017 | |
| **全　市** | **City Average** | **9604** | **10421** | **8.5** | **10431** | **11307** | **8.4** | **5831** | **6321** | **8.4** |
| 和平区 | Heping | 12060 | 13083 | 8.5 | 12060 | 13083 | 8.5 | — | — | — |
| 河东区 | Hedong | 10745 | 11638 | 8.3 | 10745 | 11638 | 8.3 | — | — | — |
| 河西区 | Hexi | 11830 | 12835 | 8.5 | 11830 | 12835 | 8.5 | — | — | — |
| 南开区 | Nankai | 11516 | 12508 | 8.6 | 11516 | 12508 | 8.6 | — | — | — |
| 河北区 | Hebei | 10958 | 11899 | 8.6 | 10958 | 11899 | 8.6 | — | — | — |
| 红桥区 | Hongqiao | 10594 | 11471 | 8.3 | 10594 | 11471 | 8.3 | — | — | — |
| 东丽区 | Dongli | 9528 | 10263 | 7.7 | 9820 | 10537 | 7.3 | 7041 | 7652 | 8.7 |
| 西青区 | Xiqing | 10019 | 10920 | 9.0 | 10406 | 11301 | 8.6 | 7311 | 7956 | 8.8 |
| 津南区 | Jinnan | 9352 | 10138 | 8.4 | 9661 | 10433 | 8.0 | 6406 | 6961 | 8.7 |
| 北辰区 | Beichen | 9203 | 9929 | 7.9 | 9470 | 10201 | 7.7 | 6689 | 7225 | 8.0 |
| 武清区 | Wuqing | 7671 | 8324 | 8.5 | 9380 | 10188 | 8.6 | 6035 | 6541 | 8.4 |
| 宝坻区 | Baodi | 6852 | 7445 | 8.6 | 8619 | 9373 | 8.7 | 5377 | 5835 | 8.5 |
| 滨海新区 | Binhai | 11101 | 12104 | 9.0 | 11156 | 12175 | 9.1 | 6159 | 6695 | 8.7 |
| 宁河区 | Ninghe | 6414 | 6959 | 8.5 | 7578 | 8225 | 8.5 | 5688 | 6155 | 8.2 |
| 静海区 | Jinghai | 7200 | 7609 | 5.7 | 8752 | 9029 | 3.2 | 5765 | 6255 | 8.5 |
| 蓟州区 | Jizhou | 6366 | 6921 | 8.7 | 7598 | 8240 | 8.4 | 5527 | 5985 | 8.3 |

# 2-30 全市各区城乡居民人均可支配收入(2017年上半年)
# Per Capita Disposable Income of Urban and Rural Households by Districts (the first half of 2017)

| 地区名称 | Name of Districts | 全体居民 Urban and Rural Households | | | 城镇居民 Urban Households | | | 农村居民 Rural Households | | |
|---|---|---|---|---|---|---|---|---|---|---|
| | | 绝对数(元) Number(yuan) | | 增速 Growth (%) | 绝对数(元) Number(yuan) | | 增速 Growth (%) | 绝对数(元) Number(yuan) | | 增速 Growth (%) |
| | | 2016 | 2017 | | 2016 | 2017 | | 2016 | 2017 | |
| **全　市** | **City Average** | **18099** | **19691** | **8.8** | **19786** | **21476** | **8.5** | **10516** | **11401** | **8.4** |
| 和平区 | Heping | 24362 | 26431 | 8.5 | 24362 | 26431 | 8.5 | — | — | — |
| 河东区 | Hedong | 20694 | 22420 | 8.3 | 20694 | 22420 | 8.3 | — | — | — |
| 河西区 | Hexi | 23336 | 25322 | 8.5 | 23336 | 25322 | 8.5 | — | — | — |
| 南开区 | Nankai | 22515 | 24454 | 8.6 | 22515 | 24454 | 8.6 | — | — | — |
| 河北区 | Hebei | 21367 | 23206 | 8.6 | 21367 | 23206 | 8.6 | — | — | — |
| 红桥区 | Hongqiao | 20282 | 21956 | 8.3 | 20282 | 21956 | 8.3 | — | — | — |
| 东丽区 | Dongli | 17813 | 19187 | 7.7 | 18398 | 19741 | 7.3 | 12828 | 13905 | 8.4 |
| 西青区 | Xiqing | 18375 | 20031 | 9.0 | 19143 | 20789 | 8.6 | 12995 | 14139 | 8.8 |
| 津南区 | Jinnan | 17760 | 19249 | 8.4 | 18359 | 19824 | 8.0 | 12052 | 13064 | 8.4 |
| 北辰区 | Beichen | 17554 | 18306 | 4.3 | 18117 | 18842 | 4.0 | 12256 | 12979 | 5.9 |
| 武清区 | Wuqing | 13819 | 15001 | 8.6 | 16832 | 18280 | 8.6 | 10935 | 11864 | 8.5 |
| 宝坻区 | Baodi | 12448 | 13512 | 8.5 | 15507 | 16836 | 8.6 | 9895 | 10736 | 8.5 |
| 滨海新区 | Binhai | 22091 | 23960 | 8.5 | 22214 | 24119 | 8.6 | 11002 | 11922 | 8.4 |
| 宁河区 | Ninghe | 11790 | 12787 | 8.5 | 14318 | 15515 | 8.4 | 10215 | 11053 | 8.2 |
| 静海区 | Jinghai | 12977 | 14117 | 8.8 | 15884 | 17214 | 8.4 | 10288 | 11162 | 8.5 |
| 蓟州区 | Jizhou | 11919 | 12967 | 8.8 | 14733 | 15973 | 8.4 | 10005 | 10835 | 8.3 |

# 2-31 全市各区城乡居民人均可支配收入(2017年前三季度)

# Per Capita Disposable Income of Urban and Rural Households by Districts (the first three quarters of 2017)

| 地区名称 | Name of Districts | 全体居民 Urban and Rural Households | | | 城镇居民 Urban Households | | | 农村居民 Rural Households | | |
|---|---|---|---|---|---|---|---|---|---|---|
| | | 绝对数(元) Number(yuan) | | 增速 Growth (%) | 绝对数(元) Number(yuan) | | 增速 Growth (%) | 绝对数(元) Number(yuan) | | 增速 Growth (%) |
| | | 2016 | 2017 | | 2016 | 2017 | | 2016 | 2017 | |
| **全 市** | **City Average** | **27050** | **29448** | **8.9** | **29662** | **32212** | **8.6** | **15310** | **16611** | **8.5** |
| 和平区 | Heping | 36801 | 39965 | 8.6 | 36801 | 39965 | 8.6 | — | — | — |
| 河东区 | Hedong | 30239 | 32768 | 8.4 | 30239 | 32768 | 8.4 | — | — | — |
| 河西区 | Hexi | 35053 | 38032 | 8.5 | 35053 | 38032 | 8.5 | — | — | — |
| 南开区 | Nankai | 33895 | 36776 | 8.5 | 33895 | 36776 | 8.5 | — | — | — |
| 河北区 | Hebei | 30973 | 33636 | 8.6 | 30973 | 33636 | 8.6 | — | — | — |
| 红桥区 | Hongqiao | 29771 | 32271 | 8.4 | 29771 | 32271 | 8.4 | — | — | — |
| 东丽区 | Dongli | 26911 | 29069 | 8.0 | 27875 | 29993 | 7.6 | 18693 | 20263 | 8.4 |
| 西青区 | Xiqing | 27309 | 29743 | 8.9 | 28475 | 30895 | 8.5 | 19143 | 20790 | 8.6 |
| 津南区 | Jinnan | 26064 | 28355 | 8.8 | 26958 | 29222 | 8.4 | 17547 | 19020 | 8.4 |
| 北辰区 | Beichen | 26119 | 28169 | 7.8 | 27008 | 29068 | 7.6 | 17747 | 19235 | 8.4 |
| 武清区 | Wuqing | 20490 | 22254 | 8.6 | 25400 | 27584 | 8.6 | 15792 | 17154 | 8.6 |
| 宝坻区 | Baodi | 18686 | 20263 | 8.4 | 23625 | 25633 | 8.5 | 14562 | 15779 | 8.4 |
| 滨海新区 | Binhai | 31913 | 34545 | 8.2 | 32091 | 34738 | 8.2 | 15913 | 17233 | 8.3 |
| 宁河区 | Ninghe | 17467 | 18943 | 8.5 | 21846 | 23659 | 8.3 | 14738 | 15946 | 8.2 |
| 静海区 | Jinghai | 19248 | 20852 | 8.3 | 23796 | 25604 | 7.6 | 15042 | 16320 | 8.5 |
| 蓟州区 | Jizhou | 17828 | 19416 | 8.9 | 22498 | 24432 | 8.6 | 14651 | 15859 | 8.2 |

# 主要统计指标解释

**一体化住户调查** 从 2012 年四季度起，国家统计局对分别进行的城乡住户调查实施了一体化改革，改革后的农村住户调查，样本地域范围由涉农区县城乡结合区、镇中心区、乡村缩小到只包括乡村，城乡结合区和镇中心区均纳入城镇。同时，统一了城乡居民收入指标名称、分类和统计标准，建立了城乡统一的一体化住户调查《住户收支与生活状况调查》，并据此获得居民有关数据。自 2013 年起发布一体化住户调查新口径收支数据。天津市住户调查样本涉及全市 16 个区县的 400 个调查小区的 4000 个调查户，其中城镇 3000 户、农村 1000 户。另外，城镇住户调查地域由 2013 年前的市内 6 区、滨海新区扩大到全市所有区县。

**常住成员** 指住户成员中，经常在家居住、或者调查期内居住时间超过一半的人员，以及本住户供养的学生。常住成员为住户收支的调查对象。

**居民可支配收入** 指调查户在调查期内获得的、可用于最终消费支出和储蓄的总和，及调查户可以用来支配的收入。即包括现金收入，也包括实物收入。按照收入的来源分四项:工资性收入、经营净收入、财产净收入和转移净收入。计算公式:

可支配收入=工资性收入+经营净收入+财产净收入+转移净收入

其中：经营净收入=经营收入-经营费用-生产性固定资产折旧-生产税

财产净收入=财产性收入-财产性支出

转移净收入=转移性收入-转移性支出

**工资性收入** 指就业人员通过各种途径得到的全部劳动报酬和各种福利，包括受雇于单位或个人、从事各种自由职业、兼职和零星劳动得到的全部劳动报酬和福利。

**实物福利** 指单位或雇主免费或低价提供给员工的各种实物产品和服务折价。由个人先行付款消费，后由单位或雇主给予报销的款额也视为实物福利。实物福利还包括单位或雇主自身生产过程所生产的货物与服务，如铁路或航空公司提供给员工的免费旅程，采矿企业提供给员工的免费煤炭等。

**经营净收入** 指住户或住户成员从事生产经营活动所获得的净收入，是全部经营收入中扣除经营费用、生产性固定资产折旧和生产税之后得到的净收入，包括第一、二、三产经营净收入。

**财产净收入** 指住户或住户成员将其所拥有的金融资产、住房等非金融资产和自然资源交由其他机构单位、住户或个人支配而获得的回报并扣除相关的费用之后得到的净收入。财产净收入包括利息净收入、红利净收入、储蓄性保险净收益、转让承包土地经营权租金净收入、出租房屋净收入、出租其他资产净收入和自有住房折算净租金等。

**自有住房折算净租金（城镇）** 指城镇居民现住房产权为自有住房（含自建住房、自购商品房、自购房改住房、自购保障性住房、拆迁安置房、继承或获赠住房）的住户为自身消费提供住房服务的折算价值扣除折旧后得到的净租金。它是一种财产性实物收入。

自有住房年度折算净租金=自有住房年度折算租金-购建房年度分摊成本

**转移性收入** 指国家、单位、社会团体对住户的各种经常性转移支付和住户之间的经常性收入转移。包括政府、非行政事业单位、社会团体对居民专一的养老金或退休金、社会救济和补助、惠农补贴、政策性生活补贴、救灾款、经常性捐赠和赔偿以及报销医疗费等；住户之间的赡养收入、经常性捐赠和赔偿以及农村地区（村委会）在外（含国外）工作的本住户非常住成员寄回带回的收入等。

**居民消费性支出** 指住户用于满足日常生活消费需要的全部支出，包括用于消费品的支出和用于服务性消费的支出。根据用途不同，消费支出可划分为食品烟酒、衣着、居住、生活用品及服务、交通通信、教育文化娱乐、医疗保健、其他用品及服务八类。根据来源不同，消费支出可划分为现金消费支出、实物消费支出（含自产自用、来自单位、来自政府和其他社会组织）。

**食品烟酒** 指用于各种食品和烟草、酒类的支出，包括食品、烟酒消费、饮料和饮食服务。

**衣着** 指与居民穿着有关的支出，包括服装、服装材料、鞋类、其他衣类及配件、衣着相关加工服务费。

**居住** 指与居住有关的支出，包括房租、水、电、燃料、取暖费；住房装潢、住房维修、物业管理等方面的支出，也包括自有住房折算租金。

**自有住房折算租金（消费）** 指现住房为自有住房（含自建住房、自购商品房、自购房改住房、自购保障性住房、拆迁安置房、继承或获赠住房）的住户为自身消费提供住房服务的折算价值。目前自有住房折算租金采用折旧法计算。具体方法:

自有住房折算租金=自有住房市场现价估值 × 年折旧率（城乡不同）。

**生活用品及服务** 指用于家庭及个人的各类生活品及家庭服务的支出。包括家具及室内装饰品、家用器具、家用纺织品、家庭日用杂品、个人用品和家庭服务费。

**交通和通信** 指用于交通和通信工具及相关的各种服务费、维修费和车辆保险费等。

**教育、文化和娱乐** 指用于教育和文化娱乐方面的支出。

**教育** 指按一定的目的要求，对受教育者的德育、智育、体育、爱好、技能等诸方面施以影响的一种有计划的活动，与这一活动直接相关的支出即为教育支出。包括学前教育、小学教育、初中教育、高中教育、中专职高教育、大专及以上教育、其他教育和培训的各项费用。如学杂费、培训费、赞助费、一揽子教育服务、教育用品等。

**文化和娱乐** 指用于文娱耐用消费品、其他文娱用品和文化娱乐服务的费用。

**医疗保健** 指用于医疗和保健的药品、用品和服务的总费用。包括医疗器具及药品，以及医疗服务。

**医疗器具及药品** 包括购买药品、滋补保健品、医疗卫生器具及用品和保健器具费用。

**医疗服务** 包括门诊和住院的医疗总费用。其中包括从各种医疗保险或其他医疗救助计划中获得的医药费和医疗费的报销款额。报销医疗费应按收付实现制记录。

**其他用品及服务** 指无法直接归入各类支出的其他用品与服务支出。

**其他用品** 包括首饰、手表和其他杂项用品等支出。

**其他服务** 指用于个人消费中的服务费，包括旅馆住宿费、美容美发洗浴、其他杂项服务，以及丧葬费、请律师的诉讼费、公证费、房地产中介服务费等。

# Explanatory Notes on Main Statistical Indicators

**Integrated Household Survey** means from the fourth quarter of 2012, the National Bureau of Statistics implemented the integrated reform for the independent urban and rural household survey. After the reform, the geographic area of the rural household survey has shrunk from urban-rural fringe zone and town center and villages of all the districts and counties to only villages. Urban-rural fringe zone and town center have been brought into urban area. Meanwhile, the reform has unified the indicators, classifies and statistical standards of urban and rural household income. Also it has established a unified and integrated household survey "the household budget and living conditions survey ", and thus to obtain the data. Integrated household survey data in new scope has been published since 2013. There are 4000 samples involved in the Tianjin's 16 districts and counties, including 3000 urban households and 1000 rural households. In addition, the survey area of urban households has expanded from the city's 6 Districts and Binhai New District by 2013 to all the districts and counties.

**Permanent Members** means household members who stay at home regularly or for over the half of the survey period. Also including the students supported by family. Permanent members are the respondents of the household survey.

**Disposable Income** means the total income of households earned in the survey period, which can be used for consumption and savings, including cash income and physical income. According to the source of income, it can be classified as income of wages and salaries, net business income, net income from property and net income from transfer. Calculation formula:

Disposable income = income of wages and salaries + net business income + net income from property + net income from transfer

Where:

Net business income=business income-business expenses-depreciation of productive fixed assets - production taxes

Net income from property=property income-property expenses

Net income from transfer=transfer income-transfer expenses

**Income of Wages and Salaries** means the total remuneration and benefits earned by employees who are employed by units or individuals, freelances and part-time workers.

**Physical Benefits** means physical products and services provided by the employer for free or at low prices. Consumption paid by personal, and then recouped by employers should be considered physical benefits. It also includes the products and services produced during the production process, such as free journey provided by railway or airline companies, free coal provided by mining companies, to their employees.

**Net Business Income** means net income earned by business activities, which are operated by households and their members. Business expenses, depreciation of productive fixed assets and production taxes should be deducted from income. It includes net income of primary, secondary and tertiary industries.

**Net Income from Property** means the net income obtained by authorizing other institutional units, households or individuals to dominate the financial assets, housing, other non-financial assets and natural resources owned by households and their members. Expenses should be deducted. Net income from property includes net interest income, bonus income, net income of savings insurance, net rent income from the transfer of land management right, net rent housing income, net rent other assets income and net conversion rental of private housing.

**Net Imputed Rent of Owner-occupied Dwelling (urban area)** means net rent income refers to the value of housing services provided residents'owner-occupied dwelling (including self-help housing, purchased commercial housing and social housing, resettlement housing and inherited or given housing). Depreciation should be deducted. It is a kind of property income.

Annual net imputed rent of owner-occupied dwelling = annual imputed rent of owner-occupied dwelling-annual purchasing or building cost.

**Income from Transfer** means recurrent income transfers from the state, units, social groups and other households. Including the pension, government, social benefits and subsidies, agricultural subsidies, policy living subsidies relief funds, regular donation and compensation and reimbursement of medical expenses from institutions, social groups ; alimony , regular donation and compensation from other households, and the income sent back by non-permanent members working nonlocal.

**Consumption Expenditure of Households** has a provincial coverage comparable between urban and rural households, and refers to the all the expenditures of households for consumption in daily life. It includes expenditures in cash and in kinds on eight categories: food; clothing; housing; household appliances and services; transport and communications; education; culture and recreational activities; and medical care.(Includes self-made and consumed products from units, government and other social organizations.)

**Food, Tobacco and Liquor** means the expenditure on Food, Tobacco and Liquor. It includes the expenditure on Food, Tobacco, Liquor, Dink and Catering Services.

**Clothing** means the expenditure on clothing. It includes the expenditure of Clothes, Shoes, accessories and Clothes processing fee.

**Residence** means the expenditure on residence. It includes the expenditure of rents, water, electricity, fuels, heating fees, housing maintenance and management , property management fees, and imputed rents of owner-occupied dwelling.

**Imputed Rents of Owner-occupied Dwelling (Expenditure)** means the commuted value of owner-occupied housing. Imputed rents of owner-occupied dwelling using depreciation method to calculate.

Formula :

Imputed Rent of Owner-occupied Dwelling=the current prices of owner-occupied housing*annual depreciation (different between rural and urban)

**Household Facilities, Articles and Services** means the expenditure on household facilities, articles and services. It includes the expenditure on furniture and interior decoration, household appliances, home textiles, family daily groceries, personal products and family services.

**Transportations and Communications** means the expenditure on transport and communications. It includes the expenditure on tools, service charges, allowances for repairs and maintenance, vehicle insurance premium and so on.

**Education, Cultural and Recreation** means the expenditure on education, cultural and recreation.

**Education** means according to the certain requirements and purpose, training the educates in moral, knowledge, sports, hobbies, skills and all aspects. The education expenditure is directly related to activities for education. It includes the expenditure on the Pre-school education, primary education, secondary education, high school education, secondary vocational education, junior college or above education, other education and training. Such as tuition and miscellaneous fees, training expenses, sponsorship, packages of education services, education supplies.

**Cultural and Recreation** means the expenditure on recreational durable goods, other recreational goods and cultural & entertainment services.

**Health Care and Medical Services** means the expenditure on medical equipment , medicine and medical services.

**Medical Equipment and Medicine** means the expenditure on medicine, nourishing health products, medical & health care instruments.

**Medical Services** includes the expenditure in outpatient clinic and hospitalization. It include the reimbursement amount from medical insurance or medical financial assistance. The reimbursement signed in cash basis.

**Miscellaneous Goods and Services** means the expenditure of miscellaneous goods and services which is hard to classify.

**Other Goods** includes the expenditure on jewelry, watch and so on.

**Other Services** means the expenditure on service charge. It includes hotel bills, grooming salon fee, miscellaneous services, funeral expenses, court costs, notary fees, inter-mediation services and so on.

# 三、价格及价格指数

# Chapter 3
# PRICE AND PRICE INDICES

# 3-1a 城市居民消费价格分类指数
# Urban Consumer Price Indices by Category
# (2011-2015)

(上年=100) (preceding year=100)

| 项 目 | Item | 2011 | 2012 | 2013 | 2014 | 2015 |
|---|---|---|---|---|---|---|
| **居民消费价格指数** | **Consumer Price Index** | **104.9** | **102.7** | **103.1** | **101.9** | **101.7** |
| #服务项目价格指数 | Services | 103.0 | 100.3 | 103.8 | 102.2 | 103.4 |
| #消费品价格指数 | Consumer Goods | 105.8 | 103.9 | 102.8 | 101.7 | 100.8 |
| 一、食 品 | Food | 111.4 | 106.4 | 105.8 | 103.0 | 101.7 |
| 1.粮 食 | Grain | 108.5 | 102.4 | 108.7 | 103.4 | 101.8 |
| 2.淀粉及制品 | Starches | 123.3 | 103.1 | 102.1 | 100.4 | 100.8 |
| 3.干豆类及豆制品 | Bean and Its Products | 100.1 | 103.2 | 108.0 | 106.3 | 102.6 |
| 4.油 脂 | Oil or Fat | 115.3 | 103.7 | 98.7 | 93.6 | 98.1 |
| 5.肉禽及其制品 | Meat, Poultry and Processed Products | 122.6 | 105.7 | 108.0 | 99.6 | 104.8 |
| 6.蛋 | Eggs | 114.4 | 101.[illegible] | 102.2 | 111.1 | 90.8 |
| 7.水产品 | Aquatic Products | 120.7 | 106.7 | 100.9 | 106.8 | 98.1 |
| 8.菜 | Vegetables | 96.7 | 119.6 | 110.0 | 95.4 | 106.8 |
| 9.调味品 | Flavoring | 106.4 | 103.6 | 101.9 | 101.7 | 102.7 |
| 10.糖 | Carbohydrate | 109.1 | 105.[illegible] | 99.7 | 99.7 | 100.0 |
| 11.茶及饮料 | Tea and Beverages | 104.7 | 106.4 | 104.6 | 101.6 | 102.2 |
| 12.干鲜瓜果 | Dried and Fresh Melons and Fruits | 108.8 | 91.3 | 112.6 | 117.3 | 100.2 |
| 13.糕点饼干面包 | Cake, Biscuit and Bread | 113.3 | 105.4 | 101.9 | 100.6 | 102.4 |
| 14.液体乳及乳制品 | Milk and Its Products | 104.6 | 101.9 | 103.5 | 108.3 | 99.0 |
| 15.在外用膳食品 | Outward Dinner | 109.6 | 110.5 | 104.6 | 102.2 | 101.4 |
| 16.其他食品 | Other Foods | 114.0 | 102.9 | 105.1 | 104.4 | 100.5 |
| 二、烟酒及用品 | Tobacco, Liquor and Articles | 104.8 | 104.9 | 100.9 | 98.7 | 101.9 |
| 1.烟 草 | Tobacco | 100.6 | 98.1 | 100.2 | 99.6 | 103.5 |
| 2.酒 | Liquor | 109.5 | 111.9 | 101.6 | 97.9 | 100.4 |
| 三、衣 着 | Clothing | 102.1 | 107.0 | 101.1 | 101.8 | 103.0 |
| 1.服 装 | Garments | 101.7 | 105.4 | 100.9 | 102.2 | 103.1 |
| 2.衣着材料 | Clothing Material | 119.3 | 103.8 | 99.8 | 100.9 | 102.6 |
| 3.鞋袜帽 | Footgear and Hats | 101.9 | 110.9 | 101.6 | 101.0 | 102.9 |
| 4.衣着加工服务 | Clothing Manufacturing Services | 116.8 | 120.9 | 104.4 | 101.7 | 102.2 |
| 四、家庭设备用品及维修服务 | Household Facilities, Articles and Maintenance Services | 106.1 | 101.6 | 102.0 | 103.3 | 101.0 |
| 1.耐用消费品 | Durable Consumer Goods | 102.9 | 99.4 | 100.7 | 102.8 | 99.4 |
| 2.室内装饰品 | Interior Decorations | 100.2 | 100.1 | 99.1 | 99.6 | 100.3 |
| 3.床上用品 | Bed Articles | 127.0 | 103.6 | 104.8 | 103.2 | 108.9 |
| 4.家庭日用杂品 | Daily Use Household Articles | 103.0 | 102.7 | 101.6 | 103.7 | 100.6 |
| 5.家庭服务及加工维修服务 | Household Services and Manufacturing Upkeep | 126.0 | 112.2 | 109.2 | 106.8 | 102.8 |
| 五、医疗保健和个人用品 | Health Care and Personal Articles | 101.8 | 102.2 | 100.6 | 100.4 | 99.8 |
| 1.医疗保健 | Health Care | 100.7 | 102.3 | 101.2 | 100.9 | 101.2 |
| 2.个人用品及服务 | Personal Articles and Services | 104.0 | 102.[illegible] | 99.3 | 99.5 | 97.1 |
| 六、交通和通信 | Transportation and Communication | 99.9 | 97.[illegible] | 98.6 | 99.7 | 97.4 |
| 1.交 通 | Transportation | 104.8 | 99.[illegible] | 98.3 | 99.7 | 96.1 |
| 2.通 信 | Communication | 92.9 | 94.3 | 98.9 | 99.6 | 99.7 |
| 七、娱乐教育文化用品及服务 | Recreation, Education and Culture Articles | 99.5 | 99.5 | 102.5 | 101.7 | 104.2 |
| 1.文娱用耐用消费品及服务 | Durable Consumer Goods for Cultural and Recreational Use and Services | 86.7 | 92.3 | 94.2 | 90.5 | 94.5 |
| 2.教 育 | Education | 100.2 | 100.3 | 100.2 | 104.3 | 108.2 |
| 3.文化娱乐 | Cultural and Recreational Articles | 100.6 | 102.[illegible] | 101.1 | 100.4 | 102.4 |
| 4.旅游 | Touring and Outing | 106.8 | 99.3 | 113.7 | 102.5 | 100.7 |
| 八、居 住 | Residence | 104.7 | 100.3 | 104.4 | 102.0 | 102.6 |
| 1.建房及装修材料 | Building and Building Decoration Materials | 109.0 | 101.6 | 103.4 | 101.6 | 99.7 |
| 2.住房租金 | Rent | 101.2 | 101.0 | 99.9 | 103.7 | 107.2 |
| 3.自有住房 | Private Housing | 104.9 | 100.0 | 106.0 | 102.2 | 103.7 |
| 4.水电燃料 | Water, Electricity and Fuels | 102.2 | 103.[illegible] | 101.7 | 101.3 | 99.9 |

注：2016年城市居民消费价格指数目录进行了调整。
Note: Urban consumer price index catalogue was adjusted in 2016.

# 3-1b 城市居民消费价格分类指数
# Urban Consumer Price Index by Category (2016-2017)

(上年=100) (preceding year=100)

| 项 目 | Item | 2016 | 2017 |
|---|---|---|---|
| **居民消费价格指数** | **Consumer Price Index** | **102.1** | **102.1** |
| #服务项目价格指数 | Services | 103.7 | 104.1 |
| #消费品价格指数 | Consumer Goods | 100.9 | 100.7 |
| 一、食品烟酒 | Food,Tobacco and Liquor | 102.1 | 100.3 |
| 1.食品 | Food | 102.8 | 99.9 |
| (1)粮食 | Grain | 100.6 | 103.2 |
| (2)薯类 | Tubers | 106.1 | 92.1 |
| (3)豆类 | Beans | 101.0 | 100.7 |
| (4)食用油 | Edible Oil and Fats | 99.7 | 101.8 |
| (5)菜 | Vegetables | 107.0 | 92.5 |
| (6)畜肉类 | Meat of Livestock | 107.3 | 99.3 |
| (7)禽肉类 | Meat of Poultry | 101.0 | 99.0 |
| (8)水产品 | Aquatic Products | 106.6 | 102.9 |
| (9)蛋类 | Eggs | 95.4 | 96.5 |
| (10)奶类 | Milk | 98.8 | 99.5 |
| (11)干鲜瓜果类 | Dried and Fresh Melons and Fruits | 97.6 | 102.6 |
| (12)糖果糕点类 | Candy and Cake | 101.3 | 101.8 |
| (13)调味品 | Flavoring | 103.4 | 103.3 |
| (14)其他食品类 | Other Foods | 101.0 | 101.6 |
| 2.茶及饮料 | Tea and Beverages | 100.2 | 100.6 |
| 3.烟酒 | Tobacco and Liquor | 101.3 | 101.0 |
| (1)烟草 | Tobacco | 102.2 | 100.4 |
| (2)酒类 | Liquor | 100.3 | 101.7 |
| 4.在外餐饮 | Dining out | 100.8 | 101.2 |
| 二、衣着 | Clothing | 100.1 | 100.2 |
| 1.服装 | Garments | 99.9 | 100.0 |
| 2.服装材料 | Clothing Material | 101.7 | 100.8 |
| 3.其他衣着及配件 | Other Clothing and Parts | 101.6 | 100.7 |
| 4.衣着加工服务费 | Clothing Manufacturing Services | 103.7 | 103.4 |
| 5.鞋类 | Footware | 99.7 | 100.1 |
| 三、居住 | Residence | 103.6 | 101.4 |
| 1.租赁房房租 | Rent of Rental Housing | 103.9 | 100.4 |
| 2.住房保养维修及管理 | Housing Maintenance and Management | 101.4 | 104.9 |
| 3.水电燃料 | Water, Electricity and Fuels | 99.8 | 100.0 |
| 4.自有住房 | Private Housing | 104.9 | 101.5 |
| 四、生活用品及服务 | Household Facilities, Articles and Services | 99.4 | 100.8 |
| 1.家具及室内装饰品 | Furniture and Interior Decoration | 98.0 | 101.8 |
| 2.家用器具 | Home Appliances | 97.9 | 99.4 |
| 3.家用纺织品 | Home Textiles | 100.7 | 100.9 |
| 4.家庭日用杂品 | Daily Use Household Articles | 99.7 | 99.9 |
| 5.个人护理用品 | Personal-care Supplies | 100.5 | 101.0 |
| 6.家庭服务 | Household Services | 101.6 | 103.1 |
| 五、交通和通信 | Transportation and Communication | 98.3 | 100.1 |
| 1.交通 | Transportation | 98.2 | 101.6 |
| 2.通信 | Communication | 98.6 | 97.6 |
| 六、教育文化和娱乐 | Education, Culture and Recreation | 100.6 | 103.2 |
| 1.教育 | Education | 100.8 | 102.5 |
| 2.文化娱乐 | Culture and Recreation | 100.4 | 104.0 |
| 七、医疗保健 | Health Care and Medical Services | 108.8 | 115.4 |
| 1.药品及医疗器具 | Medicine and Medical Instrument | 101.3 | 103.5 |
| 2.医疗服务 | Medical Services | 117.7 | 127.5 |
| 八、其他用品和服务 | Miscellaneous Goods and Services | 103.8 | 101.5 |
| 1.其他用品类 | Other Articles | 107.7 | 102.6 |
| 2.其他服务类 | Other Services | 100.9 | 100.6 |

注：2016年城市居民消费价格指数目录进行了调整。
Note: Urban consumer price index catalogue was adjusted in 2016.

# 3-2a 城市商品零售价格分类指数
## Urban Retail Price Indices by Category
## (2011-2015)

(上年=100) (preceding year=100)

| 项目 | Item | 2011 | 2012 | 2013 | 2014 | 2015 |
|---|---|---|---|---|---|---|
| **商品零售价格指数** | **Retail Price Index** | **104.7** | **103.0** | **101.7** | **100.9** | **100.3** |
| 一、食品类 | Food | 111.6 | 106.5 | 105.8 | 103.0 | 101.7 |
| 1.粮　　食 | Grain | 108.5 | 102.4 | 108.7 | 103.4 | 101.8 |
| 2.淀粉及制品 | Starches | 123.3 | 103.1 | 102.1 | 100.4 | 100.8 |
| 3.干豆类及豆制品 | Bean and Its Products | 100.1 | 103.2 | 108.0 | 106.3 | 102.6 |
| 4.油　　脂 | Oil or Fat | 115.3 | 103.7 | 98.7 | 93.6 | 98.1 |
| 5.肉禽及其制品 | Meat, Poultry and Processed Products | 122.6 | 105.7 | 108.0 | 99.6 | 104.9 |
| 6.蛋 | Eggs | 114.4 | 101.7 | 102.2 | 111.1 | 90.8 |
| 7.水产品 | Aquatic Products | 120.7 | 106.7 | 100.9 | 106.8 | 98.1 |
| 8.菜 | Vegetables | 96.7 | 119.6 | 110.0 | 95.4 | 106.8 |
| 9.调味品 | Flavoring | 106.4 | 103.6 | 101.9 | 101.7 | 102.7 |
| 10.糖 | Carbohydrate | 109.1 | 105.1 | 99.7 | 99.7 | 100.0 |
| 11.干鲜瓜果 | Dried and Fresh Melons and Fruits | 108.8 | 91.3 | 112.6 | 117.3 | 100.2 |
| 12.糕点饼干面包 | Cake, Biscuit and Bread | 113.3 | 105.4 | 101.9 | 100.6 | 102.4 |
| 13.液体乳及乳制品 | Milk and Its Products | 104.6 | 101.9 | 103.5 | 108.3 | 99.0 |
| 14.在外用膳食品 | Outward Dinner | 109.6 | 110.5 | 104.6 | 102.2 | 101.4 |
| 15.其他食品 | Other Foods | 114.0 | 102.9 | 105.1 | 104.4 | 100.5 |
| 二、饮料、烟酒 | Beverages, Tobacco and Liquor | 104.7 | 105.2 | 101.8 | 99.4 | 102.0 |
| 1.茶及饮料 | Tea and Beverages | 104.7 | 106.4 | 104.6 | 101.6 | 102.2 |
| 2.烟　　草 | Tobacco | 100.[illegible] | 98.1 | 100.2 | 99.6 | 103.5 |
| 3.酒 | Liquor | 109.5 | 111.9 | 101.6 | 97.9 | 100.4 |
| 三、服装、鞋帽 | Garments, Shoes and Hats | 101.3 | 106.9 | 101.0 | 101.9 | 103.0 |
| 1.服　　装 | Garments | 101.7 | 105.4 | 100.9 | 102.2 | 103.1 |
| 2.鞋袜帽 | Footgear and Hats | 101.9 | 110.9 | 101.6 | 101.0 | 102.9 |
| 3.其　　它 | Other | 107.0 | 106.2 | 90.7 | 101.9 | 97.0 |
| 四、纺织品 | Textiles | 112.4 | 102.3 | 103.5 | 100.4 | 104.5 |
| 1.衣着材料 | Clothing Material | 119.3 | 103.8 | 99.8 | 100.9 | 102.6 |
| 2.床上用品 | Bed Articles | 110.9 | 101.9 | 104.4 | 100.3 | 105.0 |
| 五、家用电器及音像器材 | Household Appliances, Music and Video Equipment | 95.4 | 96.9 | 96.6 | 94.6 | 96.5 |
| 1.家庭设备 | Household Facilities | 102.3 | 99.9 | 99.3 | 99.1 | 98.0 |
| 2.文娱用耐用消费品 | Durable Consumer Goods for Cultural and Recreational Use | 84.8 | 92.1 | 91.7 | 85.8 | 92.3 |
| 3.专业音像器材 | Music and Video Equipment | 100.4 | 96.5 | 97.3 | 95.3 | 98.9 |
| 六、文化办公用品 | Cultural and Office Appliances | 90.5 | 94.6 | 97.7 | 96.4 | 97.2 |
| 七、日用品 | Articles for Daily Use | 103.8 | 104.1 | 101.0 | 99.4 | 99.9 |
| 1.日用百货 | General Merchandise for Daily Use | 106.2 | 103.3 | 98.8 | 99.8 | 99.8 |
| 2.日用杂品 | Grocery for Daily Use | 95.2 | 100.1 | 100.7 | 102.0 | 100.5 |
| 3.洗涤用品 | Wash | 102.9 | 109.3 | 104.3 | 100.9 | 99.0 |
| 4.其他日用品 | Other Articles for Daily Use | 103.5 | 101.5 | 100.9 | 97.0 | 100.7 |
| 八、体育娱乐用品 | Sports and Recreation Articles | 100.[illegible] | 100.4 | 107.6 | 99.9 | 102.7 |
| 1.体育用品 | Sports Articles | 105.6 | 104.5 | 108.8 | 100.2 | 101.9 |
| 2.娱乐用品 | Recreation Articles | 97.8 | 98.5 | 107.1 | 99.8 | 103.1 |
| 九、交通、通信用品 | Transportation and Communication Appliances | 10[illegible].[illegible] | 96.6 | 96.8 | 101.1 | 97.7 |
| 1.交通运输机械 | Transportation Machine | 102.[illegible] | 98.3 | 97.1 | 101.2 | 97.7 |
| 2.通信器材 | Communication Facilities | 63.[illegible] | 63.1 | 88.8 | 95.5 | 97.8 |
| 十、家　　具 | Furniture | 103.[illegible] | 98.7 | 102.6 | 107.6 | 101.1 |
| 十一、化妆品 | Cosmetics | 99.[illegible] | 104.4 | 102.2 | 97.6 | 99.7 |
| 十二、金银珠宝 | Gold, Silver and Jewelry | 113.[illegible] | 95.8 | 91.0 | 91.8 | 87.6 |
| 十三、中西药品及医疗保健用品 | Traditional Chinese and Western Medicines and Health Care Articles | 10[illegible].[illegible] | 103.6 | 101.9 | 101.4 | 101.9 |
| 1.医疗器具及用品 | Medical Apparatus and Article | 111.[illegible] | 103.4 | 99.9 | 99.8 | 100.7 |
| 2.中药材及中成药 | Traditional Chinese Medicinal Materials and Medicines | 102.[illegible] | 102.5 | 104.3 | 103.2 | 102.6 |
| 3.西　　药 | Western Medicines | 100.[illegible] | 104.7 | 100.8 | 100.6 | 101.8 |
| 4.保健器具及用品 | Healthcare Equipment | 99.[illegible] | 102.2 | 100.1 | 99.5 | 100.4 |
| 十四、书报杂志及电子出版物类 | Books, Newspapers, Magazines and Electronic Publications | 100.[illegible] | 101.2 | 100.3 | 100.4 | 101.9 |
| 1.教材及参考书 | Teaching Materials and Reference Books | 100.[illegible] | 101.0 | 100.6 | 100.5 | 100.2 |
| 2.书报杂志 | Books, Newspapers, Magazines | 100.[illegible] | 100.9 | 101.4 | 100.3 | 107.5 |
| 3.电子音像制品 | Electronic Publications | 100.[illegible] | 102.5 | 99.6 | 100.0 | 100.0 |
| 十五、燃料 | Fuels | 1[illegible]8.[illegible] | 102.2 | 99.8 | 102.8 | 90.0 |
| 1.煤炭及制品 | Coal and Its Products | 1[illegible]9.[illegible] | 100.7 | 96.1 | 97.9 | 97.9 |
| 2.石油及制品 | Petroleum and Its Products | 1[illegible]8.2 | 102.2 | 99.9 | 102.9 | 89.8 |
| 十六、建筑材料及五金电料 | Building Materials and Hardware | 10[illegible].7 | 101.1 | 102.4 | 101.0 | 99.4 |
| 1.建筑装璜材料 | Building Decoration Materials | 10[illegible].5 | 101.1 | 102.9 | 101.2 | 99.2 |
| 2.五金电料 | Hardware | 10[illegible].3 | 101.0 | 99.3 | 100.0 | 100.6 |

# 3-2b 城市商品零售价格分类指数
# Urban Retail Price Indices by Category (2016-2017)

(上年=100) (preceding year=100)

| 项　　目 | Item | 2016 | 2017 |
|---|---|---|---|
| **商品零售价格指数** | **Retail Price Index** | **100.5** | **100.8** |
| 一、食品 | Food | 102.3 | 100.3 |
| 1.粮食 | Grain | 100.8 | 103.2 |
| 2.薯类 | Tuber | 106.1 | 92.1 |
| 3.豆类 | Beans | 101.0 | 100.7 |
| 4.食用油 | Edible Oil | 99.7 | 101.8 |
| 5.菜 | Vegetables | 107.0 | 92.4 |
| 6.畜肉类 | Meat | 107.3 | 99.3 |
| 7.禽肉类 | Poultry | 101.0 | 99.0 |
| 8.水产品 | Aquatic Products | 106.7 | 102.8 |
| 9.蛋类 | Eggs | 95.4 | 96.5 |
| 10.奶类 | Milk | 98.8 | 99.4 |
| 11.干鲜瓜果类 | Dried and Fresh Melons and Fruits | 97.6 | 102.6 |
| 12.糖果糕点类 | Confectionery | 101.3 | 101.8 |
| 13.调味品 | Flavoring | 103.4 | 103.3 |
| 14.其他食品类 | Other Foods | 101.0 | 101.6 |
| 15.在外餐饮 | Dining Out | 100.8 | 101.2 |
| 二、饮料、烟酒 | Beverages, Tobacco and Liquor | 101.1 | 100.9 |
| 1.茶及饮料 | Tea and Beverages | 100.2 | 100.6 |
| 2.烟草 | Tobacco | 102.2 | 100.4 |
| 3.酒类 | Liquor | 100.3 | 101.7 |
| 三、服装、鞋帽 | Garments, Shoes and Hats | 100.0 | 100.1 |
| 1.服装 | Garments | 100.0 | 100.0 |
| 2.鞋袜帽 | Footgear and Hats | 100.0 | 100.2 |
| 3.其他衣着配件 | Other Clothing  Accessories | 100.4 | 100.8 |
| 四、纺织品 | Textiles | 101.2 | 101.2 |
| 1.服装材料 | Clothing | 101.7 | 100.8 |
| 2.床上用品 | Bedding | 101.1 | 101.2 |
| 五、家用电器及音像器材 | Household Appliances, Music and Video Equipment | 98.5 | 99.2 |
| 1.家庭设备 | Household Facilities | 97.9 | 99.4 |
| 2.文娱用耐用消费品 | Durable Consumer Goods for Cultural and Recreational Use | 99.1 | 98.8 |
| 3.专业音像器材 | Music and Video Equipment | 99.4 | 99.3 |
| 六、文化办公用品 | Cultural and Office Applicances | 100.3 | 99.5 |
| 七、日用品 | Articles for Daily Use | 99.6 | 100.2 |
| 1.日用百货 | General Merchandise for Daily Use | 100.1 | 101.1 |
| 2.厨具餐具茶具 | Kitchenware,Tableware and Tea Set | 99.6 | 99.2 |
| 3.清洗用品 | Cleaning Products | 98.1 | 101.9 |
| 4.其他日用品 | Other Articles for Daily Use | 100.0 | 99.2 |
| 八、体育娱乐用品 | Sports and Recreation Articles | 102.1 | 102.8 |
| 1.体育户外用品 | Sports and Outdoor Articles | 99.8 | 97.1 |
| 2.娱乐用品 | Recreation Articles | 102.3 | 103.2 |
| 九、交通、通信用品 | Transportation and Communication Appliances | 99.5 | 98.0 |
| 1.交通运输机械 | Transportation Appliances | 99.5 | 97.9 |
| 2.通信器材 | Communication Appliances | 99.7 | 99.4 |
| 十、家具 | Furniture | 98.2 | 102.3 |
| 十一、化妆品 | Cosmetics | 100.7 | 101.4 |
| 十二、金银饰品 | Gold, Silver and Jewelry | 112.8 | 104.2 |
| 十三、中西药品及医疗保健用品 | Traditional Chinese and Western Medicines and Health Care Articles | 101.3 | 103.9 |
| 1.医疗卫生器具 | Medical Apparatus | 100.2 | 99.5 |
| 2.中药 | Traditional Chinese  Medicines | 102.7 | 107.5 |
| 3.西药 | Western Medicines | 100.6 | 103.4 |
| 4.保健器具及用品 | Healthcare Equipment and Articles | 101.9 | 102.3 |
| 十四、书报杂志及电子出版物 | Books, Newspapers, Magazines and Electronic Publications | 102.3 | 101.5 |
| 1.教材及参考书 | Teaching Materials and Reference Books | 102.4 | 102.5 |
| 2.书报杂志 | Books, Newspapers, Magazines | 102.6 | 101.2 |
| 3.计算机办公软件 | Computer Office Softwares | 99.8 | 87.5 |
| 十五、燃料 | Fuels | 96.9 | 107.3 |
| 1.煤炭及制品 | Coal and Its Products | 101.0 | 108.7 |
| 2.石油及制品 | Petroleum and Its Products | 96.3 | 107.0 |
| 十六、建筑材料及五金电料 | Building Materials and Hardware | 99.8 | 101.7 |
| 1.建筑装璜材料 | Building Decoration Materials | 99.6 | 101.8 |
| 2.五金水暖 | Hardware | 100.1 | 101.4 |

# 3-3 城市主要商品和服务价格指数
## Urban Major Commodity and Services Price Indices
## (2013-2017)

(上年=100) (preceding year=100)

| 项 目 | Item | 2013 | 2014 | 2015 | 2016 | 2017 |
|---|---|---|---|---|---|---|
| 大米 | Rice | 104.4 | 101.2 | 101.4 | 100.5 | 104.1 |
| 面粉 | Flour | 115.2 | 104.3 | 102.2 | 99.7 | 101.4 |
| 食用植物油 | Edible Vegetable Oil | 105.8 | 97.6 | 100.5 | 99.6 | 101.8 |
| 鲜菜 | Fresh Vegetables | 109.1 | 93.7 | 107.6 | 107.6 | 91.7 |
| 猪肉 | Pork | 103.4 | 95.0 | 110.0 | 114.9 | 95.2 |
| 牛肉 | Beef | 131.7 | 102.8 | 99.1 | 99.2 | 100.0 |
| 羊肉 | Mutton | 115.7 | 105.0 | 97.1 | 96.7 | 105.6 |
| 淡水鱼 | Freshwater Fish | 96.8 | 101.0 | 102.8 | 101.6 | 108.4 |
| 海水鱼 | Seawater Fish | 97.7 | 104.4 | 101.7 | 105.7 | 101.4 |
| 鸡蛋 | Eggs | 101.8 | 111.8 | 89.8 | 95.1 | 95.7 |
| 鲜奶 | Milk | 104.5 | 110.2 | 98.5 | 98.2 | 98.8 |
| 鲜瓜果 | Fresh Fruits | 116.6 | 122.4 | 98.1 | 96.8 | 102.6 |
| 食糖 | Sugar | 101.3 | 100.5 | 97.0 | 101.0 | 105.2 |
| 食用盐 | Salt | 100.1 | 100.4 | 100.0 | 109.2 | 99.6 |
| 白酒 | Wine | 101.6 | 96.3 | 100.7 | 100.3 | 102.4 |
| 啤酒 | Beer | 102.1 | 104.4 | 99.2 | 98.8 | 101.7 |
| 男式西服 | Men's Suits | 96.5 | 102.2 | 100.8 | 101.7 | 100.2 |
| 男式衬衫T恤 | Men's Shirt and T-shirt | | | | 103.1 | 103.3 |
| 女式外套 | Women's Coat | | | | 99.5 | 98.3 |
| 女式冬衣 | Women's Winter Clothes | | | | 98.2 | 98.3 |
| 女式毛线衣 | Women's Sweater | 96.8 | 106.6 | 11[illegible].2 | 98.1 | 100.8 |
| 公房房租 | Rent for Public Rental | 100.0 | 104.7 | 10[illegible].0 | 100.0 | 100.0 |
| 水 | Water | 101.7 | 100.0 | 100.0 | 100.0 | 100.0 |
| 电 | Electricity | 102.0 | 100.0 | 100.0 | 100.0 | 100.0 |
| 管道燃气 | Pipeline Gas | 100.8 | 108.3 | 100.0 | 100.0 | 100.0 |
| 柜 | Cabinet | 101.9 | 108.3 | 101.3 | 98.2 | 102.7 |
| 桌 | Desk | 102.9 | 107.2 | 100.9 | 98.6 | 102.8 |
| 沙发 | Sofa | 100.8 | 106.4 | 98.7 | 95.6 | 102.0 |
| 洗衣机 | Washing Machine | 95.2 | 103.6 | 99.6 | 100.0 | 99.9 |
| 电冰箱(柜) | Refrigerator | 99.4 | 97.3 | 95.2 | 95.1 | 101.1 |
| 空调器 | Air-conditioner | 100.5 | 98.1 | 96.5 | 97.4 | 99.3 |
| 热水器 | Water Heater | 97.7 | 99.7 | 99.4 | 97.0 | 101.0 |
| 清洗用品 | Cleaning Supplies | 103.2 | 106.6 | 99.7 | 98.1 | 101.9 |
| 小型汽车 | Car | | | | 97.8 | 96.0 |
| 自行车 | Bicycle | 96.7 | 99.9 | 101.2 | 100.6 | 100.7 |
| 汽油 | Gasoline | 99.2 | 99.1 | 82.7 | 95.7 | 108.8 |
| 市内公共交通 | Urban Public Transport | 100.0 | 100.0 | 100.0 | 100.0 | 100.0 |
| 飞机票 | Air Ticket | 91.7 | 104.2 | 93.8 | 101.4 | 111.0 |
| 火车票 | Railway Ticket | 99.4 | 101.8 | 103.3 | 101.2 | 100.0 |
| 教材 | Teaching Materials | 100.0 | 100.0 | 100.0 | 100.0 | 100.0 |
| 电视机 | TV Set | 91.5 | 81.7 | 89.1 | 97.9 | 98.8 |
| 照相机 | Camera | 87.6 | 90.0 | 95.9 | 101.7 | 101.7 |
| 台式计算机 | Desktop Computer | | | | 99.2 | 99.5 |
| 笔记本平板 | Laptop and Tablet PC | | | | 101.7 | 100.5 |
| 音响 | Hi-Fi Stereo Component System | 98.2 | 98.5 | 101.5 | 99.6 | 100.6 |
| 书报杂志 | Books,Newspapers and Magazines | | | | 102.6 | 101.2 |
| 景点门票 | Park Ticket | 102.4 | 98.5 | 105.0 | 101.8 | 104.5 |
| 有线电视 | Cable Television | 100.0 | 100.0 | 100.0 | 100.0 | 100.0 |
| 健身活动 | Sport Activity | 107.5 | 109.1 | 104.2 | 100.4 | 104.0 |
| 中药材 | Traditional Chinese Medicinal Materials | 106.7 | 105.7 | 101.3 | 102.3 | 109.1 |
| 中成药 | Ready-made Traditional Chinese Medicine | 100.8 | 99.5 | 104.8 | 102.8 | 107.3 |
| 消化系统用药 | Digestive Medicine | 102.0 | 100.6 | 102.6 | 99.3 | 102.1 |
| 呼吸系统用药 | Respiratory Medicine | 97.1 | 99.6 | 102.6 | 98.6 | 103.5 |
| 滋补保健用品 | Medical Products | 100.5 | 99.2 | 100.5 | 101.9 | 102.5 |
| 金饰品 | Gold Ornaments | | | | 114.0 | 104.5 |

注：因统计调查目录调整，部分商品和服务价格指数无2016年以前年份数据。
Note: As a result of the statistical survey catalogue adjustment, some commodity and service price indices were not available before 2016.

# 3-4 居民货币购买力指数
## Indices of Monetary Purchasting Power of Residents (1991-2017)

| 年 份<br>Year | 上年=100<br>Preceding Year=100 | 年 份<br>Year | 1990=100<br>Year of 1990=100 |
|---|---|---|---|
| 1991 | 90.7 | 1991 | 90.7 |
| 1992 | 89.8 | 1992 | 81.4 |
| 1993 | 85.0 | 1993 | 69.3 |
| 1994 | 80.6 | 1994 | 55.9 |
| 1995 | 86.7 | 1995 | 48.4 |
| 1996 | 91.7 | 1996 | 44.4 |
| 1997 | 97.0 | 1997 | 43.1 |
| 1998 | 100.5 | 1998 | 43.3 |
| 1999 | 101.1 | 1999 | 43.8 |
| 2000 | 100.4 | 2000 | 44.0 |
| 2001 | 98.8 | 2001 | 43.5 |
| 2002 | 100.4 | 2002 | 43.6 |
| 2003 | 99.0 | 2003 | 43.2 |
| 2004 | 97.8 | 2004 | 42.2 |
| 2005 | 98.5 | 2005 | 41.6 |
| 2006 | 98.5 | 2006 | 41.0 |
| 2007 | 96.0 | 2007 | 39.3 |
| 2008 | 94.9 | 2008 | 37.3 |
| 2009 | 101.0 | 2009 | 37.7 |
| 2010 | 96.6 | 2010 | 36.4 |
| 2011 | 95.3 | 2011 | 34.7 |
| 2012 | 97.4 | 2012 | 33.8 |
| 2013 | 97.0 | 2013 | 32.8 |
| 2014 | 98.1 | 2014 | 32.2 |
| 2015 | 98.3 | 2015 | 31.7 |
| 2016 | 98.0 | 2016 | 32.4 |
| 2017 | 98.0 | 2017 | 31.7 |

# 3-5 工业生产者出厂价格指数
# Producer Price Indices for Industrial Products
# (2013-2017)

(上年=100) (Preceding Year=100)

| 项　　目 | Item | 2013 | 2014 | 2015 | 2016 | 2017 |
|---|---|---|---|---|---|---|
| **工业生产者出厂价格指数** | **Producer Price Indices for Industrial Products** | **97.0** | **96.3** | **90.3** | **97.9** | **108.4** |
| #轻工业 | Light Industry | 97.9 | 99.3 | 97.7 | 101.2 | 101.2 |
| 以农产品为原料 | Using Farm Products as Raw Materials | 97.7 | 98.3 | 97.8 | 102.2 | 101.0 |
| 以非农产品为原料 | Using Non-farm Products as Raw Materials | 98.0 | 100.3 | 97.5 | 99.5 | 101.6 |
| 重工业 | Heavy Industry | 96.8 | 95.8 | 88.9 | 97.1 | 110.2 |
| 采　掘 | Mining and Quarying Industry | 98.4 | 96.1 | 63.6 | 85.9 | 127.7 |
| 原　料 | Raw Materials Industry | 96.7 | 95.4 | 84.9 | 98.2 | 116.2 |
| 加　工 | Processing Industry | 96.7 | 95.9 | 94.2 | 98.5 | 105.9 |
| #生产资料 | Means of Production | 96.5 | 95.5 | 88.3 | 97.9 | 112.0 |
| 采　掘 | Mining & Quarrying Industry | 98.4 | 96.1 | 63.6 | 85.9 | 127.7 |
| 原　料 | Raw Materials Industry | 96.6 | 95.4 | 84.7 | 97.9 | 116.3 |
| 加　工 | Processing Industry | 96.2 | 95.5 | 93.8 | 100.0 | 108.4 |
| 生活资料 | Consumer Goods | 98.9 | 99.4 | 97.9 | 98.0 | 97.9 |
| 食　品 | Food | 96.1 | 97.9 | 97.5 | 102.9 | 100.2 |
| 衣　着 | Clothing | 102.4 | 100.4 | 101.5 | 100.2 | 100.3 |
| 一般日用品 | Articles for Daily Use | 100.3 | 100.5 | 100.6 | 99.2 | 98.5 |
| 耐用消费品 | Durable Consumer Goods | 99.4 | 99.6 | 96.6 | 92.7 | 94.9 |
| **按行业分:** | **By Sector** | | | | | |
| 煤炭开采和洗选业 | Mining and Washing of Coal | 92.9 | 88.5 | 81.3 | 83.4 | 121.2 |
| 石油和天然气开采业 | Extraction of Petroleum and Natural Gas | 93.5 | 94.9 | 53.9 | 86.7 | 134.6 |
| 黑色金属矿采选业 | Mining and Processing of Ferrous Metal Ores | 95.4 | 9[illegible].0 | 74.8 | 90.7 | 108.3 |
| 非金属矿采选业 | Mining and Processing of Nonmetal Ores | 102.0 | 102.4 | 91.4 | 76.6 | 102.1 |
| 开采辅助活动 | Mining Support Activities | 114.1 | 99.7 | 93.2 | 95.5 | 99.7 |
| 农副食品加工业 | Processing of Food from Agricultural Products | 90.8 | 91.9 | 92.2 | 106.1 | 98.2 |
| 食品制造业 | Processing of Foodstuff | 101.0 | 103.0 | 100.2 | 101.4 | 101.2 |
| 酒、饮料和精制茶制造业 | Manufacture of Wine, Beverages and refined tea | 100.6 | 100.3 | 101.4 | 100.6 | 101.7 |
| 烟草制品业 | Manufacture of Tobacco | 100.4 | 100.0 | 100.0 | 100.0 | 100.0 |
| 纺织业 | Manufacture of Textile | 100.[illegible] | 100.2 | 98.1 | 98.0 | 100.7 |
| 纺织服装、服饰业 | Manufacture of Textile Wearing Apparel | 103.[illegible] | 99.6 | 100.9 | 100.2 | 100.3 |
| 皮革、毛皮、羽毛及其制品和制鞋业 | Manufacture of Leather, Fur, Feather and Related Products, Footware | 100.3 | 105.2 | 106.0 | 100.8 | 100.8 |
| 木材加工及木、竹、藤、棕、草制品业 | Processing of Timber, Manufacture of Wood, Bamboo, Rattan, Palm and Straw Products | 100.[illegible] | 100.5 | 99.7 | 98.8 | 99.5 |
| 家具制造业 | Manufacture of Furniture | 99.4 | 100.3 | 99.2 | 100.4 | 103.1 |
| 造纸及纸制品业 | Manufacture of Paper and Paper Products | 97.3 | 99.3 | 98.8 | 101.1 | 110.5 |
| 印刷和记录媒介复制业 | Printing, Reproduction of Recording Media | 95.9 | 100.5 | 102.4 | 100.1 | 102.9 |
| 文教、工美、体育和娱乐用品制造业 | Manufacture of Articles for Culture, Education , Artwork, Sport Activities and Entertainment Goods | 98.9 | 102.7 | 100.8 | 101.0 | 99.1 |
| 石油加工、炼焦和核燃料加工业 | Processing of Petroleum, Coking, Processing of Nuclear Fuel | 96.6 | 95.4 | 75.3 | 93.1 | 114.1 |
| 化学原料及化学制品制造业 | Manufacture of Raw Chemical Materials and Chemical Products | 9[illegible].3 | 100.2 | 89.2 | 101.5 | 115.6 |

3-5 续表 continued

(上年=100) (Preceding Year=100)

| 项 目 | Item | 2013 | 2014 | 2015 | 2016 | 2017 |
|---|---|---|---|---|---|---|
| 医药制造业 | Manufacture of Medicines | 100.9 | 99.7 | 101.2 | 98.0 | 98.2 |
| 化学纤维制造业 | Manufacture of Chemical Fibers | 96.2 | 99.2 | 95.8 | 85.9 | 93.0 |
| 橡胶和塑料制品业 | Manufacture of Rubber and Plastics | 100.5 | 98.5 | 98.5 | 99.1 | 104.9 |
| 非金属矿物制品业 | Manufacture of Non-metallic Mineral Products | 96.9 | 99.0 | 98.9 | 98.4 | 101.3 |
| 黑色金属冶炼及压延加工业 | Smelting and Pressing of Ferrous Metals | 94.4 | 91.4 | 83.4 | 101.9 | 126.3 |
| 有色金属冶炼及压延加工业 | Smelting and Pressing of Non-ferrous Metals | 94.9 | 93.4 | 89.0 | 97.9 | 116.5 |
| 金属制品业 | Manufacture of Metal Products | 97.3 | 97.6 | 92.2 | 99.2 | 113.6 |
| 通用设备制造业 | Manufacture of General Purpose Machinery | 98.8 | 98.6 | 96.6 | 99.7 | 100.4 |
| 专用设备制造业 | Manufacture of Special Purpose Machinery | 97.8 | 98.5 | 98.9 | 96.9 | 97.7 |
| 汽车制造业 | Manufacture of Automobile | 100.0 | 99.9 | 98.0 | 98.7 | 97.8 |
| 铁路、船舶、航空航天和其他运输设备制造业 | Manufacture of Railway, Shipbuilding, Aerospace and Other Transportation Equipment | 101.6 | 100.2 | 97.0 | 102.7 | 102.2 |
| 电气机械及器材制造业 | Manufacture of Electrical Machinery and Equipment | 97.8 | 99.0 | 98.0 | 98.4 | 101.6 |
| 计算机、通信和其他电子设备制造业 | Manufacture of Computers ,Communication Equipment and Other Electronic Equipment | 94.1 | 92.2 | 96.6 | 92.6 | 95.4 |
| 仪器仪表制造业 | Manufacture of Measuring Instruments | 95.1 | 94.8 | 97.2 | 101.4 | 100.1 |
| 其他制造业 | Other Manufacturing | 100.0 | 100.0 | 93.6 | 96.9 | 100.0 |
| 废弃资源综合利用业 | Recycling and Disposal of Waste | 87.2 | 93.2 | 77.8 | 96.0 | 104.3 |
| 金属制品、机械和设备修理业 | Metal Products, Machinery and Equipment Repair Industry | 93.7 | 95.4 | 95.5 | 100.9 | 100.3 |
| 电力、热力的生产和供应业 | Production and Supply of Electric Power and Heat Energy | 100.5 | 105.7 | 99.5 | 100.7 | 95.4 |
| 燃气生产和供应业 | Production and Supply of Gas | 101.3 | 107.6 | 101.3 | 86.3 | 100.9 |
| 水的生产和供应业 | Production and Supply of Tap Water | 100.8 | 101.7 | 100.0 | 100.0 | 104.5 |

## 3-6 按工业部门分工业生产者出厂价格指数
## Producer Price Indices for Industrial Products by Industrial Sector (2013-2017)

(上年=100) (Preceding Year=100)

| 项 目 | Item | 2013 | 2014 | 2015 | 2016 | 2017 |
|---|---|---|---|---|---|---|
| **按工业部门分** | **By Industrial Sector** | | | | | |
| 冶金工业 | Metallurgical Industry | 94.4 | 92.2 | 84.8 | 100.5 | 122.1 |
| 电力工业 | Power Industry | 100.5 | 105.7 | 99.5 | 100.5 | 95.4 |
| 煤炭及炼焦工业 | Coal Industry | 92.6 | 87.9 | 81.3 | 85.3 | 122.8 |
| 石油工业 | Petroleum Industry | 97.9 | 96.2 | 68.2 | 89.4 | 121.6 |
| 化学工业 | Chemical Industry | 99.4 | 99.7 | 94.1 | 100.1 | 109.4 |
| 机械工业 | Mechanical Industry | 97.6 | 97.1 | 97.9 | 97.4 | 98.5 |
| 建筑材料工业 | Building Materials Industry | 96.6 | 98.9 | 98.9 | 98.6 | 100.9 |
| 森林工业 | Timber Industry | 100.2 | 100.4 | 100.2 | 100.4 | 99.8 |
| 食品工业 | Food Industry | 96.2 | 97.4 | 96.6 | 102.9 | 100.2 |
| 纺织工业 | Textile Industry | 100.5 | 100.3 | 97.6 | 97.4 | 100.9 |
| 缝纫工业 | Tailoring Industry | 102.7 | 99.6 | 100.7 | 100.1 | 100.3 |
| 皮革工业 | Leather Industry | 101.6 | 107.0 | 107.9 | 101.3 | 101.1 |
| 造纸工业 | Paper Industry | 97.8 | 99.3 | 98.8 | 101.1 | 110.5 |
| 文教艺术用品工业 | Cultural, Educational & Handicrafts Articals | 93.0 | 95.7 | 86.9 | 99.8 | 101.3 |
| 其他工业 | Other Industry | 98.5 | 102.2 | 99.3 | 100.1 | 100.2 |

# 3-7 工业生产者出厂价格月度指数
# Monthly Producer Price Indices for Industrial Products
## (2017年1月)

| 项目 | Item | 环比 | 同比 | 1-1月平均 |
|---|---|---|---|---|
| **工业生产者出厂价格指数** | **Producer Price Indices for Industrial Products** | **100.6** | **110.7** | **110.7** |
| #轻工业 | Light Industry | 99.9 | 103.4 | 103.4 |
| 以农产品为原料 | Using Farm Products as Raw Materials | 99.7 | 104.7 | 104.7 |
| 以非农产品为原料 | Using Non-farm Products as Raw Materials | 100.2 | 101.3 | 101.3 |
| 重工业 | Heavy Industry | 100.8 | 112.6 | 112.6 |
| 采　掘 | Mining and Quarying Industry | 102.9 | 153.0 | 153.0 |
| 原　料 | Raw Materials Industry | 101.8 | 119.1 | 119.1 |
| 加　工 | Processing Industry | 100.0 | 105.7 | 105.7 |
| #生产资料 | Means of Production | 101.0 | 115.1 | 115.1 |
| 采　掘 | Mining and Quarying Industry | 102.9 | 153.0 | 153.0 |
| 原　料 | Raw Materials Industry | 101.6 | 119.1 | 119.1 |
| 加　工 | Processing Industry | 100.3 | 108.8 | 108.8 |
| 生活资料 | Consumer Goods | 99.5 | 98.8 | 98.8 |
| 食　品 | Food | 99.2 | 105.0 | 105.0 |
| 衣　着 | Clothing | 100.1 | 100.1 | 100.1 |
| 一般日用品 | Articles for Daily Use | 99.6 | 98.0 | 98.0 |
| 耐用消费品 | Durable Consumer Goods | 99.5 | 93.0 | 93.0 |
| **按工业部门分** | **By Industrial Sector** | | | |
| 冶金工业 | Metallurgical Industry | 100.6 | 126.2 | 126.2 |
| 电力工业 | Power Industry | 99.6 | 93.9 | 93.9 |
| 煤炭及炼焦工业 | Coal Industry | 99.5 | 116.2 | 116.2 |
| 石油工业 | Petroleum Industry | 104.3 | 146.2 | 146.2 |
| 化学工业 | Chemical Industry | 100.6 | 109.8 | 109.8 |
| 机械工业 | Mechine Building Industry | 99.9 | 97.2 | 97.2 |
| 建筑材料工业 | Building Materials Industry | 99.5 | 104.2 | 104.2 |
| 森林工业 | Timber Industry | 99.9 | 100.0 | 100.0 |
| 食品工业 | Food Industry | 99.2 | 105.3 | 105.3 |
| 纺织工业 | Textile Industry | 100.1 | 100.8 | 100.8 |
| 缝纫工业 | Tailoring Industry | 100.1 | 100.0 | 100.0 |
| 皮革工业 | Leather Industry | 100.1 | 100.2 | 100.2 |
| 造纸工业 | Paper Industry | 104.0 | 110.2 | 110.2 |
| 文教艺术用品工业 | Cultural, Educational & Handicrafts Articals | 99.8 | 101.9 | 101.9 |
| 其他工业 | Other Industry | 99.6 | 100.2 | 100.2 |

# 3-8 工业生产者出厂价格月度指数
# Monthly Producer Price Indices for Industrial Products
## （2017年2月）

| 项　目 | Item | 环比 | 同比 | 1-2月平均 |
|---|---|---|---|---|
| **工业生产者出厂价格指数** | **Producer Price Indices for Industrial Products** | **100.5** | **111.9** | **111.3** |
| #轻工业 | Light Industry | 100.0 | 103.0 | 103.2 |
| 以农产品为原料 | Using Farm Products as Raw Materials | 100.0 | 104.4 | 104.6 |
| 以非农产品为原料 | Using Non-farm Products as Raw Materials | 99.9 | 101.0 | 101.2 |
| 重工业 | Heavy Industry | 100.6 | 114.4 | 113.5 |
| 采　掘 | Mining and Quarying Industry | 100.3 | 165.7 | 159.1 |
| 原　料 | Raw Materials Industry | 102.4 | 123.3 | 121.2 |
| 加　工 | Processing Industry | 100.1 | 105.8 | 105.7 |
| #生产资料 | Means of Production | 100.8 | 117.0 | 116.0 |
| 采　掘 | Mining and Quarying Industry | 100.3 | 165.7 | 159.1 |
| 原　料 | Raw Materials Industry | 102.4 | 123.5 | 121.3 |
| 加　工 | Processing Industry | 100.3 | 109.0 | 108.9 |
| 生活资料 | Consumer Goods | 99.7 | 98.5 | 98.6 |
| 食　品 | Food | 100.0 | 104.4 | 104.7 |
| 衣　着 | Clothing | 100.0 | 100.2 | 100.1 |
| 一般日用品 | Articles for Daily Use | 100.3 | 98.1 | 98.0 |
| 耐用消费品 | Durable Consumer Goods | 99.0 | 92.6 | 92.8 |
| **按工业部门分** | **By Industrial Sector** | | | |
| 冶金工业 | Metallurgical Industry | 101.8 | 128.3 | 127.2 |
| 电力工业 | Power Industry | 100.0 | 94.7 | 94.3 |
| 煤炭及炼焦工业 | Coal Industry | 99.1 | 119.8 | 118.0 |
| 石油工业 | Petroleum Industry | 101.0 | 157.2 | 151.5 |
| 化学工业 | Chemical Industry | 102.2 | 111.9 | 110.8 |
| 机械工业 | Mechine Building Industry | 99.4 | 96.8 | 97.0 |
| 建筑材料工业 | Building Materials Industry | 96.5 | 101.0 | 102.6 |
| 森林工业 | Timber Industry | 99.7 | 99.6 | 99.8 |
| 食品工业 | Food Industry | 100.0 | 104.7 | 105.0 |
| 纺织工业 | Textile Industry | 100.1 | 101.3 | 101.1 |
| 缝纫工业 | Tailoring Industry | 100.0 | 100.2 | 100.1 |
| 皮革工业 | Leather Industry | 99.9 | 100.6 | 100.4 |
| 造纸工业 | Paper Industry | 100.4 | 110.9 | 110.6 |
| 文教艺术用品工业 | Cultural, Educational & Handicrafts Articals | 100.0 | 101.8 | 101.8 |
| 其他工业 | Other Industry | 100.1 | 100.2 | 100.2 |

# 3-9 工业生产者出厂价格月度指数
# Monthly Producer Price Indices for Industrial Products
## （2017年3月）

| 项 目 | Item | 环比 | 同比 | 1-3月平均 |
|---|---|---|---|---|
| **工业生产者出厂价格指数** | **Producer Price Indices for Industrial Products** | **99.8** | **110.4** | **111.0** |
| #轻工业 | Light Industry | 99.5 | 102.3 | 102.9 |
| 以农产品为原料 | Using Farm Products as Raw Materials | 99.1 | 103.0 | 104.0 |
| 以非农产品为原料 | Using Non-farm Products as Raw Materials | 100.2 | 101.2 | 101.2 |
| 重工业 | Heavy Industry | 99.8 | 112.6 | 113.2 |
| 采 掘 | Mining and Quarying Industry | 97.7 | 156.9 | 158.4 |
| 原 料 | Raw Materials Industry | 99.8 | 120.8 | 121.1 |
| 加 工 | Processing Industry | 100.2 | 104.9 | 105.5 |
| #生产资料 | Means of Production | 99.8 | 114.7 | 115.6 |
| 采 掘 | Mining and Quarying Industry | 97.7 | 156.9 | 158.4 |
| 原 料 | Raw Materials Industry | 99.7 | 120.8 | 121.1 |
| 加 工 | Processing Industry | 100.3 | 107.7 | 108.5 |
| 生活资料 | Consumer Goods | 99.7 | 98.6 | 98.6 |
| 食 品 | Food | 99.0 | 102.9 | 104.1 |
| 衣 着 | Clothing | 100.0 | 100.4 | 100.2 |
| 一般日用品 | Articles for Daily Use | 99.[illegible] | 98.0 | 98.0 |
| 耐用消费品 | Durable Consumer Goods | 100.1 | 94.3 | 93.3 |
| **按工业部门分** | **By Industrial Sector** | | | |
| 冶金工业 | Metallurgical Industry | 101.[illegible] | 124.1 | 126.1 |
| 电力工业 | Power Industry | 100.[illegible] | 92.2 | 93.6 |
| 煤炭及炼焦工业 | Coal Industry | 100.[illegible] | 126.4 | 120.7 |
| 石油工业 | Petroleum Industry | 97.[illegible] | 147.7 | 150.3 |
| 化学工业 | Chemical Industry | 98.[illegible] | 108.5 | 110.0 |
| 机械工业 | Mechine Building Industry | 100.[illegible] | 97.7 | 97.2 |
| 建筑材料工业 | Building Materials Industry | 99.[illegible] | 101.8 | 102.3 |
| 森林工业 | Timber Industry | 100.[illegible] | 99.5 | 99.7 |
| 食品工业 | Food Industry | 99.[illegible] | 103.2 | 104.4 |
| 纺织工业 | Textile Industry | 10[illegible] | 99.2 | 100.4 |
| 缝纫工业 | Tailoring Industry | 10[illegible] | 100.4 | 100.2 |
| 皮革工业 | Leather Industry | 10[illegible]2 | 100.5 | 100.4 |
| 造纸工业 | Paper Industry | 9[illegible]0 | 108.1 | 109.7 |
| 文教艺术用品工业 | Cultural, Educational & Handicrafts Articals | 10[illegible]6 | 102.0 | 101.9 |
| 其他工业 | Other Industry | 10[illegible]3 | 100.3 | 100.2 |

# 3-10 工业生产者出厂价格月度指数
# Monthly Producer Price Indices for Industrial Products
## (2017年4月)

| 项目 | Item | 环比 | 同比 | 1-4月平均 |
|---|---|---|---|---|
| **工业生产者出厂价格指数** | **Producer Price Indices for Industrial Products** | **99.2** | **107.7** | **110.2** |
| #轻工业 | Light Industry | 98.9 | 100.6 | 102.3 |
| 以农产品为原料 | Using Farm Products as Raw Materials | 98.3 | 100.4 | 103.1 |
| 以非农产品为原料 | Using Non-farm Products as Raw Materials | 99.8 | 101.0 | 101.1 |
| 重工业 | Heavy Industry | 99.3 | 109.6 | 112.3 |
| 采掘 | Mining and Quarying Industry | 99.2 | 144.8 | 154.8 |
| 原料 | Raw Materials Industry | 98.9 | 115.3 | 119.6 |
| 加工 | Processing Industry | 99.4 | 103.5 | 105.0 |
| #生产资料 | Means of Production | 99.1 | 111.2 | 114.5 |
| 采掘 | Mining and Quarying Industry | 99.2 | 144.8 | 154.8 |
| 原料 | Raw Materials Industry | 98.9 | 115.5 | 119.7 |
| 加工 | Processing Industry | 99.2 | 105.5 | 107.8 |
| 生活资料 | Consumer Goods | 99.5 | 98.0 | 98.5 |
| 食品 | Food | 98.3 | 99.9 | 103.0 |
| 衣着 | Clothing | 100.0 | 100.4 | 100.3 |
| 一般日用品 | Articles for Daily Use | 99.7 | 98.2 | 98.0 |
| 耐用消费品 | Durable Consumer Goods | 100.4 | 95.5 | 93.8 |
| **按工业部门分** | **By Industrial Sector** | | | |
| 冶金工业 | Metallurgical Industry | 98.2 | 116.0 | 123.4 |
| 电力工业 | Power Industry | 100.3 | 92.7 | 93.4 |
| 煤炭及炼焦工业 | Coal Industry | 102.5 | 137.0 | 124.4 |
| 石油工业 | Petroleum Industry | 97.6 | 133.3 | 145.8 |
| 化学工业 | Chemical Industry | 99.9 | 108.0 | 109.5 |
| 机械工业 | Mechine Building Industry | 100.2 | 98.4 | 97.5 |
| 建筑材料工业 | Building Materials Industry | 100.1 | 101.8 | 102.2 |
| 森林工业 | Timber Industry | 100.1 | 99.7 | 99.7 |
| 食品工业 | Food Industry | 98.2 | 100.1 | 103.4 |
| 纺织工业 | Textile Industry | 100.2 | 102.9 | 101.0 |
| 缝纫工业 | Tailoring Industry | 100.0 | 100.4 | 100.2 |
| 皮革工业 | Leather Industry | 99.9 | 100.3 | 100.4 |
| 造纸工业 | Paper Industry | 95.0 | 101.4 | 107.6 |
| 文教艺术用品工业 | Cultural, Educational & Handicrafts Articals | 100.1 | 102.2 | 102.0 |
| 其他工业 | Other Industry | 99.9 | 100.2 | 100.2 |

# 3-11 工业生产者出厂价格月度指数
# Monthly Producer Price Indices for Industrial Products
## (2017年5月)

| 项　目 | Item | 环比 | 同比 | 1-5月平均 |
|---|---|---|---|---|
| **工业生产者出厂价格指数** | **Producer Price Indices for Industrial Products** | **99.8** | **106.2** | **109.3** |
| #轻工业 | Light Industry | 100.1 | 100.9 | 102.1 |
| 以农产品为原料 | Using Farm Products as Raw Materials | 99.9 | 100.4 | 102.6 |
| 以非农产品为原料 | Using Non-farm Products as Raw Materials | 100.4 | 101.6 | 101.2 |
| 重工业 | Heavy Industry | 99.7 | 107.6 | 111.3 |
| 采　掘 | Mining and Quarying Industry | 99.1 | 124.6 | 147.8 |
| 原　料 | Raw Materials Industry | 99.0 | 111.8 | 118.0 |
| 加　工 | Processing Industry | 100.1 | 103.8 | 104.7 |
| #生产资料 | Means of Production | 99.9 | 109.1 | 113.4 |
| 采　掘 | Mining and Quarying Industry | 99.1 | 124.6 | 147.8 |
| 原　料 | Raw Materials Industry | 99.3 | 112.6 | 118.2 |
| 加　工 | Processing Industry | 100.2 | 105.7 | 107.3 |
| 生活资料 | Consumer Goods | 99.5 | 97.8 | 98.3 |
| 食　品 | Food | 99.9 | 99.8 | 102.4 |
| 衣　着 | Clothing | 100.0 | 100.3 | 100.3 |
| 一般日用品 | Articles for Daily Use | 100.2 | 98.6 | 98.2 |
| 耐用消费品 | Durable Consumer Goods | 98.8 | 94.7 | 94.0 |
| **按工业部门分** | **By Industrial Sector** | | | |
| 冶金工业 | Metallurgical Industry | 100.1 | 115.8 | 121.8 |
| 电力工业 | Power Industry | 99.9 | 92.6 | 93.2 |
| 煤炭及炼焦工业 | Coal Industry | 100.6 | 130.9 | 125.7 |
| 石油工业 | Petroleum Industry | 98.4 | 116.1 | 138.9 |
| 化学工业 | Chemical Industry | 99.2 | 107.0 | 109.0 |
| 机械工业 | Mechine Building Industry | 99.9 | 98.5 | 97.7 |
| 建筑材料工业 | Building Materials Industry | 100.8 | 102.5 | 102.3 |
| 森林工业 | Timber Industry | 100.3 | 99.9 | 99.7 |
| 食品工业 | Food Industry | 99.8 | 100.0 | 102.7 |
| 纺织工业 | Textile Industry | [illegible] | 102.9 | 101.4 |
| 缝纫工业 | Tailoring Industry | [illegible] | 100.3 | 100.3 |
| 皮革工业 | Leather Industry | [illegible] | 100.8 | 100.4 |
| 造纸工业 | Paper Industry | 100.3 | 103.2 | 106.7 |
| 文教艺术用品工业 | Cultural, Educational & Handicrafts Articals | 100.2 | 102.2 | 102.0 |
| 其他工业 | Other Industry | 100.5 | 100.9 | 100.4 |

# 3-12 工业生产者出厂价格月度指数
# Monthly Producer Price Indices for Industrial Products
## （2017年6月）

| 项　目 | Item | 环比 | 同比 | 1-6月平均 |
|---|---|---|---|---|
| **工业生产者出厂价格指数** | **Producer Price Indices for Industrial Products** | **99.8** | **106.1** | **108.8** |
| #轻工业 | Light Industry | 100.0 | 100.7 | 101.8 |
| 以农产品为原料 | Using Farm Products as Raw Materials | 99.9 | 100.1 | 102.1 |
| 以非农产品为原料 | Using Non-farm Products as Raw Materials | 100.1 | 101.7 | 101.3 |
| 重工业 | Heavy Industry | 99.7 | 107.6 | 110.7 |
| 采　掘 | Mining and Quarying Industry | 95.9 | 113.3 | 141.0 |
| 原　料 | Raw Materials Industry | 100.1 | 111.7 | 116.9 |
| 加　工 | Processing Industry | 100.3 | 105.4 | 104.8 |
| #生产资料 | Means of Production | 99.7 | 109.1 | 112.6 |
| 采　掘 | Mining and Quarying Industry | 95.9 | 113.3 | 141.0 |
| 原　料 | Raw Materials Industry | 100.0 | 111.7 | 117.1 |
| 加　工 | Processing Industry | 100.4 | 107.8 | 107.4 |
| 生活资料 | Consumer Goods | 99.9 | 97.6 | 98.2 |
| 食　品 | Food | 99.9 | 99.6 | 101.9 |
| 衣　着 | Clothing | 100.1 | 100.2 | 100.3 |
| 一般日用品 | Articles for Daily Use | 99.7 | 98.5 | 98.2 |
| 耐用消费品 | Durable Consumer Goods | 100.1 | 94.7 | 94.1 |
| **按工业部门分** | **By Industrial Sector** | | | |
| 冶金工业 | Metallurgical Industry | 100.8 | 120.2 | 121.6 |
| 电力工业 | Power Industry | 100.2 | 92.9 | 93.2 |
| 煤炭及炼焦工业 | Coal Industry | 102.2 | 129.2 | 126.3 |
| 石油工业 | Petroleum Industry | 95.1 | 105.0 | 132.3 |
| 化学工业 | Chemical Industry | 100.7 | 109.2 | 109.0 |
| 机械工业 | Mechine Building Industry | 100.0 | 98.5 | 97.8 |
| 建筑材料工业 | Building Materials Industry | 100.3 | 100.5 | 102.0 |
| 森林工业 | Timber Industry | 99.9 | 99.9 | 99.8 |
| 食品工业 | Food Industry | 99.7 | 99.6 | 102.2 |
| 纺织工业 | Textile Industry | 100.0 | 100.4 | 101.2 |
| 缝纫工业 | Tailoring Industry | 100.0 | 100.1 | 100.2 |
| 皮革工业 | Leather Industry | 100.4 | 101.2 | 100.6 |
| 造纸工业 | Paper Industry | 101.3 | 104.6 | 106.4 |
| 文教艺术用品工业 | Cultural, Educational & Handicrafts Articals | 99.8 | 102.1 | 102.0 |
| 其他工业 | Other Industry | 99.7 | 100.2 | 100.3 |

# 3-13 工业生产者出厂价格月度指数
# Monthly Producer Price Indices for Industrial Products
## (2017年7月)

| 项目 | Item | 环比 | 同比 | 1-7月平均 |
|---|---|---|---|---|
| **工业生产者出厂价格指数** | **Producer Price Indices for Industrial Products** | **100.6** | **106.7** | **108.5** |
| #轻工业 | Light Industry | 100.2 | 100.8 | 101.7 |
| 以农产品为原料 | Using Farm Products as Raw Materials | 100.5 | 100.4 | 101.9 |
| 以非农产品为原料 | Using Non-farm Products as Raw Materials | 99.9 | 101.6 | 101.4 |
| 重工业 | Heavy Industry | 100.7 | 108.3 | 110.3 |
| 采掘 | Mining and Quarying Industry | 99.1 | 113.5 | 136.5 |
| 原料 | Raw Materials Industry | 99.6 | 111.3 | 116.1 |
| 加工 | Processing Industry | 101.4 | 106.7 | 105.1 |
| #生产资料 | Means of Production | 100.8 | 109.9 | 112.2 |
| 采掘 | Mining and Quarying Industry | 99.1 | 113.5 | 136.5 |
| 原料 | Raw Materials Industry | 99.6 | 111.5 | 116.2 |
| 加工 | Processing Industry | 101.6 | 109.1 | 107.6 |
| 生活资料 | Consumer Goods | 100.0 | 97.7 | 98.1 |
| 食品 | Food | 100.3 | 99.8 | 101.6 |
| 衣着 | Clothing | 100.1 | 100.1 | 100.2 |
| 一般日用品 | Articles for Daily Use | 99.6 | 98.3 | 98.2 |
| 耐用消费品 | Durable Consumer Goods | 100.0 | 94.8 | 94.2 |
| **按工业部门分** | **By Industrial Sector** | | | |
| 冶金工业 | Metallurgical Industry | 102.8 | 122.9 | 121.8 |
| 电力工业 | Power Industry | 100.2 | 93.4 | 93.2 |
| 煤炭及炼焦工业 | Coal Industry | 101.5 | 138.7 | 128.0 |
| 石油工业 | Petroleum Industry | 97.5 | 102.0 | 127.3 |
| 化学工业 | Chemical Industry | 99.9 | 108.2 | 108.9 |
| 机械工业 | Mechine Building Industry | 100.2 | 98.9 | 98.0 |
| 建筑材料工业 | Building Materials Industry | 100.7 | 100.7 | 101.8 |
| 森林工业 | Timber Industry | 100.0 | 99.9 | 99.8 |
| 食品工业 | Food Industry | 100.3 | 99.6 | 101.8 |
| 纺织工业 | Textile Industry | 99.9 | 100.6 | 101.1 |
| 缝纫工业 | Tailoring Industry | 100.1 | 100.0 | 100.2 |
| 皮革工业 | Leather Industry | 100.3 | 101.5 | 100.7 |
| 造纸工业 | Paper Industry | 102.9 | 108.3 | 106.7 |
| 文教艺术用品工业 | Cultural, Educational & Handicrafts Articals | 99.8 | 101.4 | 101.9 |
| 其他工业 | Other Industry | 100.1 | 100.3 | 100.3 |

# 3-14 工业生产者出厂价格月度指数
# Monthly Producer Price Indices for Industrial Products
## (2017年8月)

| 项目 | Item | 环比 | 同比 | 1-8月平均 |
|---|---|---|---|---|
| **工业生产者出厂价格指数** | **Producer Price Indices for Industrial Products** | **101.9** | **108.4** | **108.5** |
| #轻工业 | Light Industry | 100.2 | 101.0 | 101.6 |
| 以农产品为原料 | Using Farm Products as Raw Materials | 100.4 | 100.6 | 101.7 |
| 以非农产品为原料 | Using Non-farm Products as Raw Materials | 99.8 | 101.5 | 101.4 |
| 重工业 | Heavy Industry | 102.4 | 110.4 | 110.3 |
| 采　掘 | Mining and Quarying Industry | 103.6 | 122.1 | 134.6 |
| 原　料 | Raw Materials Industry | 103.8 | 115.3 | 116.0 |
| 加　工 | Processing Industry | 101.6 | 107.2 | 105.4 |
| #生产资料 | Means of Production | 102.5 | 111.9 | 112.2 |
| 采　掘 | Mining and Quarying Industry | 103.6 | 122.1 | 134.6 |
| 原　料 | Raw Materials Industry | 103.9 | 115.5 | 116.1 |
| 加　工 | Processing Industry | 101.8 | 109.5 | 107.9 |
| 生活资料 | Consumer Goods | 100.1 | 98.3 | 98.2 |
| 食　品 | Food | 100.4 | 100.0 | 101.4 |
| 衣　着 | Clothing | 100.1 | 100.5 | 100.3 |
| 一般日用品 | Articles for Daily Use | 99.8 | 98.3 | 98.2 |
| 耐用消费品 | Durable Consumer Goods | 100.0 | 96.2 | 94.5 |
| **按工业部门分** | **By Industrial Sector** | | | |
| 冶金工业 | Metallurgical Industry | 104.9 | 124.3 | 122.1 |
| 电力工业 | Power Industry | 100.5 | 93.9 | 93.3 |
| 煤炭及炼焦工业 | Coal Industry | 98.4 | 132.5 | 128.5 |
| 石油工业 | Petroleum Industry | 105.5 | 113.7 | 125.5 |
| 化学工业 | Chemical Industry | 100.9 | 108.5 | 108.8 |
| 机械工业 | Mechine Building Industry | 100.0 | 99.2 | 98.1 |
| 建筑材料工业 | Building Materials Industry | 100.0 | 101.8 | 101.8 |
| 森林工业 | Timber Industry | 100.0 | 99.9 | 99.8 |
| 食品工业 | Food Industry | 100.4 | 99.9 | 101.6 |
| 纺织工业 | Textile Industry | 100.0 | 100.4 | 101.0 |
| 缝纫工业 | Tailoring Industry | 100.1 | 100.4 | 100.2 |
| 皮革工业 | Leather Industry | 100.1 | 101.6 | 100.8 |
| 造纸工业 | Paper Industry | 101.2 | 109.1 | 107.0 |
| 文教艺术用品工业 | Cultural, Educational & Handicrafts Articals | 99.6 | 100.9 | 101.8 |
| 其他工业 | Other Industry | 100.3 | 100.2 | 100.3 |

# 3-15 工业生产者出厂价格月度指数
## Monthly Producer Price Indices for Industrial Products
## (2017年9月)

| 项目 | Item | 环比 | 同比 | 1-9月平均 |
| --- | --- | --- | --- | --- |
| **工业生产者出厂价格指数** | **Producer Price Indices for Industrial Products** | **101.4** | **109.0** | **108.6** |
| #轻工业 | Light Industry | 101.0 | 101.8 | 101.6 |
| 以农产品为原料 | Using Farm Products as Raw Materials | 101.1 | 101.4 | 101.7 |
| 以非农产品为原料 | Using Non-farm Products as Raw Materials | 100.7 | 102.3 | 101.5 |
| 重工业 | Heavy Industry | 101.5 | 110.9 | 110.4 |
| 采掘 | Mining and Quarying Industry | 101.4 | 118.0 | 132.5 |
| 原料 | Raw Materials Industry | 102.9 | 116.8 | 116.1 |
| 加工 | Processing Industry | 101.0 | 108.0 | 105.7 |
| #生产资料 | Means of Production | 101.8 | 112.8 | 112.3 |
| 采掘 | Mining and Quarying Industry | 101.4 | 118.0 | 132.5 |
| 原料 | Raw Materials Industry | 102.7 | 116.8 | 116.2 |
| 加工 | Processing Industry | 101.5 | 110.8 | 108.2 |
| 生活资料 | Consumer Goods | 100.1 | 98.3 | 98.2 |
| 食品 | Food | 100.5 | 100.1 | 101.2 |
| 衣着 | Clothing | 100.0 | 100.6 | 100.3 |
| 一般日用品 | Articles for Daily Use | 100.1 | 98.1 | 98.2 |
| 耐用消费品 | Durable Consumer Goods | 99.7 | 96.0 | 94.6 |
| **按工业部门分** | **By Industrial Sector** | | | |
| 冶金工业 | Metallurgical Industry | 103.0 | 125.9 | 122.5 |
| 电力工业 | Power Industry | 100.2 | 96.7 | 93.7 |
| 煤炭及炼焦工业 | Coal Industry | 101.0 | 124.8 | 128.1 |
| 石油工业 | Petroleum Industry | 101.9 | 112.0 | 123.8 |
| 化学工业 | Chemical Industry | 102.5 | 110.4 | 109.0 |
| 机械工业 | Mechine Building Industry | 99.9 | 99.6 | 98.3 |
| 建筑材料工业 | Building Materials Industry | 99.6 | 100.8 | 101.7 |
| 森林工业 | Timber Industry | 100.0 | 99.9 | 99.8 |
| 食品工业 | Food Industry | 100.6 | 100.0 | 101.4 |
| 纺织工业 | Textile Industry | 100.0 | 100.5 | 101.0 |
| 缝纫工业 | Tailoring Industry | 100.0 | 100.5 | 100.3 |
| 皮革工业 | Leather Industry | 100.3 | 101.9 | 100.9 |
| 造纸工业 | Paper Industry | 109.2 | 117.8 | 108.2 |
| 文教艺术用品工业 | Cultural, Educational & Handicrafts Articals | 100.0 | 101.0 | 101.7 |
| 其他工业 | Other Industry | 99.5 | 99.3 | 100.2 |

# 3-16 工业生产者出厂价格月度指数
# Monthly Producer Price Indices for Industrial Products
## (2017年10月)

| 项　　目 | Item | 环比 | 同比 | 1-10月平均 |
|---|---|---|---|---|
| **工业生产者出厂价格指数** | **Producer Price Indices for Industrial Products** | **101.0** | **108.8** | **108.6** |
| #轻工业 | Light Industry | 100.2 | 101.0 | 101.6 |
| 以农产品为原料 | Using Farm Products as Raw Materials | 100.1 | 100.3 | 101.6 |
| 以非农产品为原料 | Using Non-farm Products as Raw Materials | 100.3 | 102.1 | 101.5 |
| 重工业 | Heavy Industry | 101.2 | 110.8 | 110.4 |
| 采　掘 | Mining and Quarying Industry | 105.5 | 116.6 | 130.6 |
| 原　料 | Raw Materials Industry | 101.6 | 117.1 | 116.2 |
| 加　工 | Processing Industry | 100.2 | 107.8 | 105.9 |
| #生产资料 | Means of Production | 101.5 | 112.8 | 112.3 |
| 采　掘 | Mining and Quarying Industry | 105.5 | 116.6 | 130.6 |
| 原　料 | Raw Materials Industry | 101.8 | 117.0 | 116.3 |
| 加　工 | Processing Industry | 100.6 | 110.8 | 108.5 |
| 生活资料 | Consumer Goods | 99.5 | 97.3 | 98.1 |
| 食　品 | Food | 99.5 | 98.1 | 100.9 |
| 衣　着 | Clothing | 100.0 | 100.4 | 100.3 |
| 一般日用品 | Articles for Daily Use | 100.0 | 98.0 | 98.2 |
| 耐用消费品 | Durable Consumer Goods | 99.1 | 95.6 | 94.7 |
| **按工业部门分** | **By Industrial Sector** | | | |
| 冶金工业 | Metallurgical Industry | 100.7 | 125.1 | 122.8 |
| 电力工业 | Power Industry | 100.0 | 100.8 | 94.3 |
| 煤炭及炼焦工业 | Coal Industry | 100.1 | 118.5 | 127.1 |
| 石油工业 | Petroleum Industry | 106.2 | 113.0 | 122.6 |
| 化学工业 | Chemical Industry | 102.2 | 110.9 | 109.2 |
| 机械工业 | Mechine Building Industry | 99.7 | 99.3 | 98.4 |
| 建筑材料工业 | Building Materials Industry | 100.0 | 100.1 | 101.5 |
| 森林工业 | Timber Industry | 100.0 | 99.9 | 99.8 |
| 食品工业 | Food Industry | 99.5 | 98.0 | 101.0 |
| 纺织工业 | Textile Industry | 100.1 | 100.5 | 100.9 |
| 缝纫工业 | Tailoring Industry | 99.9 | 100.4 | 100.3 |
| 皮革工业 | Leather Industry | 100.3 | 101.8 | 101.0 |
| 造纸工业 | Paper Industry | 105.5 | 125.5 | 109.9 |
| 文教艺术用品工业 | Cultural, Educational & Handicrafts Articals | 100.4 | 101.0 | 101.7 |
| 其他工业 | Other Industry | 100.6 | 100.0 | 100.2 |

# 3-17 工业生产者出厂价格月度指数
# Monthly Producer Price Indices for Industrial Products
## (2017年11月)

| 项　目 | Item | 环比 | 同比 | 1-11月平均 |
|---|---|---|---|---|
| **工业生产者出厂价格指数** | **Producer Price Indices for Industrial Products** | **100.9** | **108.2** | **108.5** |
| #轻工业 | Light Industry | 99.7 | 100.4 | 101.5 |
| 以农产品为原料 | Using Farm Products as Raw Materials | 99.6 | 99.5 | 101.4 |
| 以非农产品为原料 | Using Non-farm Products as Raw Materials | 99.9 | 101.8 | 101.6 |
| 重工业 | Heavy Industry | 101.2 | 110.1 | 110.4 |
| 采　掘 | Mining and Quarying Industry | 104.2 | 120.0 | 129.5 |
| 原　料 | Raw Materials Industry | 102.6 | 116.3 | 116.2 |
| 加　工 | Processing Industry | 100.1 | 106.4 | 105.9 |
| #生产资料 | Means of Production | 101.3 | 112.0 | 112.3 |
| 采　掘 | Mining and Quarying Industry | 104.2 | 120.0 | 129.5 |
| 原　料 | Raw Materials Industry | 102.7 | 116.7 | 116.3 |
| 加　工 | Processing Industry | 100.2 | 109.1 | 108.5 |
| 生活资料 | Consumer Goods | 99.7 | 96.8 | 98.0 |
| 食　品 | Food | 99.9 | 97.4 | 100.6 |
| 衣　着 | Clothing | 100.0 | 100.4 | 100.3 |
| 一般日用品 | Articles for Daily Use | 100.2 | 98.4 | 98.2 |
| 耐用消费品 | Durable Consumer Goods | 99.3 | 94.8 | 94.7 |
| **按工业部门分** | **By Industrial Sector** | | | |
| 冶金工业 | Metallurgical Industry | 100.8 | 121.3 | 122.7 |
| 电力工业 | Power Industry | 100.0 | 100.6 | 94.9 |
| 煤炭及炼焦工业 | Coal Industry | 98.6 | 105.4 | 124.7 |
| 石油工业 | Petroleum Industry | 105.4 | 120.7 | 122.4 |
| 化学工业 | Chemical Industry | 102.1 | 110.4 | 109.3 |
| 机械工业 | Mechine Building Industry | 99.9 | 99.1 | 98.5 |
| 建筑材料工业 | Building Materials Industry | 100.2 | 98.0 | 101.2 |
| 森林工业 | Timber Industry | 100.0 | 99.9 | 99.8 |
| 食品工业 | Food Industry | 99.9 | 97.3 | 100.7 |
| 纺织工业 | Textile Industry | 99.9 | 100.5 | 100.9 |
| 缝纫工业 | Tailoring Industry | 100.0 | 100.4 | 100.3 |
| 皮革工业 | Leather Industry | 100.4 | 100.9 | 101.0 |
| 造纸工业 | Paper Industry | 96.3 | 120.9 | 110.9 |
| 文教艺术用品工业 | Cultural, Educational & Handicrafts Articals | 99.4 | 99.7 | 101.5 |
| 其他工业 | Other Industry | 100.0 | 100.4 | 100.2 |

# 3-18 工业生产者出厂价格月度指数
# Monthly Producer Price Indices for Industrial Products
## (2017年12月)

| 项 目 | Item | 环比 | 同比 | 1-12月平均 |
|---|---|---|---|---|
| **工业生产者出厂价格指数** | **Producer Price Indices for Industrial Products** | **100.8** | **106.5** | **108.4** |
| #轻工业 | Light Industry | 99.1 | 98.8 | 101.2 |
| 以农产品为原料 | Using Farm Products as Raw Materials | 98.5 | 97.1 | 101.0 |
| 以非农产品为原料 | Using Non-farm Products as Raw Materials | 100.0 | 101.4 | 101.6 |
| 重工业 | Heavy Industry | 101.2 | 108.3 | 110.2 |
| 采 掘 | Mining and Quarying Industry | 102.7 | 111.8 | 127.7 |
| 原 料 | Raw Materials Industry | 102.4 | 115.9 | 116.2 |
| 加 工 | Processing Industry | 100.5 | 105.0 | 105.9 |
| #生产资料 | Means of Production | 101.1 | 109.4 | 112.0 |
| 采 掘 | Mining and Quarying Industry | 102.7 | 111.8 | 127.7 |
| 原 料 | Raw Materials Industry | 102.0 | 115.6 | 116.3 |
| 加 工 | Processing Industry | 100.4 | 106.9 | 108.4 |
| 生活资料 | Consumer Goods | 100.0 | 97.2 | 97.9 |
| 食 品 | Food | 98.7 | 95.6 | 100.2 |
| 衣 着 | Clothing | 100.0 | 100.4 | 100.3 |
| 一般日用品 | Articles for Daily Use | 102.3 | 101.3 | 98.5 |
| 耐用消费品 | Durable Consumer Goods | 100.3 | 96.4 | 94.9 |
| **按工业部门分** | **By Industrial Sector** | | | |
| 冶金工业 | Metallurgical Industry | 101.3 | 117.0 | 122.1 |
| 电力工业 | Power Industry | 100.0 | 101.0 | 95.4 |
| 煤炭及炼焦工业 | Coal Industry | 101.3 | 105.1 | 122.8 |
| 石油工业 | Petroleum Industry | 103.5 | 114.2 | 121.6 |
| 化学工业 | Chemical Industry | 101.6 | 110.4 | 109.4 |
| 机械工业 | Mechine Building Industry | 100.0 | 99.3 | 98.5 |
| 建筑材料工业 | Building Materials Industry | 100.8 | 98.1 | 100.9 |
| 森林工业 | Timber Industry | 99.9 | 99.9 | 99.8 |
| 食品工业 | Food Industry | 98.7 | 95.4 | 100.2 |
| 纺织工业 | Textile Industry | 100.3 | 100.8 | 100.9 |
| 缝纫工业 | Tailoring Industry | 100.0 | 100.3 | 100.3 |
| 皮革工业 | Leather Industry | 100.5 | 102.5 | 101.1 |
| 造纸工业 | Paper Industry | 92.8 | 106.6 | 110.5 |
| 文教艺术用品工业 | Cultural, Educational & Handicrafts Articals | 100.0 | 99.5 | 101.3 |
| 其他工业 | Other Industry | 100.0 | 100.7 | 100.2 |

# 3-19 工业生产者购进价格指数
# Purchasing Price Indices for Industrial Producers
# (2013-2017)

(上年=100) (Preceding Year=100)

| 项 目 | Item | 2013 | 2014 | 2015 | 2016 | 2017 |
|---|---|---|---|---|---|---|
| **工业生产者购进价格指数** | **Purchasing Price Indices for Industrial Producers** | **97.4** | **97.1** | **92.4** | **98.3** | **111.1** |
| 燃料、动力类 | Fuels and Power | 95.9 | 97.0 | 81.7 | 93.2 | 117.2 |
| 黑色金属材料类 | Ferrous Metals | 95.7 | 93.8 | 86.3 | 102.4 | 123.6 |
| #钢 材 | Rolled-Steel | 96.5 | 97.0 | 89.8 | 104.0 | 125.2 |
| 其 它 | Others | 94.3 | 88.9 | 80.6 | 99.7 | 120.9 |
| 有色金属材料和电线类 | Nonferrous Metals | 95.0 | 95.2 | 94.6 | 98.4 | 119.0 |
| 化工原料类 | Raw Chemical Materials | 97.9 | 99.0 | 93.1 | 98.0 | 108.7 |
| 木材及纸浆类 | Timber and Paper Pulp | 97.3 | 100.4 | 98.7 | 98.2 | 102.6 |
| 建筑材料及非金属矿类 | Building Materials | 97.7 | 96.9 | 93.9 | 92.3 | 120.3 |
| 其他工业原材料及半成品类 | Other Industrical Raw Materials and Semi-products | 97.9 | 97.4 | 96.9 | 99.0 | 104.3 |
| 农副产品类 | Agricultural Products | 97.8 | 97.9 | 94.1 | 102.7 | 99.6 |
| 纺织原料类 | Textile Materials | 101.4 | 99.6 | 99.7 | 99.5 | 104.9 |

# 3-20 工业生产者购进价格月度指数
# Monthly Purchasing Price Indices for Industrial Producers
# (2017年1月)

| 项 目 | Item | 环比 | 同比 | 1-1月平均 |
|---|---|---|---|---|
| **工业生产者购进价格指数** | **Purchasing Price Indices for Industrial Producers** | **101.6** | **111.9** | **111.9** |
| 燃料、动力类 | Fuels and Power | 103.1 | 120.2 | 120.2 |
| 黑色金属材料类 | Ferrous Metals | 103.0 | 128.8 | 128.8 |
| #钢 材 | Rolled-Steel | 103.3 | 130.9 | 130.9 |
| 其 它 | Others | 102.5 | 125.3 | 125.3 |
| 有色金属材料和电线类 | Nonferrous Metals | 100.2 | 120.1 | 120.1 |
| 化工原料类 | Raw Chemical Materials | 102.1 | 109.4 | 109.4 |
| 木材及纸浆类 | Timber and Paper Pulp | 100.1 | 99.6 | 99.6 |
| 建筑材料及非金属矿类 | Building Materials | 100.5 | 99.3 | 99.3 |
| 其他工业原材料及半成品类 | Other Industrical Raw Materials and Semi-products | 100.8 | 104.3 | 104.3 |
| 农副产品类 | Agricultural Products | 99.2 | 103.8 | 103.8 |
| 纺织原料类 | Textile Materials | 101.1 | 103.9 | 103.9 |

# 3-21 工业生产者购进价格月度指数
# Monthly Purchasing Price Indices for Industrial Producers
## (2017年2月)

| 项　　目 | Item | 环比 | 同比 | 1-2月平均 |
|---|---|---|---|---|
| **工业生产者购进价格指数** | **Purchasing Price Indices for Industrial Producers** | **100.9** | **113.9** | **112.9** |
| 燃料、动力类 | Fuels and Power | 102.5 | 128.4 | 124.2 |
| 黑色金属材料类 | Ferrous Metals | 101.0 | 129.6 | 129.2 |
| #钢　　材 | Rolled-Steel | 101.3 | 131.7 | 131.3 |
| 其　　它 | Others | 100.5 | 125.9 | 125.6 |
| 有色金属材料和电线类 | Nonferrous Metals | 101.7 | 123.3 | 121.7 |
| 化工原料类 | Raw Chemical Materials | 101.5 | 111.2 | 110.3 |
| 木材及纸浆类 | Timber and Paper Pulp | 100.3 | 100.5 | 100.1 |
| 建筑材料及非金属矿类 | Building Materials | 100.0 | 99.6 | 99.5 |
| 其他工业原材料及半成品类 | Other Industrial Raw Materials and Semi-products | 99.7 | 104.1 | 104.2 |
| 农副产品类 | Agricultural Products | 102.5 | 108.3 | 106.1 |
| 纺织原料类 | Textile Materials | 100.2 | 104.4 | 104.1 |

# 3-22 工业生产者购进价格月度指数
# Monthly Purchasing Price Indices for Industrial Producers
## (2017年3月)

| 项　　目 | Item | 环比 | 同比 | 1-3月平均 |
|---|---|---|---|---|
| **工业生产者购进价格指数** | **Purchasing Price Indices for Industrial Producers** | **100.8** | **113.7** | **113.1** |
| 燃料、动力类 | Fuels and Power | 100.4 | 126.4 | 125.0 |
| 黑色金属材料类 | Ferrous Metals | 101.8 | 129.0 | 129.1 |
| #钢　　材 | Rolled-Steel | 102.1 | 130.4 | 131.0 |
| 其　　它 | Others | 101.4 | 126.6 | 126.0 |
| 有色金属材料和电线类 | Nonferrous Metals | 100.7 | 122.1 | 121.8 |
| 化工原料类 | Raw Chemical Materials | 100.7 | 110.4 | 110.3 |
| 木材及纸浆类 | Timber and Paper Pulp | 100.3 | 100.6 | 100.3 |
| 建筑材料及非金属矿类 | Building Materials | 100.1 | 100.6 | 99.8 |
| 其他工业原材料及半成品类 | Other Industrial Raw Materials and Semi-products | 100.7 | 104.8 | 104.4 |
| 农副产品类 | Agricultural Products | 100.3 | 108.6 | 106.9 |
| 纺织原料类 | Textile Materials | 100.3 | 105.1 | 104.5 |

# 3-23 工业生产者购进价格月度指数
## Monthly Purchasing Price Indices for Industrial Producers
## (2017年4月)

| 项 目 | Item | 环比 | 同比 | 1-4月平均 |
|---|---|---|---|---|
| **工业生产者购进价格指数** | **Purchasing Price Indices for Industrial Producers** | **99.4** | **111.3** | **112.7** |
| 燃料、动力类 | Fuels and Power | 98.7 | 121.0 | 123.9 |
| 黑色金属材料类 | Ferrous Metals | 99.0 | 121.7 | 127.2 |
| #钢 材 | Rolled-Steel | 98.7 | 121.8 | 128.5 |
| 其 它 | Others | 99.5 | 121.5 | 124.8 |
| 有色金属材料和电线类 | Nonferrous Metals | 99.2 | 119.4 | 121.2 |
| 化工原料类 | Raw Chemical Materials | 99.8 | 109.1 | 110.0 |
| 木材及纸浆类 | Timber and Paper Pulp | 99.6 | 100.4 | 100.3 |
| 建筑材料及非金属矿类 | Building Materials | 100.7 | 104.1 | 100.9 |
| 其他工业原材料及半成品类 | Other Industrical Raw Materials and Semi-products | 99.7 | 104.1 | 104.3 |
| 农副产品类 | Agricultural Products | 98.7 | 107.7 | 107.1 |
| 纺织原料类 | Textile Materials | 100.3 | 105.8 | 104.8 |

# 3-24 工业生产者购进价格月度指数
## Monthly Purchasing Price Indices for Industrial Producers
## (2017年5月)

| 项 目 | Item | 环比 | 同比 | 1-5月平均 |
|---|---|---|---|---|
| **工业生产者购进价格指数** | **Purchasing Price Indices for Industrial Producers** | **99.6** | **109.9** | **112.1** |
| 燃料、动力类 | Fuels and Power | 100.3 | 119.3 | 123.0 |
| 黑色金属材料类 | Ferrous Metals | 99.3 | 117.8 | 125.2 |
| #钢 材 | Rolled-Steel | 100.0 | 119.9 | 126.7 |
| 其 它 | Others | 98.0 | 114.2 | 122.5 |
| 有色金属材料和电线类 | Nonferrous Metals | 99.6 | 117.3 | 120.4 |
| 化工原料类 | Raw Chemical Materials | 98.9 | 107.7 | 109.5 |
| 木材及纸浆类 | Timber and Paper Pulp | 100.3 | 100.7 | 100.4 |
| 建筑材料及非金属矿类 | Building Materials | 100.2 | 105.0 | 101.7 |
| 其他工业原材料及半成品类 | Other Industrical Raw Materials and Semi-products | 99.3 | 103.7 | 104.2 |
| 农副产品类 | Agricultural Products | 97.4 | 104.6 | 106.6 |
| 纺织原料类 | Textile Materials | 100.2 | 105.6 | 105.0 |

# 3-25 工业生产者购进价格月度指数
## Monthly Purchasing Price Indices for Industrial Producers
## (2017年6月)

| 项　　目 | Item | 环比 | 同比 | 1-6月平均 |
|---|---|---|---|---|
| **工业生产者购进价格指数** | **Purchasing Price Indices for Industrial Producers** | **99.7** | **109.3** | **111.6** |
| 燃料、动力类 | Fuels and Power | 98.6 | 113.9 | 121.4 |
| 黑色金属材料类 | Ferrous Metals | 99.4 | 118.2 | 124.0 |
| #钢　　材 | Rolled-Steel | 99.9 | 120.9 | 125.7 |
| 其　　它 | Others | 98.4 | 113.5 | 121.0 |
| 有色金属材料和电线类 | Nonferrous Metals | 99.7 | 118.7 | 120.1 |
| 化工原料类 | Raw Chemical Materials | 99.7 | 108.1 | 109.3 |
| 木材及纸浆类 | Timber and Paper Pulp | 100.3 | 100.9 | 100.5 |
| 建筑材料及非金属矿类 | Building Materials | 104.6 | 109.0 | 102.9 |
| 其他工业原材料及半成品类 | Other Industrial Raw Materials and Semi-products | 100.2 | 104.1 | 104.2 |
| 农副产品类 | Agricultural Products | 98.9 | 100.8 | 105.6 |
| 纺织原料类 | Textile Materials | 100.7 | 106.5 | 105.2 |

# 3-26 工业生产者购进价格月度指数
## Monthly Purchasing Price Indices for Industrial Producers
## (2017年7月)

| 项　　目 | Item | 环比 | 同比 | 1-7月平均 |
|---|---|---|---|---|
| **工业生产者购进价格指数** | **Purchasing Price Indices for Industrial Producers** | **100.5** | **109.0** | **111.3** |
| 燃料、动力类 | Fuels and Power | 98.6 | 110.0 | 119.6 |
| 黑色金属材料类 | Ferrous Metals | 101.3 | 120.0 | 123.4 |
| #钢　　材 | Rolled-Steel | 101.8 | 123.2 | 125.3 |
| 其　　它 | Others | 100.4 | 114.6 | 120.0 |
| 有色金属材料和电线类 | Nonferrous Metals | 101.5 | 118.4 | 119.9 |
| 化工原料类 | Raw Chemical Materials | 100.1 | 106.9 | 109.0 |
| 木材及纸浆类 | Timber and Paper Pulp | 100.4 | 101.2 | 100.6 |
| 建筑材料及非金属矿类 | Building Materials | 115.7 | 129.6 | 106.5 |
| 其他工业原材料及半成品类 | Other Industrial Raw Materials and Semi-products | 100.3 | 104.0 | 104.2 |
| 农副产品类 | Agricultural Products | 99.7 | 96.9 | 104.3 |
| 纺织原料类 | Textile Materials | 99.7 | 105.9 | 105.3 |

# 3-27 工业生产者购进价格月度指数
## Monthly Purchasing Price Indices for Industrial Producers
## (2017年8月)

| 项目 | Item | 环比 | 同比 | 1-8月平均 |
|---|---|---|---|---|
| **工业生产者购进价格指数** | **Purchasing Price Indices for Industrial Producers** | **101.6** | **110.4** | **111.1** |
| 燃料、动力类 | Fuels and Power | 101.4 | 113.1 | 118.8 |
| 黑色金属材料类 | Ferrous Metals | 105.3 | 123.3 | 123.4 |
| #钢材 | Rolled-Steel | 104.1 | 125.3 | 125.3 |
| 其它 | Others | 107.3 | 119.9 | 120.0 |
| 有色金属材料和电线类 | Nonferrous Metals | 102.4 | 119.0 | 119.8 |
| 化工原料类 | Raw Chemical Materials | 100.3 | 107.5 | 108.8 |
| 木材及纸浆类 | Timber and Paper Pulp | 100.4 | 101.2 | 100.6 |
| 建筑材料及非金属矿类 | Building Materials | 107.2 | 138.0 | 110.4 |
| 其他工业原材料及半成品类 | Other Industrical Raw Materials and Semi-products | 100.7 | 104.4 | 104.2 |
| 农副产品类 | Agricultural Products | 95.9 | 93.3 | 102.9 |
| 纺织原料类 | Textile Materials | 99.7 | 105.3 | 105.3 |

# 3-28 工业生产者购进价格月度指数
## Monthly Purchasing Price Indices for Industrial Producers
## (2017年9月)

| 项目 | Item | 环比 | 同比 | 1-9月平均 |
|---|---|---|---|---|
| **工业生产者购进价格指数** | **Purchasing Price Indices for Industrial Producers** | **101.7** | **111.7** | **111.2** |
| 燃料、动力类 | Fuels and Power | 102.2 | 114.3 | 118.3 |
| 黑色金属材料类 | Ferrous Metals | 103.9 | 125.8 | 123.7 |
| #钢材 | Rolled-Steel | 103.0 | 127.5 | 125.6 |
| 其它 | Others | 105.6 | 123.0 | 120.4 |
| 有色金属材料和电线类 | Nonferrous Metals | 102.0 | 122.0 | 120.0 |
| 化工原料类 | Raw Chemical Materials | 101.5 | 108.3 | 108.7 |
| 木材及纸浆类 | Timber and Paper Pulp | 102.9 | 105.8 | 101.2 |
| 建筑材料及非金属矿类 | Building Materials | 105.1 | 144.0 | 114.1 |
| 其他工业原材料及半成品类 | Other Industrical Raw Materials and Semi-products | 100.3 | 104.8 | 104.2 |
| 农副产品类 | Agricultural Products | 99.8 | 92.8 | 101.7 |
| 纺织原料类 | Textile Materials | 101.0 | 106.2 | 105.4 |

# 3-29 工业生产者购进价格月度指数
# Monthly Purchasing Price Indices for Industrial Producers
## (2017年10月)

| 项　　目 | Item | 环比 | 同比 | 1-10月平均 |
|---|---|---|---|---|
| **工业生产者购进价格指数** | **Purchasing Price Indices for Industrial Producers** | **101.4** | **112.4** | **111.3** |
| 燃料、动力类 | Fuels and Power | 103.5 | 115.9 | 118.0 |
| 黑色金属材料类 | Ferrous Metals | 101.5 | 126.9 | 124.0 |
| #钢　　材 | Rolled-Steel | 101.0 | 127.1 | 125.7 |
| 其　　它 | Others | 102.3 | 126.7 | 121.0 |
| 有色金属材料和电线类 | Nonferrous Metals | 101.2 | 122.1 | 120.2 |
| 化工原料类 | Raw Chemical Materials | 100.8 | 108.2 | 108.7 |
| 木材及纸浆类 | Timber and Paper Pulp | 100.3 | 106.2 | 101.7 |
| 建筑材料及非金属矿类 | Building Materials | 99.1 | 140.0 | 116.7 |
| 其他工业原材料及半成品类 | Other Industrial Raw Materials and Semi-products | 100.8 | 105.5 | 104.4 |
| 农副产品类 | Agricultural Products | 100.0 | 94.3 | 101.0 |
| 纺织原料类 | Textile Materials | 100.2 | 103.6 | 105.2 |

# 3-30 工业生产者购进价格月度指数
# Monthly Purchasing Price Indices for Industrial Producers
## (2017年11月)

| 项　　目 | Item | 环比 | 同比 | 1-11月平均 |
|---|---|---|---|---|
| **工业生产者购进价格指数** | **Purchasing Price Indices for Industrial Producers** | **100.7** | **110.9** | **111.3** |
| 燃料、动力类 | Fuels and Power | 101.3 | 113.3 | 117.5 |
| 黑色金属材料类 | Ferrous Metals | 101.4 | 123.9 | 124.0 |
| #钢　　材 | Rolled-Steel | 102.2 | 125.7 | 125.7 |
| 其　　它 | Others | 99.9 | 120.7 | 121.0 |
| 有色金属材料和电线类 | Nonferrous Metals | 101.7 | 118.3 | 120.0 |
| 化工原料类 | Raw Chemical Materials | 101.2 | 108.6 | 108.7 |
| 木材及纸浆类 | Timber and Paper Pulp | 101.1 | 108.0 | 102.3 |
| 建筑材料及非金属矿类 | Building Materials | 100.3 | 137.5 | 118.6 |
| 其他工业原材料及半成品类 | Other Industrial Raw Materials and Semi-products | 100.0 | 104.6 | 104.4 |
| 农副产品类 | Agricultural Products | 99.5 | 93.2 | 100.2 |
| 纺织原料类 | Textile Materials | 99.7 | 103.4 | 105.0 |

## 3-31 工业生产者购进价格月度指数
## Monthly Purchasing Price Indices for Industrial Producers
## （2017年12月）

| 项　　目 | Item | 环比 | 同比 | 1-12月平均 |
|---|---|---|---|---|
| **工业生产者购进价格指数** | **Purchasing Price Indices for Industrial Producers** | **100.9** | **109.3** | **111.1** |
| 燃料、动力类 | Fuels and Power | 102.4 | 113.7 | 117.2 |
| 黑色金属材料类 | Ferrous Metals | 101.7 | 119.9 | 123.6 |
| #钢　　材 | Rolled-Steel | 100.9 | 119.8 | 125.2 |
| 其　　它 | Others | 103.0 | 119.9 | 120.9 |
| 有色金属材料和电线类 | Nonferrous Metals | 99.0 | 109.1 | 119.0 |
| 化工原料类 | Raw Chemical Materials | 101.6 | 108.5 | 108.7 |
| 木材及纸浆类 | Timber and Paper Pulp | 99.6 | 105.7 | 102.6 |
| 建筑材料及非金属矿类 | Building Materials | 100.4 | 138.3 | 120.3 |
| 其他工业原材料及半成品类 | Other Industrial Raw Materials and Semi-products | 99.9 | 103.0 | 104.3 |
| 农副产品类 | Agricultural Products | 101.0 | 93.1 | 99.6 |
| 纺织原料类 | Textile Materials | 99.9 | 103.0 | 104.9 |

## 3-32 固定资产投资价格指数
## Price Indices of Investment in Fixed Assets
## (2013-2017)

(上年=100) (Preceding Year=100)

| 项　　目 | Item | 2013 | 2014 | 2015 | 2016 | 2017 |
|---|---|---|---|---|---|---|
| **固定资产投资价格指数** | **Price Indices of Investment in Fixed Assets** | **99.5** | **100.5** | **99.9** | **99.4** | **104.3** |
| 建筑安装、装饰工程 | Construction and Installation | 99.3 | 100.5 | 99.6 | 98.9 | 106.6 |
| #人工费 | Labour Cost | 107.9 | 106.7 | 105.4 | 102.4 | 103.5 |
| 材料费 | Material Expenses | 97.0 | 98.7 | 98.1 | 97.9 | 108.2 |
| 机械费 | Machine | 102.1 | 101.8 | 100.2 | 99.6 | 100.8 |
| 设备工器具购置 | Pruchase of Equipment, Tools and Instruments | 98.8 | 99.3 | 99.3 | 98.8 | 100.5 |
| 其他费用 | Others | 100.6 | 101.6 | 101.2 | 101.2 | 100.7 |

# 3-33 住宅销售价格指数
# Housing Price Indices of Residential Buildings
## (2017年1-12月)

(上年同月=100) (same month of preceding year=100)

| 项 目 | Item | 1月 | 2月 | 3月 | 4月 | 5月 | 6月 |
|---|---|---|---|---|---|---|---|
| **新建住宅** | **Newly Construsted Residential Buildings** | **123.2** | **122.7** | **120.5** | **117.3** | **114.7** | **112.3** |
| 新建商品住宅 | Newly Construsted Commercial Residential Buildings | 124.4 | 123.9 | 121.5 | 118.1 | 115.5 | 112.9 |
| 90平方米以下 | $90m^2$ and below | 128.7 | 128.6 | 125.9 | 121.1 | 117.8 | 115.1 |
| 90-144平方米 | 90-144$m^2$ | 125.1 | 124.5 | 121.5 | 118.0 | 115.8 | 112.9 |
| 144平方米以上 | Above $144m^2$ | 120.3 | 119.6 | 118.4 | 116.2 | 113.1 | 111.3 |
| **二手住宅** | **Second-Hand Residential Buildings** | **123.9** | **122.8** | **121.9** | **119.9** | **117.1** | **115.0** |
| 90平方米以下 | $90m^2$ and below | 126.8 | 125.6 | 124.7 | 121.2 | 119.0 | 115.2 |
| 90-144平方米 | 90-144$m^2$ | 123.4 | 122.3 | 121.1 | 120.6 | 117.0 | 115.8 |
| 144平方米以上 | Above $144m^2$ | 116.7 | 116.3 | 115.6 | 114.0 | 111.5 | 111.8 |

3-33 续表 continued

(上年同月=100) (same month of preceding year=100)

| 项 目 | Item | 7月 | 8月 | 9月 | 10月 | 11月 | 12月 |
|---|---|---|---|---|---|---|---|
| **新建住宅** | **Newly Construsted Residential Buildings** | **109.7** | **105.9** | **101.8** | **100.6** | **99.9** | **100.2** |
| 新建商品住宅 | Newly Construsted Commercial Residential Buildings | 110.1 | 106.2 | 101.8 | 100.6 | 99.8 | 100.1 |
| 90平方米以下 | $90m^2$ and below | 111.9 | 107.9 | 104.2 | 102.4 | 101.4 | 100.5 |
| 90-144平方米 | 90-144$m^2$ | 109.7 | 105.6 | 101.2 | 100.1 | 99.5 | 99.5 |
| 144平方米以上 | Above $144m^2$ | 109.6 | 105.8 | 101.3 | 100.2 | 99.4 | 101.1 |
| **二手住宅** | **Second-Hand Residential Buildings** | **111.9** | **106.9** | **102.4** | **100.9** | **100.0** | **99.7** |
| 90平方米以下 | $90m^2$ and below | 111.6 | 105.8 | 101.1 | 99.8 | 99.2 | 98.9 |
| 90-144平方米 | 90-144$m^2$ | 113.3 | 108.2 | 103.7 | 101.6 | 100.6 | 100.4 |
| 144平方米以上 | Above $144m^2$ | 109.1 | 106.9 | 103.0 | 102.3 | 101.0 | 100.3 |

# 3-34 各省(区、市)工业生产者出厂价格指数
# Producer Price Indices for Industrial Products by Region (2013-2017)

(上年=100) (Preceding Year=100)

| 地 区 | Region | 2013 | 2014 | 2015 | 2016 | 2017 |
|---|---|---|---|---|---|---|
| **全 国** | **National** | **98.1** | **98.1** | **94.8** | **98.6** | **106.3** |
| 北 京 | Beijing | 97.4 | 99.1 | 96.9 | 98.1 | 100.7 |
| 天 津 | Tianjin | 97.0 | 96.3 | 90.3 | 97.9 | 108.4 |
| 河 北 | Hebei | 96.6 | 95.2 | 89.1 | 99.9 | 115.0 |
| 山 西 | Shanxi | 90.7 | 91.4 | 87.7 | 96.8 | 119.4 |
| 内蒙古 | Inner Mongolia | 97.0 | 97.3 | 94.0 | 98.9 | 110.6 |
| 辽 宁 | Liaoning | 99.0 | 98.2 | 93.9 | 98.8 | 108.1 |
| 吉 林 | Jilin | 98.7 | 99.1 | 95.3 | 98.4 | 103.1 |
| 黑龙江 | Heilongjiang | 98.0 | 97.1 | 86.0 | 95.1 | 109.3 |
| 上 海 | Shanghai | 98.2 | 98.9 | 96.1 | 98.8 | 103.5 |
| 江 苏 | Jiangsu | 98.0 | 98.3 | 95.3 | 98.1 | 104.8 |
| 浙 江 | Zhejiang | 98.2 | 98.8 | 96.4 | 98.3 | 104.8 |
| 安 徽 | Anhui | 98.2 | 97.4 | 93.9 | 98.5 | 108.0 |
| 福 建 | Fujian | 98.4 | 98.6 | 97.0 | 99.1 | 104.1 |
| 江 西 | Jiangxi | 98.5 | 97.8 | 93.7 | 98.6 | 107.9 |
| 山 东 | Shandong | 98.4 | 98.4 | 95.2 | 98.5 | 105.5 |
| 河 南 | Henan | 98.5 | 98.1 | 95.4 | 99.0 | 106.8 |
| 湖 北 | Hubei | 99.2 | 98.4 | 96.7 | 99.0 | 105.6 |
| 湖 南 | Hunan | 98.5 | 98.4 | 96.3 | 98.9 | 105.8 |
| 广 东 | Guangdong | 98.8 | 98.9 | 96.8 | 99.4 | 103.3 |
| 广 西 | Guangxi | 98.2 | 98.4 | 97.0 | 99.1 | 107.6 |
| 海 南 | Hainan | 99.5 | 97.6 | 89.8 | 96.0 | 108.8 |
| 重 庆 | Chongqing | 98.0 | 98.3 | 97.2 | 98.6 | 104.1 |
| 四 川 | Sichuan | 98.7 | 98.7 | 96.4 | 98.9 | 106.5 |
| 贵 州 | Guizhou | 97.4 | 98.3 | 96.1 | 97.9 | 107.2 |
| 云 南 | Yunnan | 97.5 | 97.8 | 94.9 | 97.6 | 105.2 |
| 西 藏 | Tibet | 99.8 | 99.0 | 93.2 | 102.9 | 110.0 |
| 陕 西 | Shaanxi | 97.3 | 97.1 | 90.8 | 97.6 | 110.8 |
| 甘 肃 | Gansu | 96.9 | 96.7 | 87.0 | 94.9 | 114.5 |
| 青 海 | Qinghai | 97.0 | 96.1 | 93.1 | 98.5 | 116.7 |
| 宁 夏 | Ningxia | 96.0 | 96.3 | 93.7 | 99.1 | 112.1 |
| 新 疆 | Xinjiang | 96.5 | 96.2 | 82.4 | 94.5 | 113.7 |

# 3-35 各省(区、市)工业生产者购进价格指数
# Purchasing Price Indices for Industrial Producers by Region (2013-2017)

(上年=100) (Preceding Year=100)

| 地区 | Region | 2013 | 2014 | 2015 | 2016 | 2017 |
|---|---|---|---|---|---|---|
| **全国** | **National** | **98.0** | **97.8** | **93.9** | **98.0** | **108.1** |
| 北京 | Beijing | 97.8 | 98.8 | 93.7 | 98.5 | 104.4 |
| 天津 | Tianjin | 97.4 | 97.1 | 92.4 | 98.3 | 111.1 |
| 河北 | Hebei | 97.6 | 95.6 | 90.3 | 98.3 | 114.5 |
| 山西 | Shanxi | 95.5 | 96.2 | 93.1 | 98.1 | 115.2 |
| 内蒙古 | Inner Mongolia | 99.3 | 98.4 | 95.9 | 97.4 | 106.3 |
| 辽宁 | Liaoning | 98.5 | 98.0 | 93.5 | 97.9 | 108.0 |
| 吉林 | Jilin | 99.4 | 99.2 | 96.6 | 97.8 | 103.4 |
| 黑龙江 | Heilongjiang | 98.7 | 97.6 | 88.2 | 96.0 | 110.2 |
| 上海 | Shanghai | 96.5 | 95.9 | 90.6 | 97.7 | 108.9 |
| 江苏 | Jiangsu | 97.1 | 97.0 | 92.1 | 98.0 | 109.7 |
| 浙江 | Zhejiang | 97.7 | 98.2 | 94.5 | 97.8 | 109.6 |
| 安徽 | Anhui | 96.9 | 97.2 | 93.5 | 98.4 | 109.2 |
| 福建 | Fujian | 98.4 | 98.3 | 96.1 | 98.0 | 105.3 |
| 江西 | Jiangxi | 98.4 | 98.4 | 93.6 | 97.7 | 107.2 |
| 山东 | Shandong | 98.4 | 98.2 | 95.0 | 98.0 | 107.3 |
| 河南 | Henan | 99.3 | 98.4 | 95.4 | 99.2 | 107.3 |
| 湖北 | Hubei | 98.2 | 97.8 | 92.8 | 98.3 | 108.3 |
| 湖南 | Hunan | 98.4 | 97.9 | 94.5 | 98.0 | 107.2 |
| 广东 | Guangdong | 98.2 | 98.8 | 95.3 | 98.0 | 105.3 |
| 广西 | Guangxi | 98.9 | 98.2 | 95.7 | 98.3 | 106.5 |
| 海南 | Hainan | 97.0 | 99.0 | 88.5 | 94.8 | 112.4 |
| 重庆 | Chongqing | 97.6 | 98.1 | 97.1 | 98.4 | 104.4 |
| 四川 | Sichuan | 99.2 | 98.7 | 96.7 | 98.8 | 108.3 |
| 贵州 | Guizhou | 96.4 | 98.6 | 97.5 | 98.5 | 109.7 |
| 云南 | Yunnan | 98.8 | 99.0 | 96.9 | 95.9 | 106.2 |
| 西藏 | Tibet | | | | | |
| 陕西 | Shaanxi | 99.3 | 98.5 | 95.2 | 95.9 | 106.4 |
| 甘肃 | Gansu | 97.8 | 97.6 | 87.0 | 94.6 | 115.5 |
| 青海 | Qinghai | 98.8 | 97.6 | 97.7 | 96.2 | 108.0 |
| 宁夏 | Ningxia | 97.0 | 97.0 | 92.1 | 96.9 | 112.9 |
| 新疆 | Xinjiang | 97.8 | 97.5 | 84.3 | 95.5 | 112.8 |

# 3-36 全国十九城市工业生产者出厂价格指数
# Producer Price Indices for Industrial Products in 19 Cities (2013-2017)

(上年=100) (Preceding Year=100)

| 地 区 | Region | 2013 | 2014 | 2015 | 2016 | 2017 |
|---|---|---|---|---|---|---|
| 上 海 | Shanghai | 98.2 | 98.9 | 96.1 | 98.8 | 103.5 |
| 北 京 | Beijing | 97.4 | 99.1 | 96.9 | 98.1 | 100.7 |
| 天 津 | Tianjin | 97.0 | 96.3 | 90.3 | 97.9 | 108.4 |
| 重 庆 | Chongqing | 98.0 | 98.3 | 97.2 | 98.6 | 104.1 |
| 广 州 | Guangzhou | 98.0 | 98.2 | 96.8 | 98.8 | 102.3 |
| 武 汉 | Wuhan | | | | 99.0 | |
| 南 京 | Nanjing | 97.0 | 97.3 | 90.5 | 97.7 | 103.4 |
| 沈 阳 | Shenyang | 99.3 | 98.8 | 98.2 | 98.5 | 101.7 |
| 西 安 | Xi'an | 99.5 | 99.5 | 98.5 | 97.8 | 100.3 |
| 哈尔滨 | Harbin | 98.5 | 98.8 | 95.3 | 99.3 | 101.8 |
| 杭 州 | Hangzhou | | | 96.5 | 99.2 | 104.4 |
| 宁 波 | Ningbo | 96.7 | 97.8 | 94.0 | 97.7 | 106.7 |
| 青 岛 | Qingdao | 98.8 | 99.2 | 97.0 | 98.8 | 104.4 |
| 大 连 | Dalian | 98.0 | 97.6 | 94.1 | 98.9 | 104.6 |
| 厦 门 | Xiamen | 95.1 | 96.8 | 95.4 | 97.1 | |
| 成 都 | Chengdu | 98.8 | 99.3 | 98.0 | 99.6 | 105.0 |
| 济 南 | Jinan | 98.8 | 99.0 | 95.0 | 99.8 | 105.7 |
| 深 圳 | Shenzhen | 98.0 | 99.1 | 97.6 | 99.3 | 101.8 |
| 长 春 | Changchun | 100.4 | 100.1 | 98.4 | 99.6 | 100.4 |

# 3-37 全国十九城市工业生产者购进价格指数
# Purchasing Price Indices for Industrial Producers in 19 Cities (2013-2017)

(上年=100) (Preceding Year=100)

| 地 区 | Region | 2013 | 2014 | 2015 | 2016 | 2017 |
|---|---|---|---|---|---|---|
| 上 海 | Shanghai | 96.5 | 95.9 | 90.6 | 97.7 | 108.9 |
| 北 京 | Beijing | 97.8 | 98.8 | 93.7 | 98.5 | 104.4 |
| 天 津 | Tianjin | 97.4 | 97.1 | 92.4 | 98.3 | 111.1 |
| 重 庆 | Chongqing | 97.6 | 98.1 | 97.1 | 98.4 | 104.4 |
| 广 州 | Guangzhou | 98.2 | 98.0 | 93.7 | 98.5 | 108.8 |
| 武 汉 | Wuhan | | 98.4 | | 97.6 | |
| 南 京 | Nanjing | 96.5 | 97.6 | 90.8 | 97.5 | 107.2 |
| 沈 阳 | Shenyang | 97.2 | 96.9 | 92.8 | 97.1 | 112.8 |
| 西 安 | Xi'an | 97.2 | 99.5 | 94.5 | 97.6 | 104.7 |
| 哈尔滨 | Harbin | 100.5 | 98.3 | 91.0 | 97.3 | 106.4 |
| 杭 州 | Hangzhou | | | 92.9 | 98.9 | 108.4 |
| 宁 波 | Ningbo | 96.3 | 97.5 | 92.4 | 97.0 | 113.0 |
| 青 岛 | Qingdao | 96.5 | 97.4 | 94.2 | 97.3 | 110.7 |
| 大 连 | Dalian | 97.7 | 97.6 | 89.7 | 96.1 | 109.3 |
| 厦 门 | Xiamen | | | | | |
| 成 都 | Chengdu | 98.2 | 99.1 | 97.2 | 98.6 | 105.4 |
| 济 南 | Jinan | 97.8 | 98.0 | 92.7 | 99.0 | 113.9 |
| 深 圳 | Shenzhen | 98.3 | 99.6 | 96.5 | 98.3 | 103.4 |
| 长 春 | Changchun | 100.2 | 99.4 | 99.1 | 98.3 | 100.8 |

# 3-38 全国十九城市生产资料价格指数

## Producer Price Indices for Means of Producttion in 19 Cities (2013-2017)

(上年=100) (Preceding Year=100)

| 地 区 | Region | 2013 | 2014 | 2015 | 2016 | 2017 |
|---|---|---|---|---|---|---|
| 上 海 | Shanghai | 97.9 | 98.7 | 95.1 | 98.5 | 104.9 |
| 北 京 | Beijing | 96.7 | 98.7 | 96.1 | 98.0 | 101.5 |
| 天 津 | Tianjin | 96.5 | 95.5 | 88.3 | 97.9 | 112.0 |
| 重 庆 | Chongqing | 97.6 | 98.2 | 96.6 | 98.0 | 105.6 |
| 广 州 | Guangzhou | 98.2 | 98.0 | 94.6 | 97.6 | 103.8 |
| 武 汉 | Wuhan | | | | | |
| 南 京 | Nanjing | 96.5 | 97.0 | 89.1 | 97.6 | 105.1 |
| 沈 阳 | Shenyang | 99.8 | 98.9 | 98.0 | 97.9 | 101.8 |
| 西 安 | Xi'an | 99.2 | 99.5 | 98.3 | 97.4 | 100.7 |
| 哈尔滨 | Harbin | 98.2 | 98.2 | 93.1 | 98.4 | 103.5 |
| 杭 州 | Hangzhou | | | 95.3 | 98.8 | 105.8 |
| 宁 波 | Ningbo | 96.0 | 97.4 | 91.5 | 97.1 | 108.6 |
| 青 岛 | Qingdao | 98.6 | 98.9 | 95.2 | 98.6 | 106.3 |
| 大 连 | Dalian | 97.4 | 97.4 | 93.2 | 98.1 | 106.1 |
| 厦 门 | Xiamen | 93.6 | 95.6 | 93.8 | 96.4 | |
| 成 都 | Chengdu | 97.9 | 98.3 | 96.9 | 99.4 | 107.2 |
| 济 南 | Jinan | 98.4 | 98.5 | 93.6 | 98.8 | 106.6 |
| 深 圳 | Shenzhen | 98.0 | 99.5 | 97.4 | 98.7 | 102.2 |
| 长 春 | Changchun | 100.8 | 100.2 | 97.7 | 97.9 | 102.8 |

# 3-39 全国十九城市生活资料价格指数

## Producer Price Indices for Consumer Goods in 19 Cities (2013-2017)

(上年=100) (Preceding Year=100)

| 地 区 | Region | 2013 | 2014 | 2015 | 2016 | 2017 |
|---|---|---|---|---|---|---|
| 上 海 | Shanghai | 99.2 | 99.4 | 99.3 | 99.7 | 100.3 |
| 北 京 | Beijing | 100.5 | 100.9 | 99.9 | 98.3 | 99.4 |
| 天 津 | Tianjin | 98.9 | 99.4 | 97.9 | 98.0 | 97.9 |
| 重 庆 | Chongqing | 99.1 | 98.6 | 98.8 | 99.9 | 100.9 |
| 广 州 | Guangzhou | 97.8 | 98.4 | 99.6 | 100.3 | 100.6 |
| 武 汉 | Wuhan | | | | | |
| 南 京 | Nanjing | 99.6 | 98.9 | 97.1 | 98.2 | 98.8 |
| 沈 阳 | Shenyang | 98.2 | 98.5 | 98.6 | 99.8 | 101.5 |
| 西 安 | Xi'an | 100.4 | 99.7 | 99.4 | 98.6 | 99.7 |
| 哈尔滨 | Harbin | 98.9 | 99.8 | 99.6 | 100.6 | 99.7 |
| 杭 州 | Hangzhou | | | 100.1 | 100.1 | 99.9 |
| 宁 波 | Ningbo | 98.3 | 98.9 | 100.3 | 99.8 | 100.5 |
| 青 岛 | Qingdao | 99.2 | 99.8 | 100.1 | 99.1 | 100.7 |
| 大 连 | Dalian | 100.0 | 98.5 | 97.4 | 101.4 | 100.3 |
| 厦 门 | Xiamen | 98.7 | 99.8 | 99.2 | 98.6 | |
| 成 都 | Chengdu | 100.4 | 101.3 | 100.2 | 100.2 | 100.3 |
| 济 南 | Jinan | 100.8 | 101.2 | 101.2 | 104.6 | 101.3 |
| 深 圳 | Shenzhen | 98.1 | 97.7 | 98.4 | 100.8 | 100.9 |
| 长 春 | Changchun | 100.1 | 100.0 | 98.8 | 100.8 | 98.7 |

# 3-40 70个大中城市新建住宅销售价格指数
# Housing Price Indices of Newly Constructed Residential Buildings in 70 Large and Medium-Sized Cities
## (2017年1-12月)

(上年同月=100) (same month of preceding year=100)

| 地区 | City | 1月 | 2月 | 3月 | 4月 | 5月 | 6月 | 7月 | 8月 | 9月 | 10月 | 11月 | 12月 |
|---|---|---|---|---|---|---|---|---|---|---|---|---|---|
| 北京 | Beijing | 124.7 | 122.1 | 119.0 | 116.0 | 113.5 | 110.7 | 108.9 | 105.2 | 100.5 | 99.8 | 99.8 | 99.8 |
| 天津 | Tianjin | 123.2 | 122.7 | 120.5 | 117.3 | 114.7 | 112.3 | 109.7 | 105.9 | 101.8 | 100.6 | 99.9 | 100.2 |
| 石家庄 | Shijiazhuang | 118.5 | 118.2 | 118.6 | 117.6 | 116.4 | 115.8 | 113.1 | 109.3 | 105.0 | 103.5 | 103.0 | 102.8 |
| 太原 | Taiyuan | 102.9 | 103.2 | 103.4 | 104.9 | 105.8 | 106.4 | 106.9 | 106.9 | 106.9 | 107.2 | 107.3 | 107.6 |
| 呼和浩特 | Hohhot | 101.0 | 101.1 | 101.0 | 101.4 | 101.7 | 101.9 | 102.8 | 103.7 | 104.2 | 104.8 | 106.1 | 106.8 |
| 沈阳 | Shenyang | 103.2 | 104.1 | 105.1 | 106.1 | 107.6 | 109.0 | 109.8 | 110.3 | 110.7 | 111.0 | 111.7 | 111.5 |
| 大连 | Dalian | 102.5 | 103.4 | 103.8 | 104.1 | 104.6 | 104.8 | 106.4 | 106.6 | 107.1 | 107.1 | 107.6 | 108.4 |
| 长春 | Changchun | 104.3 | 104.4 | 104.6 | 105.4 | 106.1 | 106.9 | 107.6 | 107.7 | 107.9 | 107.7 | 108.0 | 108.8 |
| 哈尔滨 | Harbin | 102.1 | 103.0 | 103.1 | 103.8 | 105.5 | 106.7 | 107.5 | 107.7 | 108.5 | 109.9 | 110.5 | 110.7 |
| 上海 | Shanghai | 123.8 | 121.1 | 116.8 | 113.2 | 111.0 | 108.6 | 107.3 | 102.8 | 100.0 | 99.8 | 99.8 | 100.2 |
| 南京 | Nanjing | 135.4 | 131.8 | 127.4 | 122.1 | 117.3 | 113.0 | 109.2 | 104.8 | 10[illegible].3 | 99.0 | 98.5 | 98.7 |
| 杭州 | Hangzhou | 127.4 | 125.4 | 122.8 | 119.3 | 116.2 | 114.5 | 111.8 | 108.1 | 102.2 | 99.1 | 99.4 | 99.4 |
| 宁波 | Ningbo | 111.1 | 110.7 | 109.9 | 109.7 | 109.6 | 109.9 | 109.4 | 108.4 | 105.3 | 105.0 | 104.6 | 105.0 |
| 合肥 | Hefei | 144.0 | 140.5 | 134.5 | 127.2 | 120.9 | 115.4 | 111.0 | 105.8 | 101.0 | 99.4 | 99.7 | 99.8 |
| 福州 | Fuzhou | 125.5 | 123.7 | 121.1 | 117.4 | 115.5 | 114.0 | 111.9 | 107.1 | 101.5 | 98.9 | 98.2 | 98.4 |
| 厦门 | Xiamen | 138.4 | 136.5 | 132.0 | 125.5 | 119.4 | 114.5 | 109.8 | 105.7 | 102.6 | 101.8 | 102.3 | 102.2 |
| 南昌 | Nanchang | 114.3 | 113.6 | 113.4 | 112.5 | 112.0 | 110.8 | 109.4 | 108.6 | 106.5 | 105.6 | 105.9 | 106.3 |
| 济南 | Jinan | 119.0 | 118.3 | 118.1 | 117.3 | 116.7 | 115.9 | 115.1 | 111.2 | 105.1 | 101.5 | 100.3 | 100.9 |
| 青岛 | Qingdao | 113.0 | 113.1 | 112.9 | 111.9 | 111.4 | 111.2 | 110.9 | 109.1 | 104.4 | 103.4 | 103.7 | 104.1 |
| 郑州 | Zhengzhou | 127.3 | 126.5 | 125.0 | 123.6 | 121.8 | 119.9 | 117.5 | 111.0 | 103.1 | 99.5 | 99.0 | 99.3 |
| 武汉 | Wuhan | 123.0 | 121.7 | 120.2 | 118.3 | 116.0 | 114.2 | 112.1 | 108.6 | 104.6 | 101.6 | 100.1 | 100.6 |
| 长沙 | Changsha | 117.9 | 118.4 | 119.1 | 118.2 | 118.4 | 118.1 | 117.9 | 116.5 | 111.8 | 107.5 | 105.9 | 105.9 |
| 广州 | Guangzhou | 124.0 | 123.1 | 122.7 | 121.6 | 119.4 | 117.8 | 116.7 | 113.2 | 109.4 | 107.7 | 106.6 | 105.5 |
| 深圳 | Shenzhen | 118.2 | 113.5 | 109.1 | 106.6 | 105.4 | 102.7 | 100.5 | 98.1 | 96.3 | 96.7 | 96.9 | 97.1 |
| 南宁 | Nanning | 110.2 | 110.1 | 110.6 | 110.4 | 110.8 | 111.2 | 111.8 | 111.4 | 109.5 | 108.3 | 108.7 | 108.4 |
| 海口 | Haikou | 106.5 | 107.1 | 109.6 | 108.7 | 107.4 | 108.5 | 108.4 | 106.7 | 105.9 | 105.0 | 104.2 | 105.9 |
| 重庆 | Chongqing | 107.7 | 108.3 | 108.9 | 109.9 | 110.2 | 112.0 | 112.8 | 112.8 | 111.9 | 111.4 | 110.7 | 110.0 |
| 成都 | Chengdu | 105.3 | 104.9 | 103.9 | 103.3 | 102.9 | 102.0 | 101.0 | 99.7 | 97.3 | 98.7 | 98.8 | 99.4 |
| 贵阳 | Guiyang | 105.3 | 105.4 | 106.3 | 107.2 | 107.7 | 108.4 | 108.7 | 109.1 | 109.0 | 108.8 | 109.5 | 110.3 |
| 昆明 | Kunming | 104.2 | 104.6 | 105.5 | 106.3 | 106.5 | 107.3 | 107.7 | 108.0 | 107.8 | 107.1 | 107.8 | 110.1 |
| 西安 | Xi'an | 107.6 | 108.7 | 109.5 | 110.7 | 111.9 | 113.1 | 113.8 | 113.4 | 113.6 | 112.6 | 111.3 | 111.2 |
| 兰州 | Lanzhou | 103.2 | 103.5 | 103.6 | 103.6 | 103.9 | 104.4 | 104.4 | 103.5 | 103.2 | 103.6 | 104.3 | 105.4 |
| 西宁 | Xining | 102.3 | 102.8 | 102.8 | 102.6 | 102.8 | 103.1 | 103.3 | 103.2 | 103.5 | 103.1 | 104.3 | 105.4 |
| 银川 | Yinchuan | 102.4 | 102.2 | 102.2 | 101.7 | 101.5 | 102.1 | 102.3 | 102.7 | 102.8 | 102.9 | 103.7 | 104.0 |
| 乌鲁木齐 | Urumqi | 99.1 | 99.7 | 99.9 | 100.2 | 100.2 | 100.8 | 101.1 | 102.1 | 102.9 | 103.7 | 105.5 | 106.1 |

3-40 续表 continued

(上年同月=100) (same month of preceding year=100)

| 地 区 | City | 1月 | 2月 | 3月 | 4月 | 5月 | 6月 | 7月 | 8月 | 9月 | 10月 | 11月 | 12月 |
|---|---|---|---|---|---|---|---|---|---|---|---|---|---|
| 唐 山 | Tangshan | 103.2 | 103.2 | 104.2 | 106.6 | 106.6 | 107.9 | 107.6 | 107.5 | 106.8 | 106.1 | 105.6 | 105.9 |
| 秦皇岛 | Qinghuangdao | 107.0 | 107.1 | 107.6 | 108.4 | 109.3 | 109.0 | 109.7 | 109.6 | 108.6 | 106.8 | 106.1 | 105.9 |
| 包 头 | Baotou | 100.2 | 100.6 | 100.7 | 101.0 | 101.5 | 102.0 | 102.8 | 103.3 | 103.3 | 103.8 | 104.3 | 105.5 |
| 丹 东 | Dandong | 99.8 | 100.8 | 100.9 | 100.7 | 100.3 | 100.5 | 101.4 | 101.9 | 102.4 | 102.2 | 102.7 | 104.2 |
| 锦 州 | Jinzhou | 97.7 | 97.5 | 98.2 | 98.9 | 99.4 | 100.2 | 101.0 | 101.2 | 101.6 | 101.5 | 101.6 | 101.7 |
| 吉 林 | Jilin | 102.6 | 102.7 | 103.4 | 103.4 | 104.4 | 104.6 | 105.6 | 106.1 | 106.4 | 106.5 | 107.0 | 106.9 |
| 牡丹江 | Mudanjiang | 99.3 | 99.7 | 100.5 | 101.1 | 102.2 | 102.6 | 103.7 | 103.8 | 103.4 | 104.4 | 105.2 | 106.0 |
| 无 锡 | Wuxi | 134.4 | 133.8 | 131.6 | 128.2 | 126.4 | 122.8 | 119.6 | 113.7 | 104.9 | 99.7 | 98.7 | 98.9 |
| 扬 州 | Yangzhou | 110.3 | 111.2 | 112.3 | 113.7 | 114.8 | 115.5 | 114.9 | 114.5 | 113.3 | 112.0 | 109.6 | 109.0 |
| 徐 州 | Xuzhou | 109.6 | 110.0 | 109.9 | 110.2 | 111.2 | 112.8 | 112.6 | 112.5 | 111.5 | 110.2 | 109.3 | 108.9 |
| 温 州 | Wenzhou | 104.4 | 104.6 | 104.6 | 105.6 | 106.9 | 107.7 | 108.5 | 107.9 | 106.4 | 106.1 | 106.5 | 106.6 |
| 金 华 | Jinhua | 106.8 | 107.1 | 108.0 | 109.4 | 110.5 | 111.6 | 113.0 | 112.5 | 110.8 | 110.3 | 109.3 | 109.6 |
| 蚌 埠 | Bengbu | 109.8 | 110.8 | 110.2 | 111.7 | 114.7 | 116.7 | 117.0 | 115.2 | 113.2 | 111.1 | 109.7 | 108.8 |
| 安 庆 | Anqing | 107.7 | 108.6 | 109.2 | 109.8 | 109.6 | 109.4 | 108.1 | 107.0 | 107.1 | 106.8 | 105.4 | 105.2 |
| 泉 州 | Quanzhou | 109.8 | 110.1 | 109.9 | 108.5 | 108.4 | 109.4 | 108.6 | 107.1 | 104.6 | 103.9 | 101.5 | 101.4 |
| 九 江 | Jiujiang | 112.2 | 112.9 | 113.6 | 113.7 | 114.6 | 114.8 | 114.4 | 113.5 | 111.7 | 109.8 | 109.0 | 108.4 |
| 赣 州 | Ganzhou | 114.0 | 114.3 | 113.6 | 112.6 | 112.3 | 112.6 | 112.0 | 110.9 | 108.1 | 104.6 | 103.5 | 102.8 |
| 烟 台 | Yantai | 105.5 | 105.9 | 106.0 | 106.3 | 107.0 | 107.6 | 108.1 | 108.1 | 108.0 | 107.9 | 108.1 | 108.2 |
| 济 宁 | Jining | 102.0 | 102.1 | 102.8 | 103.7 | 105.4 | 106.7 | 108.0 | 108.5 | 109.0 | 108.9 | 108.8 | 108.9 |
| 洛 阳 | Luoyang | 105.0 | 105.4 | 106.5 | 106.8 | 107.9 | 110.2 | 110.7 | 111.0 | 110.7 | 110.7 | 109.4 | 108.9 |
| 平顶山 | Pingdingshan | 103.5 | 103.6 | 103.9 | 105.1 | 105.6 | 106.3 | 106.9 | 106.9 | 106.3 | 106.2 | 106.4 | 106.4 |
| 宜 昌 | Yichang | 105.9 | 106.3 | 107.2 | 109.1 | 110.5 | 111.5 | 111.3 | 110.6 | 109.8 | 108.8 | 108.6 | 108.4 |
| 襄 阳 | Xiangyang | 103.2 | 103.3 | 103.5 | 104.4 | 104.7 | 106.8 | 107.3 | 107.1 | 107.2 | 106.9 | 106.7 | 106.4 |
| 岳 阳 | Yueyang | 105.8 | 106.2 | 106.6 | 106.8 | 107.9 | 109.0 | 109.5 | 110.0 | 109.2 | 108.6 | 108.7 | 109.1 |
| 常 德 | Changde | 103.3 | 103.4 | 104.7 | 105.0 | 106.7 | 108.3 | 109.3 | 109.9 | 108.5 | 108.5 | 108.1 | 108.9 |
| 惠 州 | Huizhou | 124.7 | 123.9 | 123.9 | 120.6 | 117.8 | 115.5 | 113.6 | 112.2 | 108.1 | 105.9 | 104.7 | 104.5 |
| 湛 江 | Zhanjiang | 109.3 | 109.9 | 109.9 | 110.6 | 112.6 | 111.7 | 111.7 | 112.2 | 110.8 | 109.6 | 110.0 | 109.4 |
| 韶 关 | Shaoguan | 108.7 | 108.7 | 109.5 | 110.5 | 111.2 | 111.6 | 114.4 | 114.7 | 112.6 | 111.4 | 109.4 | 108.9 |
| 桂 林 | Guilin | 103.8 | 104.4 | 105.1 | 105.9 | 106.8 | 107.5 | 108.9 | 109.6 | 108.2 | 107.6 | 109.2 | 109.6 |
| 北 海 | Beihai | 104.5 | 104.7 | 105.0 | 106.6 | 110.0 | 112.5 | 114.0 | 114.7 | 114.1 | 114.4 | 113.9 | 113.1 |
| 三 亚 | Sanya | 106.3 | 107.6 | 110.2 | 109.0 | 108.3 | 107.7 | 108.3 | 107.6 | 106.2 | 105.5 | 105.6 | 104.9 |
| 泸 州 | Luzhou | 103.0 | 103.8 | 104.0 | 103.9 | 103.6 | 104.2 | 104.2 | 103.6 | 102.6 | 103.5 | 103.8 | 105.4 |
| 南 充 | Nanchong | 102.0 | 102.9 | 103.5 | 103.9 | 104.2 | 105.2 | 106.0 | 105.9 | 106.9 | 108.2 | 108.7 | 109.3 |
| 遵 义 | Zunyi | 102.0 | 102.1 | 102.2 | 102.8 | 102.7 | 103.4 | 104.6 | 104.5 | 105.5 | 106.0 | 106.2 | 107.0 |
| 大 理 | Dali | 102.6 | 103.0 | 103.6 | 104.0 | 103.7 | 103.6 | 103.6 | 104.1 | 104.4 | 104.4 | 104.5 | 105.7 |

# 3-41 70个大中城市二手住宅销售价格指数
# Housing Price Indices of Second-Hand Residential Buildings in 70 Large and Medium-Sized Cities
# (2017年1-12月)

(上年同月=100) (same month of preceding year=100)

| 地区 | City | 1月 | 2月 | 3月 | 4月 | 5月 | 6月 | 7月 | 8月 | 9月 | 10月 | 11月 | 12月 |
|---|---|---|---|---|---|---|---|---|---|---|---|---|---|
| 北京 | Beijing | 134.6 | 132.2 | 127.0 | 122.5 | 118.8 | 115.8 | 113.1 | 107.8 | 101.4 | 99.8 | 99.1 | 98.4 |
| 天津 | Tianjin | 123.9 | 122.8 | 121.9 | 119.9 | 117.1 | 115.0 | 111.9 | 106.9 | 102.4 | 100.9 | 100.0 | 99.7 |
| 石家庄 | Shijiazhuang | 117.9 | 118.1 | 116.5 | 114.0 | 111.7 | 109.2 | 106.5 | 102.9 | 99.0 | 99.6 | 100.2 | 100.8 |
| 太原 | Taiyuan | 104.7 | 105.4 | 105.4 | 106.5 | 107.3 | 107.4 | 107.1 | 106.9 | 107.0 | 106.7 | 106.9 | 107.9 |
| 呼和浩特 | Hohhot | 99.1 | 99.1 | 99.1 | 99.2 | 99.3 | 99.8 | 100.2 | 100.4 | 100.6 | 101.2 | 102.1 | 102.8 |
| 沈阳 | Shenyang | 100.7 | 101.3 | 101.9 | 102.5 | 103.4 | 104.4 | 105.4 | 106.0 | 106.6 | 106.8 | 107.2 | 107.4 |
| 大连 | Dalian | 101.5 | 102.0 | 102.2 | 102.4 | 103.2 | 103.3 | 103.9 | 104.3 | 104.4 | 104.8 | 105.2 | 105.7 |
| 长春 | Changchun | 100.8 | 101.7 | 102.3 | 102.8 | 103.1 | 103.7 | 104.2 | 104.2 | 104.4 | 104.4 | 104.9 | 105.7 |
| 哈尔滨 | Harbin | 100.5 | 100.7 | 100.4 | 100.7 | 101.5 | 103.0 | 103.6 | 104.8 | 105.2 | 106.0 | 106.6 | 107.4 |
| 上海 | Shanghai | 128.7 | 122.5 | 116.1 | 114.2 | 112.6 | 110.0 | 107.4 | 103.4 | 99.9 | 99.9 | 99.9 | 100.3 |
| 南京 | Nanjing | 132.0 | 130.1 | 126.0 | 121.5 | 118.1 | 116.5 | 112.9 | 108.9 | 104.9 | 102.8 | 100.5 | 98.7 |
| 杭州 | Hangzhou | 121.6 | 121.0 | 119.8 | 118.5 | 117.9 | 117.4 | 115.8 | 113.5 | 109.1 | 106.9 | 107.1 | 107.2 |
| 宁波 | Ningbo | 107.2 | 107.4 | 107.6 | 107.9 | 108.2 | 109.2 | 109.2 | 109.0 | 107.4 | 106.8 | 106.7 | 106.7 |
| 合肥 | Hefei | 146.8 | 136.5 | 124.9 | 116.7 | 111.7 | 107.6 | 104.7 | 102.8 | 99.9 | 98.0 | 98.6 | 99.2 |
| 福州 | Fuzhou | 116.6 | 116.7 | 117.5 | 116.5 | 116.5 | 116.9 | 115.9 | 112.8 | 108.6 | 106.9 | 106.7 | 105.9 |
| 厦门 | Xiamen | 131.8 | 131.8 | 131.7 | 125.5 | 117.7 | 112.5 | 109.5 | 106.5 | 104.1 | 103.7 | 103.9 | 103.3 |
| 南昌 | Nanchang | 113.0 | 113.1 | 111.8 | 111.5 | 110.6 | 109.8 | 108.7 | 107.7 | 105.2 | 104.4 | 104.3 | 103.8 |
| 济南 | Jinan | 115.2 | 115.7 | 116.3 | 117.0 | 117.2 | 117.3 | 116.5 | 113.3 | 107.5 | 104.5 | 103.1 | 102.4 |
| 青岛 | Qingdao | 110.2 | 110.9 | 112.6 | 113.8 | 114.7 | 115.6 | 116.1 | 115.3 | 110.2 | 109.4 | 109.1 | 108.9 |
| 郑州 | Zhengzhou | 127.5 | 127.2 | 126.1 | 125.4 | 124.0 | 122.6 | 121.0 | 115.3 | 107.2 | 103.4 | 102.3 | 101.0 |
| 武汉 | Wuhan | 121.9 | 122.1 | 122.0 | 122.1 | 121.5 | 120.8 | 119.6 | 117.7 | 114.0 | 111.7 | 109.6 | 108.9 |
| 长沙 | Changsha | 113.1 | 114.3 | 116.0 | 119.9 | 120.7 | 120.8 | 120.5 | 120.2 | 116.5 | 114.3 | 112.8 | 111.4 |
| 广州 | Guangzhou | 126.2 | 128.1 | 127.8 | 125.9 | 124.1 | 123.2 | 121.5 | 118.3 | 114.7 | 112.5 | 111.7 | 109.8 |
| 深圳 | Shenzhen | 112.8 | 108.4 | 103.9 | 105.1 | 105.4 | 104.3 | 103.1 | 100.9 | 99.0 | 100.1 | 101.0 | 101.5 |
| 南宁 | Nanning | 105.8 | 106.2 | 106.8 | 107.0 | 107.6 | 109.4 | 110.9 | 110.8 | 110.1 | 109.2 | 109.3 | 108.8 |
| 海口 | Haikou | 104.0 | 104.5 | 104.6 | 104.5 | 104.4 | 104.7 | 104.3 | 103.6 | 102.7 | 101.8 | 100.9 | 100.7 |
| 重庆 | Chongqing | 104.4 | 105.0 | 105.6 | 106.2 | 106.8 | 108.1 | 108.9 | 109.5 | 109.5 | 109.6 | 109.4 | 109.0 |
| 成都 | Chengdu | 105.6 | 105.6 | 106.2 | 106.5 | 106.3 | 106.0 | 106.1 | 105.9 | 104.6 | 104.6 | 104.6 | 104.6 |
| 贵阳 | Guiyang | 102.3 | 102.4 | 102.5 | 103.3 | 103.8 | 104.1 | 104.2 | 104.2 | 104.4 | 104.2 | 104.7 | 105.4 |
| 昆明 | Kunming | 101.5 | 101.3 | 101.9 | 102.2 | 102.3 | 103.1 | 103.4 | 104.0 | 104.4 | 104.4 | 105.2 | 106.8 |
| 西安 | Xi'an | 98.8 | 99.4 | 100.8 | 102.3 | 104.1 | 105.7 | 106.6 | 107.2 | 107.5 | 107.5 | 108.4 | 108.8 |
| 兰州 | Lanzhou | 101.2 | 100.7 | 101.1 | 101.3 | 101.8 | 102.1 | 102.5 | 102.5 | 102.4 | 102.5 | 102.8 | 103.7 |
| 西宁 | Xining | 98.8 | 99.3 | 99.9 | 100.0 | 100.3 | 100.6 | 100.9 | 100.9 | 101.2 | 101.2 | 102.1 | 102.9 |
| 银川 | Yinchuan | 100.1 | 99.9 | 99.7 | 99.7 | 99.8 | 100.0 | 100.0 | 100.1 | 100.1 | 100.0 | 100.7 | 101.0 |
| 乌鲁木齐 | Urumqi | 97.3 | 98.5 | 99.1 | 99.6 | 100.5 | 101.4 | 103.0 | 104.0 | 105.0 | 106.3 | 108.6 | 109.6 |

3-41 续表 continued

(上年同月=100) (same month of preceding year=100)

| 地区 | City | 1月 | 2月 | 3月 | 4月 | 5月 | 6月 | 7月 | 8月 | 9月 | 10月 | 11月 | 12月 |
|---|---|---|---|---|---|---|---|---|---|---|---|---|---|
| 唐山 | Tangshan | 102.2 | 102.8 | 103.2 | 104.4 | 104.4 | 105.1 | 105.4 | 105.2 | 105.3 | 105.3 | 104.9 | 104.5 |
| 秦皇岛 | Qinghuangdao | 104.3 | 105.5 | 107.0 | 108.1 | 107.4 | 107.0 | 107.4 | 108.2 | 109.0 | 107.8 | 106.4 | 106.1 |
| 包头 | Baotou | 98.8 | 99.1 | 100.4 | 101.2 | 101.9 | 102.3 | 102.6 | 103.3 | 104.2 | 103.7 | 104.1 | 104.0 |
| 丹东 | Dandong | 99.1 | 99.5 | 100.0 | 100.2 | 100.6 | 100.9 | 101.1 | 101.3 | 101.4 | 101.8 | 102.2 | 102.8 |
| 锦州 | Jinzhou | 97.3 | 97.5 | 98.1 | 98.4 | 98.5 | 99.0 | 99.3 | 99.6 | 99.6 | 99.8 | 99.9 | 99.9 |
| 吉林 | Jilin | 101.8 | 102.1 | 102.5 | 102.7 | 103.0 | 103.2 | 103.2 | 103.5 | 103.6 | 103.6 | 103.8 | 103.9 |
| 牡丹江 | Mudanjiang | 100.4 | 100.3 | 100.3 | 100.7 | 101.1 | 101.8 | 102.7 | 102.9 | 103.0 | 103.5 | 103.5 | 103.8 |
| 无锡 | Wuxi | 119.2 | 120.1 | 121.2 | 122.3 | 123.6 | 124.6 | 124.1 | 120.8 | 111.4 | 108.4 | 108.7 | 108.9 |
| 扬州 | Yangzhou | 106.1 | 106.9 | 108.2 | 109.5 | 110.3 | 110.9 | 110.9 | 110.9 | 109.8 | 108.6 | 106.7 | 106.2 |
| 徐州 | Xuzhou | 105.2 | 105.7 | 105.5 | 105.8 | 106.8 | 108.0 | 108.2 | 107.5 | 106.8 | 106.1 | 105.5 | 105.5 |
| 温州 | Wenzhou | 102.8 | 102.8 | 102.7 | 103.4 | 104.8 | 106.3 | 106.8 | 107.1 | 106.7 | 106.6 | 106.8 | 106.4 |
| 金华 | Jinhua | 104.8 | 104.9 | 105.2 | 106.4 | 106.9 | 107.5 | 107.8 | 107.8 | 107.4 | 107.6 | 107.3 | 107.7 |
| 蚌埠 | Bengbu | 106.1 | 106.4 | 106.9 | 107.7 | 109.3 | 111.2 | 111.2 | 110.7 | 109.7 | 109.4 | 108.6 | 107.6 |
| 安庆 | Anqing | 107.4 | 107.8 | 108.8 | 110.1 | 110.9 | 111.2 | 111.4 | 111.2 | 110.0 | 109.3 | 107.9 | 106.8 |
| 泉州 | Quanzhou | 106.6 | 107.8 | 109.2 | 110.2 | 111.3 | 112.1 | 111.8 | 111.3 | 110.0 | 109.2 | 107.3 | 106.5 |
| 九江 | Jiujiang | 108.7 | 109.0 | 109.0 | 108.5 | 109.2 | 108.8 | 108.8 | 107.6 | 107.1 | 106.1 | 106.3 | 104.8 |
| 赣州 | Ganzhou | 110.2 | 110.8 | 111.4 | 110.6 | 110.5 | 110.8 | 110.6 | 110.0 | 106.6 | 104.0 | 103.2 | 102.8 |
| 烟台 | Yantai | 102.8 | 103.3 | 103.6 | 104.3 | 105.1 | 105.8 | 106.5 | 106.5 | 106.4 | 106.6 | 106.6 | 106.9 |
| 济宁 | Jining | 101.5 | 101.6 | 102.3 | 103.0 | 103.9 | 105.0 | 105.8 | 106.2 | 106.5 | 106.7 | 107.1 | 107.8 |
| 洛阳 | Luoyang | 103.1 | 103.2 | 103.4 | 103.8 | 104.3 | 105.1 | 105.1 | 104.9 | 104.8 | 104.7 | 104.4 | 104.4 |
| 平顶山 | Pingdingshan | 100.5 | 100.4 | 100.4 | 101.3 | 102.0 | 102.6 | 103.5 | 104.1 | 104.1 | 104.3 | 104.8 | 105.0 |
| 宜昌 | Yichang | 103.5 | 103.8 | 104.0 | 105.2 | 106.5 | 107.6 | 107.5 | 107.0 | 106.6 | 105.8 | 106.0 | 106.1 |
| 襄阳 | Xiangyang | 100.8 | 101.5 | 102.1 | 102.8 | 103.3 | 104.1 | 104.4 | 104.1 | 104.3 | 104.3 | 104.7 | 105.0 |
| 岳阳 | Yueyang | 103.0 | 103.0 | 103.3 | 103.6 | 104.1 | 104.7 | 105.0 | 105.0 | 104.9 | 104.6 | 105.0 | 105.0 |
| 常德 | Changde | 102.3 | 102.6 | 103.1 | 103.2 | 103.8 | 104.4 | 104.6 | 104.7 | 104.1 | 104.0 | 104.0 | 104.1 |
| 惠州 | Huizhou | 114.9 | 114.8 | 115.6 | 115.8 | 114.9 | 114.7 | 113.7 | 113.0 | 109.1 | 108.2 | 106.6 | 106.4 |
| 湛江 | Zhanjiang | 103.4 | 103.9 | 104.6 | 105.8 | 107.1 | 107.8 | 108.3 | 109.1 | 109.1 | 109.2 | 109.1 | 108.2 |
| 韶关 | Shaoguan | 102.2 | 102.0 | 103.3 | 104.2 | 104.7 | 105.9 | 107.0 | 107.0 | 106.3 | 106.1 | 106.2 | 105.9 |
| 桂林 | Guilin | 98.3 | 98.2 | 98.4 | 99.0 | 99.6 | 100.2 | 100.7 | 101.7 | 101.8 | 102.3 | 103.0 | 103.0 |
| 北海 | Beihai | 101.8 | 102.2 | 102.4 | 104.0 | 105.9 | 107.8 | 108.7 | 109.0 | 109.1 | 109.1 | 108.9 | 108.4 |
| 三亚 | Sanya | 103.0 | 103.7 | 104.6 | 104.6 | 104.4 | 103.6 | 103.6 | 103.7 | 103.3 | 103.0 | 103.2 | 102.7 |
| 泸州 | Luzhou | 102.5 | 103.1 | 103.2 | 102.8 | 102.9 | 103.3 | 103.3 | 103.4 | 103.4 | 103.6 | 104.2 | 104.7 |
| 南充 | Nanchong | 102.7 | 103.0 | 103.5 | 103.5 | 103.9 | 104.6 | 104.8 | 105.0 | 105.3 | 105.7 | 106.2 | 106.6 |
| 遵义 | Zunyi | 102.8 | 103.0 | 103.4 | 103.6 | 103.9 | 104.0 | 104.1 | 104.7 | 105.4 | 105.3 | 105.6 | 106.1 |
| 大理 | Dali | 100.0 | 99.5 | 99.3 | 99.4 | 99.2 | 99.8 | 99.6 | 100.3 | 100.8 | 101.2 | 101.4 | 102.8 |

# 3-42 36个大中城市居民消费价格指数
# Consumer Price Indices for 36 Major Large and Medium-sized Cities (2013-2017)

(上年=100) (preceding year=100)

| 城 市 | City | 2013 | 2014 | 2015 | 2016 | 2017 |
|---|---|---|---|---|---|---|
| **平均指数** | **Average Index** | **102.7** | **102.1** | **101.7** | **102.2** | **101.8** |
| 北 京 | Beijing | 103.3 | 101.6 | 101.8 | 101.4 | 101.9 |
| 天 津 | Tianjin | 103.1 | 101.9 | 101.7 | 102.1 | 102.1 |
| 石家庄 | Shijiazhuang | 102.9 | 102.0 | 101.0 | 101.6 | 101.4 |
| 太 原 | Taiyuan | 103.1 | 102.2 | 100.4 | 101.2 | 101.8 |
| 呼和浩特 | Hohhot | 103.8 | 101.2 | 101.8 | 101.4 | 101.4 |
| 沈 阳 | Shenyang | 102.5 | 102.2 | 101.2 | 101.7 | 101.4 |
| 大 连 | Dalian | 102.5 | 102.0 | 101.6 | 101.9 | 102.1 |
| 长 春 | Changchun | 103.0 | 102.2 | 101.3 | 101.4 | 101.3 |
| 哈尔滨 | Harbin | 102.1 | 102.0 | 101.4 | 101.8 | 101.6 |
| 上 海 | Shanghai | 102.3 | 102.7 | 102.4 | 103.2 | 101.7 |
| 南 京 | Nanjing | 102.7 | 102.6 | 102.0 | 102.7 | 101.9 |
| 杭 州 | Hangzhou | 102.5 | 102.0 | 101.8 | 102.6 | 102.5 |
| 宁 波 | Ningbo | 102.2 | 101.9 | 101.8 | 102.1 | 101.8 |
| 合 肥 | Hefei | 102.7 | 102.0 | 101.6 | 102.6 | 101.4 |
| 福 州 | Fuzhou | 102.6 | 101.7 | 101.4 | 102.5 | 101.4 |
| 厦 门 | Xiamen | 102.3 | 102.2 | 101.7 | 101.7 | 102.0 |
| 南 昌 | Nanchang | 102.3 | 102.5 | 101.6 | 102.1 | 102.1 |
| 济 南 | Jinan | 102.8 | 102.2 | 101.9 | 102.7 | 102.0 |
| 青 岛 | Qingdao | 102.5 | 102.6 | 101.2 | 102.5 | 102.0 |
| 郑 州 | Zhengzhou | 102.8 | 102.0 | 101.1 | 102.3 | 101.8 |
| 武 汉 | Wuhan | 102.4 | 101.9 | 101.4 | 102.4 | 101.9 |
| 长 沙 | Changsha | 102.8 | 102.7 | 101.1 | 101.9 | 101.3 |
| 广 州 | Guangzhou | 102.6 | 102.3 | 101.7 | 102.7 | 102.3 |
| 深 圳 | Shenzhen | 102.7 | 102.0 | 102.2 | 102.4 | 101.4 |
| 南 宁 | Nanning | 102.1 | 101.6 | 101.9 | 101.4 | 102.3 |
| 海 口 | Haikou | 102.9 | 102.2 | 101.2 | 103.0 | 103.3 |
| 重 庆 | Chongqing | 102.7 | 101.8 | 101.3 | 101.8 | 101.0 |
| 成 都 | Chengdu | 103.1 | 101.3 | 101.1 | 102.2 | 102.0 |
| 贵 阳 | Guiyang | 103.2 | 102.7 | 102.3 | 101.1 | 101.0 |
| 昆 明 | Kunming | 103.9 | 103.1 | 102.4 | 101.7 | 100.5 |
| 拉 萨 | Lhasa | 103.4 | 103.0 | 102.2 | 102.6 | 101.4 |
| 西 安 | Xi'an | 102.7 | 101.4 | 100.7 | 100.9 | 102.0 |
| 兰 州 | Lanzhou | 103.5 | 102.2 | 101.3 | 100.8 | 101.5 |
| 西 宁 | Xining | 103.8 | 102.8 | 102.5 | 102.1 | 101.8 |
| 银 川 | Yinchuan | 103.5 | 102.1 | 101.6 | 101.7 | 101.7 |
| 乌鲁木齐 | Urumqi | 103.5 | 102.8 | 100.7 | 101.5 | 102.8 |

# 3-43 36个大中城市商品零售价格指数
# Retail Price Indices for 36 Major Large and Medium-sized Cities (2013-2017)

(上年=100) (preceding year=100)

| 城市 | City | 2013 | 2014 | 2015 | 2016 | 2017 |
|---|---|---|---|---|---|---|
| **平均指数** | **Average Index** | **101.0** | **100.8** | **99.8** | **100.7** | **100.9** |
| 北京 | Beijing | 99.8 | 99.1 | 98.5 | 98.1 | 99.2 |
| 天津 | Tianjin | 101.7 | 100.9 | 100.3 | 100.5 | 100.8 |
| 石家庄 | Shijiazhuang | 102.1 | 101.2 | 100.2 | 101.7 | 100.9 |
| 太原 | Taiyuan | 101.3 | 100.7 | 98.6 | 100.8 | 101.7 |
| 呼和浩特 | Hohhot | 101.9 | 98.6 | 99.5 | 101.1 | 101.2 |
| 沈阳 | Shenyang | 101.6 | 101.3 | 100.0 | 100.6 | 101.0 |
| 大连 | Dalian | 101.0 | 101.0 | 99.5 | 102.0 | 101.5 |
| 长春 | Changchun | 101.3 | 101.2 | 99.1 | 101.2 | 101.2 |
| 哈尔滨 | Harbin | 101.2 | 101.5 | 100.2 | 101.6 | 99.7 |
| 上海 | Shanghai | 100.2 | 100.9 | 101.1 | 100.8 | 100.9 |
| 南京 | Nanjing | 101.2 | 102.0 | 100.6 | 100.5 | 101.6 |
| 杭州 | Hangzhou | 101.5 | 100.8 | 100.2 | 101.5 | 101.0 |
| 宁波 | Ningbo | 101.0 | 100.3 | 100.4 | 101.8 | 101.1 |
| 合肥 | Hefei | 101.2 | 100.3 | 99.5 | 100.8 | 102.3 |
| 福州 | Fuzhou | 101.0 | 100.6 | 99.4 | 100.7 | 100.3 |
| 厦门 | Xiamen | 100.4 | 100.7 | 100.0 | 100.0 | 100.8 |
| 南昌 | Nanchang | 101.3 | 101.1 | 100.5 | 100.4 | 101.0 |
| 济南 | Jinan | 101.3 | 101.2 | 100.3 | 100.8 | 101.0 |
| 青岛 | Qingdao | 101.4 | 102.3 | 100.0 | 102.0 | 100.8 |
| 郑州 | Zhengzhou | 101.4 | 101.1 | 99.0 | 100.2 | 101.7 |
| 武汉 | Wuhan | 100.9 | 100.5 | 100.0 | 101.3 | 100.1 |
| 长沙 | Changsha | 101.2 | 101.7 | 99.6 | 100.9 | 101.4 |
| 广州 | Guangzhou | 100.5 | 101.5 | 99.1 | 101.2 | 102.0 |
| 深圳 | Shenzhen | 100.7 | 101.0 | 99.7 | 100.3 | 101.5 |
| 南宁 | Nanning | 100.8 | 100.7 | 100.4 | 99.8 | 100.9 |
| 海口 | Haikou | 101.6 | 101.2 | 100.2 | 100.9 | 101.7 |
| 重庆 | Chongqing | 101.8 | 100.9 | 100.2 | 101.3 | 100.8 |
| 成都 | Chengdu | 101.7 | 100.4 | 99.5 | 100.8 | 99.4 |
| 贵阳 | Guiyang | 101.9 | 101.2 | 99.7 | 99.5 | 101.4 |
| 昆明 | Kunming | 102.5 | 101.8 | 100.7 | 100.8 | 101.3 |
| 拉萨 | Lhasa | 103.5 | 102.3 | 101.5 | 102.4 | 101.2 |
| 西安 | Xi'an | 101.7 | 100.7 | 99.7 | 100.1 | 101.7 |
| 兰州 | Lanzhou | 102.7 | 101.8 | 100.6 | 100.7 | 101.8 |
| 西宁 | Xining | 102.5 | 101.2 | 100.2 | 100.6 | 101.4 |
| 银川 | Yinchuan | 102.3 | 100.8 | 100.2 | 100.8 | 101.5 |
| 乌鲁木齐 | Urumqi | 103.5 | 102.4 | 99.4 | 100.6 | 100.7 |

# 3-44 36个大中城市居民消费价格分类指数(环比)
# Consumer Price Indices by Category for 36 Major Large and Medium-sized Cities
# (2017年1月)

(上月=100) (preceding month=100)

| 地区 | City | 居民消费价格指数 Consumer Price Index | 食品烟酒 Food, Tobacco and Liquor | 粮食 Grain | 鲜菜 Fresh Vegetables | 畜肉 Meat | 水产品 Aquatic Products | 蛋 Eggs | 鲜果 Fresh Fruits |
|---|---|---|---|---|---|---|---|---|---|
| **平均指数** | **Average Index** | **101.1** | **101.7** | **100.0** | **105.8** | **102.2** | **105.4** | **98.2** | **105.0** |
| 北京 | Beijing | 101.3 | 102.2 | 100.3 | 114.2 | 101.7 | 102.2 | 97.8 | 106.9 |
| 天津 | Tianjin | 101.3 | 102.5 | 100.0 | 114.9 | 102.1 | 103.9 | 98.2 | 111.2 |
| 石家庄 | Shijiazhuang | 101.2 | 102.4 | 99.8 | 119.7 | 101.1 | 100.4 | 96.6 | 109.1 |
| 太原 | Taiyuan | 101.8 | 102.8 | 100.8 | 121.1 | 101.4 | 101.9 | 98.0 | 111.5 |
| 呼和浩特 | Hohhot | 101.2 | 103.5 | 99.7 | 117.8 | 104.7 | 103.0 | 96.8 | 112.0 |
| 沈阳 | Shenyang | 101.3 | 103.1 | 100.1 | 118.3 | 103.9 | 104.0 | 97.2 | 102.3 |
| 大连 | Dalian | 101.5 | 103.4 | 100.5 | 120.1 | 102.3 | 109.4 | 98.7 | 102.3 |
| 长春 | Changchun | 101.5 | 103.7 | 100.6 | 122.0 | 103.3 | 100.9 | 95.2 | 111.0 |
| 哈尔滨 | Harbin | 100.8 | 102.2 | 100.4 | 112.7 | 100.6 | 102.0 | 97.9 | 107.6 |
| 上海 | Shanghai | 101.1 | 101.1 | 99.8 | 102.2 | 101.3 | 107.3 | 99.4 | 102.9 |
| 南京 | Nanjing | 100.6 | 101.4 | 100.5 | 104.3 | 101.3 | 102.9 | 97.7 | 101.9 |
| 杭州 | Hangzhou | 101.2 | 102.1 | 100.9 | 98.9 | 103.0 | 112.0 | 99.0 | 102.2 |
| 宁波 | Ningbo | 101.4 | 102.3 | 100.0 | 102.9 | 102.5 | 110.7 | 98.8 | 105.5 |
| 合肥 | Hefei | 101.2 | 102.2 | 100.3 | 110.8 | 104.5 | 106.1 | 98.5 | 100.0 |
| 福州 | Fuzhou | 101.0 | 100.0 | 100.9 | 87.5 | 98.8 | 110.0 | 96.9 | 105.3 |
| 厦门 | Xiamen | 100.5 | 100.9 | 100.0 | 90.7 | 102.4 | 107.1 | 98.6 | 103.2 |
| 南昌 | Nanchang | 100.1 | 100.7 | 100.2 | 92.5 | 102.3 | 105.2 | 98.5 | 107.9 |
| 济南 | Jinan | 101.0 | 103.4 | 98.9 | 123.8 | 106.2 | 100.8 | 98.9 | 106.6 |
| 青岛 | Qingdao | 101.6 | 103.6 | 99.9 | 118.0 | 103.6 | 108.4 | 98.2 | 110.7 |
| 郑州 | Zhengzhou | 101.4 | 103.3 | 100.5 | 122.1 | 103.0 | 105.8 | 98.3 | 111.2 |
| 武汉 | Wuhan | 101.8 | 101.6 | 100.9 | 100.3 | 103.5 | 103.3 | 101.0 | 106.4 |
| 长沙 | Changsha | 100.8 | 101.2 | 100.5 | 102.6 | 99.7 | 102.8 | 99.1 | 108.7 |
| 广州 | Guangzhou | 101.2 | 100.9 | 97.8 | 96.1 | 103.3 | 103.1 | 97.9 | 103.8 |
| 深圳 | Shenzhen | 101.1 | 100.7 | 101.9 | 94.7 | 101.9 | 103.8 | 98.1 | 104.3 |
| 南宁 | Nanning | 101.0 | 100.8 | 99.9 | 94.6 | 103.0 | 103.5 | 98.9 | 103.1 |
| 海口 | Haikou | 101.2 | 100.6 | 99.5 | 95.6 | 101.2 | 107.2 | 98.3 | 104.2 |
| 重庆 | Chongqing | 100.7 | 100.5 | 98.5 | 102.0 | 102.6 | 100.4 | 97.4 | 102.7 |
| 成都 | Chengdu | 100.8 | 100.2 | 100.0 | 98.1 | 101.4 | 102.8 | 98.7 | 101.0 |
| 贵阳 | Guiyang | 101.2 | 101.0 | 99.8 | 98.5 | 103.5 | 104.3 | 99.6 | 106.3 |
| 昆明 | Kunming | 100.1 | 99.9 | 100.3 | 98.0 | 100.0 | 102.0 | 98.7 | 100.6 |
| 拉萨 | Lasa | 100.1 | 100.1 | 100.0 | 104.3 | 100.0 | 99.8 | 100.0 | 100.7 |
| 西安 | Xi'an | 101.1 | 102.1 | 100.7 | 113.0 | 102.1 | 101.8 | 97.4 | 105.2 |
| 兰州 | Lanzhou | 100.7 | 101.5 | 100.1 | 112.8 | 100.4 | 99.3 | 98.9 | 101.3 |
| 西宁 | Xining | 100.9 | 102.0 | 100.9 | 108.6 | 101.4 | 101.3 | 96.2 | 113.4 |
| 银川 | Yinchuan | 100.8 | 101.5 | 99.9 | 112.6 | 99.8 | 101.5 | 98.3 | 105.9 |
| 乌鲁木齐 | Urumqi | 101.5 | 103.7 | 100.1 | 112.7 | 103.9 | 101.4 | 93.6 | 106.6 |

3-44 续表 continued

(上月=100) (preceding month=100)

| 地区 | City | 衣着 Clothing | 居住 Residence | 生活用品及服务 Household Facilities,Articles and Services | 交通和通信 Transportation and Communication | 教育文化和娱乐 Education, Culture and Recreation | 医疗保健 Health Care and Medical Services | 其他用品和服务 Miscellaneous Goods and Services |
|---|---|---|---|---|---|---|---|---|
| **平均指数** | **Average Index** | **99.2** | **100.2** | **100.3** | **101.5** | **102.9** | **101.1** | **101.8** |
| 北京 | Beijing | 98.9 | 100.0 | 100.2 | 101.2 | 105.0 | 100.5 | 101.0 |
| 天津 | Tianjin | 100.1 | 100.0 | 100.2 | 100.6 | 102.6 | 102.1 | 101.6 |
| 石家庄 | Shijiazhuang | 98.6 | 100.5 | 100.0 | 101.6 | 103.0 | 100.2 | 101.1 |
| 太原 | Taiyuan | 97.6 | 100.1 | 100.1 | 102.2 | 104.4 | 105.1 | 100.1 |
| 呼和浩特 | Hohhot | 99.9 | 100.0 | 100.2 | 100.9 | 100.0 | 100.2 | 100.5 |
| 沈阳 | Shenyang | 99.7 | 100.5 | 100.4 | 100.9 | 101.0 | 101.0 | 99.8 |
| 大连 | Dalian | 99.7 | 100.2 | 100.1 | 100.8 | 103.0 | 100.0 | 101.2 |
| 长春 | Changchun | 99.1 | 100.0 | 100.2 | 101.1 | 103.3 | 100.2 | 101.1 |
| 哈尔滨 | Harbin | 98.9 | 100.1 | 100.2 | 101.3 | 100.1 | 100.1 | 101.4 |
| 上海 | Shanghai | 99.2 | 99.9 | 100.5 | 101.7 | 105.9 | 99.9 | 103.4 |
| 南京 | Nanjing | 99.9 | 100.3 | 100.2 | 100.9 | 100.4 | 100.0 | 100.3 |
| 杭州 | Hangzhou | 97.9 | 100.2 | 100.6 | 102.1 | 103.2 | 100.0 | 101.0 |
| 宁波 | Ningbo | 100.4 | 100.6 | 99.8 | 101.7 | 102.2 | 100.0 | 101.1 |
| 合肥 | Hefei | 98.6 | 100.4 | 100.8 | 101.5 | 102.4 | 100.8 | 100.6 |
| 福州 | Fuzhou | 98.0 | 101.0 | 100.9 | 101.7 | 103.9 | 99.9 | 107.2 |
| 厦门 | Xiamen | 95.1 | 99.8 | 100.4 | 101.3 | 102.1 | 100.1 | 106.8 |
| 南昌 | Nanchang | 96.5 | 100.4 | 100.4 | 101.1 | 99.4 | 99.9 | 99.8 |
| 济南 | Jinan | 99.4 | 99.6 | 99.8 | 101.4 | 99.8 | 100.4 | 100.3 |
| 青岛 | Qingdao | 98.1 | 100.2 | 100.8 | 101.8 | 101.6 | 100.9 | 104.5 |
| 郑州 | Zhengzhou | 100.0 | 100.3 | 100.1 | 100.8 | 102.3 | 100.0 | 101.5 |
| 武汉 | Wuhan | 100.1 | 100.4 | 100.1 | 102.2 | 100.0 | 113.4 | 100.9 |
| 长沙 | Changsha | 100.4 | 100.5 | 100.5 | 100.8 | 101.0 | 100.0 | 100.7 |
| 广州 | Guangzhou | 99.0 | 100.8 | 101.1 | 101.8 | 103.1 | 100.9 | 102.4 |
| 深圳 | Shenzhen | 98.4 | 100.5 | 100.5 | 102.6 | 102.8 | 102.6 | 100.8 |
| 南宁 | Nanning | 102.3 | 100.8 | 99.7 | 101.9 | 101.1 | 100.2 | 102.5 |
| 海口 | Haikou | 95.2 | 101.0 | 99.5 | 101.9 | 101.9 | 108.4 | 102.1 |
| 重庆 | Chongqing | 100.1 | 100.0 | 100.0 | 101.5 | 103.0 | 99.3 | 101.8 |
| 成都 | Chengdu | 100.1 | 100.1 | 100.0 | 101.8 | 101.7 | 103.7 | 102.0 |
| 贵阳 | Guiyang | 98.4 | 100.0 | 100.8 | 101.9 | 105.9 | 100.0 | 100.2 |
| 昆明 | Kunming | 99.6 | 98.9 | 100.1 | 102.2 | 100.0 | 101.8 | 100.2 |
| 拉萨 | Lasa | 100.0 | 100.0 | 99.8 | 100.6 | 99.9 | 100.0 | 100.3 |
| 西安 | Xi'an | 98.3 | 100.1 | 100.0 | 101.4 | 103.0 | 100.1 | 101.2 |
| 兰州 | Lanzhou | 99.9 | 100.1 | 100.1 | 100.6 | 100.7 | 101.4 | 100.9 |
| 西宁 | Xining | 98.9 | 100.0 | 99.3 | 102.6 | 101.3 | 100.1 | 100.6 |
| 银川 | Yinchuan | 99.2 | 100.0 | 100.4 | 101.0 | 101.3 | 100.7 | 100.5 |
| 乌鲁木齐 | Urumqi | 100.3 | 99.9 | 99.9 | 100.5 | 102.6 | 100.0 | 99.4 |

# 3-45 36个大中城市居民消费价格分类指数(环比)
# Consumer Price Indices by Category for 36 Major Large and Medium-sized Cities
## (2017年2月)

(上月=100) (preceding month=100)

| 地区 | City | 居民消费价格指数 Consumer Price Index | 食品烟酒 Food, Tobacco and Liquor | 粮食 Grain | 鲜菜 Fresh Vegetables | 畜肉 Meat | 水产品 Aquatic Products | 蛋 Eggs | 鲜果 Fresh Fruits |
|---|---|---|---|---|---|---|---|---|---|
| **平均指数** | **Average Index** | **99.8** | **99.9** | **100.2** | **95.0** | **99.1** | **101.6** | **95.1** | **104.3** |
| 北京 | Beijing | 99.9 | 98.8 | 100.9 | 90.5 | 99.6 | 101.0 | 93.4 | 100.7 |
| 天津 | Tianjin | 99.8 | 99.6 | 99.8 | 92.2 | 99.5 | 101.3 | 92.9 | 105.6 |
| 石家庄 | Shijiazhuang | 100.0 | 99.5 | 100.1 | 90.7 | 99.6 | 103.8 | 93.8 | 105.4 |
| 太原 | Taiyuan | 99.3 | 99.2 | 101.0 | 88.1 | 100.0 | 99.0 | 85.0 | 110.9 |
| 呼和浩特 | Hohhot | 99.9 | 99.7 | 100.7 | 94.1 | 98.4 | 101.7 | 94.0 | 106.0 |
| 沈阳 | Shenyang | 99.4 | 99.1 | 100.0 | 90.1 | 96.3 | 100.9 | 94.0 | 112.7 |
| 大连 | Dalian | 99.7 | 99.6 | 100.2 | 94.9 | 98.2 | 98.9 | 93.0 | 107.0 |
| 长春 | Changchun | 99.5 | 99.1 | 100.2 | 92.7 | 97.8 | 101.3 | 94.5 | 101.2 |
| 哈尔滨 | Harbin | 99.9 | 100.2 | 100.1 | 102.3 | 99.4 | 99.2 | 92.4 | 102.2 |
| 上海 | Shanghai | 99.4 | 100.4 | 100.4 | 97.9 | 99.6 | 100.6 | 97.8 | 102.5 |
| 南京 | Nanjing | 100.3 | 100.7 | 100.3 | 95.8 | 100.4 | 102.8 | 96.2 | 111.7 |
| 杭州 | Hangzhou | 100.1 | 100.6 | 100.5 | 95.9 | 99.0 | 105.6 | 98.3 | 103.2 |
| 宁波 | Ningbo | 100.5 | 100.7 | 100.0 | 99.1 | 100.7 | 102.0 | 98.6 | 103.2 |
| 合肥 | Hefei | 99.6 | 98.7 | 99.8 | 87.8 | 98.2 | 103.0 | 93.2 | 104.1 |
| 福州 | Fuzhou | 99.6 | 100.0 | 99.8 | 92.3 | 101.3 | 103.3 | 97.5 | 97.9 |
| 厦门 | Xiamen | 100.5 | 100.3 | 101.0 | 93.2 | 99.8 | 102.9 | 99.0 | 101.6 |
| 南昌 | Nanchang | 99.9 | 99.9 | 100.3 | 96.0 | 99.3 | 103.2 | 97.7 | 105.6 |
| 济南 | Jinan | 99.8 | 98.9 | 100.5 | 89.2 | 97.8 | 101.0 | 95.1 | 104.3 |
| 青岛 | Qingdao | 99.7 | 100.0 | 101.0 | 92.1 | 98.8 | 101.2 | 92.2 | 109.3 |
| 郑州 | Zhengzhou | 99.7 | 99.6 | 100.1 | 92.7 | 99.0 | 102.5 | 92.8 | 108.8 |
| 武汉 | Wuhan | 100.1 | 100.6 | 100.0 | 100.0 | 98.9 | 103.6 | 99.0 | 107.1 |
| 长沙 | Changsha | 99.8 | 99.3 | 100.0 | 87.0 | 101.0 | 102.9 | 97.5 | 105.3 |
| 广州 | Guangzhou | 99.8 | 100.5 | 99.0 | 100.1 | 98.6 | 102.3 | 92.3 | 102.8 |
| 深圳 | Shenzhen | 99.6 | 99.8 | 100.0 | 97.3 | 98.2 | 99.7 | 98.1 | 101.2 |
| 南宁 | Nanning | 99.7 | 100.1 | 100.2 | 98.3 | 99.5 | 101.3 | 97.6 | 104.5 |
| 海口 | Haikou | 99.9 | 100.0 | 100.1 | 96.9 | 99.0 | 101.5 | 99.3 | 102.5 |
| 重庆 | Chongqing | 99.8 | 100.1 | 100.9 | 98.4 | 98.8 | 102.1 | 95.0 | 111.6 |
| 成都 | Chengdu | 99.6 | 99.7 | 99.5 | 97.8 | 99.2 | 101.4 | 95.1 | 102.9 |
| 贵阳 | Guiyang | 99.0 | 99.1 | 100.1 | 95.1 | 97.4 | 103.4 | 94.8 | 101.3 |
| 昆明 | Kunming | 100.0 | 99.5 | 100.1 | 93.8 | 99.1 | 101.6 | 96.6 | 102.5 |
| 拉萨 | Lasa | 100.1 | 100.3 | 100.0 | 98.1 | 99.6 | 103.6 | 99.1 | 99.9 |
| 西安 | Xi'an | 100.1 | 99.0 | 100.8 | 87.9 | 98.5 | 101.1 | 92.5 | 105.6 |
| 兰州 | Lanzhou | 99.8 | 100.0 | 100.0 | 99.9 | 98.6 | 100.9 | 92.7 | 106.0 |
| 西宁 | Xining | 99.8 | 99.7 | 100.3 | 95.5 | 99.2 | 102.5 | 97.1 | 104.1 |
| 银川 | Yinchuan | 99.9 | 99.5 | 100.3 | 90.3 | 101.3 | 102.1 | 94.7 | 108.3 |
| 乌鲁木齐 | Urumqi | 100.3 | 100.4 | 100.1 | 96.5 | 101.6 | 101.0 | 96.5 | 100.0 |

## 3-45 续表 continued

(上月=100) (preceding month=100)

| 地 区 | City | 衣着 Clothing | 居住 Residence | 生活用品及服务 Household Facilities,Articles and Services | 交通和通信 Transportation and Communication | 教育文化和娱乐 Education, Culture and Recreation | 医疗保健 Health Care and Medical Services | 其他用品和服务 Miscellaneous Goods and Services |
|---|---|---|---|---|---|---|---|---|
| **平均指数** | **Average Index** | **100.0** | **100.6** | **99.9** | **99.2** | **97.9** | **100.4** | **99.9** |
| 北 京 | Beijing | 101.0 | 101.5 | 99.9 | 99.1 | 98.3 | 100.2 | 100.8 |
| 天 津 | Tianjin | 100.7 | 100.1 | 100.2 | 99.7 | 98.7 | 100.1 | 100.7 |
| 石家庄 | Shijiazhuang | 102.0 | 101.4 | 99.8 | 99.9 | 96.3 | 100.3 | 101.1 |
| 太 原 | Taiyuan | 99.3 | 100.0 | 100.1 | 99.5 | 97.1 | 100.0 | 99.9 |
| 呼和浩特 | Hohhot | 100.1 | 100.0 | 100.2 | 99.9 | 99.9 | 100.0 | 100.0 |
| 沈 阳 | Shenyang | 99.1 | 100.0 | 99.3 | 98.8 | 99.4 | 100.3 | 100.2 |
| 大 连 | Dalian | 100.6 | 100.1 | 100.2 | 99.9 | 97.6 | 100.1 | 100.8 |
| 长 春 | Changchun | 99.4 | 100.4 | 100.2 | 100.0 | 97.7 | 100.0 | 100.3 |
| 哈尔滨 | Harbin | 99.1 | 100.0 | 100.3 | 99.2 | 99.5 | 100.0 | 101.0 |
| 上 海 | Shanghai | 100.2 | 100.5 | 100.6 | 97.4 | 94.1 | 101.4 | 97.3 |
| 南 京 | Nanjing | 100.0 | 100.5 | 100.4 | 100.1 | 99.7 | 100.0 | 100.6 |
| 杭 州 | Hangzhou | 100.9 | 101.0 | 100.0 | 99.4 | 97.9 | 100.0 | 100.2 |
| 宁 波 | Ningbo | 100.1 | 100.9 | 100.1 | 99.6 | 100.4 | 100.2 | 100.6 |
| 合 肥 | Hefei | 99.1 | 100.1 | 100.1 | 99.7 | 99.9 | 100.2 | 100.9 |
| 福 州 | Fuzhou | 98.8 | 100.5 | 99.4 | 98.9 | 97.6 | 100.1 | 100.6 |
| 厦 门 | Xiamen | 99.4 | 103.0 | 100.1 | 99.2 | 99.1 | 100.0 | 100.3 |
| 南 昌 | Nanchang | 98.9 | 100.2 | 100.3 | 99.5 | 100.5 | 100.0 | 100.5 |
| 济 南 | Jinan | 99.9 | 100.8 | 100.7 | 98.7 | 100.0 | 100.2 | 101.7 |
| 青 岛 | Qingdao | 98.2 | 100.1 | 99.2 | 99.8 | 99.1 | 100.0 | 100.0 |
| 郑 州 | Zhengzhou | 99.9 | 100.5 | 100.3 | 99.5 | 97.7 | 100.0 | 101.1 |
| 武 汉 | Wuhan | 100.0 | 100.3 | 99.9 | 99.2 | 99.8 | 100.1 | 101.0 |
| 长 沙 | Changsha | 99.9 | 100.8 | 99.4 | 99.5 | 99.7 | 100.1 | 100.2 |
| 广 州 | Guangzhou | 99.4 | 101.2 | 98.5 | 99.1 | 96.5 | 100.0 | 99.7 |
| 深 圳 | Shenzhen | 99.8 | 100.6 | 100.4 | 98.7 | 97.0 | 100.3 | 100.7 |
| 南 宁 | Nanning | 96.2 | 101.4 | 100.0 | 99.7 | 98.8 | 100.0 | 98.7 |
| 海 口 | Haikou | 97.3 | 99.9 | 97.6 | 101.2 | 99.9 | 100.6 | 100.3 |
| 重 庆 | Chongqing | 100.3 | 100.0 | 99.3 | 99.8 | 98.3 | 100.2 | 99.5 |
| 成 都 | Chengdu | 99.8 | 100.0 | 99.9 | 99.8 | 97.9 | 100.2 | 99.8 |
| 贵 阳 | Guiyang | 100.5 | 100.0 | 100.1 | 100.0 | 94.4 | 100.0 | 100.4 |
| 昆 明 | Kunming | 101.6 | 100.1 | 100.4 | 99.3 | 100.2 | 100.6 | 100.8 |
| 拉 萨 | Lasa | 99.4 | 100.1 | 99.6 | 99.9 | 99.9 | 101.1 | 99.4 |
| 西 安 | Xi'an | 100.3 | 100.2 | 100.3 | 101.7 | 100.6 | 100.6 | 100.9 |
| 兰 州 | Lanzhou | 100.0 | 99.1 | 100.2 | 99.9 | 99.3 | 100.9 | 99.6 |
| 西 宁 | Xining | 101.0 | 100.0 | 100.4 | 98.9 | 98.4 | 100.1 | 101.1 |
| 银 川 | Yinchuan | 99.9 | 100.0 | 99.9 | 99.0 | 99.1 | 103.5 | 100.1 |
| 乌鲁木齐 | Urumqi | 100.1 | 100.0 | 100.0 | 101.0 | 100.3 | 100.0 | 100.3 |

# 3-46 36个大中城市居民消费价格分类指数(环比)

# Consumer Price Indices by Category for 36 Major Large and Medium-sized Cities

## (2017年3月)

(上月=100) (preceding month=100)

| 地区 | City | 居民消费价格指数 Consumer Price Index | 食品烟酒 Food, Tobacco and Liquor | 粮食 Grain | 鲜菜 Fresh Vegetables | 畜肉 Meat | 水产品 Aquatic Products | 蛋 Eggs | 鲜果 Fresh Fruits |
|---|---|---|---|---|---|---|---|---|---|
| **平均指数** | **Average Index** | **99.7** | **98.7** | **100.0** | **91.6** | **97.8** | **99.6** | **96.3** | **97.4** |
| 北京 | Beijing | 99.7 | 98.5 | 99.5 | 85.8 | 98.1 | 99.6 | 94.8 | 100.1 |
| 天津 | Tianjin | 99.8 | 98.4 | 101.2 | 87.5 | 98.3 | 101.4 | 95.2 | 92.2 |
| 石家庄 | Shijiazhuang | 99.7 | 97.8 | 99.1 | 88.7 | 98.8 | 96.8 | 94.9 | 94.2 |
| 太原 | Taiyuan | 100.1 | 98.1 | 100.1 | 90.0 | 96.9 | 100.1 | 94.6 | 93.0 |
| 呼和浩特 | Hohhot | 99.4 | 98.0 | 100.7 | 87.8 | 96.6 | 102.1 | 97.6 | 96.7 |
| 沈阳 | Shenyang | 99.4 | 97.4 | 99.8 | 84.6 | 96.1 | 100.4 | 98.0 | 95.8 |
| 大连 | Dalian | 99.6 | 98.0 | 100.2 | 81.7 | 96.2 | 101.9 | 96.2 | 96.7 |
| 长春 | Changchun | 100.1 | 98.5 | 100.0 | 88.8 | 97.5 | 101.7 | 95.4 | 97.3 |
| 哈尔滨 | Harbin | 99.1 | 96.7 | 99.6 | 81.8 | 97.2 | 96.7 | 98.2 | 91.9 |
| 上海 | Shanghai | 100.0 | 99.0 | 100.3 | 94.6 | 99.0 | 99.1 | 96.8 | 95.3 |
| 南京 | Nanjing | 100.0 | 99.5 | 100.2 | 87.8 | 98.2 | 103.1 | 95.9 | 104.5 |
| 杭州 | Hangzhou | 99.7 | 98.5 | 98.9 | 94.7 | 97.7 | 98.5 | 98.8 | 94.8 |
| 宁波 | Ningbo | 99.5 | 98.1 | 100.0 | 90.5 | 97.0 | 98.1 | 98.2 | 94.1 |
| 合肥 | Hefei | 99.9 | 99.1 | 99.7 | 93.4 | 95.9 | 103.4 | 92.7 | 103.2 |
| 福州 | Fuzhou | 99.8 | 98.6 | 99.9 | 87.8 | 99.4 | 97.5 | 99.1 | 100.8 |
| 厦门 | Xiamen | 100.4 | 99.2 | 99.5 | 94.5 | 98.8 | 98.4 | 95.7 | 99.7 |
| 南昌 | Nanchang | 100.5 | 100.8 | 100.0 | 107.8 | 98.6 | 102.7 | 96.1 | 106.3 |
| 济南 | Jinan | 99.5 | 97.9 | 101.0 | 84.0 | 95.9 | 100.3 | 97.3 | 99.9 |
| 青岛 | Qingdao | 99.8 | 98.4 | 99.6 | 85.6 | 96.6 | 99.4 | 97.5 | 101.2 |
| 郑州 | Zhengzhou | 99.5 | 98.3 | 101.0 | 89.3 | 98.2 | 99.6 | 98.1 | 93.3 |
| 武汉 | Wuhan | 99.4 | 98.4 | 100.0 | 90.6 | 96.1 | 102.2 | 94.5 | 100.5 |
| 长沙 | Changsha | 99.8 | 99.3 | 100.0 | 96.7 | 99.4 | 99.1 | 94.7 | 98.3 |
| 广州 | Guangzhou | 99.8 | 99.3 | 100.8 | 97.4 | 98.3 | 99.6 | 92.5 | 100.4 |
| 深圳 | Shenzhen | 99.8 | 99.1 | 99.3 | 95.8 | 97.8 | 98.7 | 99.3 | 99.6 |
| 南宁 | Nanning | 99.9 | 99.2 | 100.2 | 98.2 | 97.5 | 100.8 | 92.5 | 101.4 |
| 海口 | Haikou | 99.0 | 98.2 | 100.9 | 93.1 | 96.5 | 96.3 | 98.9 | 97.9 |
| 重庆 | Chongqing | 99.6 | 98.6 | 99.9 | 97.8 | 96.1 | 99.5 | 96.8 | 92.2 |
| 成都 | Chengdu | 99.9 | 99.4 | 100.2 | 96.3 | 98.8 | 99.0 | 99.3 | 99.9 |
| 贵阳 | Guiyang | 100.0 | 98.9 | 100.0 | 96.0 | 97.5 | 97.8 | 96.9 | 99.3 |
| 昆明 | Kunming | 99.9 | 99.2 | 100.0 | 94.2 | 98.6 | 100.3 | 97.8 | 100.6 |
| 拉萨 | Lasa | 100.0 | 100.2 | 100.0 | 98.6 | 99.3 | 99.[illegible] | 100.0 | 100.9 |
| 西安 | Xi'an | 100.1 | 99.5 | 98.2 | 94.0 | 99.2 | 102.0 | 90.5 | 102.2 |
| 兰州 | Lanzhou | 99.7 | 99.2 | 100.2 | 92.8 | 99.0 | 99.4 | 87.7 | 103.1 |
| 西宁 | Xining | 99.4 | 98.5 | 100.9 | 89.6 | 98.6 | 101.5 | 96.1 | 93.2 |
| 银川 | Yinchuan | 100.0 | 98.9 | 99.6 | 91.9 | 98.0 | 101.1 | 96.1 | 101.0 |
| 乌鲁木齐 | Urumqi | 99.2 | 98.1 | 99.9 | 87.8 | 97.4 | 101.0 | 100.2 | 97.3 |

3-46 续表 continued

(上月=100) (preceding month=100)

| 地区 | City | 衣着 Clothing | 居住 Residence | 生活用品及服务 Household Facilities,Articles and Services | 交通和通信 Transportation and Communication | 教育文化和娱乐 Education, Culture and Recreation | 医疗保健 Health Care and Medical Services | 其他用品和服务 Miscellaneous Goods and Services |
|---|---|---|---|---|---|---|---|---|
| **平均指数** | **Average Index** | **100.6** | **100.3** | **100.0** | **99.8** | **99.7** | **100.7** | **100.1** |
| 北京 | Beijing | 100.4 | 100.8 | 99.9 | 100.4 | 97.6 | 100.3 | 99.9 |
| 天津 | Tianjin | 100.2 | 100.3 | 100.1 | 99.9 | 100.6 | 100.3 | 99.9 |
| 石家庄 | Shijiazhuang | 102.1 | 100.8 | 100.6 | 99.6 | 99.3 | 100.5 | 100.5 |
| 太原 | Taiyuan | 106.8 | 100.0 | 100.3 | 99.8 | 99.7 | 100.0 | 100.3 |
| 呼和浩特 | Hohhot | 100.4 | 99.9 | 99.8 | 99.9 | 100.0 | 100.1 | 99.8 |
| 沈阳 | Shenyang | 100.6 | 100.1 | 100.4 | 99.6 | 100.3 | 100.7 | 100.4 |
| 大连 | Dalian | 101.1 | 100.1 | 100.8 | 99.8 | 100.2 | 100.3 | 100.2 |
| 长春 | Changchun | 99.8 | 100.8 | 100.1 | 99.7 | 99.7 | 104.6 | 100.5 |
| 哈尔滨 | Harbin | 101.6 | 100.0 | 99.8 | 100.3 | 99.1 | 100.5 | 99.9 |
| 上海 | Shanghai | 100.3 | 99.9 | 99.7 | 100.4 | 100.2 | 102.2 | 100.6 |
| 南京 | Nanjing | 101.4 | 100.5 | 100.2 | 99.5 | 99.5 | 100.0 | 100.5 |
| 杭州 | Hangzhou | 99.6 | 100.4 | 99.8 | 99.8 | 100.0 | 100.2 | 100.4 |
| 宁波 | Ningbo | 99.4 | 100.7 | 99.8 | 99.8 | 99.1 | 100.7 | 99.9 |
| 合肥 | Hefei | 103.2 | 100.0 | 100.3 | 99.3 | 99.9 | 100.2 | 100.7 |
| 福州 | Fuzhou | 100.4 | 100.3 | 99.8 | 99.6 | 101.2 | 100.1 | 99.7 |
| 厦门 | Xiamen | 102.3 | 100.9 | 100.1 | 99.4 | 98.9 | 106.3 | 100.0 |
| 南昌 | Nanchang | 103.7 | 100.0 | 99.7 | 99.6 | 100.3 | 100.0 | 100.1 |
| 济南 | Jinan | 99.8 | 100.5 | 100.2 | 99.7 | 100.5 | 100.0 | 100.0 |
| 青岛 | Qingdao | 100.5 | 100.8 | 100.7 | 99.6 | 100.4 | 101.3 | 99.4 |
| 郑州 | Zhengzhou | 100.2 | 100.0 | 99.8 | 99.7 | 99.5 | 100.5 | 100.0 |
| 武汉 | Wuhan | 100.0 | 99.8 | 100.0 | 99.1 | 100.0 | 100.0 | 99.6 |
| 长沙 | Changsha | 100.0 | 100.0 | 100.1 | 100.0 | 100.0 | 100.0 | 99.8 |
| 广州 | Guangzhou | 100.9 | 99.9 | 100.1 | 100.2 | 99.6 | 100.1 | 100.7 |
| 深圳 | Shenzhen | 101.0 | 100.5 | 98.6 | 99.6 | 100.1 | 100.2 | 99.7 |
| 南宁 | Nanning | 100.9 | 100.3 | 100.3 | 99.3 | 100.5 | 100.1 | 100.1 |
| 海口 | Haikou | 101.3 | 99.5 | 100.9 | 98.7 | 97.7 | 100.3 | 99.3 |
| 重庆 | Chongqing | 100.3 | 100.3 | 100.5 | 99.0 | 100.3 | 100.1 | 99.4 |
| 成都 | Chengdu | 99.7 | 100.5 | 100.0 | 99.6 | 100.2 | 100.2 | 100.0 |
| 贵阳 | Guiyang | 102.3 | 101.8 | 100.4 | 100.1 | 97.9 | 100.0 | 99.9 |
| 昆明 | Kunming | 100.7 | 99.9 | 100.2 | 100.0 | 100.7 | 100.0 | 99.7 |
| 拉萨 | Lasa | 100.0 | 99.9 | 100.0 | 99.5 | 100.0 | 100.0 | 101.1 |
| 西安 | Xi'an | 104.5 | 100.4 | 99.3 | 99.0 | 100.0 | 99.9 | 99.2 |
| 兰州 | Lanzhou | 100.0 | 99.4 | 100.3 | 100.0 | 100.0 | 100.4 | 100.6 |
| 西宁 | Xining | 100.7 | 100.4 | 100.6 | 98.3 | 97.5 | 100.7 | 101.2 |
| 银川 | Yinchuan | 102.1 | 100.3 | 100.3 | 99.6 | 100.1 | 100.4 | 100.8 |
| 乌鲁木齐 | Urumqi | 99.1 | 100.0 | 99.9 | 99.0 | 99.9 | 100.0 | 100.1 |

# 3-47 36个大中城市居民消费价格分类指数(环比)

# Consumer Price Indices by Category for 36 Major Large and Medium-sized Cities (2017年4月)

(上月=100) (preceding month=100)

| 地 区 | City | 居民消费价格指数 Consumer Price Index | 食品烟酒 Food, Tobacco and Liquor | 粮食 Grain | 鲜菜 Fresh Vegetables | 畜肉 Meat | 水产品 Aquatic Products | 蛋 Eggs | 鲜果 Fresh Fruits |
|---|---|---|---|---|---|---|---|---|---|
| **平均指数** | **Average Index** | **100.1** | **99.8** | **100.2** | **95.3** | **99.1** | **101.1** | **99.9** | **101.1** |
| 北 京 | Beijing | 100.4 | 99.8 | 99.8 | 89.2 | 99.2 | 100.5 | 101.1 | 102.4 |
| 天 津 | Tianjin | 100.1 | 99.7 | 99.8 | 92.8 | 99.4 | 101.7 | 101.7 | 101.3 |
| 石 家 庄 | Shijiazhuang | 99.5 | 98.6 | 98.8 | 81.9 | 99.7 | 102.7 | 103.5 | 103.9 |
| 太 原 | Taiyuan | 99.8 | 99.0 | 97.8 | 92.6 | 99.2 | 102.0 | 101.1 | 99.2 |
| 呼和浩特 | Hohhot | 99.7 | 98.9 | 100.0 | 91.5 | 98.5 | 102.8 | 102.7 | 97.3 |
| 沈 阳 | Shenyang | 99.9 | 98.9 | 100.5 | 86.3 | 99.5 | 101.4 | 97.7 | 102.5 |
| 大 连 | Dalian | 100.2 | 99.2 | 99.9 | 89.1 | 99.1 | 100.0 | 100.3 | 100.3 |
| 长 春 | Changchun | 100.0 | 99.7 | 99.6 | 89.9 | 98.0 | 101.2 | 97.4 | 109.6 |
| 哈 尔 滨 | Harbin | 99.4 | 97.3 | 99.4 | 82.9 | 96.6 | 97.4 | 100.9 | 95.8 |
| 上 海 | Shanghai | 100.2 | 99.9 | 100.6 | 96.0 | 99.4 | 101.4 | 99.2 | 99.0 |
| 南 京 | Nanjing | 100.1 | 100.1 | 99.7 | 98.8 | 98.9 | 103.1 | 98.1 | 102.7 |
| 杭 州 | Hangzhou | 100.2 | 99.5 | 100.8 | 97.8 | 98.8 | 100.4 | 99.2 | 99.9 |
| 宁 波 | Ningbo | 100.0 | 99.4 | 100.3 | 96.0 | 99.6 | 99.6 | 99.8 | 99.4 |
| 合 肥 | Hefei | 100.0 | 100.0 | 101.5 | 91.1 | 97.7 | 104.0 | 98.1 | 114.3 |
| 福 州 | Fuzhou | 100.2 | 100.5 | 99.2 | 103.3 | 97.3 | 101.1 | 100.1 | 105.5 |
| 厦 门 | Xiamen | 100.0 | 99.8 | 100.5 | 99.0 | 98.8 | 98.8 | 102.4 | 103.3 |
| 南 昌 | Nanchang | 100.1 | 100.3 | 100.0 | 100.2 | 99.4 | 103.0 | 99.2 | 99.5 |
| 济 南 | Jinan | 100.1 | 99.5 | 100.4 | 87.5 | 98.8 | 101.9 | 99.2 | 103.0 |
| 青 岛 | Qingdao | 100.0 | 98.7 | 101.9 | 85.7 | 98.0 | 103.0 | 98.5 | 97.7 |
| 郑 州 | Zhengzhou | 100.0 | 99.1 | 101.4 | 90.7 | 98.0 | 101.5 | 97.1 | 96.7 |
| 武 汉 | Wuhan | 100.0 | 100.0 | 100.0 | 95.9 | 99.5 | 103.9 | 98.9 | 102.1 |
| 长 沙 | Changsha | 100.1 | 100.0 | 100.0 | 100.5 | 98.5 | 103.1 | 98.0 | 100.9 |
| 广 州 | Guangzhou | 100.5 | 100.5 | 99.4 | 103.2 | 100.0 | 101.6 | 100.5 | 99.8 |
| 深 圳 | Shenzhen | 100.0 | 100.3 | 101.7 | 102.0 | 99.6 | 101.0 | 100.8 | 100.9 |
| 南 宁 | Nanning | 100.0 | 100.0 | 100.0 | 102.8 | 99.1 | 100.1 | 98.3 | 100.8 |
| 海 口 | Haikou | 100.3 | 99.7 | 100.4 | 99.5 | 97.6 | 100.5 | 97.8 | 100.1 |
| 重 庆 | Chongqing | 100.2 | 99.8 | 100.6 | 99.3 | 98.1 | 100.6 | 99.4 | 99.5 |
| 成 都 | Chengdu | 100.1 | 100.6 | 100.0 | 102.8 | 99.4 | 99.8 | 99.8 | 108.2 |
| 贵 阳 | Guiyang | 100.2 | 100.2 | 100.0 | 99.3 | 98.8 | 102.1 | 100.0 | 103.2 |
| 昆 明 | Kunming | 100.0 | 100.4 | 100.0 | 99.7 | 99.5 | 101.0 | 100.3 | 106.7 |
| 拉 萨 | Lasa | 100.0 | 99.5 | 100.0 | 94.6 | 98.9 | 102.6 | 100.0 | 97.1 |
| 西 安 | Xi'an | 100.9 | 99.3 | 101.2 | 91.5 | 98.0 | 101.6 | 102.1 | 97.7 |
| 兰 州 | Lanzhou | 100.5 | 100.5 | 100.6 | 92.6 | 100.6 | 101.6 | 104.9 | 110.9 |
| 西 宁 | Xining | 100.2 | 99.7 | 100.4 | 92.0 | 100.3 | 99.6 | 99.8 | 106.5 |
| 银 川 | Yinchuan | 100.1 | 99.2 | 100.0 | 91.6 | 99.9 | 100.4 | 102.6 | 100.9 |
| 乌鲁木齐 | Urumqi | 99.7 | 99.3 | 100.2 | 87.9 | 100.2 | 102.3 | 100.0 | 103.5 |

3-47 续表 continued

(上月=100) (preceding month=100)

| 地 区 | City | 衣着 Clothing | 居住 Residence | 生活用品及服务 Household Facilities,Articles and Services | 交通和通信 Transportation and Communication | 教育文化和娱乐 Education, Culture and Recreation | 医疗保健 Health Care and Medical Services | 其他用品和服务 Miscellaneous Goods and Services |
|---|---|---|---|---|---|---|---|---|
| **平均指数** | **Average Index** | **100.2** | **100.1** | **100.3** | **99.9** | **100.6** | **100.7** | **101.1** |
| 北 京 | Beijing | 99.8 | 100.2 | 100.4 | 100.2 | 101.5 | 102.8 | 101.2 |
| 天 津 | Tianjin | 100.1 | 100.3 | 100.2 | 99.5 | 100.9 | 100.2 | 101.1 |
| 石家庄 | Shijiazhuang | 99.4 | 99.6 | 99.5 | 99.4 | 100.5 | 100.2 | 101.1 |
| 太 原 | Taiyuan | 99.0 | 100.0 | 100.0 | 100.2 | 101.5 | 99.6 | 100.1 |
| 呼和浩特 | Hohhot | 100.2 | 100.1 | 100.1 | 99.7 | 100.0 | 100.0 | 100.0 |
| 沈 阳 | Shenyang | 101.2 | 100.0 | 100.1 | 100.0 | 100.2 | 100.2 | 100.3 |
| 大 连 | Dalian | 100.9 | 100.2 | 100.6 | 99.8 | 101.2 | 100.8 | 102.2 |
| 长 春 | Changchun | 99.0 | 100.1 | 100.1 | 99.6 | 100.5 | 101.1 | 99.7 |
| 哈尔滨 | Harbin | 99.2 | 100.0 | 99.9 | 99.5 | 102.6 | 100.0 | 100.1 |
| 上 海 | Shanghai | 100.6 | 100.0 | 100.4 | 100.3 | 100.3 | 100.0 | 102.4 |
| 南 京 | Nanjing | 100.8 | 99.6 | 100.7 | 99.8 | 100.4 | 100.0 | 100.3 |
| 杭 州 | Hangzhou | 100.6 | 100.2 | 99.9 | 100.1 | 101.2 | 100.4 | 100.5 |
| 宁 波 | Ningbo | 99.1 | 100.9 | 100.0 | 99.3 | 100.3 | 100.3 | 100.1 |
| 合 肥 | Hefei | 100.0 | 100.0 | 100.3 | 99.6 | 100.2 | 100.2 | 100.0 |
| 福 州 | Fuzhou | 98.7 | 100.2 | 100.2 | 100.0 | 100.7 | 100.0 | 100.5 |
| 厦 门 | Xiamen | 100.3 | 99.8 | 100.5 | 100.1 | 99.8 | 100.4 | 100.7 |
| 南 昌 | Nanchang | 100.1 | 99.7 | 100.1 | 99.7 | 100.2 | 100.7 | 100.3 |
| 济 南 | Jinan | 100.6 | 100.7 | 100.1 | 99.5 | 100.8 | 100.2 | 100.6 |
| 青 岛 | Qingdao | 101.4 | 100.0 | 100.0 | 100.3 | 100.9 | 101.0 | 101.3 |
| 郑 州 | Zhengzhou | 100.1 | 100.0 | 100.2 | 100.0 | 100.1 | 103.0 | 101.1 |
| 武 汉 | Wuhan | 100.0 | 100.0 | 100.1 | 99.7 | 100.0 | 100.0 | 100.4 |
| 长 沙 | Changsha | 100.1 | 100.0 | 100.1 | 99.7 | 100.6 | 100.1 | 100.4 |
| 广 州 | Guangzhou | 101.4 | 99.9 | 100.4 | 99.8 | 101.7 | 100.3 | 101.5 |
| 深 圳 | Shenzhen | 100.0 | 99.8 | 100.5 | 99.4 | 99.7 | 100.3 | 100.7 |
| 南 宁 | Nanning | 99.0 | 99.9 | 100.6 | 99.7 | 100.6 | 100.0 | 100.7 |
| 海 口 | Haikou | 100.2 | 100.7 | 100.0 | 99.5 | 101.3 | 101.9 | 100.2 |
| 重 庆 | Chongqing | 100.6 | 100.2 | 100.7 | 101.0 | 99.2 | 100.2 | 101.4 |
| 成 都 | Chengdu | 99.7 | 99.9 | 100.4 | 99.7 | 100.3 | 100.1 | 100.3 |
| 贵 阳 | Guiyang | 99.9 | 100.1 | 100.2 | 99.7 | 100.6 | 100.4 | 100.2 |
| 昆 明 | Kunming | 98.6 | 100.2 | 99.6 | 99.3 | 99.9 | 100.4 | 100.5 |
| 拉 萨 | Lasa | 100.5 | 99.9 | 100.0 | 100.3 | 100.0 | 100.0 | 101.7 |
| 西 安 | Xi'an | 100.1 | 100.7 | 100.8 | 100.1 | 100.9 | 108.9 | 101.7 |
| 兰 州 | Lanzhou | 100.0 | 100.9 | 100.2 | 100.1 | 101.1 | 100.0 | 99.9 |
| 西 宁 | Xining | 101.5 | 100.0 | 100.1 | 100.5 | 99.8 | 100.3 | 101.3 |
| 银 川 | Yinchuan | 101.3 | 100.1 | 100.1 | 100.6 | 100.9 | 100.0 | 100.7 |
| 乌鲁木齐 | Urumqi | 100.7 | 100.3 | 99.6 | 99.6 | 99.0 | 100.0 | 99.9 |

# 3-48 36个大中城市居民消费价格分类指数(环比)

# Consumer Price Indices by Category for 36 Major Large and Medium-sized Cities

## (2017年5月)

(上月=100) (preceding month=100)

| 地 区 | City | 居民消费价格指数 Consumer Price Index | 食品烟酒 Food, Tobacco and Liquor | 粮食 Grain | 鲜菜 Fresh Vegetables | 畜肉 Meat | 水产品 Aquatic Products | 蛋 Eggs | 鲜果 Fresh Fruits |
|---|---|---|---|---|---|---|---|---|---|
| **平均指数** | **Average Index** | **99.9** | **99.8** | **99.9** | **94.8** | **98.6** | **100.9** | **97.2** | **104.1** |
| 北 京 | Beijing | 100.1 | 100.5 | 100.4 | 87.8 | 98.7 | 101.2 | 97.1 | 117.7 |
| 天 津 | Tianjin | 99.8 | 99.4 | 99.7 | 90.6 | 98.9 | 102.4 | 95.9 | 101.2 |
| 石 家 庄 | Shijiazhuang | 99.6 | 98.8 | 101.8 | 84.9 | 99.7 | 101.1 | 96.1 | 100.3 |
| 太 原 | Taiyuan | 100.0 | 100.5 | 100.1 | 92.7 | 97.5 | 99.9 | 94.6 | 116.5 |
| 呼和浩特 | Hohhot | 99.7 | 99.0 | 100.0 | 89.4 | 98.9 | 101.0 | 95.9 | 101.8 |
| 沈 阳 | Shenyang | 99.7 | 99.2 | 100.6 | 90.1 | 98.2 | 104.4 | 94.3 | 100.8 |
| 大 连 | Dalian | 100.1 | 100.8 | 100.3 | 92.3 | 99.3 | 104.3 | 94.9 | 110.7 |
| 长 春 | Changchun | 99.4 | 98.4 | 100.5 | 88.1 | 97.3 | 101.1 | 93.7 | 94.6 |
| 哈 尔 滨 | Harbin | 99.8 | 99.5 | 100.3 | 92.3 | 99.0 | 106.5 | 96.3 | 100.1 |
| 上 海 | Shanghai | 99.8 | 99.5 | 100.1 | 96.7 | 99.4 | 101.3 | 99.0 | 95.3 |
| 南 京 | Nanjing | 99.9 | 99.7 | 99.3 | 99.2 | 98.6 | 98.6 | 94.2 | 96.7 |
| 杭 州 | Hangzhou | 99.8 | 99.4 | 99.5 | 99.4 | 97.8 | 96.1 | 98.8 | 102.7 |
| 宁 波 | Ningbo | 99.8 | 99.4 | 99.8 | 98.2 | 97.7 | 96.4 | 97.9 | 98.9 |
| 合 肥 | Hefei | 100.0 | 99.9 | 101.2 | 88.4 | 94.1 | 98.2 | 95.3 | 125.4 |
| 福 州 | Fuzhou | 100.5 | 100.8 | 101.5 | 103.5 | 96.6 | 103.8 | 102.1 | 104.9 |
| 厦 门 | Xiamen | 100.5 | 100.3 | 100.5 | 99.2 | 99.4 | 102.0 | 97.3 | 100.8 |
| 南 昌 | Nanchang | 100.4 | 101.0 | 100.0 | 99.9 | 99.9 | 102.5 | 97.8 | 115.6 |
| 济 南 | Jinan | 99.5 | 98.4 | 98.1 | 86.0 | 97.8 | 101.5 | 97.0 | 98.9 |
| 青 岛 | Qingdao | 99.8 | 99.4 | 99.2 | 96.0 | 98.0 | 100.3 | 98.8 | 99.8 |
| 郑 州 | Zhengzhou | 99.7 | 99.3 | 101.1 | 90.0 | 99.1 | 100.8 | 96.3 | 103.4 |
| 武 汉 | Wuhan | 99.9 | 99.5 | 100.0 | 93.9 | 98.1 | 100.6 | 97.8 | 103.9 |
| 长 沙 | Changsha | 99.9 | 99.5 | 99.9 | 95.1 | 98.3 | 100.1 | 99.0 | 102.7 |
| 广 州 | Guangzhou | 99.8 | 100.0 | 100.3 | 95.6 | 99.7 | 101.8 | 97.6 | 103.8 |
| 深 圳 | Shenzhen | 100.1 | 100.2 | 97.8 | 98.3 | 99.5 | 101.5 | 99.5 | 100.8 |
| 南 宁 | Nanning | 101.4 | 99.8 | 100.1 | 97.3 | 97.8 | 100.8 | 100.0 | 100.1 |
| 海 口 | Haikou | 100.8 | 100.6 | 99.2 | 102.3 | 100.3 | 101.6 | 99.4 | 100.7 |
| 重 庆 | Chongqing | 99.9 | 99.8 | 98.6 | 95.2 | 96.5 | 101.3 | 96.2 | 117.4 |
| 成 都 | Chengdu | 99.9 | 100.1 | 99.2 | 100.3 | 97.5 | 100.5 | 98.7 | 109.9 |
| 贵 阳 | Guiyang | 100.1 | 100.6 | 100.0 | 100.0 | 98.3 | 101.0 | 99.1 | 112.1 |
| 昆 明 | Kunming | 100.1 | 100.2 | 100.0 | 106.8 | 98.2 | 100.4 | 99.3 | 103.8 |
| 拉 萨 | Lasa | 99.9 | 98.9 | 100.0 | 90.1 | 99.4 | 101.3 | 99.5 | 99.3 |
| 西 安 | Xi'an | 100.0 | 99.5 | 100.5 | 88.8 | 98.9 | 102.1 | 91.5 | 105.4 |
| 兰 州 | Lanzhou | 99.7 | 99.3 | 100.0 | 91.7 | 99.1 | 100.5 | 97.8 | 105.1 |
| 西 宁 | Xining | 100.7 | 98.6 | 98.4 | 92.7 | 99.9 | 100.3 | 95.0 | 94.4 |
| 银 川 | Yinchuan | 99.6 | 98.5 | 100.4 | 90.8 | 99.3 | 99.4 | 97.9 | 90.0 |
| 乌鲁木齐 | Urumqi | 100.1 | 100.4 | 102.5 | 91.7 | 101.7 | 100.2 | 96.7 | 107.5 |

3-48 续表 continued

(上月=100) (preceding month=100)

| 地 区 | City | 衣着 Clothing | 居住 Residence | 生活用品及服务 Household Facilities,Articles and Services | 交通和通信 Transportation and Communication | 教育文化和娱乐 Education, Culture and Recreation | 医疗保健 Health Care and Medical Services | 其他用品和服务 Miscellaneous Goods and Services |
|---|---|---|---|---|---|---|---|---|
| **平均指数** | **Average Index** | **99.9** | **100.1** | **100.2** | **99.7** | **99.7** | **100.6** | **99.5** |
| 北 京 | Beijing | 99.6 | 100.2 | 100.0 | 99.1 | 99.1 | 102.1 | 99.5 |
| 天 津 | Tianjin | 99.9 | 99.7 | 100.1 | 100.2 | 99.6 | 100.2 | 99.7 |
| 石家庄 | Shijiazhuang | 99.7 | 100.0 | 100.7 | 99.9 | 99.8 | 100.2 | 99.4 |
| 太 原 | Taiyuan | 99.7 | 99.9 | 100.2 | 99.5 | 99.4 | 100.0 | 99.9 |
| 呼和浩特 | Hohhot | 100.2 | 100.0 | 100.0 | 99.9 | 100.1 | 100.1 | 100.2 |
| 沈 阳 | Shenyang | 100.5 | 99.7 | 99.7 | 99.6 | 99.7 | 100.7 | 100.6 |
| 大 连 | Dalian | 99.9 | 100.5 | 100.0 | 100.1 | 98.7 | 100.1 | 98.4 |
| 长 春 | Changchun | 98.7 | 100.0 | 100.1 | 98.8 | 100.4 | 101.0 | 100.8 |
| 哈尔滨 | Harbin | 100.2 | 100.0 | 100.1 | 99.6 | 100.1 | 99.9 | 99.9 |
| 上 海 | Shanghai | 99.9 | 99.9 | 100.4 | 100.4 | 99.2 | 100.1 | 98.8 |
| 南 京 | Nanjing | 100.2 | 99.8 | 100.3 | 100.1 | 99.8 | 100.5 | 100.1 |
| 杭 州 | Hangzhou | 98.0 | 100.8 | 99.8 | 99.7 | 99.1 | 100.4 | 99.9 |
| 宁 波 | Ningbo | 100.2 | 99.9 | 100.1 | 100.2 | 99.3 | 100.1 | 99.7 |
| 合 肥 | Hefei | 101.5 | 100.0 | 100.1 | 99.0 | 100.0 | 100.0 | 100.4 |
| 福 州 | Fuzhou | 101.6 | 100.4 | 100.3 | 100.0 | 99.8 | 100.9 | 100.0 |
| 厦 门 | Xiamen | 100.7 | 101.0 | 100.3 | 99.8 | 100.0 | 101.7 | 100.2 |
| 南 昌 | Nanchang | 100.3 | 100.1 | 99.6 | 100.1 | 100.2 | 100.0 | 100.5 |
| 济 南 | Jinan | 99.5 | 100.2 | 100.0 | 99.4 | 100.1 | 100.9 | 99.3 |
| 青 岛 | Qingdao | 100.1 | 100.5 | 100.0 | 99.1 | 100.2 | 100.1 | 99.6 |
| 郑 州 | Zhengzhou | 100.1 | 100.0 | 100.0 | 99.1 | 100.0 | 100.0 | 99.2 |
| 武 汉 | Wuhan | 100.0 | 100.1 | 100.2 | 99.7 | 100.1 | 100.2 | 99.7 |
| 长 沙 | Changsha | 100.0 | 100.0 | 100.1 | 100.3 | 99.8 | 100.1 | 99.9 |
| 广 州 | Guangzhou | 99.9 | 99.4 | 100.8 | 99.4 | 99.9 | 100.1 | 98.8 |
| 深 圳 | Shenzhen | 99.2 | 100.2 | 100.4 | 99.9 | 100.0 | 100.0 | 99.8 |
| 南 宁 | Nanning | 102.4 | 100.7 | 101.0 | 99.3 | 100.6 | 114.0 | 99.8 |
| 海 口 | Haikou | 99.4 | 102.2 | 101.8 | 99.2 | 101.6 | 100.1 | 99.7 |
| 重 庆 | Chongqing | 100.2 | 100.2 | 100.0 | 98.9 | 99.8 | 100.7 | 99.7 |
| 成 都 | Chengdu | 99.9 | 99.7 | 99.8 | 99.7 | 99.8 | 100.1 | 99.7 |
| 贵 阳 | Guiyang | 100.4 | 100.0 | 100.0 | 99.3 | 100.0 | 100.0 | 100.0 |
| 昆 明 | Kunming | 100.5 | 100.0 | 100.0 | 99.9 | 100.0 | 100.3 | 99.5 |
| 拉 萨 | Lasa | 100.0 | 100.0 | 100.0 | 99.7 | 101.0 | 102.5 | 100.2 |
| 西 安 | Xi'an | 99.6 | 100.4 | 100.6 | 100.0 | 100.5 | 100.2 | 98.8 |
| 兰 州 | Lanzhou | 99.4 | 100.0 | 100.2 | 99.0 | 100.1 | 100.0 | 100.1 |
| 西 宁 | Xining | 100.4 | 104.0 | 99.7 | 102.1 | 99.6 | 101.9 | 100.4 |
| 银 川 | Yinchuan | 100.3 | 100.0 | 100.1 | 100.5 | 99.7 | 99.6 | 99.8 |
| 乌鲁木齐 | Urumqi | 99.2 | 99.9 | 99.4 | 99.3 | 101.5 | 100.0 | 100.1 |

# 3-49 36个大中城市居民消费价格分类指数(环比)
# Consumer Price Indices by Category for 36 Major Large and Medium-sized Cities
## (2017年6月)

(上月=100) (preceding month=100)

| 地区 | City | 居民消费价格指数 Consumer Price Index | 食品烟酒 Food, Tobacco and Liquor | 粮食 Grain | 鲜菜 Fresh Vegetables | 畜肉 Meat | 水产品 Aquatic Products | 蛋 Eggs | 鲜果 Fresh Fruits |
|---|---|---|---|---|---|---|---|---|---|
| **平均指数** | **Average Index** | **99.9** | **99.5** | **100.3** | **99.8** | **98.7** | **98.9** | **103.6** | **96.1** |
| 北京 | Beijing | 99.6 | 98.3 | 99.1 | 98.7 | 99.3 | 101.3 | 104.2 | 82.7 |
| 天津 | Tianjin | 100.0 | 100.0 | 100.4 | 99.7 | 99.3 | 99.7 | 107.4 | 98.7 |
| 石家庄 | Shijiazhuang | 99.5 | 98.4 | 99.8 | 92.8 | 98.6 | 101.8 | 107.3 | 87.0 |
| 太原 | Taiyuan | 99.3 | 98.3 | 99.7 | 95.9 | 99.5 | 100.4 | 111.8 | 85.4 |
| 呼和浩特 | Hohhot | 100.5 | 99.0 | 100.0 | 94.4 | 98.9 | 101.6 | 100.9 | 96.0 |
| 沈阳 | Shenyang | 100.1 | 100.8 | 100.4 | 94.3 | 98.7 | 98.3 | 106.6 | 116.1 |
| 大连 | Dalian | 100.0 | 100.0 | 100.1 | 96.2 | 99.9 | 99.3 | 104.0 | 102.2 |
| 长春 | Changchun | 99.0 | 97.0 | 100.1 | 89.4 | 100.5 | 100.6 | 102.9 | 78.6 |
| 哈尔滨 | Harbin | 99.6 | 99.0 | 100.3 | 90.7 | 97.9 | 100.3 | 104.2 | 100.2 |
| 上海 | Shanghai | 100.0 | 99.7 | 99.8 | 100.9 | 99.2 | 96.3 | 101.8 | 99.5 |
| 南京 | Nanjing | 99.6 | 99.3 | 99.8 | 96.1 | 98.2 | 96.5 | 107.8 | 97.6 |
| 杭州 | Hangzhou | 100.3 | 100.1 | 100.2 | 103.4 | 99.7 | 98.8 | 100.3 | 98.4 |
| 宁波 | Ningbo | 100.1 | 99.9 | 101.7 | 102.9 | 97.9 | 99.8 | 99.3 | 96.6 |
| 合肥 | Hefei | 99.3 | 98.1 | 101.1 | 97.8 | 98.6 | 94.9 | 108.5 | 83.2 |
| 福州 | Fuzhou | 99.8 | 99.6 | 99.6 | 113.0 | 98.4 | 94.3 | 99.2 | 97.4 |
| 厦门 | Xiamen | 100.0 | 100.7 | 99.1 | 114.5 | 99.8 | 97.8 | 100.6 | 99.6 |
| 南昌 | Nanchang | 99.9 | 100.0 | 100.1 | 99.8 | 98.5 | 99.6 | 100.3 | 102.7 |
| 济南 | Jinan | 99.9 | 99.4 | 101.1 | 109.7 | 98.9 | 101.8 | 106.1 | 82.0 |
| 青岛 | Qingdao | 100.0 | 99.1 | 99.7 | 104.2 | 97.6 | 98.0 | 106.0 | 88.0 |
| 郑州 | Zhengzhou | 99.8 | 99.3 | 100.0 | 96.2 | 99.6 | 98.5 | 110.9 | 91.4 |
| 武汉 | Wuhan | 100.2 | 98.9 | 100.0 | 94.0 | 97.3 | 100.3 | 100.2 | 96.3 |
| 长沙 | Changsha | 99.9 | 99.5 | 100.0 | 97.3 | 98.5 | 100.5 | 103.3 | 98.6 |
| 广州 | Guangzhou | 99.9 | 100.0 | 101.3 | 99.2 | 98.1 | 98.5 | 103.6 | 106.0 |
| 深圳 | Shenzhen | 100.2 | 100.4 | 100.8 | 104.1 | 99.6 | 101.0 | 97.4 | 103.2 |
| 南宁 | Nanning | 99.8 | 99.9 | 99.9 | 100.2 | 99.1 | 98.6 | 99.8 | 99.0 |
| 海口 | Haikou | 99.6 | 99.5 | 99.2 | 100.9 | 99.4 | 97.9 | 100.6 | 98.5 |
| 重庆 | Chongqing | 100.0 | 99.3 | 101.2 | 95.1 | 97.3 | 101.3 | 103.4 | 99.6 |
| 成都 | Chengdu | 100.1 | 99.6 | 101.4 | 102.8 | 97.3 | 100.1 | 102.1 | 99.0 |
| 贵阳 | Guiyang | 100.1 | 100.2 | 100.7 | 101.1 | 98.5 | 100.3 | 101.2 | 100.9 |
| 昆明 | Kunming | 99.8 | 99.7 | 100.0 | 100.6 | 98.6 | 101.5 | 101.7 | 98.6 |
| 拉萨 | Lasa | 100.0 | 99.9 | 100.0 | 98.4 | 99.3 | 100.6 | 99.6 | 100.5 |
| 西安 | Xi'an | 99.9 | 100.3 | 100.3 | 111.5 | 99.0 | 103.2 | 113.9 | 91.3 |
| 兰州 | Lanzhou | 100.4 | 99.2 | 100.0 | 94.9 | 97.9 | 100.2 | 102.9 | 100.7 |
| 西宁 | Xining | 99.8 | 99.5 | 100.6 | 100.7 | 100.0 | 98.8 | 104.5 | 90.0 |
| 银川 | Yinchuan | 99.7 | 99.2 | 99.8 | 99.0 | 98.3 | 101.8 | 103.3 | 93.7 |
| 乌鲁木齐 | Urumqi | 99.4 | 98.0 | 99.9 | 98.6 | 99.1 | 98.9 | 107.2 | 79.1 |

## 3-49 续表 continued

(上月=100) (preceding month=100)

| 地 区 | City | 衣着 Clothing | 居住 Residence | 生活用品及服务 Household Facilities,Articles and Services | 交通和通信 Transportation and Communication | 教育文化和娱乐 Education, Culture and Recreation | 医疗保健 Health Care and Medical Services | 其他用品和服务 Miscellaneous Goods and Services |
|---|---|---|---|---|---|---|---|---|
| **平均指数** | **Average Index** | **99.5** | **100.2** | **100.0** | **99.6** | **100.6** | **100.3** | **100.1** |
| 北 京 | Beijing | 98.8 | 100.5 | 100.2 | 99.5 | 99.9 | 100.2 | 100.3 |
| 天 津 | Tianjin | 100.0 | 99.9 | 100.3 | 99.1 | 100.8 | 100.6 | 99.8 |
| 石家庄 | Shijiazhuang | 98.4 | 100.2 | 99.4 | 100.0 | 101.2 | 100.1 | 99.6 |
| 太 原 | Taiyuan | 100.0 | 100.1 | 100.0 | 98.1 | 100.0 | 100.0 | 100.2 |
| 呼和浩特 | Hohhot | 100.3 | 103.7 | 100.0 | 100.0 | 99.9 | 100.0 | 100.0 |
| 沈 阳 | Shenyang | 99.8 | 99.7 | 100.0 | 99.6 | 99.5 | 100.3 | 100.2 |
| 大 连 | Dalian | 100.0 | 99.8 | 100.3 | 99.3 | 100.5 | 100.0 | 100.1 |
| 长 春 | Changchun | 99.7 | 100.0 | 99.8 | 100.0 | 99.9 | 99.5 | 99.7 |
| 哈尔滨 | Harbin | 99.9 | 100.0 | 100.1 | 98.4 | 100.2 | 100.0 | 100.1 |
| 上 海 | Shanghai | 98.9 | 99.8 | 100.1 | 100.1 | 102.1 | 100.0 | 100.2 |
| 南 京 | Nanjing | 99.8 | 99.6 | 99.8 | 99.5 | 100.0 | 100.1 | 100.2 |
| 杭 州 | Hangzhou | 100.1 | 101.1 | 99.4 | 99.4 | 100.3 | 100.2 | 100.4 |
| 宁 波 | Ningbo | 99.3 | 100.8 | 100.0 | 99.2 | 100.4 | 100.3 | 100.2 |
| 合 肥 | Hefei | 99.7 | 100.0 | 100.0 | 99.1 | 100.1 | 100.1 | 99.7 |
| 福 州 | Fuzhou | 99.5 | 100.5 | 100.2 | 99.7 | 99.0 | 100.0 | 100.3 |
| 厦 门 | Xiamen | 97.5 | 100.1 | 100.3 | 99.6 | 99.9 | 100.1 | 100.1 |
| 南 昌 | Nanchang | 100.1 | 99.7 | 100.5 | 99.7 | 100.1 | 100.0 | 100.3 |
| 济 南 | Jinan | 100.0 | 100.6 | 99.8 | 99.7 | 100.4 | 99.6 | 100.0 |
| 青 岛 | Qingdao | 101.0 | 100.0 | 100.1 | 99.7 | 101.5 | 100.2 | 100.6 |
| 郑 州 | Zhengzhou | 100.0 | 100.0 | 100.0 | 100.1 | 99.8 | 100.0 | 100.0 |
| 武 汉 | Wuhan | 100.1 | 100.0 | 100.2 | 100.1 | 99.8 | 106.5 | 99.8 |
| 长 沙 | Changsha | 100.1 | 100.2 | 99.9 | 99.8 | 100.6 | 100.0 | 99.9 |
| 广 州 | Guangzhou | 98.8 | 100.3 | 100.0 | 99.3 | 100.0 | 100.0 | 99.7 |
| 深 圳 | Shenzhen | 100.1 | 100.4 | 99.7 | 99.8 | 100.3 | 100.2 | 100.0 |
| 南 宁 | Nanning | 99.3 | 100.0 | 99.9 | 98.8 | 100.0 | 100.1 | 99.9 |
| 海 口 | Haikou | 99.7 | 99.3 | 99.6 | 99.3 | 99.4 | 102.1 | 100.1 |
| 重 庆 | Chongqing | 99.9 | 100.2 | 99.5 | 100.6 | 101.4 | 100.4 | 100.2 |
| 成 都 | Chengdu | 99.9 | 100.1 | 99.7 | 99.5 | 101.8 | 100.0 | 100.1 |
| 贵 阳 | Guiyang | 100.1 | 100.0 | 100.2 | 100.6 | 99.4 | 100.0 | 100.6 |
| 昆 明 | Kunming | 100.3 | 99.9 | 99.9 | 99.2 | 100.3 | 100.0 | 100.2 |
| 拉 萨 | Lasa | 100.0 | 100.0 | 100.0 | 99.2 | 100.0 | 100.9 | 101.5 |
| 西 安 | Xi'an | 98.5 | 100.1 | 99.8 | 99.2 | 100.1 | 100.6 | 100.1 |
| 兰 州 | Lanzhou | 100.1 | 102.1 | 100.2 | 101.0 | 100.3 | 100.4 | 99.8 |
| 西 宁 | Xining | 101.2 | 100.1 | 100.9 | 97.9 | 100.3 | 99.6 | 100.5 |
| 银 川 | Yinchuan | 99.4 | 100.1 | 100.3 | 98.9 | 100.2 | 100.5 | 99.8 |
| 乌鲁木齐 | Urumqi | 99.7 | 100.4 | 100.2 | 99.5 | 99.9 | 100.0 | 99.8 |

# 3-50 36个大中城市居民消费价格分类指数(环比)

# Consumer Price Indices by Category for 36 Major Large and Medium-sized Cities (2017年7月)

(上月=100) (preceding month=100)

| 地区 | City | 居民消费价格指数 Consumer Price Index | 食品烟酒 Food, Tobacco and Liquor | 粮食 Grain | 鲜菜 Fresh Vegetables | 畜肉 Meat | 水产品 Aquatic Products | 蛋 Eggs | 鲜果 Fresh Fruits |
|---|---|---|---|---|---|---|---|---|---|
| **平均指数** | **Average Index** | **100.2** | **99.9** | **99.9** | **107.3** | **99.6** | **99.5** | **103.4** | **90.4** |
| 北京 | Beijing | 100.2 | 99.3 | 100.0 | 108.5 | 100.0 | 99.3 | 104.2 | 83.2 |
| 天津 | Tianjin | 100.2 | 100.0 | 99.9 | 103.7 | 99.7 | 100.7 | 103.5 | 94.5 |
| 石家庄 | Shijiazhuang | 100.3 | 100.8 | 99.3 | 110.2 | 100.0 | 101.5 | 103.0 | 99.3 |
| 太原 | Taiyuan | 99.4 | 98.8 | 101.2 | 97.2 | 100.1 | 99.4 | 103.5 | 86.2 |
| 呼和浩特 | Hohhot | 99.7 | 99.2 | 100.0 | 94.8 | 100.5 | 101.0 | 109.7 | 91.6 |
| 沈阳 | Shenyang | 99.8 | 99.1 | 100.1 | 111.1 | 100.5 | 97.7 | 104.0 | 84.2 |
| 大连 | Dalian | 100.6 | 100.0 | 99.9 | 119.5 | 100.4 | 101.2 | 102.9 | 83.6 |
| 长春 | Changchun | 99.9 | 99.0 | 99.7 | 105.4 | 100.0 | 101.2 | 104.5 | 86.5 |
| 哈尔滨 | Harbin | 100.2 | 100.4 | 100.0 | 101.5 | 101.3 | 99.4 | 101.2 | 99.9 |
| 上海 | Shanghai | 100.1 | 99.6 | 100.0 | 107.9 | 99.7 | 97.2 | 102.7 | 89.2 |
| 南京 | Nanjing | 100.1 | 100.6 | 99.8 | 109.0 | 100.7 | 104.8 | 102.3 | 90.7 |
| 杭州 | Hangzhou | 100.6 | 100.7 | 100.8 | 106.9 | 100.3 | 102.0 | 102.4 | 93.2 |
| 宁波 | Ningbo | 100.2 | 100.3 | 100.4 | 110.4 | 99.9 | 101.2 | 102.5 | 90.2 |
| 合肥 | Hefei | 99.8 | 100.0 | 100.0 | 110.5 | 100.3 | 100.4 | 102.9 | 86.4 |
| 福州 | Fuzhou | 100.7 | 102.0 | 100.7 | 111.5 | 100.9 | 97.8 | 105.1 | 94.7 |
| 厦门 | Xiamen | 99.9 | 99.7 | 98.3 | 107.2 | 99.2 | 97.7 | 102.8 | 99.4 |
| 南昌 | Nanchang | 99.7 | 99.9 | 100.4 | 110.0 | 98.8 | 97.3 | 104.0 | 89.2 |
| 济南 | Jinan | 100.2 | 100.2 | 100.4 | 114.1 | 100.3 | 99.4 | 102.6 | 87.4 |
| 青岛 | Qingdao | 100.1 | 99.2 | 100.0 | 113.3 | 100.6 | 95.4 | 100.0 | 78.8 |
| 郑州 | Zhengzhou | 99.9 | 99.4 | 100.0 | 100.3 | 100.4 | 97.2 | 99.8 | 87.9 |
| 武汉 | Wuhan | 100.0 | 100.1 | 100.0 | 106.1 | 100.2 | 99.3 | 102.8 | 92.7 |
| 长沙 | Changsha | 100.3 | 100.4 | 100.3 | 115.3 | 98.2 | 100.0 | 105.1 | 91.0 |
| 广州 | Guangzhou | 100.5 | 100.7 | 100.7 | 110.0 | 98.4 | 99.3 | 110.9 | 99.9 |
| 深圳 | Shenzhen | 100.4 | 100.8 | 97.9 | 113.5 | 99.5 | 99.5 | 101.0 | 97.8 |
| 南宁 | Nanning | 100.1 | 100.6 | 100.0 | 111.0 | 99.4 | 99.8 | 102.4 | 94.5 |
| 海口 | Haikou | 100.5 | 100.3 | 100.3 | 107.1 | 99.5 | 97.5 | 99.8 | 98.2 |
| 重庆 | Chongqing | 100.2 | 99.8 | 100.1 | 103.4 | 98.5 | 99.8 | 105.1 | 91.2 |
| 成都 | Chengdu | 100.2 | 99.5 | 97.9 | 98.9 | 98.5 | 101.1 | 102.0 | 94.4 |
| 贵阳 | Guiyang | 99.9 | 100.0 | 99.8 | 104.9 | 99.8 | 99.0 | 102.1 | 93.0 |
| 昆明 | Kunming | 100.1 | 100.8 | 100.0 | 109.6 | 99.1 | 99.6 | 102.9 | 97.6 |
| 拉萨 | Lasa | 100.0 | 99.6 | 100.0 | 97.8 | 99.5 | 99.4 | 99.7 | 98.8 |
| 西安 | Xi'an | 100.1 | 100.0 | 99.7 | 103.3 | 99.7 | 102.6 | 107.2 | 94.1 |
| 兰州 | Lanzhou | 100.2 | 98.7 | 100.0 | 93.9 | 98.9 | 99.0 | 102.6 | 91.5 |
| 西宁 | Xining | 100.0 | 98.7 | 99.7 | 96.5 | 98.9 | 100.5 | 103.6 | 86.5 |
| 银川 | Yinchuan | 100.3 | 99.7 | 100.0 | 100.8 | 100.3 | 99.4 | 104.2 | 90.7 |
| 乌鲁木齐 | Urumqi | 99.1 | 97.8 | 100.0 | 94.1 | 99.0 | 99.1 | 102.1 | 75.6 |

## 3-50 续表 continued

(上月=100) (preceding month=100)

| 地区 | City | 衣着 Clothing | 居住 Residence | 生活用品及服务 Household Facilities,Articles and Services | 交通和通信 Transportation and Communication | 教育文化和娱乐 Education, Culture and Recreation | 医疗保健 Health Care and Medical Services | 其他用品和服务 Miscellaneous Goods and Services |
|---|---|---|---|---|---|---|---|---|
| **平均指数** | **Average Index** | **99.5** | **100.2** | **100.0** | **99.9** | **101.7** | **100.3** | **100.0** |
| 北京 | Beijing | 99.9 | 100.4 | 100.2 | 100.6 | 101.7 | 100.0 | 99.8 |
| 天津 | Tianjin | 99.8 | 100.1 | 100.2 | 99.6 | 102.5 | 99.8 | 99.9 |
| 石家庄 | Shijiazhuang | 98.9 | 99.8 | 100.1 | 99.6 | 102.3 | 100.1 | 99.9 |
| 太原 | Taiyuan | 95.9 | 100.1 | 99.6 | 99.6 | 100.0 | 102.5 | 100.0 |
| 呼和浩特 | Hohhot | 100.1 | 100.1 | 100.0 | 99.3 | 100.0 | 100.0 | 100.0 |
| 沈阳 | Shenyang | 99.9 | 100.0 | 99.9 | 100.2 | 100.3 | 100.1 | 100.7 |
| 大连 | Dalian | 99.8 | 99.7 | 99.6 | 99.9 | 105.8 | 100.6 | 101.1 |
| 长春 | Changchun | 99.1 | 100.0 | 100.3 | 100.7 | 101.2 | 100.1 | 99.1 |
| 哈尔滨 | Harbin | 100.0 | 100.0 | 100.1 | 99.6 | 101.4 | 100.0 | 99.5 |
| 上海 | Shanghai | 99.6 | 100.1 | 99.8 | 100.2 | 101.9 | 100.0 | 101.0 |
| 南京 | Nanjing | 98.4 | 100.7 | 99.7 | 99.0 | 100.7 | 100.1 | 99.8 |
| 杭州 | Hangzhou | 99.8 | 100.9 | 99.9 | 99.6 | 102.3 | 100.0 | 100.0 |
| 宁波 | Ningbo | 99.1 | 99.9 | 99.5 | 99.5 | 102.2 | 100.3 | 99.6 |
| 合肥 | Hefei | 98.4 | 100.2 | 99.7 | 99.4 | 99.9 | 100.0 | 100.4 |
| 福州 | Fuzhou | 99.1 | 99.6 | 100.0 | 99.7 | 103.2 | 100.0 | 99.3 |
| 厦门 | Xiamen | 99.5 | 99.9 | 100.0 | 99.5 | 100.4 | 100.0 | 100.2 |
| 南昌 | Nanchang | 97.3 | 100.1 | 100.2 | 99.4 | 99.9 | 100.8 | 99.5 |
| 济南 | Jinan | 100.8 | 100.5 | 99.8 | 99.5 | 99.9 | 100.0 | 100.4 |
| 青岛 | Qingdao | 100.2 | 100.4 | 99.8 | 100.1 | 101.3 | 100.0 | 101.7 |
| 郑州 | Zhengzhou | 100.2 | 100.1 | 100.7 | 100.0 | 100.2 | 100.0 | 99.2 |
| 武汉 | Wuhan | 100.0 | 100.0 | 100.1 | 99.8 | 100.0 | 100.0 | 99.6 |
| 长沙 | Changsha | 100.1 | 99.9 | 100.1 | 99.6 | 101.9 | 100.2 | 99.8 |
| 广州 | Guangzhou | 99.4 | 99.4 | 100.1 | 100.0 | 102.0 | 104.7 | 98.9 |
| 深圳 | Shenzhen | 99.2 | 100.4 | 100.2 | 99.8 | 101.4 | 100.0 | 99.6 |
| 南宁 | Nanning | 99.2 | 100.0 | 99.9 | 99.9 | 100.6 | 100.0 | 99.5 |
| 海口 | Haikou | 99.8 | 100.2 | 99.3 | 100.9 | 102.3 | 100.2 | 99.4 |
| 重庆 | Chongqing | 99.9 | 100.2 | 100.4 | 99.8 | 102.4 | 100.1 | 99.1 |
| 成都 | Chengdu | 99.8 | 100.3 | 100.1 | 99.5 | 102.8 | 100.0 | 99.9 |
| 贵阳 | Guiyang | 99.9 | 99.8 | 99.2 | 99.7 | 100.7 | 100.0 | 99.9 |
| 昆明 | Kunming | 99.2 | 100.0 | 100.1 | 100.0 | 100.1 | 100.0 | 99.3 |
| 拉萨 | Lasa | 100.7 | 100.0 | 100.0 | 100.1 | 100.0 | 100.0 | 101.7 |
| 西安 | Xi'an | 98.5 | 99.9 | 100.4 | 99.8 | 102.2 | 100.0 | 99.6 |
| 兰州 | Lanzhou | 100.3 | 102.2 | 100.0 | 99.9 | 101.3 | 99.9 | 99.6 |
| 西宁 | Xining | 99.2 | 100.0 | 99.2 | 102.3 | 100.5 | 100.9 | 103.1 |
| 银川 | Yinchuan | 100.1 | 101.0 | 100.0 | 100.5 | 101.4 | 100.0 | 100.0 |
| 乌鲁木齐 | Urumqi | 99.6 | 100.0 | 100.0 | 99.6 | 99.0 | 100.1 | 99.7 |

# 3-51 36个大中城市居民消费价格分类指数(环比)

# Consumer Price Indices by Category for 36 Major Large and Medium-sized Cities (2017年8月)

(上月=100) (preceding month=100)

| 地 区 | City | 居民消费价格指数 Consumer Price Index | 食品烟酒 Food, Tobacco and Liquor | 粮食 Grain | 鲜菜 Fresh Vegetables | 畜肉 Meat | 水产品 Aquatic Products | 蛋 Eggs | 鲜果 Fresh Fruits |
|---|---|---|---|---|---|---|---|---|---|
| **平均指数** | **Average Index** | **100.3** | **100.6** | **100.1** | **108.0** | **100.5** | **98.4** | **111.3** | **94.9** |
| 北 京 | Beijing | 100.3 | 100.3 | 100.1 | 106.7 | 100.4 | 99.1 | 112.8 | 94.4 |
| 天 津 | Tianjin | 100.3 | 100.7 | 100.2 | 107.3 | 100.4 | 99.7 | 119.2 | 94.2 |
| 石家庄 | Shijiazhuang | 100.2 | 100.2 | 100.7 | 108.6 | 100.1 | 102.3 | 111.5 | 83.0 |
| 太 原 | Taiyuan | 100.3 | 101.7 | 100.0 | 118.1 | 100.3 | 101.2 | 140.3 | 91.6 |
| 呼和浩特 | Hohhot | 100.2 | 100.3 | 100.0 | 106.4 | 100.6 | 98.6 | 111.7 | 93.6 |
| 沈 阳 | Shenyang | 100.3 | 101.0 | 99.9 | 111.4 | 102.0 | 98.7 | 117.0 | 95.0 |
| 大 连 | Dalian | 100.0 | 99.8 | 100.2 | 104.5 | 101.5 | 94.3 | 118.4 | 94.7 |
| 长 春 | Changchun | 99.9 | 100.1 | 100.0 | 103.9 | 101.7 | 99.3 | 112.6 | 91.9 |
| 哈尔滨 | Harbin | 102.1 | 100.2 | 98.5 | 105.5 | 101.6 | 98.7 | 115.6 | 95.6 |
| 上 海 | Shanghai | 100.3 | 100.4 | 99.6 | 111.4 | 100.0 | 97.7 | 107.3 | 94.3 |
| 南 京 | Nanjing | 100.6 | 102.0 | 99.8 | 117.6 | 100.6 | 102.6 | 113.6 | 96.9 |
| 杭 州 | Hangzhou | 100.3 | 100.0 | 99.7 | 112.8 | 98.9 | 95.2 | 105.5 | 92.3 |
| 宁 波 | Ningbo | 100.3 | 100.2 | 99.7 | 109.5 | 101.5 | 94.8 | 104.8 | 95.3 |
| 合 肥 | Hefei | 100.7 | 102.6 | 99.9 | 120.2 | 102.0 | 101.7 | 117.1 | 100.7 |
| 福 州 | Fuzhou | 99.8 | 100.5 | 99.9 | 105.4 | 100.3 | 96.3 | 103.2 | 104.0 |
| 厦 门 | Xiamen | 100.3 | 100.6 | 100.8 | 102.4 | 101.0 | 98.5 | 105.3 | 105.6 |
| 南 昌 | Nanchang | 100.2 | 100.4 | 99.9 | 105.6 | 99.5 | 98.2 | 104.2 | 94.3 |
| 济 南 | Jinan | 100.4 | 101.0 | 100.7 | 112.8 | 99.9 | 99.0 | 113.1 | 92.6 |
| 青 岛 | Qingdao | 100.7 | 102.2 | 99.8 | 118.9 | 101.3 | 95.3 | 120.5 | 104.9 |
| 郑 州 | Zhengzhou | 100.6 | 101.2 | 100.0 | 112.6 | 99.0 | 99.8 | 115.1 | 98.5 |
| 武 汉 | Wuhan | 100.4 | 101.1 | 100.1 | 113.6 | 101.0 | 98.5 | 107.5 | 95.3 |
| 长 沙 | Changsha | 100.0 | 99.9 | 100.0 | 102.9 | 100.2 | 99.0 | 102.6 | 95.5 |
| 广 州 | Guangzhou | 100.2 | 100.0 | 100.9 | 97.8 | 99.3 | 99.9 | 113.2 | 95.3 |
| 深 圳 | Shenzhen | 100.2 | 100.0 | 102.2 | 101.5 | 100.4 | 99.3 | 100.7 | 92.4 |
| 南 宁 | Nanning | 100.1 | 100.1 | 99.4 | 101.7 | 99.7 | 100.9 | 104.4 | 94.1 |
| 海 口 | Haikou | 100.3 | 100.2 | 100.3 | 103.1 | 100.7 | 99.7 | 103.2 | 96.0 |
| 重 庆 | Chongqing | 100.3 | 100.7 | 98.3 | 105.4 | 102.1 | 101.2 | 110.7 | 93.4 |
| 成 都 | Chengdu | 100.4 | 101.5 | 101.8 | 108.0 | 100.7 | 99.5 | 103.7 | 94.7 |
| 贵 阳 | Guiyang | 100.1 | 100.0 | 99.9 | 99.3 | 101.0 | 99.9 | 103.6 | 93.9 |
| 昆 明 | Kunming | 100.1 | 100.2 | 100.1 | 103.0 | 99.9 | 100.7 | 101.6 | 96.2 |
| 拉 萨 | Lasa | 100.3 | 100.6 | 100.1 | 105.1 | 99.8 | 102.8 | 101.1 | 99.7 |
| 西 安 | Xi'an | 100.4 | 101.3 | 100.2 | 114.3 | 100.0 | 100.0 | 123.6 | 97.6 |
| 兰 州 | Lanzhou | 100.3 | 100.6 | 100.1 | 110.0 | 100.1 | 101.7 | 120.5 | 93.2 |
| 西 宁 | Xining | 100.2 | 101.7 | 99.7 | 116.2 | 100.8 | 99.6 | 122.0 | 92.9 |
| 银 川 | Yinchuan | 100.5 | 101.4 | 100.5 | 114.6 | 99.8 | 99.7 | 113.3 | 99.0 |
| 乌鲁木齐 | Urumqi | 101.3 | 103.0 | 100.1 | 112.7 | 98.9 | 100.0 | 122.4 | 90.2 |

3-51 续表 continued

(上月=100) (preceding month=100)

| 地区 | City | 衣着 Clothing | 居住 Residence | 生活用品及服务 Household Facilities,Articles and Services | 交通和通信 Transportation and Communication | 教育文化和娱乐 Education, Culture and Recreation | 医疗保健 Health Care and Medical Services | 其他用品和服务 Miscellaneous Goods and Services |
|---|---|---|---|---|---|---|---|---|
| **平均指数** | **Average Index** | **99.9** | **100.4** | **100.0** | **100.2** | **99.9** | **100.8** | **100.3** |
| 北京 | Beijing | 100.9 | 100.2 | 99.9 | 100.0 | 100.5 | 100.2 | 100.3 |
| 天津 | Tianjin | 100.0 | 100.1 | 100.1 | 100.6 | 100.0 | 100.1 | 100.5 |
| 石家庄 | Shijiazhuang | 100.6 | 100.2 | 100.2 | 100.2 | 99.2 | 100.5 | 100.3 |
| 太原 | Taiyuan | 97.1 | 100.5 | 99.7 | 100.7 | 99.9 | 100.0 | 100.0 |
| 呼和浩特 | Hohhot | 100.0 | 100.0 | 100.1 | 100.5 | 100.0 | 100.0 | 100.8 |
| 沈阳 | Shenyang | 99.8 | 99.9 | 100.2 | 100.4 | 99.6 | 100.2 | 99.6 |
| 大连 | Dalian | 101.0 | 100.0 | 99.8 | 100.7 | 99.0 | 100.6 | 100.6 |
| 长春 | Changchun | 99.5 | 100.0 | 99.6 | 100.0 | 99.5 | 100.2 | 100.1 |
| 哈尔滨 | Harbin | 102.2 | 100.0 | 100.2 | 99.7 | 100.7 | 120.0 | 100.0 |
| 上海 | Shanghai | 99.9 | 100.4 | 100.0 | 100.4 | 99.8 | 100.0 | 100.3 |
| 南京 | Nanjing | 98.3 | 100.5 | 100.1 | 100.3 | 99.9 | 100.1 | 100.6 |
| 杭州 | Hangzhou | 99.7 | 101.0 | 100.0 | 100.4 | 100.3 | 100.0 | 99.4 |
| 宁波 | Ningbo | 101.3 | 100.4 | 100.0 | 100.4 | 100.6 | 99.8 | 99.4 |
| 合肥 | Hefei | 98.3 | 100.3 | 100.0 | 100.6 | 99.9 | 100.1 | 99.8 |
| 福州 | Fuzhou | 98.9 | 99.8 | 100.2 | 99.9 | 98.1 | 100.5 | 100.3 |
| 厦门 | Xiamen | 100.1 | 100.0 | 100.1 | 100.3 | 100.3 | 100.0 | 100.4 |
| 南昌 | Nanchang | 99.8 | 100.6 | 99.6 | 100.6 | 99.3 | 100.2 | 100.2 |
| 济南 | Jinan | 100.6 | 100.4 | 99.9 | 100.1 | 99.5 | 100.3 | 100.0 |
| 青岛 | Qingdao | 99.9 | 100.0 | 100.4 | 100.1 | 99.7 | 100.0 | 102.0 |
| 郑州 | Zhengzhou | 100.1 | 100.5 | 100.3 | 100.4 | 100.1 | 100.7 | 100.7 |
| 武汉 | Wuhan | 100.1 | 100.0 | 100.0 | 99.8 | 100.1 | 100.2 | 100.6 |
| 长沙 | Changsha | 100.0 | 100.1 | 100.0 | 99.8 | 100.1 | 100.0 | 100.6 |
| 广州 | Guangzhou | 98.4 | 100.6 | 100.1 | 100.0 | 99.6 | 103.4 | 100.2 |
| 深圳 | Shenzhen | 99.3 | 101.0 | 99.6 | 100.3 | 99.9 | 100.0 | 100.3 |
| 南宁 | Nanning | 99.7 | 100.0 | 99.7 | 100.3 | 100.0 | 100.0 | 100.6 |
| 海口 | Haikou | 100.0 | 100.0 | 100.3 | 100.8 | 100.2 | 100.5 | 101.3 |
| 重庆 | Chongqing | 100.3 | 100.8 | 100.1 | 98.6 | 100.4 | 100.7 | 100.1 |
| 成都 | Chengdu | 99.7 | 100.6 | 100.8 | 100.5 | 97.8 | 100.1 | 100.2 |
| 贵阳 | Guiyang | 99.7 | 100.0 | 100.1 | 100.3 | 100.8 | 100.0 | 100.8 |
| 昆明 | Kunming | 98.5 | 100.0 | 100.0 | 101.0 | 99.3 | 101.7 | 100.5 |
| 拉萨 | Lasa | 100.4 | 100.0 | 99.5 | 100.3 | 100.0 | 100.0 | 101.2 |
| 西安 | Xi'an | 99.8 | 100.5 | 99.6 | 100.3 | 99.0 | 100.3 | 100.5 |
| 兰州 | Lanzhou | 100.1 | 100.2 | 100.3 | 100.5 | 100.0 | 100.0 | 100.6 |
| 西宁 | Xining | 99.7 | 100.0 | 100.1 | 97.6 | 99.7 | 100.4 | 98.5 |
| 银川 | Yinchuan | 99.2 | 100.1 | 100.1 | 100.4 | 100.2 | 100.2 | 100.8 |
| 乌鲁木齐 | Urumqi | 99.8 | 100.0 | 99.7 | 102.2 | 101.0 | 100.0 | 100.8 |

# 3-52 36个大中城市居民消费价格分类指数(环比)
# Consumer Price Indices by Category for 36 Major Large and Medium-sized Cities (2017年9月)

(上月=100) (preceding month=100)

| 地 区 | City | 居民消费价格指数 Consumer Price Index | 食品烟酒 Food, Tobacco and Liquor | 粮食 Grain | 鲜菜 Fresh Vegetables | 畜肉 Meat | 水产品 Aquatic Products | 蛋 Eggs | 鲜果 Fresh Fruits |
|---|---|---|---|---|---|---|---|---|---|
| **平均指数** | **Average Index** | **100.6** | **100.3** | **100.0** | **99.4** | **100.8** | **98.1** | **105.1** | **103.5** |
| 北 京 | Beijing | 100.2 | 101.0 | 99.7 | 96.6 | 100.9 | 98.8 | 108.0 | 112.2 |
| 天 津 | Tianjin | 100.2 | 100.1 | 100.0 | 98.3 | 101.2 | 98.3 | 106.3 | 99.9 |
| 石家庄 | Shijiazhuang | 101.4 | 100.3 | 99.4 | 101.9 | 101.1 | 98.4 | 103.9 | 105.7 |
| 太 原 | Taiyuan | 101.5 | 99.9 | 100.4 | 96.2 | 100.9 | 99.4 | 106.1 | 96.6 |
| 呼和浩特 | Hohhot | 100.4 | 101.1 | 100.0 | 106.1 | 104.3 | 98.5 | 107.0 | 97.0 |
| 沈 阳 | Shenyang | 101.8 | 100.4 | 100.1 | 95.4 | 101.0 | 100.2 | 106.6 | 106.5 |
| 大 连 | Dalian | 101.8 | 99.1 | 100.8 | 93.4 | 99.8 | 90.4 | 105.3 | 106.6 |
| 长 春 | Changchun | 100.9 | 101.3 | 100.3 | 95.4 | 100.7 | 98.5 | 104.2 | 120.4 |
| 哈尔滨 | Harbin | 100.2 | 99.9 | 100.1 | 102.5 | 100.5 | 98.6 | 105.4 | 96.6 |
| 上 海 | Shanghai | 100.8 | 100.0 | 100.0 | 98.5 | 99.9 | 98.9 | 103.3 | 102.4 |
| 南 京 | Nanjing | 99.8 | 100.0 | 100.4 | 97.7 | 100.4 | 96.1 | 104.3 | 104.1 |
| 杭 州 | Hangzhou | 100.4 | 100.3 | 99.6 | 98.3 | 100.8 | 96.5 | 105.7 | 108.7 |
| 宁 波 | Ningbo | 100.0 | 100.2 | 100.2 | 99.6 | 99.5 | 96.8 | 102.8 | 114.4 |
| 合 肥 | Hefei | 100.7 | 100.5 | 101.8 | 99.2 | 101.5 | 96.4 | 106.2 | 105.0 |
| 福 州 | Fuzhou | 100.1 | 100.1 | 99.4 | 97.6 | 99.3 | 99.8 | 101.7 | 102.8 |
| 厦 门 | Xiamen | 100.4 | 100.5 | 98.9 | 103.4 | 100.2 | 99.6 | 100.6 | 101.7 |
| 南 昌 | Nanchang | 101.5 | 100.1 | 100.1 | 100.3 | 100.8 | 97.6 | 105.2 | 99.8 |
| 济 南 | Jinan | 100.3 | 99.7 | 99.5 | 96.0 | 100.3 | 98.9 | 104.8 | 98.7 |
| 青 岛 | Qingdao | 100.0 | 99.0 | 99.1 | 87.5 | 101.4 | 100.0 | 102.0 | 101.1 |
| 郑 州 | Zhengzhou | 101.9 | 100.6 | 100.1 | 102.1 | 99.6 | 99.3 | 103.9 | 101.6 |
| 武 汉 | Wuhan | 100.1 | 100.0 | 100.0 | 100.5 | 100.8 | 95.3 | 106.4 | 99.7 |
| 长 沙 | Changsha | 100.1 | 100.1 | 100.0 | 100.4 | 100.4 | 99.3 | 105.2 | 98.9 |
| 广 州 | Guangzhou | 100.4 | 100.4 | 98.9 | 103.6 | 99.6 | 98.4 | 108.4 | 100.6 |
| 深 圳 | Shenzhen | 100.5 | 100.4 | 99.9 | 103.1 | 100.1 | 99.3 | 103.7 | 100.5 |
| 南 宁 | Nanning | 100.5 | 100.6 | 99.8 | 102.0 | 100.6 | 99.9 | 104.7 | 102.1 |
| 海 口 | Haikou | 100.4 | 100.3 | 99.9 | 101.9 | 100.2 | 98.3 | 101.5 | 101.2 |
| 重 庆 | Chongqing | 101.1 | 101.1 | 101.1 | 102.5 | 103.1 | 99.7 | 106.0 | 99.1 |
| 成 都 | Chengdu | 100.4 | 101.1 | 100.8 | 104.5 | 102.6 | 100.2 | 102.1 | 102.8 |
| 贵 阳 | Guiyang | 100.4 | 100.4 | 100.0 | 102.4 | 99.9 | 99.1 | 110.3 | 93.4 |
| 昆 明 | Kunming | 100.0 | 99.9 | 99.8 | 96.8 | 101.5 | 99.5 | 107.7 | 99.7 |
| 拉 萨 | Lasa | 100.3 | 100.6 | 100.3 | 104.8 | 101.1 | 100.3 | 102.7 | 100.0 |
| 西 安 | Xi'an | 100.5 | 100.0 | 100.4 | 95.8 | 101.6 | 98.1 | 107.0 | 99.5 |
| 兰 州 | Lanzhou | 100.7 | 100.5 | 100.0 | 102.8 | 100.9 | 101.0 | 104.8 | 98.4 |
| 西 宁 | Xining | 100.5 | 99.9 | 99.9 | 98.5 | 100.7 | 98.2 | 104.1 | 96.4 |
| 银 川 | Yinchuan | 100.7 | 99.9 | 99.5 | 91.7 | 101.2 | 99.5 | 102.0 | 107.9 |
| 乌鲁木齐 | Urumqi | 102.0 | 100.6 | 99.8 | 99.8 | 102.1 | 97.9 | 102.5 | 103.4 |

3-52 续表 continued

(上月=100) (preceding month=100)

| 地区 | City | 衣着 Clothing | 居住 Residence | 生活用品及服务 Household Facilities,Articles and Services | 交通和通信 Transportation and Communication | 教育文化和娱乐 Education, Culture and Recreation | 医疗保健 Health Care and Medical Services | 其他用品和服务 Miscellaneous Goods and Services |
|---|---|---|---|---|---|---|---|---|
| **平均指数** | **Average Index** | **101.0** | **100.3** | **100.0** | **100.2** | **101.1** | **102.1** | **100.2** |
| 北京 | Beijing | 100.4 | 100.1 | 99.9 | 99.4 | 99.7 | 100.1 | 100.5 |
| 天津 | Tianjin | 100.2 | 100.0 | 100.1 | 99.9 | 100.5 | 101.1 | 100.7 |
| 石家庄 | Shijiazhuang | 103.8 | 100.5 | 100.0 | 100.2 | 99.0 | 110.0 | 100.1 |
| 太原 | Taiyuan | 113.5 | 100.4 | 100.3 | 99.7 | 101.7 | 100.0 | 100.0 |
| 呼和浩特 | Hohhot | 100.3 | 100.5 | 100.0 | 99.7 | 100.0 | 100.3 | 99.6 |
| 沈阳 | Shenyang | 98.8 | 100.8 | 100.5 | 100.7 | 100.4 | 117.3 | 100.0 |
| 大连 | Dalian | 100.7 | 100.1 | 99.7 | 100.3 | 107.5 | 114.3 | 98.2 |
| 长春 | Changchun | 104.0 | 100.0 | 99.9 | 100.0 | 99.9 | 101.3 | 100.6 |
| 哈尔滨 | Harbin | 100.6 | 100.2 | 100.2 | 99.7 | 100.8 | 100.0 | 100.5 |
| 上海 | Shanghai | 101.5 | 100.2 | 100.4 | 101.4 | 104.6 | 100.0 | 100.0 |
| 南京 | Nanjing | 100.1 | 100.2 | 100.0 | 99.5 | 99.3 | 100.0 | 98.3 |
| 杭州 | Hangzhou | 101.9 | 101.0 | 99.5 | 99.8 | 100.1 | 100.4 | 99.6 |
| 宁波 | Ningbo | 99.6 | 100.8 | 99.7 | 99.9 | 98.4 | 100.5 | 99.9 |
| 合肥 | Hefei | 103.0 | 100.0 | 100.1 | 100.7 | 102.1 | 100.2 | 100.0 |
| 福州 | Fuzhou | 100.2 | 100.1 | 100.0 | 100.1 | 100.3 | 100.0 | 100.4 |
| 厦门 | Xiamen | 99.7 | 101.1 | 99.6 | 100.0 | 100.9 | 100.1 | 99.3 |
| 南昌 | Nanchang | 100.8 | 100.5 | 99.8 | 100.2 | 101.0 | 118.2 | 100.3 |
| 济南 | Jinan | 100.2 | 100.5 | 100.0 | 101.0 | 100.9 | 100.4 | 99.6 |
| 青岛 | Qingdao | 101.2 | 100.2 | 99.7 | 99.8 | 101.9 | 100.0 | 98.7 |
| 郑州 | Zhengzhou | 100.2 | 101.3 | 99.9 | 101.0 | 101.8 | 113.7 | 102.2 |
| 武汉 | Wuhan | 100.1 | 100.3 | 100.0 | 100.1 | 100.2 | 100.1 | 100.3 |
| 长沙 | Changsha | 100.0 | 100.1 | 100.1 | 100.5 | 100.0 | 100.0 | 99.8 |
| 广州 | Guangzhou | 100.6 | 100.8 | 100.5 | 100.3 | 99.7 | 100.0 | 100.3 |
| 深圳 | Shenzhen | 102.5 | 100.0 | 100.0 | 100.3 | 101.7 | 100.1 | 100.3 |
| 南宁 | Nanning | 100.6 | 100.2 | 100.2 | 100.1 | 101.1 | 100.8 | 100.1 |
| 海口 | Haikou | 102.6 | 99.9 | 100.3 | 99.2 | 101.2 | 100.0 | 102.4 |
| 重庆 | Chongqing | 100.6 | 100.7 | 99.7 | 100.6 | 101.2 | 104.6 | 100.9 |
| 成都 | Chengdu | 99.8 | 100.1 | 99.9 | 100.3 | 99.4 | 100.2 | 102.5 |
| 贵阳 | Guiyang | 100.3 | 100.0 | 100.2 | 99.8 | 101.8 | 100.3 | 99.9 |
| 昆明 | Kunming | 99.6 | 100.1 | 100.4 | 99.7 | 100.0 | 100.0 | 100.9 |
| 拉萨 | Lasa | 100.0 | 100.0 | 99.9 | 100.5 | 100.0 | 100.1 | 99.5 |
| 西安 | Xi'an | 103.2 | 100.0 | 100.3 | 100.0 | 101.6 | 100.2 | 100.3 |
| 兰州 | Lanzhou | 100.2 | 100.0 | 100.2 | 99.9 | 99.9 | 108.1 | 100.1 |
| 西宁 | Xining | 100.4 | 100.1 | 100.0 | 100.3 | 104.6 | 99.9 | 97.9 |
| 银川 | Yinchuan | 102.5 | 100.0 | 100.5 | 100.7 | 103.5 | 100.0 | 100.2 |
| 乌鲁木齐 | Urumqi | 102.5 | 99.7 | 99.1 | 98.1 | 101.2 | 121.8 | 101.0 |

# 3-53 36个大中城市居民消费价格分类指数(环比)

# Consumer Price Indices by Category for 36 Major Large and Medium-sized Cities

# (2017年10月)

(上月=100) (preceding month=100)

| 地区 | City | 居民消费价格指数 Consumer Price Index | 食品烟酒 Food, Tobacco and Liquor | 粮食 Grain | 鲜菜 Fresh Vegetables | 畜肉 Meat | 水产品 Aquatic Products | 蛋 Eggs | 鲜果 Fresh Fruits |
|---|---|---|---|---|---|---|---|---|---|
| **平均指数** | **Average Index** | **100.0** | **100.1** | **99.9** | **100.3** | **100.5** | **100.0** | **96.0** | **102.0** |
| 北京 | Beijing | 100.3 | 101.0 | 100.7 | 105.9 | 100.4 | 100.4 | 95.9 | 107.0 |
| 天津 | Tianjin | 99.9 | 100.1 | 100.0 | 103.6 | 100.7 | 96.0 | 92.6 | 103.3 |
| 石家庄 | Shijiazhuang | 100.2 | 100.5 | 100.6 | 108.5 | 99.4 | 100.0 | 94.2 | 98.6 |
| 太原 | Taiyuan | 99.8 | 99.9 | 100.2 | 97.8 | 100.2 | 99.7 | 88.8 | 108.7 |
| 呼和浩特 | Hohhot | 100.4 | 100.8 | 100.0 | 107.5 | 101.1 | 100.8 | 95.2 | 99.1 |
| 沈阳 | Shenyang | 100.0 | 99.5 | 99.6 | 89.7 | 99.9 | 100.5 | 91.4 | 106.7 |
| 大连 | Dalian | 99.9 | 100.4 | 99.7 | 98.7 | 99.4 | 99.8 | 95.3 | 108.8 |
| 长春 | Changchun | 100.0 | 100.4 | 100.0 | 106.5 | 99.6 | 99.0 | 94.7 | 101.3 |
| 哈尔滨 | Harbin | 99.5 | 99.5 | 99.1 | 98.0 | 100.0 | 99.2 | 95.0 | 97.7 |
| 上海 | Shanghai | 99.5 | 100.9 | 100.8 | 100.1 | 101.0 | 100.9 | 98.2 | 109.4 |
| 南京 | Nanjing | 100.0 | 100.0 | 100.5 | 101.3 | 100.5 | 98.7 | 95.4 | 100.7 |
| 杭州 | Hangzhou | 100.4 | 99.3 | 100.5 | 97.2 | 99.6 | 97.9 | 99.7 | 97.2 |
| 宁波 | Ningbo | 100.6 | 99.8 | 100.0 | 96.6 | 100.6 | 101.0 | 98.5 | 97.6 |
| 合肥 | Hefei | 100.3 | 99.6 | 99.9 | 105.1 | 100.1 | 96.0 | 94.0 | 90.4 |
| 福州 | Fuzhou | 99.7 | 99.7 | 100.1 | 101.1 | 102.0 | 100.8 | 98.9 | 86.9 |
| 厦门 | Xiamen | 99.9 | 99.5 | 102.8 | 97.9 | 100.1 | 100.2 | 100.7 | 88.4 |
| 南昌 | Nanchang | 99.9 | 99.5 | 100.0 | 100.8 | 99.9 | 100.1 | 98.4 | 88.6 |
| 济南 | Jinan | 100.1 | 99.8 | 99.4 | 97.5 | 99.9 | 100.7 | 94.1 | 101.4 |
| 青岛 | Qingdao | 100.2 | 100.2 | 101.7 | 96.7 | 100.0 | 101.3 | 93.2 | 103.9 |
| 郑州 | Zhengzhou | 99.9 | 99.8 | 100.0 | 98.3 | 100.6 | 98.5 | 94.8 | 98.2 |
| 武汉 | Wuhan | 100.2 | 100.6 | 100.0 | 103.0 | 100.6 | 98.5 | 97.9 | 106.4 |
| 长沙 | Changsha | 99.9 | 100.1 | 100.0 | 102.8 | 100.2 | 99.5 | 97.2 | 97.8 |
| 广州 | Guangzhou | 100.3 | 100.1 | 98.4 | 101.5 | 100.9 | 102.5 | 93.9 | 97.2 |
| 深圳 | Shenzhen | 100.0 | 99.5 | 100.4 | 96.3 | 99.8 | 100.7 | 101.4 | 98.2 |
| 南宁 | Nanning | 100.1 | 99.7 | 100.8 | 96.7 | 100.8 | 101.3 | 98.5 | 94.8 |
| 海口 | Haikou | 100.4 | 100.7 | 100.4 | 102.9 | 101.1 | 100.4 | 100.2 | 100.6 |
| 重庆 | Chongqing | 99.8 | 99.9 | 99.8 | 102.0 | 102.1 | 99.0 | 95.5 | 90.9 |
| 成都 | Chengdu | 100.1 | 99.9 | 96.0 | 100.8 | 100.2 | 99.4 | 98.0 | 99.9 |
| 贵阳 | Guiyang | 99.8 | 100.0 | 100.1 | 99.0 | 99.5 | 99.7 | 99.2 | 100.8 |
| 昆明 | Kunming | 100.2 | 100.0 | 100.0 | 99.5 | 100.2 | 101.5 | 101.7 | 99.5 |
| 拉萨 | Lasa | 99.8 | 99.6 | 100.0 | 96.0 | 99.9 | 100.4 | 100.2 | 101.7 |
| 西安 | Xi'an | 99.8 | 99.9 | 99.2 | 101.1 | 99.3 | 97.1 | 92.6 | 104.6 |
| 兰州 | Lanzhou | 100.0 | 99.7 | 100.0 | 98.7 | 100.2 | 99.5 | 93.8 | 98.8 |
| 西宁 | Xining | 100.3 | 100.0 | 100.0 | 95.4 | 100.4 | 99.4 | 91.7 | 114.5 |
| 银川 | Yinchuan | 100.4 | 100.7 | 100.3 | 101.5 | 100.6 | 99.9 | 96.2 | 109.3 |
| 乌鲁木齐 | Urumqi | 100.4 | 101.3 | 99.7 | 106.2 | 103.2 | 101.0 | 96.1 | 108.0 |

3-53 续表 continued

(上月=100) (preceding month=100)

| 地 区 | City | 衣着 Clothing | 居住 Residence | 生活用品及服务 Household Facilities,Articles and Services | 交通和通信 Transportation and Communication | 教育文化和娱乐 Education, Culture and Recreation | 医疗保健 Health Care and Medical Services | 其他用品和服务 Miscellaneous Goods and Services |
|---|---|---|---|---|---|---|---|---|
| **平均指数** | **Average Index** | **100.7** | **100.1** | **100.2** | **100.0** | **99.0** | **100.1** | **99.5** |
| 北 京 | Beijing | 101.3 | 100.0 | 100.2 | 99.3 | 100.1 | 100.0 | 99.7 |
| 天 津 | Tianjin | 100.6 | 99.9 | 100.3 | 99.8 | 99.0 | 100.1 | 99.6 |
| 石家庄 | Shijiazhuang | 97.7 | 100.5 | 100.4 | 101.2 | 99.9 | 100.3 | 99.6 |
| 太 原 | Taiyuan | 97.3 | 100.0 | 100.1 | 101.1 | 99.7 | 100.0 | 100.4 |
| 呼和浩特 | Hohhot | 100.5 | 100.5 | 100.0 | 100.2 | 100.0 | 100.0 | 99.9 |
| 沈 阳 | Shenyang | 100.9 | 100.5 | 100.1 | 99.9 | 99.9 | 100.0 | 99.8 |
| 大 连 | Dalian | 99.8 | 99.5 | 100.5 | 100.3 | 98.7 | 100.0 | 98.9 |
| 长 春 | Changchun | 100.1 | 100.0 | 100.7 | 99.6 | 99.5 | 99.8 | 99.8 |
| 哈尔滨 | Harbin | 97.4 | 99.9 | 100.3 | 99.3 | 99.9 | 100.0 | 99.7 |
| 上 海 | Shanghai | 99.9 | 99.9 | 100.2 | 98.6 | 95.3 | 100.1 | 98.5 |
| 南 京 | Nanjing | 100.4 | 99.9 | 99.3 | 100.4 | 99.9 | 100.0 | 98.9 |
| 杭 州 | Hangzhou | 99.7 | 101.1 | 100.5 | 100.6 | 101.4 | 100.0 | 100.6 |
| 宁 波 | Ningbo | 105.4 | 100.4 | 100.5 | 100.8 | 100.4 | 100.1 | 99.6 |
| 合 肥 | Hefei | 103.1 | 100.1 | 100.2 | 100.9 | 99.6 | 100.2 | 100.9 |
| 福 州 | Fuzhou | 100.5 | 100.0 | 99.7 | 99.7 | 98.9 | 100.0 | 98.9 |
| 厦 门 | Xiamen | 99.9 | 100.0 | 99.4 | 100.2 | 100.2 | 100.0 | 99.9 |
| 南 昌 | Nanchang | 100.5 | 100.3 | 100.2 | 100.3 | 99.5 | 100.0 | 99.4 |
| 济 南 | Jinan | 101.1 | 100.4 | 99.4 | 99.7 | 100.0 | 100.5 | 99.6 |
| 青 岛 | Qingdao | 102.6 | 100.0 | 100.0 | 100.7 | 98.3 | 100.4 | 99.5 |
| 郑 州 | Zhengzhou | 100.2 | 100.0 | 100.0 | 100.3 | 99.7 | 100.0 | 99.6 |
| 武 汉 | Wuhan | 100.2 | 100.0 | 100.1 | 100.6 | 99.8 | 100.0 | 99.1 |
| 长 沙 | Changsha | 100.2 | 100.3 | 100.1 | 100.1 | 98.3 | 100.0 | 99.5 |
| 广 州 | Guangzhou | 102.7 | 100.2 | 99.9 | 100.2 | 99.8 | 100.0 | 100.3 |
| 深 圳 | Shenzhen | 101.7 | 100.1 | 100.7 | 100.2 | 99.4 | 100.1 | 99.7 |
| 南 宁 | Nanning | 101.8 | 100.0 | 99.9 | 100.2 | 100.1 | 100.0 | 99.4 |
| 海 口 | Haikou | 100.4 | 100.3 | 99.5 | 101.0 | 100.3 | 100.0 | 99.6 |
| 重 庆 | Chongqing | 100.7 | 100.0 | 100.6 | 99.9 | 97.0 | 101.3 | 99.2 |
| 成 都 | Chengdu | 100.0 | 100.0 | 99.9 | 100.7 | 100.3 | 100.0 | 100.5 |
| 贵 阳 | Guiyang | 101.5 | 99.8 | 100.3 | 99.9 | 97.1 | 100.0 | 99.9 |
| 昆 明 | Kunming | 100.3 | 100.0 | 100.2 | 100.2 | 100.3 | 100.7 | 100.0 |
| 拉 萨 | Lasa | 100.8 | 100.0 | 100.0 | 100.0 | 99.9 | 100.0 | 96.9 |
| 西 安 | Xi'an | 100.7 | 100.1 | 100.4 | 100.8 | 97.4 | 100.0 | 99.2 |
| 兰 州 | Lanzhou | 101.3 | 100.0 | 100.0 | 100.2 | 100.0 | 99.9 | 99.0 |
| 西 宁 | Xining | 101.5 | 100.0 | 100.7 | 100.4 | 101.5 | 99.8 | 99.0 |
| 银 川 | Yinchuan | 103.3 | 100.0 | 100.1 | 99.7 | 98.4 | 99.8 | 101.3 |
| 乌鲁木齐 | Urumqi | 99.1 | 100.0 | 101.7 | 101.0 | 99.2 | 99.3 | 99.7 |

# 3-54 36个大中城市居民消费价格分类指数(环比)
# Consumer Price Indices by Category for 36 Major Large and Medium-sized Cities
# (2017年11月)

(上月=100) (preceding month=100)

| 地区 | City | 居民消费价格指数 Consumer Price Index | 食品烟酒 Food, Tobacco and Liquor | 粮食 Grain | 鲜菜 Fresh Vegetables | 畜肉 Meat | 水产品 Aquatic Products | 蛋 Eggs | 鲜果 Fresh Fruits |
|---|---|---|---|---|---|---|---|---|---|
| **平均指数** | **Average Index** | **100.0** | **99.8** | **100.2** | **95.3** | **99.9** | **99.0** | **101.1** | **102.9** |
| 北京 | Beijing | 99.9 | 99.7 | 99.6 | 98.1 | 100.1 | 98.5 | 100.9 | 95.8 |
| 天津 | Tianjin | 99.9 | 99.4 | 100.2 | 95.7 | 100.2 | 95.8 | 102.2 | 97.7 |
| 石家庄 | Shijiazhuang | 100.3 | 100.1 | 96.0 | 96.8 | 99.7 | 99.9 | 101.8 | 115.4 |
| 太原 | Taiyuan | 100.4 | 100.3 | 100.1 | 101.9 | 100.9 | 98.4 | 102.6 | 100.3 |
| 呼和浩特 | Hohhot | 100.2 | 100.4 | 100.0 | 104.7 | 100.0 | 98.4 | 97.1 | 101.1 |
| 沈阳 | Shenyang | 100.8 | 101.9 | 99.9 | 108.0 | 99.9 | 99.1 | 103.8 | 112.5 |
| 大连 | Dalian | 99.9 | 100.9 | 99.8 | 100.8 | 99.5 | 102.3 | 100.7 | 106.1 |
| 长春 | Changchun | 100.9 | 101.5 | 100.2 | 107.0 | 100.2 | 97.5 | 102.7 | 109.5 |
| 哈尔滨 | Harbin | 100.9 | 102.4 | 98.6 | 114.7 | 99.2 | 99.4 | 100.2 | 118.3 |
| 上海 | Shanghai | 100.0 | 100.1 | 99.8 | 93.3 | 100.3 | 100.3 | 100.9 | 109.0 |
| 南京 | Nanjing | 100.0 | 98.9 | 99.7 | 87.0 | 100.1 | 96.7 | 102.3 | 101.2 |
| 杭州 | Hangzhou | 99.8 | 99.4 | 100.3 | 91.2 | 100.3 | 99.2 | 100.6 | 101.7 |
| 宁波 | Ningbo | 99.7 | 99.0 | 99.6 | 89.3 | 99.8 | 99.2 | 101.1 | 97.5 |
| 合肥 | Hefei | 99.4 | 98.7 | 99.8 | 86.6 | 98.0 | 98.9 | 101.2 | 104.6 |
| 福州 | Fuzhou | 99.6 | 98.6 | 98.5 | 89.0 | 98.7 | 95.8 | 101.2 | 101.5 |
| 厦门 | Xiamen | 100.1 | 99.3 | 100.1 | 91.8 | 100.2 | 99.7 | 97.5 | 97.2 |
| 南昌 | Nanchang | 99.7 | 98.3 | 100.0 | 86.4 | 99.3 | 98.5 | 100.4 | 97.9 |
| 济南 | Jinan | 100.4 | 101.1 | 100.4 | 91.8 | 99.9 | 98.5 | 102.8 | 126.0 |
| 青岛 | Qingdao | 100.0 | 100.3 | 101.6 | 92.8 | 100.1 | 100.0 | 104.0 | 109.7 |
| 郑州 | Zhengzhou | 100.1 | 99.9 | 99.9 | 96.4 | 100.8 | 98.9 | 103.2 | 96.7 |
| 武汉 | Wuhan | 99.7 | 98.6 | 100.0 | 91.5 | 99.0 | 96.7 | 99.2 | 97.1 |
| 长沙 | Changsha | 99.8 | 99.7 | 100.0 | 95.3 | 99.8 | 100.2 | 99.5 | 102.4 |
| 广州 | Guangzhou | 100.1 | 99.5 | 99.7 | 95.1 | 99.3 | 98.8 | 100.3 | 95.5 |
| 深圳 | Shenzhen | 99.8 | 99.5 | 102.5 | 94.0 | 99.6 | 99.5 | 100.3 | 100.3 |
| 南宁 | Nanning | 99.9 | 99.8 | 99.9 | 99.6 | 99.6 | 98.6 | 100.3 | 100.7 |
| 海口 | Haikou | 100.1 | 99.7 | 99.9 | 99.6 | 99.8 | 99.0 | 100.7 | 97.7 |
| 重庆 | Chongqing | 99.9 | 99.8 | 100.9 | 95.8 | 99.6 | 98.9 | 100.6 | 103.2 |
| 成都 | Chengdu | 99.8 | 99.7 | 102.7 | 95.0 | 100.7 | 99.2 | 100.8 | 99.5 |
| 贵阳 | Guiyang | 100.3 | 100.1 | 99.9 | 99.4 | 100.3 | 97.8 | 100.3 | 101.9 |
| 昆明 | Kunming | 100.1 | 100.2 | 100.1 | 102.3 | 100.0 | 99.4 | 99.2 | 102.3 |
| 拉萨 | Lasa | 100.3 | 101.0 | 100.0 | 110.6 | 99.9 | 97.1 | 99.6 | 98.0 |
| 西安 | Xi'an | 99.7 | 99.5 | 101.5 | 90.9 | 100.2 | 96.7 | 99.6 | 101.6 |
| 兰州 | Lanzhou | 100.3 | 100.4 | 100.0 | 103.2 | 100.3 | 100.3 | 101.2 | 100.6 |
| 西宁 | Xining | 100.3 | 100.3 | 99.7 | 99.3 | 100.8 | 97.7 | 102.5 | 105.0 |
| 银川 | Yinchuan | 100.3 | 100.6 | 100.0 | 106.4 | 101.6 | 100.0 | 100.9 | 95.9 |
| 乌鲁木齐 | Urumqi | 100.3 | 100.9 | 100.2 | 101.7 | 99.7 | 100.2 | 102.7 | 113.4 |

3-54 续表 continued

(上月=100) (preceding month=100)

| 地 区 | City | 衣着 Clothing | 居住 Residence | 生活用品及服务 Household Facilities,Articles and Services | 交通和通信 Transportation and Communication | 教育文化和娱乐 Education, Culture and Recreation | 医疗保健 Health Care and Medical Services | 其他用品和服务 Miscellaneous Goods and Services |
|---|---|---|---|---|---|---|---|---|
| **平均指数** | **Average Index** | **100.3** | **100.1** | **100.0** | **100.6** | **99.0** | **100.2** | **100.0** |
| 北 京 | Beijing | 99.2 | 100.2 | 99.9 | 101.4 | 98.2 | 100.3 | 99.8 |
| 天 津 | Tianjin | 100.0 | 100.0 | 100.0 | 100.6 | 99.6 | 100.0 | 99.9 |
| 石家庄 | Shijiazhuang | 102.1 | 99.8 | 100.1 | 100.6 | 100.0 | 100.2 | 99.7 |
| 太 原 | Taiyuan | 102.2 | 100.1 | 99.9 | 100.8 | 99.9 | 100.1 | 99.6 |
| 呼和浩特 | Hohhot | 100.1 | 100.1 | 100.0 | 100.2 | 100.0 | 100.0 | 100.0 |
| 沈 阳 | Shenyang | 101.3 | 100.1 | 100.1 | 100.2 | 100.1 | 100.2 | 99.9 |
| 大 连 | Dalian | 99.3 | 99.9 | 100.1 | 100.1 | 97.8 | 100.2 | 99.6 |
| 长 春 | Changchun | 102.1 | 100.3 | 99.4 | 101.4 | 100.1 | 101.0 | 99.6 |
| 哈尔滨 | Harbin | 101.4 | 100.0 | 100.3 | 100.6 | 100.0 | 100.0 | 100.0 |
| 上 海 | Shanghai | 99.9 | 100.0 | 100.2 | 101.0 | 98.5 | 100.3 | 100.3 |
| 南 京 | Nanjing | 101.0 | 100.0 | 101.6 | 100.4 | 99.8 | 100.0 | 102.2 |
| 杭 州 | Hangzhou | 101.2 | 100.2 | 98.9 | 100.2 | 98.9 | 100.1 | 99.1 |
| 宁 波 | Ningbo | 99.0 | 100.2 | 100.1 | 100.5 | 99.1 | 100.2 | 100.0 |
| 合 肥 | Hefei | 99.4 | 100.1 | 100.1 | 100.3 | 98.0 | 100.1 | 99.7 |
| 福 州 | Fuzhou | 101.3 | 99.5 | 100.3 | 100.1 | 100.2 | 100.0 | 100.2 |
| 厦 门 | Xiamen | 101.3 | 101.2 | 100.5 | 100.2 | 99.2 | 100.1 | 99.9 |
| 南 昌 | Nanchang | 100.0 | 100.3 | 100.7 | 100.4 | 100.0 | 100.1 | 100.4 |
| 济 南 | Jinan | 100.4 | 100.2 | 100.0 | 100.5 | 99.8 | 100.1 | 99.8 |
| 青 岛 | Qingdao | 100.2 | 99.9 | 100.1 | 100.0 | 99.0 | 100.0 | 99.3 |
| 郑 州 | Zhengzhou | 100.2 | 100.0 | 99.7 | 100.8 | 100.0 | 100.0 | 100.3 |
| 武 汉 | Wuhan | 100.1 | 100.4 | 100.2 | 100.5 | 99.9 | 100.0 | 100.1 |
| 长 沙 | Changsha | 100.0 | 100.1 | 100.2 | 100.5 | 98.5 | 100.0 | 100.0 |
| 广 州 | Guangzhou | 102.5 | 100.4 | 100.1 | 101.0 | 98.6 | 100.2 | 99.9 |
| 深 圳 | Shenzhen | 99.4 | 99.9 | 99.5 | 100.5 | 99.6 | 100.1 | 100.2 |
| 南 宁 | Nanning | 98.9 | 100.6 | 99.9 | 100.4 | 99.4 | 100.0 | 100.1 |
| 海 口 | Haikou | 101.5 | 101.1 | 100.3 | 99.9 | 99.1 | 100.0 | 100.1 |
| 重 庆 | Chongqing | 100.2 | 100.0 | 100.0 | 101.1 | 98.7 | 100.1 | 100.0 |
| 成 都 | Chengdu | 102.0 | 100.2 | 100.4 | 100.0 | 97.9 | 100.0 | 99.4 |
| 贵 阳 | Guiyang | 100.6 | 100.0 | 100.3 | 100.9 | 100.4 | 100.0 | 99.4 |
| 昆 明 | Kunming | 100.0 | 99.9 | 99.9 | 100.9 | 100.1 | 100.0 | 100.1 |
| 拉 萨 | Lasa | 100.2 | 100.0 | 100.0 | 100.7 | 99.0 | 100.0 | 98.9 |
| 西 安 | Xi'an | 99.8 | 100.1 | 99.2 | 99.8 | 99.2 | 100.2 | 99.9 |
| 兰 州 | Lanzhou | 100.4 | 101.3 | 98.9 | 99.9 | 100.0 | 100.1 | 99.6 |
| 西 宁 | Xining | 99.8 | 100.0 | 100.1 | 101.0 | 100.5 | 100.5 | 99.5 |
| 银 川 | Yinchuan | 100.9 | 100.2 | 100.4 | 100.6 | 99.1 | 100.0 | 98.7 |
| 乌鲁木齐 | Urumqi | 99.6 | 100.1 | 100.5 | 100.1 | 100.1 | 100.2 | 99.5 |

# 3-55 36个大中城市居民消费价格分类指数(环比)
# Consumer Price Indices by Category for 36 Major Large and Medium-sized Cities
## (2017年12月)

(上月=100) (preceding month=100)

| 地区 | City | 居民消费价格指数 Consumer Price Index | 食品烟酒 Food, Tobacco and Liquor | 粮食 Grain | 鲜菜 Fresh Vegetables | 畜肉 Meat | 水产品 Aquatic Products | 蛋 Eggs | 鲜果 Fresh Fruits |
|---|---|---|---|---|---|---|---|---|---|
| **平均指数** | **Average Index** | **100.3** | **100.8** | **100.3** | **100.8** | **100.7** | **101.5** | **103.9** | **105.4** |
| 北京 | Beijing | 100.5 | 101.5 | 100.9 | 107.9 | 101.3 | 100.5 | 105.1 | 107.2 |
| 天津 | Tianjin | 100.3 | 101.2 | 99.6 | 103.6 | 100.2 | 104.3 | 106.3 | 105.3 |
| 石家庄 | Shijiazhuang | 100.5 | 101.4 | 101.4 | 101.7 | 100.3 | 99.2 | 105.6 | 109.5 |
| 太原 | Taiyuan | 99.9 | 101.4 | 98.9 | 98.9 | 102.3 | 99.1 | 111.1 | 118.4 |
| 呼和浩特 | Hohhot | 100.3 | 101.1 | 100.0 | 103.4 | 100.4 | 98.3 | 106.0 | 108.1 |
| 沈阳 | Shenyang | 100.5 | 101.4 | 100.1 | 110.3 | 101.2 | 10[illegible].1 | 103.6 | 100.2 |
| 大连 | Dalian | 100.6 | 101.8 | 100.2 | 109.3 | 100.6 | 105.2 | 104.2 | 101.4 |
| 长春 | Changchun | 100.4 | 101.0 | 99.9 | 105.0 | 100.3 | 99.5 | 104.6 | 105.6 |
| 哈尔滨 | Harbin | 100.8 | 101.9 | 100.8 | 112.0 | 100.9 | 10[illegible].1 | 103.9 | 106.8 |
| 上海 | Shanghai | 100.4 | 100.8 | 100.2 | 99.8 | 100.4 | 10[illegible].8 | 102.3 | 105.7 |
| 南京 | Nanjing | 100.5 | 100.4 | 100.1 | 95.5 | 100.7 | 100.6 | 104.0 | 105.9 |
| 杭州 | Hangzhou | 100.1 | 100.5 | 99.7 | 93.4 | 101.0 | 103.6 | 100.8 | 105.3 |
| 宁波 | Ningbo | 100.3 | 101.0 | 100.0 | 98.7 | 100.7 | 102.0 | 101.1 | 114.4 |
| 合肥 | Hefei | 100.1 | 100.9 | 99.5 | 102.5 | 101.1 | 101.8 | 102.4 | 103.5 |
| 福州 | Fuzhou | 100.0 | 100.6 | 102.5 | 95.1 | 102.0 | 102.5 | 102.1 | 105.1 |
| 厦门 | Xiamen | 100.1 | 100.2 | 97.8 | 95.5 | 99.8 | 102.3 | 102.8 | 101.0 |
| 南昌 | Nanchang | 100.1 | 100.0 | 100.0 | 98.2 | 98.9 | 99.5 | 102.5 | 106.0 |
| 济南 | Jinan | 100.7 | 101.6 | 100.1 | 101.1 | 103.1 | 100.7 | 102.6 | 106.5 |
| 青岛 | Qingdao | 100.6 | 101.8 | 100.6 | 108.5 | 101.9 | 103.2 | 105.7 | 105.5 |
| 郑州 | Zhengzhou | 100.7 | 101.5 | 99.8 | 102.5 | 100.2 | 100.2 | 106.9 | 117.5 |
| 武汉 | Wuhan | 100.1 | 100.1 | 99.9 | 96.5 | 100.4 | 99.9 | 102.7 | 104.7 |
| 长沙 | Changsha | 100.4 | 101.1 | 100.1 | 105.2 | 100.1 | 99.8 | 101.2 | 107.2 |
| 广州 | Guangzhou | 100.4 | 100.6 | 103.5 | 99.8 | 100.5 | 101.1 | 106.7 | 104.3 |
| 深圳 | Shenzhen | 100.0 | 100.1 | 98.9 | 97.2 | 100.0 | 100.3 | 102.0 | 103.0 |
| 南宁 | Nanning | 100.1 | 100.0 | 100.3 | 98.4 | 100.3 | 99.7 | 100.5 | 97.4 |
| 海口 | Haikou | 100.3 | 100.1 | 100.4 | 97.2 | 99.8 | 101.4 | 100.8 | 100.0 |
| 重庆 | Chongqing | 100.1 | 99.9 | 99.2 | 97.1 | 100.5 | 99.8 | 103.5 | 102.5 |
| 成都 | Chengdu | 99.9 | 99.6 | 100.4 | 96.4 | 100.5 | 99.1 | 101.8 | 100.8 |
| 贵阳 | Guiyang | 100.1 | 100.0 | 100.1 | 99.9 | 100.7 | 99.0 | 100.5 | 101.8 |
| 昆明 | Kunming | 100.1 | 100.0 | 100.6 | 97.7 | 100.6 | 100.0 | 102.2 | 103.5 |
| 拉萨 | Lasa | 100.0 | 100.0 | 100.0 | 99.5 | 99.7 | 99.3 | 100.0 | 101.3 |
| 西安 | Xi'an | 100.2 | 101.4 | 101.0 | 103.8 | 100.2 | 98.3 | 108.8 | 106.4 |
| 兰州 | Lanzhou | 99.9 | 100.3 | 100.0 | 101.2 | 100.0 | 99.6 | 105.4 | 101.2 |
| 西宁 | Xining | 100.2 | 101.5 | 100.3 | 106.3 | 101.7 | 99.7 | 103.7 | 110.8 |
| 银川 | Yinchuan | 100.3 | 100.9 | 100.3 | 106.5 | 100.5 | 99.7 | 104.6 | 100.7 |
| 乌鲁木齐 | Urumqi | 100.8 | 101.7 | 100.0 | 105.2 | 101.6 | 100.8 | 101.7 | 119.1 |

3-55 续表 continued

(上月=100)　(preceding month=100)

| 地　区 | City | 衣着 Clothing | 居住 Residence | 生活用品及服务 Household Facilities,Articles and Services | 交通和通信 Transportation and Communication | 教育文化和娱乐 Education, Culture and Recreation | 医疗保健 Health Care and Medical Services | 其他用品和服务 Miscellaneous Goods and Services |
|---|---|---|---|---|---|---|---|---|
| **平均指数** | **Average Index** | **99.6** | **100.1** | **100.2** | **100.5** | **100.3** | **100.1** | **99.8** |
| 北　京 | Beijing | 98.2 | 100.2 | 100.2 | 100.9 | 100.7 | 100.0 | 99.7 |
| 天　津 | Tianjin | 99.8 | 100.0 | 99.8 | 100.2 | 100.2 | 100.1 | 99.2 |
| 石家庄 | Shijiazhuang | 99.4 | 100.1 | 100.4 | 100.2 | 100.8 | 99.9 | 99.9 |
| 太　原 | Taiyuan | 94.5 | 100.4 | 100.3 | 100.3 | 99.9 | 100.0 | 99.9 |
| 呼和浩特 | Hohhot | 100.0 | 100.0 | 100.0 | 100.2 | 100.0 | 100.0 | 100.0 |
| 沈　阳 | Shenyang | 100.2 | 100.3 | 100.1 | 99.9 | 99.9 | 100.1 | 99.9 |
| 大　连 | Dalian | 100.1 | 100.6 | 100.0 | 100.2 | 99.9 | 99.9 | 99.4 |
| 长　春 | Changchun | 99.7 | 100.0 | 100.0 | 100.6 | 100.3 | 100.0 | 99.8 |
| 哈尔滨 | Harbin | 100.8 | 100.0 | 100.2 | 101.3 | 100.1 | 100.0 | 99.6 |
| 上　海 | Shanghai | 99.3 | 99.8 | 99.8 | 101.0 | 102.1 | 100.1 | 100.9 |
| 南　京 | Nanjing | 100.6 | 100.5 | 101.7 | 100.4 | 100.0 | 100.0 | 100.4 |
| 杭　州 | Hangzhou | 101.2 | 99.7 | 101.2 | 100.1 | 99.2 | 100.0 | 99.3 |
| 宁　波 | Ningbo | 99.0 | 100.2 | 100.1 | 100.2 | 100.1 | 100.3 | 99.5 |
| 合　肥 | Hefei | 97.5 | 100.2 | 100.3 | 100.2 | 99.9 | 100.0 | 98.4 |
| 福　州 | Fuzhou | 97.5 | 100.0 | 99.8 | 100.2 | 99.7 | 100.0 | 99.2 |
| 厦　门 | Xiamen | 98.4 | 100.4 | 100.3 | 100.4 | 100.3 | 100.1 | 99.6 |
| 南　昌 | Nanchang | 100.2 | 100.1 | 100.2 | 100.5 | 100.2 | 98.6 | 101.2 |
| 济　南 | Jinan | 100.3 | 100.2 | 100.1 | 100.8 | 100.4 | 100.0 | 100.0 |
| 青　岛 | Qingdao | 100.8 | 99.9 | 99.9 | 100.5 | 99.7 | 100.0 | 99.0 |
| 郑　州 | Zhengzhou | 100.0 | 100.2 | 100.9 | 100.1 | 100.7 | 101.3 | 99.8 |
| 武　汉 | Wuhan | 100.2 | 100.1 | 100.2 | 100.1 | 100.0 | 100.0 | 99.5 |
| 长　沙 | Changsha | 100.3 | 100.4 | 100.3 | 100.5 | 99.3 | 100.0 | 100.1 |
| 广　州 | Guangzhou | 101.2 | 99.9 | 100.6 | 100.5 | 100.2 | 100.0 | 99.6 |
| 深　圳 | Shenzhen | 98.1 | 100.0 | 100.4 | 100.4 | 99.9 | 101.2 | 99.7 |
| 南　宁 | Nanning | 101.0 | 100.6 | 99.8 | 100.0 | 99.3 | 100.1 | 101.0 |
| 海　口 | Haikou | 100.0 | 100.7 | 101.3 | 101.2 | 99.3 | 100.1 | 99.5 |
| 重　庆 | Chongqing | 99.9 | 100.1 | 100.2 | 99.7 | 100.8 | 100.1 | 100.1 |
| 成　都 | Chengdu | 100.0 | 100.0 | 100.1 | 101.0 | 99.7 | 99.8 | 99.5 |
| 贵　阳 | Guiyang | 100.1 | 100.0 | 100.1 | 99.7 | 100.8 | 100.0 | 99.2 |
| 昆　明 | Kunming | 100.0 | 100.1 | 100.0 | 100.4 | 99.9 | 100.0 | 100.0 |
| 拉　萨 | Lasa | 100.0 | 100.0 | 100.3 | 100.1 | 100.0 | 100.2 | 99.0 |
| 西　安 | Xi'an | 98.5 | 99.8 | 100.0 | 100.4 | 99.5 | 100.2 | 99.1 |
| 兰　州 | Lanzhou | 100.0 | 100.0 | 99.7 | 100.2 | 98.9 | 100.0 | 98.8 |
| 西　宁 | Xining | 98.1 | 100.0 | 100.0 | 99.3 | 100.1 | 100.7 | 99.3 |
| 银　川 | Yinchuan | 100.6 | 99.8 | 100.2 | 100.1 | 99.8 | 100.4 | 99.0 |
| 乌鲁木齐 | Urumqi | 99.9 | 101.2 | 100.2 | 100.1 | 99.5 | 100.3 | 100.9 |

# 3-56 36个大中城市居民消费价格分类指数(同比)
# Consumer Price Indices by Category for 36 Major Large and Medium-sized Cities
## (2017年1月)

(上年同月=100) (same month of preceding year=100)

| 地区 | City | 居民消费价格指数 Consumer Price Index | 食品烟酒 Food, Tobacco and Liquor | 粮食 Grain | 鲜菜 Fresh Vegetables | 畜肉 Meat | 水产品 Aquatic Products | 蛋 Eggs | 鲜果 Fresh Fruits |
|---|---|---|---|---|---|---|---|---|---|
| **平均指数** | **Average Index** | **102.9** | **102.8** | **101.2** | **100.0** | **105.8** | **106.5** | **92.2** | **107.1** |
| 北京 | Beijing | 102.9 | 103.2 | 101.0 | 105.2 | 104.5 | 106.2 | 89.2 | 109.4 |
| 天津 | Tianjin | 103.4 | 101.9 | 103.0 | 104.0 | 105.4 | 103.7 | 86.5 | 105.9 |
| 石家庄 | Shijiazhuang | 101.5 | 100.9 | 100.6 | 104.5 | 106.9 | 96.0 | 82.9 | 102.2 |
| 太原 | Taiyuan | 103.3 | 103.1 | 101.8 | 109.2 | 107.7 | 103.6 | 81.0 | 106.2 |
| 呼和浩特 | Hohhot | 102.3 | 102.9 | 102.5 | 109.3 | 105.4 | 102.6 | 82.3 | 103.5 |
| 沈阳 | Shenyang | 102.4 | 103.3 | 100.8 | 112.5 | 104.5 | 106.7 | 89.0 | 100.3 |
| 大连 | Dalian | 102.3 | 103.3 | 101.7 | 98.3 | 103.5 | 107.5 | 93.6 | 116.2 |
| 长春 | Changchun | 102.7 | 104.0 | 100.1 | 107.6 | 105.6 | 101.2 | 90.5 | 124.8 |
| 哈尔滨 | Harbin | 102.2 | 103.5 | 102.0 | 105.2 | 104.6 | 100.0 | 91.3 | 100.1 |
| 上海 | Shanghai | 103.6 | 103.5 | 101.0 | 98.5 | 106.1 | 108.8 | 95.0 | 115.4 |
| 南京 | Nanjing | 102.4 | 102.3 | 102.1 | 99.3 | 104.2 | 108.1 | 92.8 | 96.1 |
| 杭州 | Hangzhou | 103.3 | 104.4 | 100.1 | 90.7 | 110.4 | 111.7 | 93.2 | 107.2 |
| 宁波 | Ningbo | 102.5 | 102.2 | 102.2 | 91.6 | 105.7 | 106.5 | 94.4 | 105.7 |
| 合肥 | Hefei | 103.4 | 101.4 | 98.1 | 99.8 | 106.0 | 110.7 | 87.2 | 87.9 |
| 福州 | Fuzhou | 103.2 | 100.3 | 103.1 | 89.0 | 102.2 | 104.7 | 101.2 | 106.4 |
| 厦门 | Xiamen | 102.4 | 102.3 | 97.9 | 90.0 | 110.7 | 105.8 | 98.6 | 105.7 |
| 南昌 | Nanchang | 102.5 | 102.9 | 102.5 | 92.3 | 107.5 | 115.5 | 96.5 | 103.8 |
| 济南 | Jinan | 103.7 | 103.2 | 102.1 | 99.2 | 108.7 | 99.2 | 91.6 | 109.6 |
| 青岛 | Qingdao | 102.6 | 103.1 | 106.1 | 100.4 | 105.2 | 103.4 | 91.1 | 112.5 |
| 郑州 | Zhengzhou | 102.7 | 101.5 | 100.9 | 108.0 | 106.1 | 104.6 | 88.1 | 100.5 |
| 武汉 | Wuhan | 103.8 | 104.6 | 101.2 | 118.1 | 107.2 | 108.3 | 101.1 | 102.3 |
| 长沙 | Changsha | 102.8 | 102.9 | 101.6 | 110.5 | 104.1 | 108.1 | 100.5 | 107.2 |
| 广州 | Guangzhou | 103.9 | 103.9 | 99.2 | 94.6 | 109.8 | 105.4 | 92.3 | 102.5 |
| 深圳 | Shenzhen | 102.8 | 101.8 | 102.4 | 87.1 | 107.3 | 105.6 | 97.6 | 105.2 |
| 南宁 | Nanning | 102.0 | 102.1 | 100.5 | 94.2 | 106.0 | 106.7 | 98.2 | 113.7 |
| 海口 | Haikou | 104.6 | 104.8 | 101.5 | 96.5 | 109.9 | 112.0 | 99.4 | 116.4 |
| 重庆 | Chongqing | 101.9 | 101.1 | 102.0 | 99.8 | 103.7 | 103.7 | 92.8 | 100.3 |
| 成都 | Chengdu | 103.3 | 100.8 | 100.9 | 94.5 | 102.6 | 105.5 | 94.7 | 103.6 |
| 贵阳 | Guiyang | 102.0 | 102.5 | 99.9 | 105.7 | 104.4 | 106.4 | 97.0 | 106.5 |
| 昆明 | Kunming | 100.8 | 101.0 | 99.8 | 102.8 | 104.9 | 107.4 | 95.3 | 87.1 |
| 拉萨 | Lasa | 103.0 | 104.1 | 106.2 | 102.8 | 100.2 | 98.9 | 102.3 | 107.0 |
| 西安 | Xi'an | 101.1 | 102.4 | 99.4 | 103.2 | 102.1 | 109.9 | 85.5 | 106.8 |
| 兰州 | Lanzhou | 101.3 | 102.1 | 100.6 | 103.6 | 104.8 | 101.7 | 96.2 | 101.8 |
| 西宁 | Xining | 102.6 | 102.4 | 101.8 | 106.7 | 105.9 | 106.6 | 89.0 | 103.5 |
| 银川 | Yinchuan | 102.8 | 101.0 | 100.4 | 100.6 | 103.2 | 106.1 | 92.6 | 107.1 |
| 乌鲁木齐 | Urumqi | 102.9 | 107.4 | 100.9 | 116.8 | 107.2 | 102.8 | 81.6 | 117.1 |

## 3-56 续表 continued

(上年同月=100) (same month of preceding year=100)

| 地区 | City | 衣着 Clothing | 居住 Residence | 生活用品及服务 Household Facilities,Articles and Services | 交通和通信 Transportation and Communication | 教育文化和娱乐 Education, Culture and Recreation | 医疗保健 Health Care and Medical Services | 其他用品和服务 Miscellaneous Goods and Services |
|---|---|---|---|---|---|---|---|---|
| **平均指数** | **Average Index** | **100.7** | **103.0** | **100.4** | **102.1** | **104.3** | **106.2** | **104.9** |
| 北京 | Beijing | 98.1 | 104.0 | 99.9 | 100.9 | 104.6 | 104.7 | 104.9 |
| 天津 | Tianjin | 99.0 | 103.2 | 99.0 | 101.3 | 102.0 | 123.6 | 104.0 |
| 石家庄 | Shijiazhuang | 101.0 | 100.8 | 98.7 | 102.1 | 103.3 | 104.7 | 103.2 |
| 太原 | Taiyuan | 98.7 | 101.0 | 99.7 | 104.2 | 105.9 | 112.6 | 104.5 |
| 呼和浩特 | Hohhot | 102.4 | 100.4 | 102.7 | 101.6 | 100.8 | 107.5 | 104.5 |
| 沈阳 | Shenyang | 97.6 | 102.7 | 99.5 | 101.5 | 104.3 | 104.4 | 103.6 |
| 大连 | Dalian | 99.9 | 102.1 | 101.5 | 101.9 | 103.1 | 101.5 | 104.1 |
| 长春 | Changchun | 101.9 | 98.8 | 100.0 | 102.0 | 104.6 | 109.0 | 103.1 |
| 哈尔滨 | Harbin | 99.3 | 101.9 | 99.6 | 101.2 | 103.9 | 101.5 | 104.8 |
| 上海 | Shanghai | 101.2 | 104.2 | 100.8 | 100.4 | 106.0 | 107.6 | 105.2 |
| 南京 | Nanjing | 99.4 | 103.2 | 102.1 | 103.2 | 103.8 | 100.2 | 103.4 |
| 杭州 | Hangzhou | 101.0 | 103.8 | 100.7 | 102.2 | 105.0 | 101.3 | 103.8 |
| 宁波 | Ningbo | 102.5 | 102.1 | 100.2 | 102.6 | 103.3 | 104.1 | 103.4 |
| 合肥 | Hefei | 102.8 | 107.0 | 100.9 | 101.9 | 106.3 | 102.4 | 102.6 |
| 福州 | Fuzhou | 109.1 | 103.2 | 98.7 | 103.1 | 108.3 | 101.7 | 109.2 |
| 厦门 | Xiamen | 102.3 | 101.3 | 102.6 | 102.2 | 103.0 | 102.0 | 109.1 |
| 南昌 | Nanchang | 100.0 | 103.0 | 99.8 | 104.2 | 102.7 | 101.4 | 102.8 |
| 济南 | Jinan | 101.2 | 103.8 | 100.6 | 103.0 | 104.2 | 111.5 | 103.6 |
| 青岛 | Qingdao | 98.5 | 101.8 | 98.8 | 102.0 | 100.3 | 113.3 | 107.6 |
| 郑州 | Zhengzhou | 100.6 | 106.8 | 100.3 | 100.7 | 102.8 | 102.5 | 105.8 |
| 武汉 | Wuhan | 101.8 | 101.6 | 101.0 | 103.0 | 101.6 | 115.7 | 104.3 |
| 长沙 | Changsha | 102.1 | 106.0 | 100.5 | 101.1 | 101.8 | 101.7 | 103.5 |
| 广州 | Guangzhou | 100.7 | 104.1 | 100.0 | 103.3 | 106.8 | 104.6 | 107.4 |
| 深圳 | Shenzhen | 105.7 | 101.0 | 101.8 | 103.0 | 105.4 | 107.7 | 103.9 |
| 南宁 | Nanning | 103.1 | 102.3 | 98.3 | 103.4 | 100.8 | 101.5 | 105.3 |
| 海口 | Haikou | 93.6 | 108.1 | 99.4 | 102.0 | 103.8 | 111.5 | 107.1 |
| 重庆 | Chongqing | 102.3 | 101.3 | 100.4 | 104.4 | 102.6 | 102.2 | 102.5 |
| 成都 | Chengdu | 101.1 | 102.9 | 100.3 | 103.2 | 109.4 | 107.4 | 108.9 |
| 贵阳 | Guiyang | 98.9 | 99.0 | 100.9 | 102.2 | 106.0 | 105.6 | 101.7 |
| 昆明 | Kunming | 101.0 | 98.3 | 98.8 | 104.5 | 98.9 | 102.5 | 105.6 |
| 拉萨 | Lasa | 105.6 | 103.2 | 100.6 | 101.7 | 100.3 | 102.8 | 102.6 |
| 西安 | Xi'an | 98.0 | 100.1 | 99.3 | 102.0 | 100.5 | 101.7 | 105.0 |
| 兰州 | Lanzhou | 100.5 | 100.1 | 100.2 | 100.6 | 101.0 | 103.9 | 102.8 |
| 西宁 | Xining | 98.7 | 107.3 | 99.8 | 100.6 | 101.1 | 104.6 | 101.8 |
| 银川 | Yinchuan | 100.7 | 104.8 | 102.1 | 106.1 | 101.9 | 104.6 | 105.3 |
| 乌鲁木齐 | Urumqi | 99.1 | 99.4 | 103.2 | 100.0 | 105.9 | 101.1 | 99.0 |

# 3-57 36个大中城市居民消费价格分类指数(同比)
# Consumer Price Indices by Category for 36 Major Large and Medium-sized Cities
## (2017年2月)

(上年同月=100)　　(same month of preceding year=100)

| 地 区 | City | 居民消费价格指数 Consumer Price Index | 食品烟酒 Food, Tobacco and Liquor | 粮食 Grain | 鲜菜 Fresh Vegetables | 畜肉 Meat | 水产品 Aquatic Products | 蛋 Eggs | 鲜果 Fresh Fruits |
|---|---|---|---|---|---|---|---|---|---|
| **平均指数** | **Average Index** | **101.1** | **97.9** | **101.1** | **72.3** | **100.7** | **101.1** | **87.4** | **104.0** |
| 北 京 | Beijing | 101.1 | 98.3 | 101.2 | 74.4 | 101.5 | 103.9 | 83.8 | 102.2 |
| 天 津 | Tianjin | 102.0 | 97.5 | 102.8 | 75.1 | 102.3 | 100.9 | 79.9 | 102.6 |
| 石家庄 | Shijiazhuang | 100.1 | 97.0 | 100.5 | 76.0 | 103.9 | 96.4 | 76.9 | 104.1 |
| 太 原 | Taiyuan | 100.6 | 96.8 | 102.6 | 68.7 | 103.8 | 101.0 | 70.1 | 101.8 |
| 呼和浩特 | Hohhot | 101.3 | 99.7 | 102.8 | 89.4 | 101.9 | 100.2 | 74.5 | 99.3 |
| 沈 阳 | Shenyang | 100.5 | 98.4 | 100.9 | 83.2 | 96.5 | 101.2 | 84.4 | 108.6 |
| 大 连 | Dalian | 100.5 | 98.5 | 101.9 | 79.9 | 99.5 | 98.9 | 87.2 | 105.4 |
| 长 春 | Changchun | 100.9 | 98.9 | 100.2 | 78.5 | 98.6 | 100.8 | 86.1 | 122.4 |
| 哈尔滨 | Harbin | 101.5 | 100.8 | 102.0 | 90.5 | 101.9 | 94.9 | 83.0 | 97.6 |
| 上 海 | Shanghai | 101.6 | 99.5 | 101.4 | 73.8 | 103.3 | 101.9 | 92.7 | 109.3 |
| 南 京 | Nanjing | 101.8 | 99.0 | 101.5 | 74.6 | 99.5 | 103.4 | 88.6 | 101.6 |
| 杭 州 | Hangzhou | 102.3 | 100.4 | 101.2 | 67.7 | 105.0 | 109.6 | 89.7 | 102.4 |
| 宁 波 | Ningbo | 101.0 | 97.4 | 100.0 | 71.1 | 98.7 | 99.4 | 92.0 | 101.2 |
| 合 肥 | Hefei | 100.9 | 94.5 | 98.4 | 64.2 | 95.7 | 108.4 | 82.8 | 90.3 |
| 福 州 | Fuzhou | 100.4 | 94.5 | 101.8 | 56.5 | 102.4 | 100.4 | 99.3 | 95.0 |
| 厦 门 | Xiamen | 100.6 | 96.3 | 97.1 | 56.9 | 107.6 | 97.9 | 93.1 | 101.6 |
| 南 昌 | Nanchang | 100.1 | 96.0 | 102.1 | 60.6 | 98.8 | 112.3 | 91.0 | 99.0 |
| 济 南 | Jinan | 101.9 | 97.9 | 101.3 | 69.7 | 100.0 | 98.4 | 87.7 | 106.6 |
| 青 岛 | Qingdao | 100.4 | 97.7 | 106.2 | 74.3 | 98.7 | 92.4 | 87.3 | 109.4 |
| 郑 州 | Zhengzhou | 101.1 | 98.2 | 100.7 | 80.0 | 98.5 | 102.5 | 84.4 | 108.9 |
| 武 汉 | Wuhan | 102.1 | 101.0 | 101.2 | 93.7 | 100.4 | 107.7 | 98.5 | 101.9 |
| 长 沙 | Changsha | 101.4 | 98.3 | 101.5 | 74.0 | 101.5 | 107.7 | 97.2 | 110.0 |
| 广 州 | Guangzhou | 100.7 | 96.7 | 98.1 | 63.5 | 102.0 | 100.0 | 82.5 | 100.6 |
| 深 圳 | Shenzhen | 100.3 | 96.4 | 101.6 | 59.9 | 100.9 | 97.2 | 95.0 | 102.2 |
| 南 宁 | Nanning | 100.6 | 98.2 | 100.6 | 75.2 | 101.2 | 101.1 | 96.2 | 104.5 |
| 海 口 | Haikou | 101.5 | 97.9 | 100.9 | 72.3 | 102.1 | 97.6 | 99.4 | 105.4 |
| 重 庆 | Chongqing | 100.1 | 96.4 | 102.6 | 73.6 | 97.3 | 100.2 | 88.1 | 103.8 |
| 成 都 | Chengdu | 101.4 | 95.8 | 100.4 | 67.3 | 97.7 | 102.5 | 90.3 | 100.9 |
| 贵 阳 | Guiyang | 99.3 | 97.1 | 100.0 | 80.5 | 93.7 | 93.7 | 92.2 | 103.2 |
| 昆 明 | Kunming | 100.2 | 98.5 | 99.8 | 85.3 | 101.2 | 104.9 | 91.5 | 88.7 |
| 拉 萨 | Lasa | 102.5 | 102.7 | 106.2 | 90.2 | 99.3 | 102.4 | 101.5 | 102.0 |
| 西 安 | Xi'an | 99.6 | 96.3 | 99.1 | 65.4 | 96.2 | 107.9 | 77.9 | 106.4 |
| 兰 州 | Lanzhou | 99.6 | 97.7 | 100.5 | 77.6 | 100.2 | 93.3 | 87.2 | 99.6 |
| 西 宁 | Xining | 100.7 | 96.8 | 102.8 | 75.9 | 97.6 | 103.8 | 84.8 | 101.6 |
| 银 川 | Yinchuan | 100.7 | 95.6 | 101.0 | 68.4 | 101.3 | 100.4 | 87.9 | 103.1 |
| 乌鲁木齐 | Urumqi | 101.5 | 101.3 | 101.0 | 76.8 | 105.0 | 100.8 | 79.4 | 104.4 |

3-57 续表 continued

(上年同月=100) (same month of preceding year=100)

| 地 区 | City | 衣着 Clothing | 居住 Residence | 生活用品及服务 Household Facilities,Articles and Services | 交通和通信 Transportation and Communication | 教育文化和娱乐 Education, Culture and Recreation | 医疗保健 Health Care and Medical Services | 其他用品和服务 Miscellaneous Goods and Services |
|---|---|---|---|---|---|---|---|---|
| **平均指数** | **Average Index** | **100.8** | **103.3** | **100.3** | **101.4** | **101.4** | **106.4** | **103.0** |
| 北 京 | Beijing | 97.9 | 104.3 | 100.0 | 100.8 | 100.0 | 104.9 | 104.4 |
| 天 津 | Tianjin | 99.6 | 103.0 | 99.5 | 101.6 | 99.9 | 123.6 | 102.3 |
| 石家庄 | Shijiazhuang | 102.1 | 101.0 | 98.5 | 102.2 | 100.6 | 103.6 | 103.1 |
| 太 原 | Taiyuan | 99.6 | 101.0 | 99.9 | 103.3 | 99.0 | 112.6 | 104.3 |
| 呼和浩特 | Hohhot | 102.7 | 100.5 | 103.1 | 101.8 | 100.4 | 107.5 | 103.6 |
| 沈 阳 | Shenyang | 98.0 | 102.3 | 98.6 | 99.5 | 103.5 | 104.7 | 103.0 |
| 大 连 | Dalian | 99.1 | 102.0 | 101.3 | 102.0 | 101.2 | 101.5 | 103.7 |
| 长 春 | Changchun | 101.9 | 100.3 | 100.1 | 101.1 | 99.9 | 109.2 | 102.2 |
| 哈尔滨 | Harbin | 98.4 | 103.3 | 100.2 | 101.0 | 103.1 | 101.5 | 103.8 |
| 上 海 | Shanghai | 101.2 | 104.3 | 101.2 | 98.3 | 99.0 | 108.8 | 101.8 |
| 南 京 | Nanjing | 99.4 | 103.7 | 102.8 | 103.4 | 103.7 | 100.2 | 103.5 |
| 杭 州 | Hangzhou | 102.9 | 104.9 | 101.2 | 102.8 | 101.6 | 100.9 | 102.3 |
| 宁 波 | Ningbo | 102.5 | 103.1 | 100.1 | 102.4 | 101.5 | 104.6 | 102.0 |
| 合 肥 | Hefei | 102.7 | 107.0 | 100.8 | 101.4 | 103.6 | 102.5 | 101.2 |
| 福 州 | Fuzhou | 107.4 | 103.4 | 98.2 | 101.8 | 103.0 | 101.7 | 108.4 |
| 厦 门 | Xiamen | 101.8 | 103.5 | 102.1 | 101.4 | 101.4 | 101.9 | 108.2 |
| 南 昌 | Nanchang | 102.3 | 103.1 | 100.3 | 102.7 | 100.5 | 100.6 | 103.3 |
| 济 南 | Jinan | 100.2 | 104.2 | 101.5 | 101.6 | 104.4 | 110.9 | 103.2 |
| 青 岛 | Qingdao | 97.0 | 101.9 | 98.1 | 101.1 | 98.1 | 113.3 | 104.7 |
| 郑 州 | Zhengzhou | 100.5 | 106.1 | 100.7 | 99.7 | 100.5 | 102.5 | 105.6 |
| 武 汉 | Wuhan | 101.6 | 101.4 | 99.9 | 101.7 | 99.4 | 115.7 | 103.1 |
| 长 沙 | Changsha | 101.8 | 106.7 | 99.8 | 100.5 | 102.0 | 101.7 | 102.1 |
| 广 州 | Guangzhou | 100.3 | 104.0 | 98.3 | 102.4 | 102.6 | 104.7 | 102.9 |
| 深 圳 | Shenzhen | 105.8 | 101.6 | 101.7 | 99.9 | 102.0 | 108.0 | 101.0 |
| 南 宁 | Nanning | 102.5 | 103.5 | 98.6 | 102.8 | 98.7 | 101.1 | 102.9 |
| 海 口 | Haikou | 92.2 | 107.9 | 97.6 | 100.5 | 102.3 | 112.1 | 104.9 |
| 重 庆 | Chongqing | 102.9 | 101.1 | 100.0 | 103.4 | 101.8 | 102.1 | 100.1 |
| 成 都 | Chengdu | 101.2 | 102.9 | 100.1 | 103.0 | 107.7 | 107.4 | 105.4 |
| 贵 阳 | Guiyang | 99.8 | 99.1 | 101.7 | 102.3 | 100.2 | 100.2 | 99.9 |
| 昆 明 | Kunming | 102.6 | 98.5 | 99.0 | 104.0 | 99.0 | 103.2 | 105.5 |
| 拉 萨 | Lasa | 105.2 | 103.3 | 100.2 | 101.7 | 100.1 | 103.8 | 100.0 |
| 西 安 | Xi'an | 99.4 | 100.4 | 99.4 | 102.2 | 101.1 | 102.3 | 103.8 |
| 兰 州 | Lanzhou | 100.3 | 99.2 | 100.4 | 100.5 | 100.2 | 104.7 | 101.1 |
| 西 宁 | Xining | 100.2 | 106.2 | 100.2 | 101.7 | 99.1 | 104.4 | 102.4 |
| 银 川 | Yinchuan | 99.6 | 104.4 | 102.0 | 104.4 | 100.3 | 108.3 | 103.4 |
| 乌鲁木齐 | Urumqi | 100.4 | 99.4 | 103.5 | 100.5 | 106.8 | 101.2 | 100.4 |

# 3-58 36个大中城市居民消费价格分类指数(同比)
# Consumer Price Indices by Category for 36 Major Large and Medium-sized Cities
## (2017年3月)

(上年同月=100) (same month of preceding year=100)

| 地区 | City | 居民消费价格指数 Consumer Price Index | 食品烟酒 Food, Tobacco and Liquor | 粮食 Grain | 鲜菜 Fresh Vegetables | 畜肉 Meat | 水产品 Aquatic Products | 蛋 Eggs | 鲜果 Fresh Fruits |
|---|---|---|---|---|---|---|---|---|---|
| **平均指数** | **Average Index** | **101.2** | **98.0** | **101.4** | **71.0** | **99.9** | **103.9** | **90.2** | **102.4** |
| 北京 | Beijing | 101.0 | 97.3 | 101.1 | 66.2 | 100.0 | 105.6 | 86.4 | 104.1 |
| 天津 | Tianjin | 101.8 | 97.4 | 104.4 | 68.6 | 101.6 | 105.9 | 87.0 | 101.5 |
| 石家庄 | Shijiazhuang | 100.3 | 96.7 | 99.6 | 73.7 | 103.2 | 97.7 | 82.5 | 103.0 |
| 太原 | Taiyuan | 101.5 | 97.2 | 104.4 | 67.8 | 101.7 | 102.3 | 83.1 | 104.7 |
| 呼和浩特 | Hohhot | 100.8 | 98.5 | 103.5 | 76.7 | 98.5 | 106.5 | 87.4 | 102.7 |
| 沈阳 | Shenyang | 100.4 | 96.8 | 100.4 | 71.2 | 96.2 | 106.1 | 90.2 | 104.2 |
| 大连 | Dalian | 100.6 | 98.1 | 102.2 | 71.0 | 96.1 | 102.9 | 89.3 | 107.6 |
| 长春 | Changchun | 101.7 | 98.3 | 100.1 | 74.4 | 97.7 | 104.2 | 86.4 | 119.9 |
| 哈尔滨 | Harbin | 100.6 | 98.5 | 102.0 | 77.2 | 99.9 | 93.7 | 86.4 | 92.3 |
| 上海 | Shanghai | 101.4 | 99.3 | 102.1 | 75.6 | 102.2 | 104.2 | 93.6 | 102.2 |
| 南京 | Nanjing | 102.0 | 100.5 | 102.1 | 74.5 | 98.9 | 109.3 | 90.2 | 107.2 |
| 杭州 | Hangzhou | 102.0 | 100.0 | 100.1 | 69.6 | 102.7 | 113.1 | 91.0 | 95.8 |
| 宁波 | Ningbo | 101.3 | 97.8 | 101.0 | 70.6 | 99.3 | 103.3 | 95.4 | 94.3 |
| 合肥 | Hefei | 101.3 | 95.4 | 99.1 | 64.1 | 93.7 | 111.8 | 82.7 | 100.3 |
| 福州 | Fuzhou | 100.7 | 95.4 | 102.3 | 58.7 | 99.6 | 100.9 | 106.8 | 99.0 |
| 厦门 | Xiamen | 101.6 | 97.8 | 96.8 | 64.6 | 105.4 | 101.6 | 92.3 | 106.3 |
| 南昌 | Nanchang | 101.8 | 98.4 | 102.0 | 72.5 | 99.0 | 117.0 | 91.7 | 110.6 |
| 济南 | Jinan | 101.6 | 96.7 | 102.3 | 62.6 | 97.2 | 100.1 | 90.4 | 106.1 |
| 青岛 | Qingdao | 101.0 | 97.9 | 105.6 | 70.8 | 96.3 | 95.5 | 90.7 | 112.3 |
| 郑州 | Zhengzhou | 100.6 | 97.4 | 101.7 | 74.6 | 99.6 | 102.5 | 89.2 | 103.9 |
| 武汉 | Wuhan | 101.4 | 98.4 | 101.1 | 77.2 | 97.9 | 109.1 | 94.1 | 98.6 |
| 长沙 | Changsha | 101.1 | 97.0 | 101.5 | 69.1 | 100.0 | 107.3 | 94.3 | 107.0 |
| 广州 | Guangzhou | 101.7 | 99.2 | 99.5 | 72.5 | 103.8 | 101.6 | 85.1 | 103.5 |
| 深圳 | Shenzhen | 101.1 | 98.0 | 101.7 | 68.2 | 101.1 | 100.5 | 95.4 | 98.3 |
| 南宁 | Nanning | 101.1 | 98.4 | 100.3 | 80.4 | 100.1 | 102.5 | 91.2 | 103.4 |
| 海口 | Haikou | 102.2 | 99.1 | 101.6 | 77.2 | 102.3 | 99.9 | 97.4 | 106.5 |
| 重庆 | Chongqing | 99.8 | 96.0 | 102.0 | 73.1 | 95.6 | 101.9 | 91.0 | 99.3 |
| 成都 | Chengdu | 101.7 | 96.2 | 100.7 | 67.6 | 98.6 | 104.2 | 95.5 | 97.7 |
| 贵阳 | Guiyang | 100.2 | 97.2 | 100.0 | 78.5 | 95.2 | 101.5 | 91.5 | 102.4 |
| 昆明 | Kunming | 99.9 | 97.2 | 99.9 | 76.5 | 98.8 | 107.1 | 92.1 | 93.8 |
| 拉萨 | Lasa | 102.4 | 102.6 | 106.2 | 89.3 | 98.4 | 99.3 | 101.9 | 103.6 |
| 西安 | Xi'an | 100.2 | 97.0 | 98.8 | 65.3 | 98.6 | 109.5 | 79.9 | 111.6 |
| 兰州 | Lanzhou | 99.9 | 98.2 | 100.8 | 78.9 | 100.4 | 100.1 | 85.5 | 101.7 |
| 西宁 | Xining | 100.6 | 97.0 | 103.4 | 71.2 | 99.2 | 109.8 | 87.0 | 102.7 |
| 银川 | Yinchuan | 101.1 | 96.2 | 101.0 | 68.1 | 99.2 | 105.5 | 92.8 | 111.6 |
| 乌鲁木齐 | Urumqi | 101.2 | 99.9 | 101.1 | 69.8 | 102.4 | 105.3 | 85.0 | 101.8 |

3-58 续表 continued

(上年同月=100) (same month of preceding year=100)

| 地　区 | City | 衣着 Clothing | 居住 Residence | 生活用品及服务 Household Facilities,Articles and Services | 交通和通信 Transportation and Communication | 教育文化和娱乐 Education, Culture and Recreation | 医疗保健 Health Care and Medical Services | 其他用品和服务 Miscellaneous Goods and Services |
|---|---|---|---|---|---|---|---|---|
| **平均指数** | **Average Index** | **100.7** | **102.8** | **100.5** | **101.9** | **102.2** | **106.7** | **102.6** |
| 北　京 | Beijing | 97.5 | 104.0 | 100.0 | 101.3 | 101.7 | 105.0 | 103.0 |
| 天　津 | Tianjin | 99.8 | 101.7 | 100.2 | 101.2 | 101.8 | 124.0 | 101.4 |
| 石家庄 | Shijiazhuang | 99.8 | 102.8 | 99.2 | 102.0 | 101.0 | 103.9 | 103.1 |
| 太　原 | Taiyuan | 100.8 | 101.2 | 100.1 | 103.7 | 103.7 | 112.6 | 104.0 |
| 呼和浩特 | Hohhot | 103.0 | 100.0 | 102.5 | 101.6 | 100.2 | 107.6 | 102.5 |
| 沈　阳 | Shenyang | 101.1 | 101.7 | 99.0 | 99.6 | 105.1 | 105.2 | 102.4 |
| 大　连 | Dalian | 99.4 | 101.7 | 102.1 | 102.4 | 102.4 | 101.5 | 101.9 |
| 长　春 | Changchun | 101.6 | 101.5 | 99.9 | 102.4 | 101.4 | 114.2 | 101.5 |
| 哈尔滨 | Harbin | 99.9 | 101.9 | 100.8 | 100.7 | 102.3 | 102.1 | 102.9 |
| 上　海 | Shanghai | 100.4 | 103.3 | 100.9 | 99.3 | 98.9 | 109.8 | 101.4 |
| 南　京 | Nanjing | 99.3 | 103.5 | 102.8 | 103.3 | 103.4 | 100.1 | 103.0 |
| 杭　州 | Hangzhou | 101.2 | 104.1 | 101.0 | 103.0 | 102.7 | 101.1 | 102.3 |
| 宁　波 | Ningbo | 101.1 | 103.7 | 100.5 | 102.3 | 102.6 | 104.6 | 102.0 |
| 合　肥 | Hefei | 102.8 | 105.9 | 101.2 | 102.4 | 104.9 | 102.8 | 102.2 |
| 福　州 | Fuzhou | 105.7 | 102.7 | 97.5 | 101.3 | 105.8 | 101.8 | 107.1 |
| 厦　门 | Xiamen | 102.3 | 103.4 | 103.0 | 101.5 | 101.6 | 108.3 | 108.4 |
| 南　昌 | Nanchang | 108.9 | 102.6 | 100.8 | 104.2 | 102.4 | 100.6 | 102.8 |
| 济　南 | Jinan | 99.5 | 104.2 | 101.7 | 102.2 | 104.4 | 111.1 | 102.3 |
| 青　岛 | Qingdao | 97.5 | 102.5 | 99.4 | 101.7 | 99.5 | 114.3 | 103.3 |
| 郑　州 | Zhengzhou | 100.9 | 104.9 | 100.0 | 99.7 | 100.3 | 101.7 | 104.6 |
| 武　汉 | Wuhan | 101.3 | 101.4 | 100.1 | 102.1 | 100.0 | 115.7 | 102.3 |
| 长　沙 | Changsha | 101.7 | 106.4 | 99.9 | 100.9 | 102.8 | 101.8 | 101.5 |
| 广　州 | Guangzhou | 100.6 | 103.2 | 98.7 | 102.9 | 104.0 | 104.7 | 104.5 |
| 深　圳 | Shenzhen | 105.4 | 100.8 | 101.2 | 103.0 | 102.8 | 107.3 | 101.8 |
| 南　宁 | Nanning | 104.5 | 103.2 | 98.9 | 103.0 | 100.5 | 101.2 | 102.0 |
| 海　口 | Haikou | 95.3 | 107.7 | 98.8 | 102.4 | 100.6 | 112.4 | 104.1 |
| 重　庆 | Chongqing | 102.0 | 100.8 | 100.8 | 102.8 | 102.2 | 102.1 | 100.0 |
| 成　都 | Chengdu | 100.7 | 103.4 | 100.2 | 103.1 | 108.2 | 106.8 | 106.1 |
| 贵　阳 | Guiyang | 101.3 | 101.1 | 102.2 | 103.2 | 101.2 | 100.1 | 100.2 |
| 昆　明 | Kunming | 102.0 | 98.5 | 99.4 | 104.2 | 99.7 | 103.2 | 104.2 |
| 拉　萨 | Lasa | 105.2 | 103.2 | 100.2 | 101.2 | 100.1 | 103.2 | 100.7 |
| 西　安 | Xi'an | 101.3 | 101.4 | 99.6 | 102.8 | 101.8 | 101.5 | 101.5 |
| 兰　州 | Lanzhou | 100.1 | 98.7 | 100.8 | 101.9 | 100.4 | 104.9 | 100.5 |
| 西　宁 | Xining | 100.0 | 106.1 | 100.9 | 101.2 | 97.4 | 104.6 | 102.0 |
| 银　川 | Yinchuan | 100.0 | 104.0 | 102.5 | 104.4 | 101.4 | 108.8 | 103.7 |
| 乌鲁木齐 | Urumqi | 100.5 | 99.4 | 103.4 | 102.1 | 106.7 | 101.1 | 100.4 |

# 3-59 36个大中城市居民消费价格分类指数(同比)
# Consumer Price Indices by Category for 36 Major Large and Medium-sized Cities
# (2017年4月)

(上年同月=100) (same month of preceding year=100)

| 地区 | City | 居民消费价格指数 Consumer Price Index | 食品烟酒 Food, Tobacco and Liquor | 粮食 Grain | 鲜菜 Fresh Vegetables | 畜肉 Meat | 水产品 Aquatic Products | 蛋 Eggs | 鲜果 Fresh Fruits |
|---|---|---|---|---|---|---|---|---|---|
| **平均指数** | **Average Index** | **101.5** | **98.9** | **101.6** | **78.4** | **97.0** | **105.2** | **90.6** | **104.7** |
| 北京 | Beijing | 101.9 | 99.3 | 100.0 | 76.7 | 97.2 | 105.8 | 87.0 | 110.0 |
| 天津 | Tianjin | 102.4 | 98.8 | 104.0 | 78.9 | 98.8 | 105.3 | 86.9 | 105.5 |
| 石家庄 | Shijiazhuang | 100.9 | 97.9 | 98.7 | 81.2 | 100.9 | 101.0 | 88.5 | 108.3 |
| 太原 | Taiyuan | 102.2 | 98.5 | 103.0 | 83.5 | 98.9 | 102.8 | 81.9 | 101.8 |
| 呼和浩特 | Hohhot | 100.7 | 98.3 | 103.5 | 75.0 | 97.2 | 112.2 | 92.3 | 101.5 |
| 沈阳 | Shenyang | 100.6 | 97.2 | 101.1 | 69.8 | 95.3 | 107.4 | 87.7 | 109.2 |
| 大连 | Dalian | 100.9 | 98.8 | 102.3 | 77.8 | 93.6 | 103.6 | 88.0 | 105.2 |
| 长春 | Changchun | 101.4 | 98.4 | 99.8 | 82.7 | 94.1 | 104.8 | 86.7 | 112.7 |
| 哈尔滨 | Harbin | 100.3 | 96.8 | 101.6 | 71.4 | 93.6 | 93.6 | 88.4 | 91.6 |
| 上海 | Shanghai | 101.6 | 100.2 | 102.3 | 83.3 | 100.1 | 104.7 | 92.6 | 103.5 |
| 南京 | Nanjing | 102.3 | 101.7 | 101.5 | 84.9 | 95.9 | 111.3 | 88.9 | 110.3 |
| 杭州 | Hangzhou | 102.2 | 100.5 | 101.1 | 76.0 | 98.3 | 113.3 | 91.9 | 101.8 |
| 宁波 | Ningbo | 101.6 | 98.4 | 102.1 | 77.8 | 96.9 | 103.6 | 95.7 | 94.9 |
| 合肥 | Hefei | 102.0 | 98.9 | 100.5 | 77.5 | 90.3 | 111.8 | 83.0 | 133.3 |
| 福州 | Fuzhou | 101.0 | 96.6 | 102.4 | 67.2 | 95.6 | 103.8 | 104.7 | 104.7 |
| 厦门 | Xiamen | 101.2 | 98.1 | 98.0 | 72.3 | 99.8 | 101.9 | 97.0 | 103.6 |
| 南昌 | Nanchang | 102.1 | 100.0 | 101.2 | 82.7 | 97.3 | 116.9 | 93.4 | 115.7 |
| 济南 | Jinan | 102.1 | 98.4 | 103.7 | 75.9 | 93.3 | 103.1 | 90.2 | 104.1 |
| 青岛 | Qingdao | 101.8 | 99.6 | 106.6 | 83.6 | 92.5 | 101.6 | 90.5 | 110.2 |
| 郑州 | Zhengzhou | 100.9 | 98.0 | 103.1 | 80.0 | 97.4 | 105.9 | 86.8 | 101.4 |
| 武汉 | Wuhan | 101.2 | 98.1 | 101.1 | 76.4 | 95.6 | 110.3 | 94.8 | 100.0 |
| 长沙 | Changsha | 101.0 | 97.3 | 101.5 | 74.4 | 95.4 | 109.2 | 94.3 | 108.4 |
| 广州 | Guangzhou | 102.0 | 100.1 | 100.6 | 78.0 | 101.8 | 104.5 | 87.2 | 107.0 |
| 深圳 | Shenzhen | 100.8 | 98.4 | 101.1 | 74.7 | 97.0 | 102.8 | 96.1 | 98.7 |
| 南宁 | Nanning | 100.6 | 97.7 | 100.2 | 83.6 | 95.5 | 102.7 | 91.0 | 102.2 |
| 海口 | Haikou | 103.1 | 99.9 | 102.1 | 83.5 | 99.2 | 102.5 | 95.0 | 106.0 |
| 重庆 | Chongqing | 100.2 | 96.0 | 101.7 | 78.9 | 91.8 | 101.7 | 91.9 | 96.7 |
| 成都 | Chengdu | 102.3 | 98.0 | 101.3 | 82.7 | 96.9 | 104.5 | 96.6 | 102.0 |
| 贵阳 | Guiyang | 100.7 | 97.9 | 100.0 | 82.7 | 94.5 | 104.0 | 93.6 | 103.7 |
| 昆明 | Kunming | 99.7 | 97.3 | 99.9 | 80.0 | 95.2 | 107.9 | 94.0 | 102.4 |
| 拉萨 | Lasa | 100.6 | 97.3 | 101.0 | 81.8 | 93.7 | 98.3 | 101.3 | 87.4 |
| 西安 | Xi'an | 101.7 | 98.6 | 102.0 | 74.6 | 94.0 | 108.7 | 82.0 | 113.0 |
| 兰州 | Lanzhou | 100.6 | 99.3 | 101.3 | 85.1 | 98.9 | 103.1 | 90.6 | 105.1 |
| 西宁 | Xining | 99.8 | 97.8 | 104.1 | 76.8 | 97.5 | 109.2 | 88.8 | 100.8 |
| 银川 | Yinchuan | 101.8 | 98.0 | 101.2 | 77.9 | 98.0 | 106.0 | 95.5 | 117.4 |
| 乌鲁木齐 | Urumqi | 101.8 | 102.4 | 101.3 | 79.0 | 102.3 | 108.7 | 85.7 | 111.1 |

3-59 续表 continued

(上年同月=100) (same month of preceding year=100)

| 地区 | City | 衣着 Clothing | 居住 Residence | 生活用品及服务 Household Facilities,Articles and Services | 交通和通信 Transportation and Communication | 教育文化和娱乐 Education, Culture and Recreation | 医疗保健 Health Care and Medical Services | 其他用品和服务 Miscellaneous Goods and Services |
|---|---|---|---|---|---|---|---|---|
| **平均指数** | **Average Index** | **100.7** | **102.6** | **100.6** | **101.6** | **102.9** | **107.0** | **103.4** |
| 北京 | Beijing | 97.6 | 103.9 | 100.3 | 101.1 | 103.3 | 107.9 | 103.8 |
| 天津 | Tianjin | 99.9 | 101.8 | 100.4 | 100.8 | 102.8 | 123.8 | 102.8 |
| 石家庄 | Shijiazhuang | 101.9 | 103.2 | 98.6 | 101.8 | 100.5 | 104.0 | 104.2 |
| 太原 | Taiyuan | 103.9 | 101.1 | 100.3 | 103.2 | 103.9 | 112.8 | 103.9 |
| 呼和浩特 | Hohhot | 103.1 | 100.1 | 102.4 | 101.3 | 100.1 | 107.6 | 102.2 |
| 沈阳 | Shenyang | 102.6 | 101.1 | 99.2 | 99.6 | 105.5 | 104.7 | 102.7 |
| 大连 | Dalian | 100.1 | 101.4 | 102.6 | 101.6 | 102.9 | 102.1 | 103.8 |
| 长春 | Changchun | 100.0 | 101.6 | 100.1 | 101.9 | 101.8 | 112.2 | 101.7 |
| 哈尔滨 | Harbin | 100.1 | 102.0 | 100.4 | 99.5 | 105.3 | 102.2 | 102.9 |
| 上海 | Shanghai | 100.6 | 102.8 | 101.0 | 99.2 | 99.8 | 108.5 | 102.9 |
| 南京 | Nanjing | 101.4 | 102.6 | 103.3 | 102.4 | 104.1 | 100.1 | 102.2 |
| 杭州 | Hangzhou | 101.7 | 103.4 | 100.2 | 103.3 | 104.7 | 101.5 | 102.3 |
| 宁波 | Ningbo | 100.3 | 104.6 | 99.9 | 101.5 | 102.9 | 104.6 | 102.1 |
| 合肥 | Hefei | 102.9 | 104.1 | 101.4 | 102.1 | 104.5 | 102.9 | 102.9 |
| 福州 | Fuzhou | 103.1 | 102.8 | 98.1 | 101.3 | 106.4 | 101.8 | 107.9 |
| 厦门 | Xiamen | 97.1 | 103.2 | 103.3 | 101.5 | 100.9 | 108.4 | 108.0 |
| 南昌 | Nanchang | 108.1 | 102.3 | 100.9 | 103.7 | 102.4 | 100.5 | 103.0 |
| 济南 | Jinan | 100.0 | 104.2 | 101.7 | 101.7 | 104.6 | 110.7 | 101.7 |
| 青岛 | Qingdao | 98.7 | 102.2 | 99.0 | 101.9 | 100.4 | 115.3 | 104.5 |
| 郑州 | Zhengzhou | 101.1 | 104.5 | 99.4 | 100.1 | 100.4 | 104.7 | 106.0 |
| 武汉 | Wuhan | 100.8 | 101.5 | 100.0 | 101.6 | 99.6 | 115.4 | 103.0 |
| 长沙 | Changsha | 101.3 | 106.2 | 100.1 | 100.0 | 102.9 | 101.8 | 102.0 |
| 广州 | Guangzhou | 98.2 | 103.1 | 99.4 | 102.7 | 106.0 | 103.3 | 105.6 |
| 深圳 | Shenzhen | 105.7 | 99.3 | 101.5 | 103.0 | 101.8 | 107.7 | 102.6 |
| 南宁 | Nanning | 101.8 | 103.1 | 99.5 | 103.0 | 100.4 | 101.2 | 103.1 |
| 海口 | Haikou | 96.3 | 108.9 | 98.5 | 102.1 | 102.7 | 114.3 | 104.7 |
| 重庆 | Chongqing | 102.4 | 101.6 | 101.2 | 103.6 | 102.3 | 102.0 | 101.2 |
| 成都 | Chengdu | 101.0 | 103.3 | 100.5 | 102.8 | 108.5 | 107.0 | 107.7 |
| 贵阳 | Guiyang | 101.7 | 102.2 | 102.3 | 102.9 | 101.5 | 100.5 | 100.7 |
| 昆明 | Kunming | 101.0 | 98.8 | 98.6 | 103.2 | 99.6 | 103.6 | 104.7 |
| 拉萨 | Lasa | 105.8 | 102.7 | 99.8 | 101.5 | 100.1 | 103.3 | 102.3 |
| 西安 | Xi'an | 100.6 | 101.8 | 100.6 | 103.0 | 102.7 | 110.3 | 103.0 |
| 兰州 | Lanzhou | 101.4 | 99.6 | 100.7 | 101.3 | 101.7 | 104.8 | 101.6 |
| 西宁 | Xining | 98.6 | 101.2 | 101.0 | 100.7 | 97.5 | 104.6 | 102.6 |
| 银川 | Yinchuan | 101.3 | 103.4 | 101.9 | 104.4 | 102.2 | 108.7 | 103.3 |
| 乌鲁木齐 | Urumqi | 100.9 | 99.7 | 103.1 | 101.8 | 104.8 | 101.0 | 100.8 |

# 3-60 36个大中城市居民消费价格分类指数(同比)
# Consumer Price Indices by Category for 36 Major Large and Medium-sized Cities
# (2017年5月)

(上年同月=100) (same month of preceding year=100)

| 地区 | City | 居民消费价格指数 Consumer Price Index | 食品烟酒 Food, Tobacco and Liquor | 粮食 Grain | 鲜菜 Fresh Vegetables | 畜肉 Meat | 水产品 Aquatic Products | 蛋 Eggs | 鲜果 Fresh Fruits |
|---|---|---|---|---|---|---|---|---|---|
| **平均指数** | **Average Index** | **101.9** | **100.5** | **101.3** | **95.1** | **94.3** | **106.6** | **88.2** | **109.9** |
| 北京 | Beijing | 102.5 | 101.5 | 101.1 | 97.9 | 96.7 | 105.3 | 84.1 | 115.6 |
| 天津 | Tianjin | 102.7 | 100.4 | 103.3 | 99.8 | 96.8 | 104.0 | 81.7 | 110.5 |
| 石家庄 | Shijiazhuang | 101.3 | 99.6 | 100.1 | 97.2 | 96.7 | 107.6 | 85.8 | 116.3 |
| 太原 | Taiyuan | 101.7 | 99.8 | 102.2 | 104.3 | 95.9 | 100.5 | 74.9 | 109.2 |
| 呼和浩特 | Hohhot | 100.7 | 100.1 | 102.6 | 87.3 | 95.8 | 112.3 | 87.8 | 109.4 |
| 沈阳 | Shenyang | 100.4 | 98.3 | 101.9 | 81.6 | 91.3 | 109.6 | 81.0 | 112.3 |
| 大连 | Dalian | 101.2 | 99.7 | 102.4 | 90.0 | 89.9 | 107.1 | 83.7 | 104.1 |
| 长春 | Changchun | 101.1 | 98.3 | 100.4 | 92.2 | 88.9 | 103.2 | 81.8 | 108.0 |
| 哈尔滨 | Harbin | 100.8 | 98.8 | 101.7 | 84.8 | 91.5 | 99.7 | 84.5 | 98.6 |
| 上海 | Shanghai | 101.8 | 101.7 | 101.7 | 99.6 | 98.9 | 105.4 | 92.2 | 104.3 |
| 南京 | Nanjing | 102.5 | 103.3 | 101.2 | 101.8 | 94.5 | 107.8 | 84.2 | 119.3 |
| 杭州 | Hangzhou | 102.3 | 101.3 | 99.5 | 95.3 | 95.0 | 117.1 | 91.3 | 106.7 |
| 宁波 | Ningbo | 102.2 | 101.2 | 100.3 | 93.3 | 93.7 | 108.8 | 94.6 | 107.4 |
| 合肥 | Hefei | 101.7 | 99.9 | 101.7 | 93.1 | 84.2 | 109.2 | 80.1 | 134.0 |
| 福州 | Fuzhou | 101.9 | 99.1 | 103.6 | 87.8 | 90.9 | 109.3 | 107.0 | 111.1 |
| 厦门 | Xiamen | 102.2 | 99.8 | 98.3 | 84.8 | 98.2 | 107.1 | 94.9 | 102.8 |
| 南昌 | Nanchang | 102.8 | 102.4 | 101.1 | 95.9 | 95.9 | 117.7 | 92.0 | 131.0 |
| 济南 | Jinan | 102.3 | 99.6 | 102.0 | 90.0 | 88.1 | 106.0 | 88.1 | 127.4 |
| 青岛 | Qingdao | 102.6 | 102.0 | 104.9 | 105.8 | 88.4 | 104.6 | 88.1 | 130.5 |
| 郑州 | Zhengzhou | 101.0 | 99.0 | 104.2 | 95.4 | 93.3 | 109.8 | 83.9 | 109.0 |
| 武汉 | Wuhan | 101.4 | 99.0 | 101.0 | 87.3 | 91.9 | 107.7 | 94.1 | 104.9 |
| 长沙 | Changsha | 101.6 | 99.5 | 101.3 | 90.7 | 93.3 | 109.5 | 94.5 | 115.0 |
| 广州 | Guangzhou | 102.4 | 102.2 | 100.0 | 100.7 | 100.1 | 105.6 | 86.3 | 112.2 |
| 深圳 | Shenzhen | 101.2 | 100.3 | 100.8 | 89.5 | 94.6 | 105.2 | 97.0 | 102.1 |
| 南宁 | Nanning | 102.6 | 100.0 | 100.2 | 103.2 | 91.1 | 106.6 | 91.1 | 114.2 |
| 海口 | Haikou | 104.2 | 101.0 | 101.4 | 96.0 | 98.8 | 101.0 | 94.4 | 103.4 |
| 重庆 | Chongqing | 100.6 | 97.1 | 99.9 | 92.8 | 86.8 | 103.3 | 90.0 | 100.2 |
| 成都 | Chengdu | 102.7 | 99.2 | 99.9 | 99.4 | 93.1 | 101.9 | 95.1 | 109.7 |
| 贵阳 | Guiyang | 101.3 | 99.9 | 100.0 | 95.9 | 92.9 | 103.8 | 92.9 | 117.1 |
| 昆明 | Kunming | 100.4 | 98.9 | 99.9 | 98.1 | 93.0 | 108.5 | 94.3 | 108.4 |
| 拉萨 | Lasa | 100.9 | 98.6 | 100.8 | 88.4 | 94.8 | 100.7 | 100.5 | 88.7 |
| 西安 | Xi'an | 102.6 | 100.4 | 101.5 | 86.2 | 91.9 | 106.5 | 74.7 | 121.8 |
| 兰州 | Lanzhou | 100.7 | 100.3 | 100.8 | 99.5 | 96.2 | 102.7 | 84.6 | 107.8 |
| 西宁 | Xining | 101.4 | 99.4 | 102.9 | 95.3 | 95.9 | 108.4 | 83.6 | 108.5 |
| 银川 | Yinchuan | 101.8 | 98.8 | 101.3 | 88.5 | 96.4 | 104.2 | 90.7 | 120.3 |
| 乌鲁木齐 | Urumqi | 102.6 | 105.7 | 103.5 | 99.9 | 103.2 | 106.9 | 81.1 | 120.2 |

3-60 续表 continued

(上年同月=100) (same month of preceding year=100)

| 地 区 | City | 衣着 Clothing | 居住 Residence | 生活用品及服务 Household Facilities,Articles and Services | 交通和通信 Transportation and Communication | 教育文化和娱乐 Education, Culture and Recreation | 医疗保健 Health Care and Medical Services | 其他用品和服务 Miscellaneous Goods and Services |
|---|---|---|---|---|---|---|---|---|
| **平均指数** | **Average Index** | **100.8** | **102.5** | **100.8** | **101.1** | **102.8** | **107.3** | **102.6** |
| 北 京 | Beijing | 97.8 | 103.9 | 100.5 | 100.7 | 102.7 | 109.9 | 103.4 |
| 天 津 | Tianjin | 99.8 | 101.6 | 100.6 | 100.4 | 102.5 | 123.9 | 101.7 |
| 石家庄 | Shijiazhuang | 100.5 | 103.1 | 99.3 | 101.9 | 101.4 | 104.2 | 102.7 |
| 太 原 | Taiyuan | 97.7 | 101.0 | 100.5 | 102.3 | 103.0 | 112.1 | 103.9 |
| 呼和浩特 | Hohhot | 103.0 | 100.0 | 102.2 | 100.8 | 100.1 | 100.4 | 102.5 |
| 沈 阳 | Shenyang | 103.0 | 100.8 | 99.1 | 98.9 | 101.4 | 105.0 | 102.7 |
| 大 连 | Dalian | 101.3 | 102.0 | 102.5 | 101.5 | 102.4 | 101.9 | 102.2 |
| 长 春 | Changchun | 100.0 | 101.6 | 99.7 | 101.0 | 102.7 | 108.9 | 101.9 |
| 哈尔滨 | Harbin | 100.2 | 102.0 | 100.3 | 98.7 | 105.6 | 102.1 | 101.7 |
| 上 海 | Shanghai | 101.4 | 102.0 | 101.3 | 99.6 | 99.1 | 108.1 | 102.7 |
| 南 京 | Nanjing | 103.3 | 101.9 | 102.2 | 102.0 | 103.6 | 100.5 | 101.5 |
| 杭 州 | Hangzhou | 99.3 | 104.0 | 100.7 | 102.2 | 103.7 | 101.9 | 101.9 |
| 宁 波 | Ningbo | 101.4 | 104.3 | 100.6 | 101.1 | 102.2 | 104.1 | 101.2 |
| 合 肥 | Hefei | 102.4 | 102.6 | 101.6 | 100.4 | 104.7 | 102.9 | 102.9 |
| 福 州 | Fuzhou | 104.2 | 102.6 | 99.1 | 101.1 | 106.6 | 102.4 | 107.6 |
| 厦 门 | Xiamen | 98.1 | 104.2 | 102.8 | 100.7 | 102.0 | 110.2 | 107.7 |
| 南 昌 | Nanchang | 108.8 | 102.3 | 100.3 | 104.2 | 102.0 | 100.5 | 103.2 |
| 济 南 | Jinan | 98.7 | 104.4 | 101.4 | 100.3 | 104.6 | 111.6 | 100.9 |
| 青 岛 | Qingdao | 99.0 | 102.8 | 99.3 | 100.6 | 101.9 | 115.3 | 103.1 |
| 郑 州 | Zhengzhou | 101.4 | 103.6 | 99.4 | 99.0 | 100.5 | 104.7 | 103.6 |
| 武 汉 | Wuhan | 100.6 | 101.5 | 100.0 | 101.3 | 99.9 | 114.8 | 102.3 |
| 长 沙 | Changsha | 101.2 | 105.8 | 100.3 | 100.3 | 102.1 | 101.9 | 101.7 |
| 广 州 | Guangzhou | 98.9 | 102.6 | 100.9 | 101.7 | 105.4 | 102.8 | 102.5 |
| 深 圳 | Shenzhen | 103.5 | 99.7 | 101.9 | 102.2 | 101.7 | 107.4 | 101.5 |
| 南 宁 | Nanning | 104.0 | 104.0 | 100.4 | 101.7 | 100.2 | 115.1 | 101.5 |
| 海 口 | Haikou | 97.4 | 110.6 | 100.9 | 101.5 | 104.9 | 114.0 | 103.5 |
| 重 庆 | Chongqing | 102.6 | 101.8 | 100.8 | 102.2 | 103.4 | 102.6 | 100.9 |
| 成 都 | Chengdu | 101.0 | 103.0 | 100.2 | 101.8 | 111.1 | 106.9 | 106.0 |
| 贵 阳 | Guiyang | 102.9 | 102.2 | 102.5 | 101.4 | 102.1 | 100.5 | 99.8 |
| 昆 明 | Kunming | 102.1 | 99.5 | 98.6 | 102.4 | 99.5 | 103.9 | 104.6 |
| 拉 萨 | Lasa | 103.6 | 102.7 | 99.8 | 100.8 | 100.1 | 106.0 | 101.2 |
| 西 安 | Xi'an | 101.3 | 102.0 | 100.7 | 103.3 | 104.9 | 110.3 | 100.9 |
| 兰 州 | Lanzhou | 101.0 | 99.6 | 100.9 | 100.1 | 101.9 | 104.9 | 100.1 |
| 西 宁 | Xining | 98.5 | 104.6 | 100.4 | 103.6 | 97.8 | 106.4 | 102.6 |
| 银 川 | Yinchuan | 100.3 | 103.4 | 101.5 | 104.4 | 102.4 | 106.3 | 102.9 |
| 乌鲁木齐 | Urumqi | 98.7 | 99.8 | 102.6 | 100.4 | 106.4 | 101.6 | 100.4 |

# 3-61 36个大中城市居民消费价格分类指数(同比)
# Consumer Price Indices by Category for 36 Major Large and Medium-sized Cities
## (2017年6月)

(上年同月=100) (same month of preceding year=100)

| 地区 | City | 居民消费价格指数 Consumer Price Index | 食品烟酒 Food, Tobacco and Liquor | 粮食 Grain | 鲜菜 Fresh Vegetables | 畜肉 Meat | 水产品 Aquatic Products | 蛋 Eggs | 鲜果 Fresh Fruits |
|---|---|---|---|---|---|---|---|---|---|
| **平均指数** | **Average Index** | **101.9** | **101.1** | **101.4** | **107.4** | **92.3** | **105.2** | **92.4** | **110.2** |
| 北京 | Beijing | 102.5 | 102.1 | 100.3 | 118.7 | 95.6 | 106.3 | 89.3 | 112.0 |
| 天津 | Tianjin | 102.8 | 101.4 | 103.9 | 119.4 | 95.1 | 101.8 | 90.8 | 108.8 |
| 石家庄 | Shijiazhuang | 101.4 | 98.8 | 99.9 | 111.1 | 93.9 | 108.8 | 92.5 | 94.8 |
| 太原 | Taiyuan | 101.6 | 99.9 | 101.8 | 121.3 | 92.4 | 99.8 | 85.8 | 105.3 |
| 呼和浩特 | Hohhot | 101.6 | 101.2 | 101.8 | 101.8 | 94.1 | 112.7 | 89.6 | 114.7 |
| 沈阳 | Shenyang | 101.0 | 100.5 | 102.3 | 95.1 | 89.5 | 107.8 | 89.7 | 123.5 |
| 大连 | Dalian | 101.5 | 101.5 | 102.1 | 101.5 | 89.6 | 104.6 | 94.5 | 114.1 |
| 长春 | Changchun | 101.0 | 99.1 | 100.7 | 101.8 | 90.3 | 100.5 | 85.1 | 106.2 |
| 哈尔滨 | Harbin | 100.9 | 99.6 | 102.1 | 91.3 | 88.7 | 101.3 | 89.5 | 107.0 |
| 上海 | Shanghai | 101.5 | 101.9 | 101.8 | 103.1 | 97.1 | 102.2 | 94.6 | 107.5 |
| 南京 | Nanjing | 102.3 | 103.1 | 99.3 | 108.1 | 91.2 | 102.6 | 90.1 | 119.7 |
| 杭州 | Hangzhou | 102.5 | 102.1 | 99.9 | 103.8 | 93.3 | 106.2 | 92.0 | 111.7 |
| 宁波 | Ningbo | 102.1 | 101.7 | 100.7 | 104.7 | 91.0 | 107.2 | 93.5 | 107.5 |
| 合肥 | Hefei | 101.1 | 99.3 | 103.9 | 105.6 | 83.9 | 103.2 | 89.4 | 115.3 |
| 福州 | Fuzhou | 101.7 | 100.1 | 103.3 | 113.0 | 89.3 | 106.8 | 101.5 | 101.7 |
| 厦门 | Xiamen | 102.2 | 101.1 | 97.9 | 107.3 | 97.5 | 106.7 | 94.2 | 94.0 |
| 南昌 | Nanchang | 102.5 | 102.4 | 101.4 | 109.8 | 94.7 | 114.0 | 91.8 | 116.8 |
| 济南 | Jinan | 101.7 | 99.5 | 103.4 | 111.3 | 86.7 | 105.7 | 96.1 | 112.6 |
| 青岛 | Qingdao | 102.4 | 101.9 | 104.4 | 123.6 | 85.4 | 101.0 | 95.3 | 119.7 |
| 郑州 | Zhengzhou | 101.2 | 100.1 | 104.1 | 107.5 | 92.8 | 108.8 | 94.0 | 109.4 |
| 武汉 | Wuhan | 101.7 | 98.4 | 101.0 | 94.0 | 87.4 | 101.4 | 95.2 | 102.9 |
| 长沙 | Changsha | 101.8 | 100.6 | 101.2 | 103.9 | 91.8 | 110.7 | 98.1 | 116.7 |
| 广州 | Guangzhou | 102.4 | 102.5 | 100.9 | 111.4 | 97.3 | 106.2 | 89.9 | 111.8 |
| 深圳 | Shenzhen | 101.4 | 101.0 | 100.8 | 100.7 | 93.3 | 106.0 | 94.7 | 107.6 |
| 南宁 | Nanning | 102.9 | 100.6 | 100.1 | 107.8 | 89.5 | 107.2 | 91.0 | 116.3 |
| 海口 | Haikou | 103.6 | 100.5 | 100.6 | 101.7 | 95.6 | 100.3 | 94.1 | 100.7 |
| 重庆 | Chongqing | 100.8 | 98.0 | 101.3 | 106.1 | 84.0 | 103.3 | 93.6 | 102.2 |
| 成都 | Chengdu | 102.2 | 99.8 | 101.0 | 115.5 | 89.4 | 101.5 | 97.4 | 113.2 |
| 贵阳 | Guiyang | 101.4 | 101.0 | 100.6 | 105.9 | 91.5 | 104.2 | 91.6 | 119.9 |
| 昆明 | Kunming | 100.3 | 99.2 | 100.0 | 107.6 | 90.6 | 109.0 | 97.2 | 106.2 |
| 拉萨 | Lasa | 101.2 | 99.8 | 100.8 | 96.5 | 94.4 | 102.3 | 99.5 | 93.7 |
| 西安 | Xi'an | 102.5 | 101.7 | 99.8 | 110.5 | 90.3 | 106.4 | 83.6 | 117.0 |
| 兰州 | Lanzhou | 101.6 | 101.0 | 100.6 | 111.9 | 93.9 | 101.0 | 87.0 | 114.6 |
| 西宁 | Xining | 102.3 | 101.5 | 103.2 | 121.1 | 95.9 | 106.1 | 87.1 | 111.4 |
| 银川 | Yinchuan | 101.7 | 99.3 | 101.0 | 100.0 | 95.1 | 104.8 | 94.5 | 113.6 |
| 乌鲁木齐 | Urumqi | 102.5 | 105.5 | 103.5 | 122.9 | 103.1 | 106.9 | 88.5 | 110.8 |

3-61 续表 continued

(上年同月=100) (same month of preceding year=100)

| 地 区 | City | 衣着 Clothing | 居住 Residence | 生活用品及服务 Household Facilities,Articles and Services | 交通和通信 Transportation and Communication | 教育文化和娱乐 Education, Culture and Recreation | 医疗保健 Health Care and Medical Services | 其他用品和服务 Miscellaneous Goods and Services |
|---|---|---|---|---|---|---|---|---|
| **平均指数** | **Average Index** | **100.9** | **102.4** | **100.8** | **99.9** | **102.7** | **107.1** | **102.6** |
| 北 京 | Beijing | 98.0 | 103.8 | 101.0 | 99.9 | 103.2 | 109.1 | 103.0 |
| 天 津 | Tianjin | 100.4 | 101.4 | 100.8 | 98.8 | 102.9 | 124.7 | 101.2 |
| 石家庄 | Shijiazhuang | 101.6 | 104.0 | 99.1 | 101.1 | 102.2 | 104.3 | 103.2 |
| 太 原 | Taiyuan | 98.6 | 101.2 | 100.3 | 100.4 | 103.0 | 112.1 | 104.2 |
| 呼和浩特 | Hohhot | 103.0 | 103.7 | 101.5 | 100.0 | 100.1 | 100.4 | 102.5 |
| 沈 阳 | Shenyang | 103.8 | 100.5 | 99.4 | 98.2 | 101.6 | 105.0 | 103.4 |
| 大 连 | Dalian | 102.5 | 101.6 | 103.1 | 100.3 | 100.8 | 101.4 | 101.7 |
| 长 春 | Changchun | 99.2 | 101.6 | 99.8 | 100.4 | 101.8 | 107.3 | 101.7 |
| 哈尔滨 | Harbin | 101.5 | 102.0 | 100.2 | 96.8 | 105.8 | 101.2 | 101.9 |
| 上 海 | Shanghai | 100.8 | 101.3 | 101.6 | 99.1 | 99.8 | 107.0 | 102.9 |
| 南 京 | Nanjing | 104.3 | 101.4 | 102.1 | 100.8 | 103.3 | 100.6 | 101.9 |
| 杭 州 | Hangzhou | 98.9 | 105.0 | 100.2 | 100.8 | 103.6 | 102.0 | 102.0 |
| 宁 波 | Ningbo | 100.2 | 104.8 | 100.3 | 99.5 | 102.5 | 103.1 | 101.0 |
| 合 肥 | Hefei | 103.8 | 101.5 | 101.4 | 99.0 | 104.2 | 102.9 | 102.1 |
| 福 州 | Fuzhou | 102.7 | 102.4 | 99.1 | 100.3 | 104.3 | 102.0 | 107.4 |
| 厦 门 | Xiamen | 96.8 | 103.9 | 102.4 | 99.5 | 101.8 | 110.1 | 107.7 |
| 南 昌 | Nanchang | 107.7 | 102.4 | 101.8 | 101.6 | 101.3 | 100.5 | 103.2 |
| 济 南 | Jinan | 98.5 | 105.0 | 100.8 | 99.3 | 104.9 | 104.1 | 100.9 |
| 青 岛 | Qingdao | 100.1 | 102.2 | 99.4 | 99.9 | 102.0 | 113.7 | 103.6 |
| 郑 州 | Zhengzhou | 101.4 | 103.6 | 99.9 | 98.7 | 100.6 | 104.3 | 103.5 |
| 武 汉 | Wuhan | 100.6 | 101.5 | 100.1 | 100.5 | 99.8 | 122.2 | 102.7 |
| 长 沙 | Changsha | 101.3 | 105.9 | 100.2 | 99.6 | 102.0 | 101.9 | 101.5 |
| 广 州 | Guangzhou | 98.9 | 103.3 | 101.0 | 100.4 | 105.2 | 102.7 | 102.6 |
| 深 圳 | Shenzhen | 103.6 | 100.0 | 101.6 | 101.0 | 101.9 | 107.0 | 101.4 |
| 南 宁 | Nanning | 107.1 | 104.2 | 100.5 | 100.1 | 100.1 | 115.2 | 101.9 |
| 海 口 | Haikou | 97.3 | 109.3 | 100.2 | 100.0 | 104.3 | 116.2 | 104.0 |
| 重 庆 | Chongqing | 102.8 | 101.8 | 100.5 | 100.7 | 104.2 | 102.7 | 101.2 |
| 成 都 | Chengdu | 101.4 | 103.1 | 99.5 | 100.0 | 107.3 | 106.6 | 105.7 |
| 贵 阳 | Guiyang | 103.3 | 102.2 | 102.7 | 100.5 | 100.5 | 100.5 | 100.1 |
| 昆 明 | Kunming | 102.7 | 99.5 | 99.0 | 100.9 | 99.6 | 103.9 | 103.4 |
| 拉 萨 | Lasa | 103.7 | 102.7 | 99.8 | 99.5 | 100.1 | 106.9 | 101.1 |
| 西 安 | Xi'an | 100.8 | 102.0 | 100.8 | 101.6 | 102.1 | 110.9 | 101.6 |
| 兰 州 | Lanzhou | 101.2 | 101.7 | 101.1 | 100.9 | 102.2 | 105.2 | 100.3 |
| 西 宁 | Xining | 103.3 | 104.7 | 100.9 | 100.7 | 98.2 | 106.0 | 103.0 |
| 银 川 | Yinchuan | 99.0 | 103.5 | 101.9 | 103.5 | 102.3 | 106.2 | 102.1 |
| 乌鲁木齐 | Urumqi | 99.1 | 100.3 | 102.7 | 98.9 | 106.5 | 101.7 | 100.1 |

# 3-62 36个大中城市居民消费价格分类指数(同比)
# Consumer Price Indices by Category for 36 Major Large and Medium-sized Cities
# (2017年7月)

(上年同月=100) (same month of preceding year=100)

| 地 区 | City | 居民消费价格指数 Consumer Price Index | 食品烟酒 Food, Tobacco and Liquor | 粮食 Grain | 鲜菜 Fresh Vegetables | 畜肉 Meat | 水产品 Aquatic Products | 蛋 Eggs | 鲜果 Fresh Fruits |
|---|---|---|---|---|---|---|---|---|---|
| **平均指数** | **Average Index** | **101.6** | **100.9** | **101.4** | **110.0** | **92.9** | **104.6** | **97.0** | **100.9** |
| 北 京 | Beijing | 101.7 | 100.9 | 100.8 | 114.2 | 95.4 | 106.2 | 93.8 | 92.9 |
| 天 津 | Tianjin | 101.6 | 101.0 | 103.5 | 112.9 | 95.8 | 102.0 | 95.5 | 100.3 |
| 石家庄 | Shijiazhuang | 101.4 | 98.9 | 99.6 | 106.6 | 94.0 | 112.7 | 96.3 | 92.3 |
| 太 原 | Taiyuan | 101.4 | 98.8 | 103.2 | 113.3 | 92.6 | 99.6 | 93.2 | 90.2 |
| 呼和浩特 | Hohhot | 101.4 | 101.2 | 101.4 | 104.2 | 94.7 | 113.4 | 99.5 | 109.0 |
| 沈 阳 | Shenyang | 100.7 | 100.0 | 101.8 | 107.3 | 91.6 | 106.8 | 96.3 | 102.2 |
| 大 连 | Dalian | 101.7 | 101.6 | 102.0 | 121.0 | 91.1 | 105.6 | 99.9 | 97.3 |
| 长 春 | Changchun | 101.1 | 99.3 | 100.4 | 119.5 | 91.4 | 102.4 | 90.1 | 91.6 |
| 哈尔滨 | Harbin | 101.2 | 100.6 | 102.2 | 101.2 | 88.8 | 102.2 | 94.6 | 105.1 |
| 上 海 | Shanghai | 101.1 | 101.3 | 102.1 | 104.4 | 96.6 | 101.2 | 97.7 | 99.4 |
| 南 京 | Nanjing | 101.8 | 102.1 | 99.8 | 103.0 | 92.1 | 103.7 | 94.8 | 106.2 |
| 杭 州 | Hangzhou | 102.5 | 102.2 | 100.4 | 105.9 | 94.6 | 112.2 | 96.9 | 104.9 |
| 宁 波 | Ningbo | 101.7 | 101.2 | 101.6 | 108.4 | 92.2 | 104.7 | 96.7 | 99.0 |
| 合 肥 | Hefei | 100.4 | 97.7 | 103.0 | 94.8 | 87.1 | 102.7 | 92.8 | 96.4 |
| 福 州 | Fuzhou | 102.2 | 102.2 | 103.8 | 115.0 | 89.7 | 108.4 | 103.7 | 100.6 |
| 厦 门 | Xiamen | 102.0 | 101.0 | 95.8 | 111.6 | 96.7 | 105.1 | 97.1 | 96.2 |
| 南 昌 | Nanchang | 102.0 | 102.3 | 101.7 | 114.4 | 95.6 | 109.6 | 98.8 | 106.0 |
| 济 南 | Jinan | 101.4 | 99.8 | 102.8 | 115.0 | 91.1 | 104.4 | 98.1 | 94.6 |
| 青 岛 | Qingdao | 101.6 | 101.4 | 104.7 | 118.9 | 87.8 | 100.1 | 95.7 | 103.2 |
| 郑 州 | Zhengzhou | 101.1 | 99.6 | 104.1 | 106.7 | 94.2 | 107.0 | 93.4 | 98.0 |
| 武 汉 | Wuhan | 101.3 | 97.5 | 101.0 | 84.8 | 88.4 | 99.9 | 99.0 | 98.3 |
| 长 沙 | Changsha | 101.8 | 101.0 | 101.5 | 113.9 | 90.4 | 109.9 | 101.6 | 111.5 |
| 广 州 | Guangzhou | 102.5 | 102.8 | 102.8 | 118.3 | 95.7 | 106.6 | 100.6 | 104.7 |
| 深 圳 | Shenzhen | 101.2 | 101.3 | 98.4 | 111.4 | 93.9 | 106.6 | 97.0 | 101.1 |
| 南 宁 | Nanning | 103.0 | 101.1 | 100.0 | 116.8 | 90.8 | 106.5 | 93.6 | 111.7 |
| 海 口 | Haikou | 103.9 | 101.3 | 100.8 | 111.5 | 96.7 | 97.2 | 94.6 | 101.4 |
| 重 庆 | Chongqing | 101.0 | 98.9 | 100.3 | 111.6 | 85.1 | 102.8 | 101.3 | 103.4 |
| 成 都 | Chengdu | 102.3 | 99.9 | 99.4 | 114.7 | 90.0 | 103.0 | 100.0 | 110.3 |
| 贵 阳 | Guiyang | 101.3 | 102.0 | 100.4 | 115.1 | 92.8 | 103.7 | 95.5 | 118.2 |
| 昆 明 | Kunming | 100.8 | 101.4 | 100.5 | 127.7 | 90.5 | 107.6 | 99.9 | 108.6 |
| 拉 萨 | Lasa | 101.3 | 100.4 | 100.1 | 100.1 | 94.8 | 101.5 | 98.6 | 96.9 |
| 西 安 | Xi'an | 102.5 | 102.5 | 101.1 | 111.4 | 91.9 | 107.1 | 95.8 | 113.3 |
| 兰 州 | Lanzhou | 101.8 | 100.6 | 100.5 | 111.2 | 93.1 | 99.7 | 92.5 | 113.0 |
| 西 宁 | Xining | 102.1 | 100.8 | 101.3 | 114.9 | 96.2 | 105.4 | 94.8 | 103.1 |
| 银 川 | Yinchuan | 101.4 | 99.8 | 100.8 | 108.7 | 95.5 | 103.8 | 101.4 | 100.8 |
| 乌鲁木齐 | Urumqi | 102.1 | 104.2 | 103.4 | 108.2 | 103.5 | 106.4 | 94.9 | 95.8 |

3-62 续表 continued

(上年同月=100) (same month of preceding year=100)

| 地 区 | City | 衣着 Clothing | 居住 Residence | 生活用品及服务 Household Facilities,Articles and Services | 交通和通信 Transportation and Communication | 教育文化和娱乐 Education, Culture and Recreation | 医疗保健 Health Care and Medical Services | 其他用品和服务 Miscellaneous Goods and Services |
|---|---|---|---|---|---|---|---|---|
| **平均指数** | **Average Index** | **100.9** | **102.3** | **100.8** | **99.5** | **102.6** | **106.1** | **100.9** |
| 北 京 | Beijing | 98.0 | 103.3 | 100.8 | 99.3 | 101.8 | 108.7 | 100.8 |
| 天 津 | Tianjin | 100.3 | 101.2 | 101.0 | 98.7 | 104.2 | 108.3 | 99.4 |
| 石家庄 | Shijiazhuang | 101.2 | 103.7 | 99.2 | 100.8 | 102.9 | 104.3 | 102.1 |
| 太 原 | Taiyuan | 99.0 | 101.3 | 99.9 | 100.1 | 102.6 | 113.8 | 103.7 |
| 呼和浩特 | Hohhot | 103.0 | 103.8 | 101.2 | 99.2 | 99.9 | 100.4 | 100.2 |
| 沈 阳 | Shenyang | 103.6 | 100.5 | 99.4 | 98.0 | 100.7 | 104.7 | 102.5 |
| 大 连 | Dalian | 101.9 | 101.0 | 103.0 | 99.7 | 104.8 | 101.9 | 99.2 |
| 长 春 | Changchun | 98.4 | 101.9 | 100.0 | 100.5 | 102.9 | 107.4 | 99.2 |
| 哈尔滨 | Harbin | 102.6 | 102.1 | 100.3 | 96.9 | 106.3 | 100.2 | 100.0 |
| 上 海 | Shanghai | 101.0 | 100.9 | 101.4 | 99.6 | 98.6 | 106.4 | 101.8 |
| 南 京 | Nanjing | 103.9 | 101.9 | 101.9 | 99.4 | 102.9 | 100.7 | 101.4 |
| 杭 州 | Hangzhou | 98.7 | 105.2 | 100.3 | 99.8 | 105.0 | 102.0 | 101.0 |
| 宁 波 | Ningbo | 98.2 | 104.6 | 100.0 | 99.1 | 102.9 | 102.6 | 99.8 |
| 合 肥 | Hefei | 102.9 | 101.1 | 101.0 | 98.5 | 104.3 | 102.3 | 101.2 |
| 福 州 | Fuzhou | 101.4 | 102.2 | 98.7 | 100.1 | 106.4 | 101.1 | 105.6 |
| 厦 门 | Xiamen | 97.3 | 104.0 | 101.8 | 99.2 | 101.2 | 109.3 | 106.1 |
| 南 昌 | Nanchang | 104.8 | 102.7 | 101.4 | 101.2 | 99.9 | 101.3 | 101.8 |
| 济 南 | Jinan | 100.1 | 104.8 | 100.5 | 99.4 | 102.1 | 102.1 | 100.0 |
| 青 岛 | Qingdao | 100.4 | 102.5 | 99.4 | 98.8 | 100.6 | 109.7 | 100.5 |
| 郑 州 | Zhengzhou | 101.8 | 103.6 | 100.7 | 98.7 | 100.8 | 104.2 | 100.7 |
| 武 汉 | Wuhan | 100.6 | 101.4 | 100.4 | 100.5 | 99.8 | 122.1 | 100.2 |
| 长 沙 | Changsha | 101.4 | 105.4 | 100.3 | 99.0 | 102.5 | 101.6 | 99.7 |
| 广 州 | Guangzhou | 98.7 | 102.5 | 100.8 | 100.3 | 105.5 | 107.5 | 99.8 |
| 深 圳 | Shenzhen | 103.1 | 99.4 | 102.1 | 100.4 | 102.6 | 105.4 | 99.4 |
| 南 宁 | Nanning | 106.9 | 104.2 | 100.3 | 100.1 | 100.6 | 115.2 | 99.4 |
| 海 口 | Haikou | 98.2 | 108.9 | 99.7 | 100.9 | 104.0 | 116.4 | 101.5 |
| 重 庆 | Chongqing | 102.9 | 101.7 | 100.7 | 99.9 | 104.4 | 102.4 | 99.8 |
| 成 都 | Chengdu | 101.6 | 103.5 | 99.7 | 99.2 | 107.8 | 106.5 | 105.5 |
| 贵 阳 | Guiyang | 103.2 | 102.0 | 101.9 | 99.7 | 99.4 | 100.5 | 98.8 |
| 昆 明 | Kunming | 102.0 | 99.5 | 99.1 | 100.1 | 99.7 | 103.9 | 102.7 |
| 拉 萨 | Lasa | 104.4 | 102.7 | 99.8 | 99.6 | 100.1 | 106.2 | 97.7 |
| 西 安 | Xi'an | 101.0 | 101.4 | 101.3 | 101.4 | 102.3 | 110.8 | 98.6 |
| 兰 州 | Lanzhou | 101.5 | 103.9 | 101.1 | 100.1 | 103.6 | 104.9 | 97.4 |
| 西 宁 | Xining | 103.7 | 104.7 | 100.3 | 99.2 | 98.5 | 107.0 | 102.4 |
| 银 川 | Yinchuan | 99.9 | 103.7 | 102.1 | 100.3 | 101.3 | 106.1 | 99.4 |
| 乌鲁木齐 | Urumqi | 100.7 | 100.4 | 102.7 | 98.8 | 105.4 | 101.8 | 98.8 |

# 3-63 36个大中城市居民消费价格分类指数(同比)

# Consumer Price Indices by Category for 36 Major Large and Medium-sized Cities

# (2017年8月)

(上年同月=100) (same month of preceding year=100)

| 地区 | City | 居民消费价格指数 Consumer Price Index | 食品烟酒 Food, Tobacco and Liquor | 粮食 Grain | 鲜菜 Fresh Vegetables | 畜肉 Meat | 水产品 Aquatic Products | 蛋 Eggs | 鲜果 Fresh Fruits |
|---|---|---|---|---|---|---|---|---|---|
| **平均指数** | **Average Index** | **101.9** | **101.3** | **101.3** | **110.1** | **93.9** | **103.8** | **104.6** | **99.8** |
| 北京 | Beijing | 101.9 | 101.0 | 100.8 | 107.4 | 96.1 | 104.6 | 103.4 | 94.8 |
| 天津 | Tianjin | 101.8 | 101.4 | 103.4 | 106.6 | 97.0 | 102.2 | 108.6 | 97.9 |
| 石家庄 | Shijiazhuang | 101.3 | 99.7 | 99.8 | 103.1 | 95.6 | 113.0 | 104.0 | 90.7 |
| 太原 | Taiyuan | 101.9 | 100.1 | 101.9 | 114.6 | 93.3 | 100.0 | 117.8 | 93.0 |
| 呼和浩特 | Hohhot | 101.8 | 102.2 | 101.4 | 109.6 | 95.8 | 111.7 | 108.9 | 111.6 |
| 沈阳 | Shenyang | 100.9 | 100.3 | 101.7 | 98.0 | 95.1 | 106.8 | 105.6 | 106.4 |
| 大连 | Dalian | 101.7 | 100.9 | 101.4 | 105.8 | 95.7 | 102.7 | 108.3 | 94.8 |
| 长春 | Changchun | 100.9 | 99.8 | 100.7 | 107.3 | 94.5 | 102.1 | 99.2 | 93.1 |
| 哈尔滨 | Harbin | 103.5 | 101.8 | 100.4 | 110.4 | 91.2 | 101.8 | 104.5 | 103.3 |
| 上海 | Shanghai | 101.7 | 102.0 | 101.6 | 111.7 | 96.4 | 102.6 | 102.5 | 98.6 |
| 南京 | Nanjing | 102.4 | 104.2 | 100.4 | 115.1 | 93.5 | 104.6 | 105.3 | 109.9 |
| 杭州 | Hangzhou | 102.3 | 100.3 | 99.8 | 105.0 | 93.3 | 98.9 | 101.0 | 96.8 |
| 宁波 | Ningbo | 102.0 | 101.4 | 102.3 | 112.3 | 93.8 | 103.4 | 100.3 | 93.3 |
| 合肥 | Hefei | 101.4 | 100.4 | 102.5 | 108.7 | 89.4 | 101.6 | 104.0 | 100.5 |
| 福州 | Fuzhou | 101.8 | 102.6 | 102.6 | 119.5 | 90.7 | 106.5 | 105.9 | 99.3 |
| 厦门 | Xiamen | 102.4 | 101.9 | 96.6 | 113.2 | 97.6 | 107.4 | 103.2 | 97.1 |
| 南昌 | Nanchang | 101.9 | 101.8 | 101.4 | 108.6 | 95.6 | 107.4 | 101.4 | 102.4 |
| 济南 | Jinan | 101.8 | 100.5 | 103.8 | 110.7 | 91.6 | 103.5 | 108.2 | 99.1 |
| 青岛 | Qingdao | 101.8 | 102.2 | 103.7 | 112.9 | 90.6 | 101.5 | 107.2 | 105.7 |
| 郑州 | Zhengzhou | 101.2 | 99.6 | 104.1 | 106.4 | 93.4 | 106.3 | 102.7 | 96.2 |
| 武汉 | Wuhan | 101.8 | 99.1 | 101.1 | 98.3 | 89.6 | 99.4 | 106.2 | 96.4 |
| 长沙 | Changsha | 101.6 | 100.4 | 101.5 | 109.2 | 90.7 | 108.5 | 100.9 | 108.4 |
| 广州 | Guangzhou | 102.7 | 102.1 | 102.6 | 106.4 | 94.7 | 107.4 | 107.0 | 101.9 |
| 深圳 | Shenzhen | 101.4 | 101.5 | 101.1 | 108.8 | 95.1 | 105.9 | 97.0 | 98.3 |
| 南宁 | Nanning | 103.1 | 101.1 | 99.7 | 111.0 | 92.5 | 107.0 | 97.1 | 104.3 |
| 海口 | Haikou | 103.8 | 100.2 | 101.4 | 105.4 | 96.8 | 97.9 | 98.1 | 99.2 |
| 重庆 | Chongqing | 101.3 | 99.4 | 99.3 | 114.2 | 87.7 | 104.7 | 108.1 | 98.6 |
| 成都 | Chengdu | 102.7 | 101.4 | 100.5 | 116.8 | 91.8 | 100.5 | 101.7 | 111.4 |
| 贵阳 | Guiyang | 101.3 | 101.5 | 100.3 | 108.2 | 93.9 | 102.9 | 96.7 | 115.5 |
| 昆明 | Kunming | 101.2 | 102.2 | 100.6 | 131.6 | 92.1 | 108.1 | 100.5 | 105.6 |
| 拉萨 | Lasa | 101.5 | 101.0 | 100.2 | 104.4 | 95.1 | 101.5 | 99.2 | 98.5 |
| 西安 | Xi'an | 102.9 | 102.9 | 101.0 | 115.7 | 92.8 | 105.0 | 113.6 | 109.3 |
| 兰州 | Lanzhou | 102.2 | 101.8 | 100.6 | 123.5 | 93.2 | 102.5 | 108.6 | 112.7 |
| 西宁 | Xining | 102.5 | 102.8 | 101.0 | 127.4 | 97.9 | 104.8 | 111.3 | 109.0 |
| 银川 | Yinchuan | 101.2 | 99.9 | 100.6 | 110.1 | 95.2 | 102.0 | 111.2 | 94.2 |
| 乌鲁木齐 | Urumqi | 102.6 | 107.2 | 103.0 | 128.7 | 102.5 | 104.4 | 113.1 | 92.6 |

3-63 续表 continued

(上年同月=100) (same month of preceding year=100)

| 地 区 | City | 衣着 Clothing | 居住 Residence | 生活用品及服务 Household Facilities,Articles and Services | 交通和通信 Transportation and Communication | 教育文化和娱乐 Education, Culture and Recreation | 医疗保健 Health Care and Medical Services | 其他用品和服务 Miscellaneous Goods and Services |
|---|---|---|---|---|---|---|---|---|
| **平均指数** | **Average Index** | **100.6** | **102.3** | **100.9** | **100.6** | **102.8** | **106.5** | **101.2** |
| 北 京 | Beijing | 97.7 | 103.3 | 100.9 | 100.2 | 102.1 | 108.3 | 101.4 |
| 天 津 | Tianjin | 100.1 | 100.7 | 101.2 | 99.9 | 104.4 | 108.4 | 100.0 |
| 石家庄 | Shijiazhuang | 101.2 | 102.6 | 99.6 | 101.3 | 102.1 | 104.1 | 101.8 |
| 太 原 | Taiyuan | 100.1 | 101.9 | 99.8 | 101.1 | 102.5 | 113.0 | 99.8 |
| 呼和浩特 | Hohhot | 102.7 | 103.7 | 101.0 | 100.2 | 99.9 | 100.4 | 100.8 |
| 沈 阳 | Shenyang | 103.3 | 101.0 | 99.7 | 98.6 | 100.7 | 104.7 | 101.7 |
| 大 连 | Dalian | 101.9 | 100.9 | 102.5 | 101.6 | 104.8 | 102.5 | 99.3 |
| 长 春 | Changchun | 98.1 | 101.8 | 99.4 | 99.7 | 102.2 | 107.2 | 99.2 |
| 哈尔滨 | Harbin | 105.9 | 101.2 | 100.5 | 97.9 | 105.2 | 120.5 | 99.6 |
| 上 海 | Shanghai | 100.5 | 100.8 | 101.3 | 102.6 | 99.9 | 106.4 | 102.7 |
| 南 京 | Nanjing | 101.7 | 102.3 | 101.9 | 100.4 | 102.7 | 100.8 | 102.3 |
| 杭 州 | Hangzhou | 98.6 | 106.2 | 99.9 | 100.5 | 104.9 | 101.8 | 100.7 |
| 宁 波 | Ningbo | 98.8 | 104.9 | 99.7 | 100.3 | 103.3 | 102.7 | 99.3 |
| 合 肥 | Hefei | 103.0 | 101.3 | 101.4 | 99.7 | 104.1 | 102.3 | 101.8 |
| 福 州 | Fuzhou | 97.3 | 102.1 | 99.5 | 100.5 | 103.5 | 101.6 | 105.5 |
| 厦 门 | Xiamen | 96.9 | 103.8 | 102.3 | 100.5 | 101.3 | 109.2 | 106.1 |
| 南 昌 | Nanchang | 104.0 | 102.8 | 101.1 | 102.4 | 99.1 | 101.5 | 101.6 |
| 济 南 | Jinan | 100.7 | 105.2 | 100.6 | 100.1 | 101.6 | 102.0 | 100.3 |
| 青 岛 | Qingdao | 100.6 | 102.4 | 100.1 | 99.1 | 102.1 | 104.7 | 101.7 |
| 郑 州 | Zhengzhou | 101.5 | 103.0 | 101.3 | 99.5 | 100.8 | 104.5 | 101.0 |
| 武 汉 | Wuhan | 100.7 | 101.1 | 100.6 | 100.9 | 100.0 | 122.3 | 100.5 |
| 长 沙 | Changsha | 101.3 | 105.3 | 100.3 | 99.6 | 102.5 | 101.1 | 100.3 |
| 广 州 | Guangzhou | 98.3 | 103.0 | 101.2 | 100.8 | 105.3 | 110.8 | 99.7 |
| 深 圳 | Shenzhen | 102.2 | 100.2 | 101.6 | 101.5 | 102.2 | 104.8 | 99.7 |
| 南 宁 | Nanning | 105.7 | 104.2 | 100.7 | 100.5 | 101.0 | 115.2 | 100.1 |
| 海 口 | Haikou | 98.7 | 108.3 | 99.8 | 103.4 | 104.1 | 116.8 | 102.8 |
| 重 庆 | Chongqing | 102.9 | 102.2 | 100.3 | 99.5 | 105.2 | 102.9 | 100.0 |
| 成 都 | Chengdu | 101.4 | 102.1 | 100.7 | 100.5 | 108.4 | 105.9 | 105.7 |
| 贵 阳 | Guiyang | 102.9 | 102.0 | 102.1 | 101.0 | 99.4 | 100.5 | 99.3 |
| 昆 明 | Kunming | 100.8 | 99.5 | 99.2 | 102.2 | 99.0 | 105.3 | 103.0 |
| 拉 萨 | Lasa | 104.1 | 102.7 | 99.3 | 100.3 | 100.1 | 106.2 | 97.1 |
| 西 安 | Xi'an | 101.5 | 102.2 | 100.8 | 101.9 | 102.4 | 111.1 | 98.5 |
| 兰 州 | Lanzhou | 101.5 | 104.1 | 101.5 | 100.3 | 103.3 | 104.3 | 97.7 |
| 西 宁 | Xining | 103.3 | 104.6 | 100.6 | 98.2 | 98.1 | 107.4 | 101.7 |
| 银 川 | Yinchuan | 99.6 | 102.4 | 101.9 | 100.3 | 101.4 | 105.6 | 100.4 |
| 乌鲁木齐 | Urumqi | 99.2 | 100.4 | 100.6 | 98.8 | 105.8 | 101.2 | 97.2 |

# 3-64 36个大中城市居民消费价格分类指数(同比)

# Consumer Price Indices by Category for 36 Major Large and Medium-sized Cities

# (2017年9月)

(上年同月=100) (same month of preceding year=100)

| 地区 | City | 居民消费价格指数 Consumer Price Index | 食品烟酒 Food, Tobacco and Liquor | 粮食 Grain | 鲜菜 Fresh Vegetables | 畜肉 Meat | 水产品 Aquatic Products | 蛋 Eggs | 鲜果 Fresh Fruits |
|---|---|---|---|---|---|---|---|---|---|
| **平均指数** | **Average Index** | **101.8** | **100.5** | **101.4** | **99.2** | **94.7** | **102.4** | **103.7** | **98.0** |
| 北京 | Beijing | 101.6 | 100.0 | 101.2 | 90.8 | 97.2 | 101.8 | 105.0 | 95.3 |
| 天津 | Tianjin | 101.5 | 100.2 | 103.8 | 92.6 | 98.4 | 101.0 | 106.7 | 93.5 |
| 石家庄 | Shijiazhuang | 101.6 | 98.2 | 98.5 | 91.7 | 96.7 | 112.1 | 102.4 | 83.1 |
| 太原 | Taiyuan | 101.7 | 99.0 | 102.2 | 98.8 | 93.6 | 99.3 | 110.0 | 88.8 |
| 呼和浩特 | Hohhot | 101.3 | 100.8 | 101.3 | 94.1 | 99.9 | 109.0 | 104.8 | 101.5 |
| 沈阳 | Shenyang | 102.0 | 99.2 | 101.9 | 90.0 | 95.6 | 107.4 | 104.5 | 98.9 |
| 大连 | Dalian | 103.0 | 99.6 | 103.0 | 95.0 | 95.1 | 100.1 | 101.7 | 92.4 |
| 长春 | Changchun | 100.7 | 99.3 | 101.2 | 93.6 | 96.2 | 100.5 | 95.3 | 96.4 |
| 哈尔滨 | Harbin | 102.4 | 99.0 | 100.6 | 99.9 | 92.7 | 100.6 | 102.6 | 97.0 |
| 上海 | Shanghai | 101.7 | 101.5 | 101.2 | 104.8 | 96.3 | 102.7 | 103.4 | 97.7 |
| 南京 | Nanjing | 101.6 | 103.5 | 100.5 | 107.4 | 94.1 | 102.1 | 105.5 | 108.1 |
| 杭州 | Hangzhou | 102.2 | 99.4 | 100.1 | 97.2 | 93.4 | 96.3 | 105.1 | 100.0 |
| 宁波 | Ningbo | 101.7 | 101.1 | 102.8 | 102.6 | 93.7 | 103.0 | 100.0 | 100.2 |
| 合肥 | Hefei | 101.5 | 100.6 | 104.3 | 103.0 | 92.2 | 102.2 | 105.0 | 96.4 |
| 福州 | Fuzhou | 101.0 | 100.0 | 101.7 | 90.4 | 90.4 | 102.7 | 103.6 | 95.1 |
| 厦门 | Xiamen | 102.1 | 100.3 | 95.8 | 92.6 | 97.7 | 106.2 | 98.5 | 100.7 |
| 南昌 | Nanchang | 102.9 | 101.0 | 101.7 | 100.9 | 95.7 | 103.0 | 102.7 | 105.1 |
| 济南 | Jinan | 101.4 | 99.6 | 102.7 | 99.0 | 92.5 | 103.7 | 108.5 | 92.8 |
| 青岛 | Qingdao | 101.6 | 99.9 | 102.2 | 93.7 | 92.9 | 99.8 | 104.7 | 99.6 |
| 郑州 | Zhengzhou | 102.6 | 99.8 | 104.1 | 99.3 | 93.4 | 105.1 | 103.1 | 94.5 |
| 武汉 | Wuhan | 101.7 | 98.8 | 101.1 | 97.0 | 89.3 | 98.2 | 107.5 | 93.3 |
| 长沙 | Changsha | 101.0 | 99.3 | 101.2 | 100.0 | 90.8 | 107.6 | 102.1 | 103.4 |
| 广州 | Guangzhou | 102.2 | 101.5 | 101.6 | 103.6 | 94.7 | 103.9 | 106.9 | 98.6 |
| 深圳 | Shenzhen | 101.5 | 101.2 | 101.5 | 104.3 | 95.1 | 104.3 | 97.8 | 98.6 |
| 南宁 | Nanning | 102.7 | 100.2 | 99.5 | 98.1 | 92.8 | 105.1 | 97.0 | 100.7 |
| 海口 | Haikou | 103.4 | 99.6 | 101.1 | 99.2 | 95.3 | 97.9 | 97.0 | 102.6 |
| 重庆 | Chongqing | 101.7 | 98.9 | 100.1 | 99.6 | 90.5 | 104.6 | 105.5 | 97.6 |
| 成都 | Chengdu | 101.7 | 100.5 | 100.8 | 99.6 | 94.5 | 100.3 | 94.9 | 113.4 |
| 贵阳 | Guiyang | 101.0 | 100.7 | 100.3 | 101.4 | 94.1 | 101.6 | 106.0 | 102.8 |
| 昆明 | Kunming | 100.4 | 100.8 | 100.4 | 115.1 | 93.5 | 105.9 | 106.8 | 101.6 |
| 拉萨 | Lasa | 101.4 | 101.1 | 100.5 | 109.1 | 96.4 | 100.2 | 101.6 | 99.7 |
| 西安 | Xi'an | 102.6 | 101.1 | 102.6 | 95.3 | 94.4 | 107.4 | 109.1 | 105.3 |
| 兰州 | Lanzhou | 102.3 | 100.0 | 100.5 | 100.3 | 93.6 | 104.2 | 103.2 | 103.1 |
| 西宁 | Xining | 102.5 | 101.0 | 100.9 | 105.0 | 98.9 | 101.0 | 106.0 | 103.3 |
| 银川 | Yinchuan | 101.2 | 98.4 | 100.1 | 92.3 | 96.9 | 103.4 | 104.6 | 90.0 |
| 乌鲁木齐 | Urumqi | 104.2 | 106.8 | 102.5 | 126.6 | 104.9 | 100.7 | 112.4 | 80.5 |

3-64 续表 continued

(上年同月=100) (same month of preceding year=100)

| 地 区 | City | 衣着 Clothing | 居住 Residence | 生活用品及服务 Household Facilities,Articles and Services | 交通和通信 Transportation and Communication | 教育文化和娱乐 Education, Culture and Recreation | 医疗保健 Health Care and Medical Services | 其他用品和服务 Miscellaneous Goods and Services |
|---|---|---|---|---|---|---|---|---|
| **平均指数** | **Average Index** | **100.4** | **102.4** | **101.0** | **100.3** | **102.7** | **108.6** | **101.0** |
| 北 京 | Beijing | 97.2 | 103.3 | 101.3 | 99.6 | 102.2 | 108.2 | 101.7 |
| 天 津 | Tianjin | 100.0 | 100.7 | 101.5 | 99.3 | 104.2 | 109.5 | 100.2 |
| 石家庄 | Shijiazhuang | 100.8 | 102.3 | 99.8 | 100.9 | 101.1 | 114.3 | 101.8 |
| 太 原 | Taiyuan | 102.8 | 101.7 | 100.0 | 99.3 | 103.2 | 113.0 | 99.8 |
| 呼和浩特 | Hohhot | 102.7 | 104.2 | 101.0 | 99.4 | 99.9 | 100.7 | 100.0 |
| 沈 阳 | Shenyang | 101.9 | 101.0 | 100.4 | 99.1 | 100.4 | 122.6 | 101.3 |
| 大 连 | Dalian | 101.1 | 100.8 | 102.0 | 101.0 | 111.4 | 117.1 | 98.9 |
| 长 春 | Changchun | 98.0 | 101.5 | 100.0 | 98.5 | 101.7 | 108.5 | 100.5 |
| 哈尔滨 | Harbin | 105.2 | 100.7 | 102.5 | 98.1 | 103.2 | 120.7 | 100.4 |
| 上 海 | Shanghai | 100.4 | 100.7 | 101.6 | 102.4 | 102.7 | 105.2 | 101.5 |
| 南 京 | Nanjing | 99.9 | 102.4 | 102.0 | 99.3 | 100.6 | 100.8 | 99.6 |
| 杭 州 | Hangzhou | 100.7 | 106.9 | 99.5 | 100.1 | 104.4 | 102.2 | 99.6 |
| 宁 波 | Ningbo | 96.7 | 105.3 | 99.3 | 100.0 | 102.0 | 103.3 | 99.0 |
| 合 肥 | Hefei | 103.5 | 101.1 | 101.3 | 100.1 | 104.1 | 101.9 | 101.6 |
| 福 州 | Fuzhou | 97.0 | 102.2 | 99.5 | 100.4 | 103.7 | 101.5 | 106.0 |
| 厦 门 | Xiamen | 95.7 | 104.7 | 101.6 | 100.0 | 102.7 | 109.3 | 105.9 |
| 南 昌 | Nanchang | 106.2 | 102.5 | 100.8 | 101.6 | 100.3 | 120.0 | 101.6 |
| 济 南 | Jinan | 100.6 | 105.7 | 100.6 | 100.3 | 99.9 | 102.2 | 99.5 |
| 青 岛 | Qingdao | 101.8 | 102.6 | 100.1 | 99.7 | 104.1 | 104.4 | 104.2 |
| 郑 州 | Zhengzhou | 101.2 | 103.3 | 101.4 | 100.7 | 102.0 | 118.7 | 102.1 |
| 武 汉 | Wuhan | 100.9 | 101.1 | 100.6 | 100.4 | 99.8 | 121.9 | 101.3 |
| 长 沙 | Changsha | 101.3 | 104.3 | 100.4 | 99.9 | 101.7 | 100.7 | 100.2 |
| 广 州 | Guangzhou | 98.7 | 103.7 | 102.0 | 100.3 | 100.8 | 110.9 | 100.8 |
| 深 圳 | Shenzhen | 101.8 | 100.8 | 101.2 | 101.1 | 103.2 | 104.8 | 100.2 |
| 南 宁 | Nanning | 105.0 | 103.6 | 100.8 | 99.9 | 101.9 | 115.6 | 99.5 |
| 海 口 | Haikou | 99.2 | 107.2 | 99.9 | 101.8 | 105.1 | 116.9 | 105.3 |
| 重 庆 | Chongqing | 103.2 | 102.8 | 100.4 | 100.0 | 105.1 | 107.5 | 100.6 |
| 成 都 | Chengdu | 101.1 | 102.1 | 100.4 | 101.5 | 101.8 | 106.1 | 103.3 |
| 贵 阳 | Guiyang | 102.4 | 102.1 | 102.1 | 100.7 | 98.9 | 100.8 | 100.0 |
| 昆 明 | Kunming | 99.8 | 99.6 | 99.9 | 101.5 | 97.1 | 105.3 | 99.8 |
| 拉 萨 | Lasa | 102.3 | 102.7 | 98.8 | 100.5 | 99.8 | 105.9 | 100.0 |
| 西 安 | Xi'an | 102.7 | 101.9 | 101.8 | 102.3 | 103.4 | 111.1 | 98.6 |
| 兰 州 | Lanzhou | 101.6 | 104.2 | 101.8 | 100.8 | 103.1 | 112.3 | 98.5 |
| 西 宁 | Xining | 103.1 | 104.7 | 101.1 | 100.3 | 102.2 | 106.3 | 101.4 |
| 银 川 | Yinchuan | 100.7 | 101.7 | 102.4 | 100.0 | 105.7 | 105.6 | 101.3 |
| 乌鲁木齐 | Urumqi | 100.7 | 100.2 | 99.7 | 97.1 | 105.5 | 122.8 | 98.3 |

# 3-65 36个大中城市居民消费价格分类指数(同比)
# Consumer Price Indices by Category for 36 Major Large and Medium-sized Cities
# (2017年10月)

(上年同月=100) (same month of preceding year=100)

| 地 区 | City | 居民消费价格指数 Consumer Price Index | 食品烟酒 Food, Tobacco and Liquor | 粮食 Grain | 鲜菜 Fresh Vegetables | 畜肉 Meat | 水产品 Aquatic Products | 蛋 Eggs | 鲜果 Fresh Fruits |
|---|---|---|---|---|---|---|---|---|---|
| **平均指数** | **Average Index** | **102.0** | **101.0** | **101.2** | **100.4** | **96.3** | **104.0** | **103.6** | **100.4** |
| 北 京 | Beijing | 101.8 | 101.2 | 101.1 | 98.0 | 98.4 | 102.7 | 106.2 | 99.8 |
| 天 津 | Tianjin | 102.0 | 101.7 | 103.4 | 100.8 | 100.4 | 102.6 | 106.8 | 99.9 |
| 石家庄 | Shijiazhuang | 102.2 | 99.7 | 99.8 | 100.0 | 98.3 | 112.2 | 101.9 | 89.5 |
| 太 原 | Taiyuan | 101.9 | 100.0 | 104.1 | 98.9 | 95.0 | 100.1 | 109.1 | 100.1 |
| 呼和浩特 | Hohhot | 101.7 | 101.8 | 101.4 | 101.3 | 102.8 | 109.8 | 108.5 | 98.1 |
| 沈 阳 | Shenyang | 102.4 | 100.3 | 101.5 | 87.8 | 97.4 | 109.2 | 101.5 | 108.8 |
| 大 连 | Dalian | 103.8 | 101.6 | 103.3 | 101.1 | 96.9 | 103.7 | 107.2 | 92.6 |
| 长 春 | Changchun | 101.0 | 99.6 | 101.3 | 94.8 | 96.5 | 99.7 | 93.4 | 99.1 |
| 哈尔滨 | Harbin | 102.1 | 98.5 | 99.8 | 92.9 | 94.7 | 97.6 | 102.1 | 95.1 |
| 上 海 | Shanghai | 101.5 | 101.8 | 101.7 | 101.8 | 97.9 | 103.2 | 104.2 | 102.4 |
| 南 京 | Nanjing | 101.2 | 102.9 | 101.4 | 104.4 | 95.5 | 103.5 | 103.1 | 107.2 |
| 杭 州 | Hangzhou | 102.6 | 100.1 | 101.1 | 98.4 | 94.3 | 102.0 | 107.0 | 99.4 |
| 宁 波 | Ningbo | 102.1 | 100.8 | 102.3 | 97.8 | 94.8 | 104.3 | 99.2 | 101.3 |
| 合 肥 | Hefei | 101.7 | 100.9 | 104.5 | 104.4 | 94.1 | 103.1 | 103.1 | 94.5 |
| 福 州 | Fuzhou | 100.8 | 99.9 | 101.2 | 88.3 | 92.2 | 105.0 | 103.5 | 93.0 |
| 厦 门 | Xiamen | 102.1 | 100.4 | 99.9 | 91.6 | 98.2 | 105.0 | 99.9 | 98.3 |
| 南 昌 | Nanchang | 102.9 | 101.8 | 101.8 | 108.5 | 95.7 | 104.9 | 101.2 | 104.3 |
| 济 南 | Jinan | 102.0 | 100.9 | 101.5 | 104.1 | 96.4 | 105.8 | 105.1 | 95.2 |
| 青 岛 | Qingdao | 102.8 | 102.4 | 104.2 | 102.0 | 96.2 | 105.3 | 105.5 | 103.6 |
| 郑 州 | Zhengzhou | 102.8 | 100.6 | 104.2 | 97.4 | 95.0 | 105.0 | 101.4 | 95.5 |
| 武 汉 | Wuhan | 102.2 | 100.2 | 101.1 | 100.4 | 92.9 | 100.5 | 104.7 | 99.7 |
| 长 沙 | Changsha | 100.8 | 99.7 | 101.2 | 106.1 | 91.4 | 107.8 | 98.4 | 99.7 |
| 广 州 | Guangzhou | 102.6 | 102.4 | 100.2 | 106.5 | 95.7 | 106.6 | 106.9 | 103.9 |
| 深 圳 | Shenzhen | 101.9 | 101.3 | 100.8 | 103.2 | 95.8 | 105.1 | 99.4 | 99.8 |
| 南 宁 | Nanning | 103.1 | 100.8 | 100.2 | 102.2 | 94.2 | 105.3 | 96.6 | 95.8 |
| 海 口 | Haikou | 103.4 | 99.7 | 101.1 | 100.8 | 95.4 | 98.0 | 97.2 | 100.7 |
| 重 庆 | Chongqing | 101.5 | 99.0 | 99.4 | 98.8 | 93.6 | 103.2 | 103.3 | 94.7 |
| 成 都 | Chengdu | 101.5 | 100.3 | 96.9 | 99.5 | 95.4 | 100.2 | 98.5 | 110.5 |
| 贵 阳 | Guiyang | 101.0 | 100.5 | 100.4 | 98.9 | 94.3 | 103.4 | 106.6 | 103.2 |
| 昆 明 | Kunming | 100.7 | 100.5 | 100.4 | 107.9 | 94.4 | 107.9 | 108.5 | 104.8 |
| 拉 萨 | Lasa | 101.2 | 100.1 | 100.5 | 98.7 | 96.6 | 101.9 | 101.7 | 101.2 |
| 西 安 | Xi'an | 102.7 | 101.3 | 101.4 | 103.3 | 95.6 | 108.2 | 108.2 | 100.6 |
| 兰 州 | Lanzhou | 102.7 | 100.3 | 100.7 | 100.0 | 94.5 | 103.3 | 98.5 | 107.0 |
| 西 宁 | Xining | 102.6 | 100.2 | 101.3 | 100.0 | 100.5 | 101.2 | 101.6 | 93.0 |
| 银 川 | Yinchuan | 102.1 | 99.8 | 100.5 | 97.2 | 98.4 | 104.1 | 104.5 | 97.7 |
| 乌鲁木齐 | Urumqi | 104.0 | 106.3 | 102.5 | 109.0 | 110.8 | 101.0 | 110.5 | 79.6 |

3-65 续表 continued

(上年同月=100) (same month of preceding year=100)

| 地　区 | City | 衣着 Clothing | 居住 Residence | 生活用品及服务 Household Facilities,Articles and Services | 交通和通信 Transportation and Communication | 教育文化和娱乐 Education, Culture and Recreation | 医疗保健 Health Care and Medical Services | 其他用品和服务 Miscellaneous Goods and Services |
|---|---|---|---|---|---|---|---|---|
| **平均指数** | **Average Index** | **100.5** | **102.5** | **101.1** | **100.5** | **102.5** | **108.3** | **101.6** |
| 北　京 | Beijing | 97.8 | 103.3 | 101.0 | 99.0 | 102.1 | 107.7 | 102.3 |
| 天　津 | Tianjin | 100.6 | 100.5 | 101.8 | 99.5 | 104.4 | 109.3 | 101.2 |
| 石家庄 | Shijiazhuang | 99.9 | 102.9 | 101.0 | 102.2 | 101.1 | 114.0 | 101.9 |
| 太　原 | Taiyuan | 101.0 | 101.4 | 100.2 | 100.6 | 102.9 | 113.0 | 100.4 |
| 呼和浩特 | Hohhot | 102.1 | 104.8 | 100.6 | 99.4 | 100.1 | 100.7 | 99.9 |
| 沈　阳 | Shenyang | 100.8 | 101.6 | 100.6 | 99.4 | 100.6 | 122.5 | 100.9 |
| 大　连 | Dalian | 101.2 | 100.3 | 102.4 | 101.3 | 113.3 | 117.1 | 100.1 |
| 长　春 | Changchun | 99.2 | 101.5 | 100.2 | 99.7 | 101.3 | 108.3 | 100.3 |
| 哈尔滨 | Harbin | 102.8 | 100.6 | 101.8 | 97.5 | 104.0 | 120.7 | 101.2 |
| 上　海 | Shanghai | 100.1 | 100.3 | 101.7 | 102.0 | 102.2 | 104.1 | 102.1 |
| 南　京 | Nanjing | 99.6 | 101.9 | 101.0 | 99.6 | 100.2 | 100.7 | 99.8 |
| 杭　州 | Hangzhou | 98.0 | 107.6 | 100.6 | 100.5 | 105.1 | 102.2 | 100.4 |
| 宁　波 | Ningbo | 100.0 | 105.7 | 99.9 | 100.3 | 102.4 | 103.2 | 99.6 |
| 合　肥 | Hefei | 103.5 | 101.2 | 101.6 | 100.8 | 103.6 | 102.2 | 102.5 |
| 福　州 | Fuzhou | 97.7 | 102.3 | 98.7 | 99.9 | 102.8 | 101.5 | 105.2 |
| 厦　门 | Xiamen | 94.9 | 105.0 | 100.9 | 100.0 | 102.7 | 109.1 | 106.6 |
| 南　昌 | Nanchang | 103.6 | 102.3 | 100.5 | 101.8 | 100.2 | 120.1 | 101.6 |
| 济　南 | Jinan | 101.5 | 105.1 | 100.4 | 100.3 | 101.2 | 102.8 | 100.5 |
| 青　岛 | Qingdao | 104.2 | 102.7 | 100.9 | 100.6 | 104.0 | 104.8 | 105.3 |
| 郑　州 | Zhengzhou | 101.1 | 102.9 | 101.4 | 101.5 | 101.5 | 118.7 | 103.1 |
| 武　汉 | Wuhan | 100.9 | 101.0 | 100.6 | 100.9 | 99.6 | 122.1 | 102.1 |
| 长　沙 | Changsha | 101.4 | 103.8 | 100.4 | 100.0 | 100.2 | 100.6 | 99.7 |
| 广　州 | Guangzhou | 99.8 | 103.7 | 101.6 | 100.8 | 101.3 | 110.9 | 100.5 |
| 深　圳 | Shenzhen | 103.4 | 101.9 | 101.5 | 101.3 | 102.5 | 104.9 | 100.9 |
| 南　宁 | Nanning | 106.0 | 103.6 | 100.9 | 100.0 | 102.2 | 115.4 | 100.7 |
| 海　口 | Haikou | 99.2 | 106.5 | 99.0 | 102.6 | 105.8 | 116.8 | 106.4 |
| 重　庆 | Chongqing | 103.4 | 102.7 | 101.1 | 99.5 | 103.3 | 108.2 | 100.6 |
| 成　都 | Chengdu | 99.3 | 102.2 | 100.4 | 102.0 | 101.3 | 105.9 | 104.0 |
| 贵　阳 | Guiyang | 103.7 | 101.7 | 101.9 | 101.2 | 98.4 | 100.7 | 101.2 |
| 昆　明 | Kunming | 99.8 | 99.6 | 100.6 | 101.8 | 99.8 | 105.6 | 101.0 |
| 拉　萨 | Lasa | 103.1 | 102.7 | 98.8 | 100.6 | 99.7 | 105.9 | 100.7 |
| 西　安 | Xi'an | 99.5 | 102.6 | 101.6 | 102.7 | 103.1 | 111.1 | 100.2 |
| 兰　州 | Lanzhou | 102.3 | 104.2 | 101.8 | 101.4 | 103.6 | 112.2 | 99.7 |
| 西　宁 | Xining | 102.8 | 104.6 | 101.1 | 103.0 | 103.4 | 105.6 | 102.2 |
| 银　川 | Yinchuan | 103.8 | 101.6 | 102.1 | 102.0 | 105.0 | 105.2 | 102.7 |
| 乌鲁木齐 | Urumqi | 99.6 | 100.3 | 99.7 | 98.7 | 104.5 | 121.6 | 99.0 |

# 3-66 36个大中城市居民消费价格分类指数(同比)
# Consumer Price Indices by Category for 36 Major Large and Medium-sized Cities
# (2017年11月)

(上年同月=100) (same month of preceding year=100)

| 地区 | City | 居民消费价格指数 Consumer Price Index | 食品烟酒 Food, Tobacco and Liquor | 粮食 Grain | 鲜菜 Fresh Vegetables | 畜肉 Meat | 水产品 Aquatic Products | 蛋 Eggs | 鲜果 Fresh Fruits |
|---|---|---|---|---|---|---|---|---|---|
| **平均指数** | **Average Index** | **101.9** | **100.5** | **101.2** | **90.4** | **97.0** | **103.3** | **105.6** | **105.1** |
| 北京 | Beijing | 102.0 | 100.6 | 100.8 | 85.7 | 99.2 | 102.1 | 107.7 | 103.8 |
| 天津 | Tianjin | 101.8 | 100.9 | 102.4 | 91.3 | 101.0 | 100.9 | 109.6 | 101.8 |
| 石家庄 | Shijiazhuang | 102.2 | 99.0 | 95.6 | 88.5 | 99.2 | 109.5 | 104.0 | 104.1 |
| 太原 | Taiyuan | 101.6 | 100.1 | 103.5 | 93.5 | 97.1 | 99.6 | 113.8 | 109.1 |
| 呼和浩特 | Hohhot | 101.6 | 101.4 | 101.2 | 100.1 | 103.0 | 109.8 | 105.0 | 96.9 |
| 沈阳 | Shenyang | 102.9 | 102.4 | 101.6 | 87.3 | 96.8 | 107.7 | 104.8 | 139.9 |
| 大连 | Dalian | 103.8 | 102.6 | 102.1 | 96.6 | 96.1 | 103.2 | 113.0 | 115.4 |
| 长春 | Changchun | 101.4 | 99.8 | 101.4 | 89.1 | 96.6 | 102.7 | 95.3 | 103.0 |
| 哈尔滨 | Harbin | 102.1 | 99.0 | 97.3 | 89.1 | 94.2 | 97.9 | 102.3 | 110.1 |
| 上海 | Shanghai | 101.2 | 101.0 | 101.6 | 90.8 | 98.8 | 102.5 | 105.7 | 105.8 |
| 南京 | Nanjing | 101.1 | 101.4 | 100.9 | 83.6 | 97.2 | 104.3 | 105.7 | 110.2 |
| 杭州 | Hangzhou | 102.7 | 99.4 | 101.1 | 87.4 | 95.4 | 101.9 | 107.9 | 102.0 |
| 宁波 | Ningbo | 101.9 | 99.7 | 102.2 | 86.3 | 96.1 | 103.5 | 100.6 | 100.0 |
| 合肥 | Hefei | 100.9 | 99.0 | 104.9 | 83.7 | 92.0 | 102.8 | 105.0 | 106.2 |
| 福州 | Fuzhou | 100.8 | 100.0 | 100.2 | 79.3 | 92.8 | 103.2 | 108.9 | 104.5 |
| 厦门 | Xiamen | 102.6 | 100.5 | 102.1 | 86.4 | 99.9 | 104.3 | 99.4 | 98.6 |
| 南昌 | Nanchang | 102.0 | 100.0 | 101.4 | 89.3 | 96.2 | 108.0 | 103.1 | 103.0 |
| 济南 | Jinan | 101.8 | 100.6 | 101.1 | 89.3 | 97.2 | 104.0 | 108.0 | 103.6 |
| 青岛 | Qingdao | 102.6 | 101.9 | 105.0 | 92.2 | 96.6 | 104.5 | 108.6 | 108.1 |
| 郑州 | Zhengzhou | 102.7 | 100.3 | 104.1 | 91.4 | 97.0 | 103.3 | 105.8 | 88.7 |
| 武汉 | Wuhan | 102.0 | 99.4 | 101.1 | 88.8 | 94.0 | 101.0 | 104.4 | 104.6 |
| 长沙 | Changsha | 100.2 | 98.5 | 100.9 | 93.0 | 91.9 | 106.1 | 97.5 | 99.9 |
| 广州 | Guangzhou | 102.1 | 100.9 | 98.9 | 91.9 | 95.3 | 104.7 | 107.9 | 103.1 |
| 深圳 | Shenzhen | 101.5 | 100.2 | 103.5 | 91.5 | 95.8 | 104.6 | 99.8 | 98.6 |
| 南宁 | Nanning | 102.5 | 99.7 | 100.0 | 93.6 | 94.8 | 103.7 | 98.1 | 98.6 |
| 海口 | Haikou | 102.9 | 99.2 | 99.9 | 99.0 | 95.1 | 99.0 | 98.2 | 97.4 |
| 重庆 | Chongqing | 101.6 | 98.8 | 100.1 | 90.9 | 95.2 | 103.4 | 106.0 | 96.3 |
| 成都 | Chengdu | 101.3 | 100.6 | 99.7 | 97.4 | 97.0 | 100.6 | 99.8 | 112.0 |
| 贵阳 | Guiyang | 101.2 | 100.6 | 100.2 | 94.6 | 95.2 | 103.6 | 107.8 | 106.2 |
| 昆明 | Kunming | 100.6 | 100.2 | 100.5 | 105.5 | 95.0 | 107.2 | 108.3 | 106.2 |
| 拉萨 | Lasa | 100.7 | 100.3 | 100.4 | 100.9 | 96.3 | 102.3 | 101.3 | 98.9 |
| 西安 | Xi'an | 102.5 | 100.7 | 102.9 | 89.5 | 97.0 | 108.2 | 110.3 | 104.8 |
| 兰州 | Lanzhou | 102.9 | 100.6 | 100.9 | 97.5 | 96.0 | 103.8 | 103.0 | 108.1 |
| 西宁 | Xining | 102.4 | 99.6 | 101.2 | 88.6 | 102.0 | 99.1 | 106.5 | 98.5 |
| 银川 | Yinchuan | 102.5 | 99.9 | 100.5 | 92.9 | 100.5 | 106.0 | 106.8 | 102.1 |
| 乌鲁木齐 | Urumqi | 103.8 | 105.5 | 102.5 | 95.4 | 110.1 | 102.8 | 114.7 | 87.0 |

3-66 续表 continued

(上年同月=100) (same month of preceding year=100)

| 地 区 | City | 衣着 Clothing | 居住 Residence | 生活用品及服务 Household Facilities,Articles and Services | 交通和通信 Transportation and Communication | 教育文化和娱乐 Education, Culture and Recreation | 医疗保健 Health Care and Medical Services | 其他用品和服务 Miscellaneous Goods and Services |
|---|---|---|---|---|---|---|---|---|
| **平均指数** | **Average Index** | **100.4** | **102.6** | **101.2** | **101.2** | **102.1** | **108.0** | **101.5** |
| 北 京 | Beijing | 98.0 | 104.2 | 101.0 | 100.3 | 101.8 | 107.4 | 101.3 |
| 天 津 | Tianjin | 101.0 | 100.5 | 101.7 | 100.2 | 104.8 | 108.1 | 101.4 |
| 石家庄 | Shijiazhuang | 102.4 | 103.5 | 100.7 | 101.9 | 100.7 | 113.7 | 100.9 |
| 太 原 | Taiyuan | 100.7 | 101.4 | 100.2 | 101.7 | 103.0 | 107.7 | 100.3 |
| 呼和浩特 | Hohhot | 102.1 | 104.9 | 100.5 | 99.2 | 100.0 | 100.7 | 100.3 |
| 沈 阳 | Shenyang | 100.4 | 100.9 | 100.8 | 100.1 | 100.9 | 122.1 | 101.0 |
| 大 连 | Dalian | 100.8 | 100.2 | 102.3 | 101.3 | 110.9 | 117.3 | 99.6 |
| 长 春 | Changchun | 99.5 | 101.8 | 100.3 | 101.2 | 101.7 | 109.2 | 99.6 |
| 哈尔滨 | Harbin | 101.5 | 100.4 | 101.7 | 97.8 | 104.7 | 120.7 | 101.2 |
| 上 海 | Shanghai | 99.3 | 100.3 | 102.4 | 103.1 | 101.3 | 103.9 | 102.5 |
| 南 京 | Nanjing | 100.4 | 101.7 | 102.6 | 100.2 | 100.1 | 100.7 | 100.9 |
| 杭 州 | Hangzhou | 98.9 | 108.6 | 99.0 | 101.1 | 104.9 | 102.2 | 99.9 |
| 宁 波 | Ningbo | 99.2 | 105.9 | 100.1 | 101.3 | 102.4 | 102.8 | 99.5 |
| 合 肥 | Hefei | 102.1 | 101.3 | 101.9 | 101.2 | 102.0 | 102.0 | 101.8 |
| 福 州 | Fuzhou | 97.6 | 101.7 | 99.6 | 99.3 | 103.7 | 101.5 | 105.5 |
| 厦 门 | Xiamen | 97.2 | 106.7 | 102.3 | 100.2 | 100.7 | 109.2 | 106.8 |
| 南 昌 | Nanchang | 98.2 | 102.2 | 101.5 | 102.2 | 100.2 | 120.2 | 102.0 |
| 济 南 | Jinan | 101.9 | 104.5 | 99.8 | 100.3 | 101.2 | 102.9 | 100.7 |
| 青 岛 | Qingdao | 103.4 | 102.4 | 101.1 | 101.4 | 104.1 | 104.4 | 105.1 |
| 郑 州 | Zhengzhou | 101.1 | 102.8 | 101.4 | 102.2 | 101.5 | 118.4 | 103.4 |
| 武 汉 | Wuhan | 100.7 | 101.3 | 101.0 | 101.4 | 99.7 | 121.6 | 101.7 |
| 长 沙 | Changsha | 101.2 | 102.3 | 100.5 | 100.4 | 100.1 | 100.4 | 99.4 |
| 广 州 | Guangzhou | 102.2 | 103.2 | 101.5 | 101.5 | 100.1 | 110.3 | 101.2 |
| 深 圳 | Shenzhen | 100.4 | 102.5 | 101.1 | 101.8 | 102.3 | 104.5 | 101.1 |
| 南 宁 | Nanning | 102.6 | 104.2 | 101.0 | 100.4 | 102.0 | 115.4 | 100.0 |
| 海 口 | Haikou | 99.8 | 106.0 | 98.8 | 102.7 | 104.9 | 115.2 | 104.0 |
| 重 庆 | Chongqing | 103.2 | 102.8 | 100.8 | 101.5 | 102.6 | 108.1 | 100.8 |
| 成 都 | Chengdu | 100.2 | 101.5 | 100.8 | 101.8 | 99.7 | 105.7 | 104.1 |
| 贵 阳 | Guiyang | 103.7 | 101.7 | 101.6 | 102.3 | 99.5 | 100.7 | 100.7 |
| 昆 明 | Kunming | 98.8 | 99.3 | 100.7 | 102.5 | 101.0 | 105.6 | 98.5 |
| 拉 萨 | Lasa | 102.2 | 99.9 | 98.8 | 101.2 | 99.7 | 105.1 | 100.5 |
| 西 安 | Xi'an | 100.5 | 102.5 | 100.5 | 102.3 | 103.4 | 111.2 | 99.7 |
| 兰 州 | Lanzhou | 101.8 | 105.5 | 100.7 | 101.6 | 103.6 | 112.3 | 99.4 |
| 西 宁 | Xining | 102.1 | 104.7 | 101.0 | 103.4 | 104.0 | 104.7 | 101.7 |
| 银 川 | Yinchuan | 106.8 | 101.8 | 102.4 | 103.3 | 104.2 | 105.1 | 101.6 |
| 乌鲁木齐 | Urumqi | 99.4 | 100.4 | 100.0 | 99.5 | 103.5 | 121.6 | 99.7 |

# 3-67 36个大中城市居民消费价格分类指数(同比)
# Consumer Price Indices by Category for 36 Major Large and Medium-sized Cities
# (2017年12月)

(上年同月=100) (same month of preceding year=100)

| 地区 | City | 居民消费价格指数 Consumer Price Index | 食品烟酒 Food, Tobacco and Liquor | 粮食 Grain | 鲜菜 Fresh Vegetables | 畜肉 Meat | 水产品 Aquatic Products | 蛋 Eggs | 鲜果 Fresh Fruits |
|---|---|---|---|---|---|---|---|---|---|
| **平均指数** | **Average Index** | **102.0** | **100.9** | **101.0** | **92.1** | **97.3** | **104.0** | **110.5** | **106.1** |
| 北京 | Beijing | 102.2 | 100.8 | 100.9 | 86.1 | 99.6 | 102.4 | 114.3 | 104.0 |
| 天津 | Tianjin | 101.6 | 101.1 | 100.7 | 87.2 | 100.0 | 105.1 | 120.0 | 103.6 |
| 石家庄 | Shijiazhuang | 102.3 | 98.8 | 96.7 | 80.9 | 98.2 | 108.0 | 110.8 | 106.6 |
| 太原 | Taiyuan | 101.7 | 99.9 | 100.3 | 86.0 | 99.1 | 100.2 | 131.7 | 111.8 |
| 呼和浩特 | Hohhot | 101.6 | 100.8 | 101.1 | 93.7 | 102.6 | 108.0 | 113.5 | 98.3 |
| 沈阳 | Shenyang | 102.9 | 101.7 | 101.1 | 83.7 | 96.9 | 106.5 | 112.0 | 135.6 |
| 大连 | Dalian | 104.0 | 102.9 | 101.9 | 93.3 | 96.2 | 105.7 | 112.0 | 118.8 |
| 长春 | Changchun | 101.5 | 99.6 | 101.2 | 89.0 | 96.6 | 101.8 | 100.4 | 99.7 |
| 哈尔滨 | Harbin | 102.2 | 99.1 | 97.3 | 90.4 | 94.1 | 98.2 | 109.6 | 110.6 |
| 上海 | Shanghai | 101.5 | 101.5 | 101.4 | 97.8 | 99.0 | 102.5 | 108.7 | 102.6 |
| 南京 | Nanjing | 101.5 | 102.7 | 100.2 | 87.1 | 98.6 | 106.3 | 110.5 | 113.9 |
| 杭州 | Hangzhou | 102.8 | 100.3 | 101.4 | 88.6 | 96.8 | 104.8 | 109.2 | 98.2 |
| 宁波 | Ningbo | 102.2 | 100.3 | 101.6 | 91.7 | 97.4 | 100.9 | 103.3 | 104.2 |
| 合肥 | Hefei | 101.0 | 100.1 | 104.5 | 87.8 | 92.1 | 104.1 | 107.5 | 114.6 |
| 福州 | Fuzhou | 100.9 | 100.9 | 102.2 | 84.1 | 94.8 | 102.2 | 107.2 | 105.1 |
| 厦门 | Xiamen | 102.6 | 101.0 | 99.2 | 87.5 | 99.3 | 104.7 | 102.9 | 100.4 |
| 南昌 | Nanchang | 102.0 | 100.8 | 101.0 | 95.3 | 95.3 | 107.3 | 103.9 | 110.3 |
| 济南 | Jinan | 102.0 | 100.8 | 100.6 | 85.6 | 98.3 | 104.6 | 112.7 | 101.0 |
| 青岛 | Qingdao | 102.5 | 101.8 | 104.2 | 91.5 | 97.6 | 104.9 | 114.8 | 105.4 |
| 郑州 | Zhengzhou | 103.2 | 101.2 | 103.9 | 88.9 | 97.4 | 102.2 | 115.7 | 101.1 |
| 武汉 | Wuhan | 102.0 | 99.5 | 100.9 | 84.7 | 95.4 | 101.9 | 107.4 | 111.5 |
| 长沙 | Changsha | 100.8 | 100.1 | 100.8 | 98.4 | 94.3 | 106.4 | 101.9 | 106.0 |
| 广州 | Guangzhou | 102.7 | 102.4 | 100.5 | 98.3 | 96.1 | 106.9 | 116.4 | 109.0 |
| 深圳 | Shenzhen | 101.7 | 100.9 | 103.2 | 96.0 | 96.0 | 104.4 | 102.0 | 101.8 |
| 南宁 | Nanning | 102.8 | 100.6 | 100.5 | 100.1 | 96.3 | 105.3 | 97.5 | 92.1 |
| 海口 | Haikou | 102.8 | 99.9 | 100.6 | 99.1 | 95.0 | 101.3 | 100.6 | 97.2 |
| 重庆 | Chongqing | 101.6 | 99.1 | 98.9 | 93.6 | 95.0 | 103.6 | 108.7 | 99.8 |
| 成都 | Chengdu | 101.3 | 100.8 | 99.7 | 100.9 | 96.6 | 101.9 | 101.8 | 112.6 |
| 贵阳 | Guiyang | 101.2 | 100.7 | 100.4 | 94.8 | 95.1 | 103.4 | 107.2 | 106.5 |
| 昆明 | Kunming | 100.6 | 100.1 | 100.9 | 100.9 | 95.1 | 107.9 | 109.5 | 111.6 |
| 拉萨 | Lasa | 100.6 | 100.1 | 100.4 | 96.3 | 96.5 | 106.3 | 101.3 | 97.9 |
| 西安 | Xi'an | 102.9 | 101.6 | 103.8 | 91.4 | 96.7 | 105.5 | 123.4 | 110.4 |
| 兰州 | Lanzhou | 102.3 | 100.0 | 101.0 | 92.2 | 96.0 | 103.3 | 110.1 | 109.8 |
| 西宁 | Xining | 102.3 | 100.1 | 100.9 | 88.8 | 102.8 | 99.0 | 114.2 | 102.9 |
| 银川 | Yinchuan | 102.5 | 100.0 | 100.6 | 93.8 | 100.6 | 104.6 | 113.4 | 100.6 |
| 乌鲁木齐 | Urumqi | 104.0 | 105.1 | 102.5 | 91.2 | 108.4 | 103.8 | 120.6 | 93.9 |

## 3-67 续表 continued

(上年同月=100) (same month of preceding year=100)

| 地区 | City | 衣着 Clothing | 居住 Residence | 生活用品及服务 Household Facilities,Articles and Services | 交通和通信 Transportation and Communication | 教育文化和娱乐 Education, Culture and Recreation | 医疗保健 Health Care and Medical Services | 其他用品和服务 Miscellaneous Goods and Services |
|---|---|---|---|---|---|---|---|---|
| **平均指数** | **Average Index** | **100.6** | **102.6** | **101.3** | **101.1** | **102.3** | **107.7** | **102.3** |
| 北　京 | Beijing | 98.2 | 104.4 | 101.1 | 101.0 | 102.2 | 107.1 | 102.5 |
| 天　津 | Tianjin | 101.3 | 100.5 | 101.5 | 99.6 | 105.0 | 104.8 | 102.6 |
| 石家庄 | Shijiazhuang | 102.6 | 103.2 | 101.2 | 102.5 | 101.2 | 112.8 | 102.3 |
| 太　原 | Taiyuan | 101.4 | 101.7 | 100.5 | 101.4 | 103.0 | 107.6 | 100.4 |
| 呼和浩特 | Hohhot | 102.1 | 104.8 | 100.5 | 100.5 | 100.0 | 100.6 | 101.0 |
| 沈　阳 | Shenyang | 101.8 | 101.5 | 100.8 | 100.0 | 100.2 | 121.8 | 101.3 |
| 大　连 | Dalian | 102.9 | 100.7 | 101.9 | 101.1 | 109.8 | 117.2 | 100.6 |
| 长　春 | Changchun | 100.0 | 101.7 | 100.4 | 101.3 | 102.2 | 109.1 | 100.9 |
| 哈尔滨 | Harbin | 101.3 | 100.3 | 101.7 | 98.5 | 104.6 | 120.7 | 101.6 |
| 上　海 | Shanghai | 99.3 | 100.2 | 102.0 | 102.9 | 103.4 | 104.1 | 103.6 |
| 南　京 | Nanjing | 100.9 | 102.0 | 104.1 | 99.9 | 99.6 | 100.7 | 102.2 |
| 杭　州 | Hangzhou | 100.5 | 108.2 | 99.5 | 101.2 | 104.0 | 101.7 | 100.2 |
| 宁　波 | Ningbo | 101.7 | 105.9 | 99.8 | 101.2 | 102.5 | 102.7 | 99.6 |
| 合　肥 | Hefei | 101.4 | 101.4 | 102.1 | 100.2 | 101.8 | 102.0 | 101.4 |
| 福　州 | Fuzhou | 94.5 | 102.0 | 100.7 | 99.5 | 102.3 | 101.5 | 106.5 |
| 厦　门 | Xiamen | 94.2 | 107.6 | 101.7 | 99.9 | 101.1 | 109.2 | 107.5 |
| 南　昌 | Nanchang | 98.0 | 102.1 | 101.1 | 101.2 | 100.6 | 118.5 | 102.5 |
| 济　南 | Jinan | 102.7 | 104.6 | 99.7 | 100.1 | 102.1 | 102.6 | 101.3 |
| 青　岛 | Qingdao | 104.1 | 102.1 | 100.7 | 101.5 | 103.7 | 104.1 | 105.8 |
| 郑　州 | Zhengzhou | 101.1 | 102.8 | 101.9 | 101.9 | 101.7 | 119.9 | 104.7 |
| 武　汉 | Wuhan | 100.7 | 101.4 | 101.0 | 100.8 | 99.7 | 121.5 | 100.6 |
| 长　沙 | Changsha | 101.2 | 102.4 | 100.7 | 101.2 | 99.7 | 100.5 | 100.6 |
| 广　州 | Guangzhou | 104.2 | 102.8 | 102.3 | 101.6 | 100.5 | 110.2 | 101.9 |
| 深　圳 | Shenzhen | 98.5 | 103.2 | 100.6 | 101.6 | 101.7 | 105.1 | 101.5 |
| 南　宁 | Nanning | 101.1 | 104.8 | 100.9 | 99.6 | 102.0 | 115.5 | 102.3 |
| 海　口 | Haikou | 97.3 | 104.8 | 100.2 | 102.7 | 104.2 | 114.8 | 104.0 |
| 重　庆 | Chongqing | 103.1 | 102.8 | 101.2 | 100.5 | 102.2 | 108.0 | 101.6 |
| 成　都 | Chengdu | 100.2 | 101.4 | 100.9 | 102.1 | 99.4 | 104.6 | 103.7 |
| 贵　阳 | Guiyang | 103.7 | 101.6 | 101.7 | 101.7 | 99.4 | 100.7 | 100.4 |
| 昆　明 | Kunming | 98.8 | 99.3 | 100.7 | 102.0 | 100.8 | 105.7 | 101.6 |
| 拉　萨 | Lasa | 102.1 | 99.9 | 99.1 | 100.9 | 99.7 | 104.8 | 101.4 |
| 西　安 | Xi'an | 101.6 | 102.2 | 100.7 | 102.6 | 103.9 | 111.3 | 100.5 |
| 兰　州 | Lanzhou | 101.8 | 105.5 | 100.3 | 101.1 | 101.6 | 111.2 | 98.6 |
| 西　宁 | Xining | 102.4 | 104.7 | 101.1 | 101.1 | 103.7 | 105.0 | 102.3 |
| 银　川 | Yinchuan | 109.1 | 101.6 | 102.4 | 101.7 | 103.8 | 105.3 | 101.9 |
| 乌鲁木齐 | Urumqi | 99.6 | 101.6 | 100.1 | 99.8 | 103.1 | 121.8 | 101.3 |

# 3-68 36个大中城市居民消费价格分类指数(累计比)

# Consumer Price Indices by Category for 36 Major Large and Medium-sized Cities (2017年1月)

(上年同期=100) (same period of preceding year=100)

| 地区 | City | 居民消费价格指数 Consumer Price Index | 食品烟酒 Food, Tobacco and Liquor | 粮食 Grain | 鲜菜 Fresh Vegetables | 畜肉 Meat | 水产品 Aquatic Products | 蛋 Eggs | 鲜果 Fresh Fruits |
|---|---|---|---|---|---|---|---|---|---|
| **平均指数** | **Average Index** | **102.9** | **102.8** | **101.2** | **100.0** | **105.8** | **106.5** | **92.2** | **107.1** |
| 北京 | Beijing | 102.9 | 103.2 | 101.0 | 105.2 | 104.5 | 106.2 | 89.2 | 109.4 |
| 天津 | Tianjin | 103.4 | 101.9 | 103.0 | 104.0 | 105.4 | 103.7 | 86.5 | 105.9 |
| 石家庄 | Shijiazhuang | 101.5 | 100.9 | 100.6 | 104.5 | 106.9 | 96.0 | 82.9 | 102.2 |
| 太原 | Taiyuan | 103.3 | 103.1 | 101.8 | 109.2 | 107.7 | 103.6 | 81.0 | 106.2 |
| 呼和浩特 | Hohhot | 102.3 | 102.9 | 102.5 | 109.3 | 105.4 | 102.6 | 82.3 | 103.5 |
| 沈阳 | Shenyang | 102.4 | 103.3 | 100.8 | 112.5 | 104.5 | 106.7 | 89.0 | 100.3 |
| 大连 | Dalian | 102.3 | 103.3 | 101.7 | 98.3 | 103.5 | 107.5 | 93.6 | 116.2 |
| 长春 | Changchun | 102.7 | 104.0 | 100.1 | 107.6 | 105.6 | 101.2 | 90.5 | 124.8 |
| 哈尔滨 | Harbin | 102.2 | 103.5 | 102.0 | 105.2 | 104.6 | 100.0 | 91.3 | 100.1 |
| 上海 | Shanghai | 103.6 | 103.5 | 101.0 | 98.5 | 106.1 | 108.8 | 95.0 | 115.4 |
| 南京 | Nanjing | 102.4 | 102.3 | 102.1 | 99.3 | 104.2 | 108.1 | 92.8 | 96.1 |
| 杭州 | Hangzhou | 103.3 | 104.4 | 100.1 | 90.7 | 110.4 | 111.7 | 93.2 | 107.2 |
| 宁波 | Ningbo | 102.5 | 102.2 | 102.2 | 91.6 | 105.7 | 106.5 | 94.4 | 105.7 |
| 合肥 | Hefei | 103.4 | 101.4 | 98.1 | 99.8 | 106.0 | 110.7 | 87.2 | 87.9 |
| 福州 | Fuzhou | 103.2 | 100.3 | 103.1 | 89.0 | 102.2 | 104.7 | 101.2 | 106.4 |
| 厦门 | Xiamen | 102.4 | 102.3 | 97.9 | 90.0 | 110.7 | 105.8 | 98.6 | 105.7 |
| 南昌 | Nanchang | 102.5 | 102.9 | 102.5 | 92.3 | 107.5 | 115.5 | 96.5 | 103.8 |
| 济南 | Jinan | 103.7 | 103.2 | 102.1 | 99.2 | 108.7 | 99.2 | 91.6 | 109.6 |
| 青岛 | Qingdao | 102.6 | 103.1 | 106.1 | 100.4 | 105.2 | 103.4 | 91.1 | 112.5 |
| 郑州 | Zhengzhou | 102.7 | 101.5 | 100.9 | 108.0 | 106.1 | 104.6 | 88.1 | 100.5 |
| 武汉 | Wuhan | 103.8 | 104.6 | 101.2 | 118.1 | 107.2 | 108.3 | 101.1 | 102.3 |
| 长沙 | Changsha | 102.8 | 102.9 | 101.6 | 110.5 | 104.1 | 108.1 | 100.5 | 107.2 |
| 广州 | Guangzhou | 103.9 | 103.9 | 99.2 | 94.6 | 109.8 | 105.4 | 92.3 | 102.5 |
| 深圳 | Shenzhen | 102.8 | 101.8 | 102.4 | 87.1 | 107.3 | 105.6 | 97.6 | 105.2 |
| 南宁 | Nanning | 102.0 | 102.1 | 100.5 | 94.2 | 106.0 | 106.7 | 98.2 | 113.7 |
| 海口 | Haikou | 104.6 | 104.8 | 101.5 | 96.5 | 109.9 | 112.0 | 99.4 | 116.4 |
| 重庆 | Chongqing | 101.9 | 101.1 | 102.0 | 99.8 | 103.7 | 103.7 | 92.8 | 100.3 |
| 成都 | Chengdu | 103.3 | 100.8 | 100.9 | 94.5 | 102.6 | 105.5 | 94.7 | 103.6 |
| 贵阳 | Guiyang | 102.0 | 102.5 | 99.9 | 105.7 | 104.4 | 106.4 | 97.0 | 106.5 |
| 昆明 | Kunming | 100.8 | 101.0 | 99.8 | 102.8 | 104.9 | 107.4 | 95.3 | 87.1 |
| 拉萨 | Lasa | 103.0 | 104.1 | 106.2 | 102.8 | 100.2 | 98.9 | 102.3 | 107.0 |
| 西安 | Xi'an | 101.1 | 102.4 | 99.4 | 103.2 | 102.1 | 109.9 | 85.5 | 106.8 |
| 兰州 | Lanzhou | 101.3 | 102.1 | 100.6 | 103.6 | 104.8 | 101.7 | 96.2 | 101.8 |
| 西宁 | Xining | 102.6 | 102.4 | 101.8 | 106.7 | 105.9 | 106.6 | 89.0 | 103.5 |
| 银川 | Yinchuan | 102.8 | 101.0 | 100.4 | 100.6 | 103.2 | 106.1 | 92.6 | 107.1 |
| 乌鲁木齐 | Urumqi | 102.9 | 107.4 | 100.9 | 116.8 | 107.2 | 102.8 | 81.6 | 117.1 |

## 3-68 续表 continued

(上年同期=100) (same period of preceding year=100)

| 地区 | City | 衣着 Clothing | 居住 Residence | 生活用品及服务 Household Facilities,Articles and Services | 交通和通信 Transportation and Communication | 教育文化和娱乐 Education, Culture and Recreation | 医疗保健 Health Care and Medical Services | 其他用品和服务 Miscellaneous Goods and Services |
|---|---|---|---|---|---|---|---|---|
| **平均指数** | **Average Index** | **100.7** | **103.0** | **100.4** | **102.1** | **104.3** | **106.2** | **104.9** |
| 北京 | Beijing | 98.1 | 104.0 | 99.9 | 100.9 | 104.6 | 104.7 | 104.9 |
| 天津 | Tianjin | 99.0 | 103.2 | 99.0 | 101.3 | 102.0 | 123.6 | 104.0 |
| 石家庄 | Shijiazhuang | 101.0 | 100.8 | 98.7 | 102.1 | 103.3 | 104.7 | 103.2 |
| 太原 | Taiyuan | 98.7 | 101.0 | 99.7 | 104.2 | 105.9 | 112.6 | 104.5 |
| 呼和浩特 | Hohhot | 102.4 | 100.4 | 102.7 | 101.6 | 100.8 | 107.5 | 104.5 |
| 沈阳 | Shenyang | 97.6 | 102.7 | 99.5 | 101.5 | 104.3 | 104.4 | 103.6 |
| 大连 | Dalian | 99.9 | 102.1 | 101.5 | 101.9 | 103.1 | 101.5 | 104.1 |
| 长春 | Changchun | 101.9 | 98.8 | 100.0 | 102.0 | 104.6 | 109.0 | 103.1 |
| 哈尔滨 | Harbin | 99.3 | 101.9 | 99.6 | 101.2 | 103.9 | 101.5 | 104.8 |
| 上海 | Shanghai | 101.2 | 104.2 | 100.8 | 100.4 | 106.0 | 107.6 | 105.2 |
| 南京 | Nanjing | 99.4 | 103.2 | 102.1 | 103.2 | 103.8 | 100.2 | 103.4 |
| 杭州 | Hangzhou | 101.0 | 103.8 | 100.7 | 102.2 | 105.0 | 101.3 | 103.8 |
| 宁波 | Ningbo | 102.5 | 102.1 | 100.2 | 102.6 | 103.3 | 104.1 | 103.4 |
| 合肥 | Hefei | 102.8 | 107.0 | 100.9 | 101.9 | 106.3 | 102.4 | 102.6 |
| 福州 | Fuzhou | 109.1 | 103.2 | 98.7 | 103.1 | 108.3 | 101.7 | 109.2 |
| 厦门 | Xiamen | 102.3 | 101.3 | 102.6 | 102.2 | 103.0 | 102.0 | 109.1 |
| 南昌 | Nanchang | 100.0 | 103.0 | 99.8 | 104.2 | 102.7 | 101.4 | 102.8 |
| 济南 | Jinan | 101.2 | 103.8 | 100.6 | 103.0 | 104.2 | 111.5 | 103.6 |
| 青岛 | Qingdao | 98.5 | 101.8 | 98.8 | 102.0 | 100.3 | 113.3 | 107.6 |
| 郑州 | Zhengzhou | 100.6 | 106.8 | 100.3 | 100.7 | 102.8 | 102.5 | 105.8 |
| 武汉 | Wuhan | 101.8 | 101.6 | 101.0 | 103.0 | 101.6 | 115.7 | 104.3 |
| 长沙 | Changsha | 102.1 | 106.0 | 100.5 | 101.1 | 101.8 | 101.7 | 103.5 |
| 广州 | Guangzhou | 100.7 | 104.1 | 100.0 | 103.3 | 106.8 | 104.6 | 107.4 |
| 深圳 | Shenzhen | 105.7 | 101.0 | 101.8 | 103.0 | 105.4 | 107.7 | 103.9 |
| 南宁 | Nanning | 103.1 | 102.3 | 98.3 | 103.4 | 100.8 | 101.5 | 105.3 |
| 海口 | Haikou | 93.6 | 108.1 | 99.4 | 102.0 | 103.8 | 111.5 | 107.1 |
| 重庆 | Chongqing | 102.3 | 101.3 | 100.4 | 104.4 | 102.6 | 102.2 | 102.5 |
| 成都 | Chengdu | 101.1 | 102.9 | 100.3 | 103.2 | 109.4 | 107.4 | 108.9 |
| 贵阳 | Guiyang | 98.9 | 99.0 | 100.9 | 102.2 | 106.0 | 105.6 | 101.7 |
| 昆明 | Kunming | 101.0 | 98.3 | 98.8 | 104.5 | 98.9 | 102.5 | 105.6 |
| 拉萨 | Lasa | 105.6 | 103.2 | 100.6 | 101.7 | 100.3 | 102.8 | 102.6 |
| 西安 | Xi'an | 98.0 | 100.1 | 99.3 | 102.0 | 100.5 | 101.7 | 105.0 |
| 兰州 | Lanzhou | 100.5 | 100.1 | 100.2 | 100.6 | 101.0 | 103.9 | 102.8 |
| 西宁 | Xining | 98.7 | 107.3 | 99.8 | 100.6 | 101.1 | 104.6 | 101.8 |
| 银川 | Yinchuan | 100.7 | 104.8 | 102.1 | 106.1 | 101.9 | 104.6 | 105.3 |
| 乌鲁木齐 | Urumqi | 99.1 | 99.4 | 103.2 | 100.0 | 105.9 | 101.1 | 99.0 |

# 3-69 36个大中城市居民消费价格分类指数(累计比)

# Consumer Price Indices by Category for 36 Major Large and Medium-sized Cities

# (2017年1-2月)

(上年同期=100) (same period of preceding year=100)

| 地区 | City | 居民消费价格指数 Consumer Price Index | 食品烟酒 Food, Tobacco and Liquor | 粮食 Grain | 鲜菜 Fresh Vegetables | 畜肉 Meat | 水产品 Aquatic Products | 蛋 Eggs | 鲜果 Fresh Fruits |
|---|---|---|---|---|---|---|---|---|---|
| **平均指数** | **Average Index** | **102.0** | **100.3** | **101.2** | **84.2** | **103.2** | **103.7** | **89.8** | **105.5** |
| 北京 | Beijing | 102.0 | 100.7 | 101.1 | 87.9 | 103.0 | 105.0 | 86.5 | 105.6 |
| 天津 | Tianjin | 102.7 | 99.7 | 102.9 | 87.8 | 103.8 | 102.3 | 83.2 | 104.2 |
| 石家庄 | Shijiazhuang | 100.8 | 98.9 | 100.5 | 88.7 | 105.4 | 96.2 | 79.9 | 103.2 |
| 太原 | Taiyuan | 102.0 | 99.9 | 102.2 | 85.6 | 105.7 | 102.3 | 75.6 | 103.9 |
| 呼和浩特 | Hohhot | 101.8 | 101.3 | 102.7 | 98.7 | 103.6 | 101.3 | 78.3 | 101.3 |
| 沈阳 | Shenyang | 101.4 | 100.8 | 100.8 | 96.4 | 100.4 | 103.9 | 86.7 | 104.5 |
| 大连 | Dalian | 101.4 | 100.9 | 101.8 | 88.4 | 101.5 | 103.0 | 90.4 | 110.4 |
| 长春 | Changchun | 101.8 | 101.4 | 100.1 | 91.3 | 102.0 | 101.0 | 88.3 | 123.6 |
| 哈尔滨 | Harbin | 101.8 | 102.1 | 102.0 | 97.2 | 103.2 | 97.4 | 87.1 | 98.8 |
| 上海 | Shanghai | 102.6 | 101.4 | 101.2 | 84.5 | 104.7 | 105.2 | 93.8 | 112.3 |
| 南京 | Nanjing | 102.1 | 100.6 | 101.8 | 85.4 | 101.7 | 105.6 | 90.7 | 98.9 |
| 杭州 | Hangzhou | 102.8 | 102.4 | 100.7 | 77.7 | 107.6 | 110.6 | 91.4 | 104.7 |
| 宁波 | Ningbo | 101.7 | 99.8 | 101.1 | 80.1 | 102.0 | 102.8 | 93.2 | 103.3 |
| 合肥 | Hefei | 102.1 | 97.8 | 98.2 | 79.2 | 100.6 | 109.5 | 85.0 | 89.2 |
| 福州 | Fuzhou | 101.8 | 97.3 | 102.5 | 69.7 | 102.3 | 102.5 | 100.3 | 100.4 |
| 厦门 | Xiamen | 101.5 | 99.2 | 97.5 | 70.3 | 109.1 | 101.6 | 95.8 | 103.6 |
| 南昌 | Nanchang | 101.3 | 99.3 | 102.3 | 73.5 | 103.0 | 113.8 | 93.7 | 101.3 |
| 济南 | Jinan | 102.8 | 100.5 | 101.7 | 82.7 | 104.2 | 98.8 | 89.6 | 108.0 |
| 青岛 | Qingdao | 101.5 | 100.3 | 106.1 | 85.9 | 101.8 | 97.6 | 89.2 | 110.9 |
| 郑州 | Zhengzhou | 101.9 | 99.8 | 100.8 | 92.4 | 102.2 | 104.1 | 86.3 | 104.7 |
| 武汉 | Wuhan | 102.9 | 102.8 | 101.2 | 104.5 | 103.7 | 108.0 | 99.8 | 102.1 |
| 长沙 | Changsha | 102.1 | 100.6 | 101.5 | 89.9 | 102.8 | 107.9 | 98.8 | 108.6 |
| 广州 | Guangzhou | 102.3 | 100.1 | 98.7 | 76.0 | 105.8 | 102.6 | 87.3 | 101.5 |
| 深圳 | Shenzhen | 101.6 | 99.0 | 102.0 | 71.2 | 104.0 | 101.2 | 96.3 | 103.7 |
| 南宁 | Nanning | 101.3 | 100.1 | 100.5 | 83.7 | 103.6 | 103.8 | 97.2 | 108.8 |
| 海口 | Haikou | 103.0 | 101.2 | 101.2 | 82.9 | 105.9 | 104.2 | 99.4 | 110.6 |
| 重庆 | Chongqing | 101.0 | 98.7 | 102.3 | 84.8 | 100.4 | 101.9 | 90.4 | 102.1 |
| 成都 | Chengdu | 102.4 | 98.2 | 100.7 | 78.7 | 100.1 | 103.9 | 92.5 | 102.2 |
| 贵阳 | Guiyang | 100.6 | 99.7 | 99.9 | 91.7 | 98.8 | 102.3 | 94.6 | 104.8 |
| 昆明 | Kunming | 100.5 | 99.8 | 99.8 | 93.5 | 103.0 | 105.1 | 93.4 | 87.9 |
| 拉萨 | Lasa | 102.8 | 103.4 | 106.2 | 96.2 | 99.8 | 100.7 | 101.9 | 104.5 |
| 西安 | Xi'an | 100.3 | 99.3 | 99.3 | 81.2 | 99.1 | 108.9 | 81.6 | 106.6 |
| 兰州 | Lanzhou | 100.4 | 99.8 | 100.6 | 88.7 | 102.4 | 100.0 | 91.6 | 100.6 |
| 西宁 | Xining | 101.6 | 99.5 | 102.3 | 89.1 | 101.6 | 105.2 | 86.9 | 102.5 |
| 银川 | Yinchuan | 101.8 | 98.2 | 100.7 | 82.2 | 102.2 | 103.2 | 90.3 | 105.0 |
| 乌鲁木齐 | Urumqi | 102.2 | 104.2 | 101.0 | 93.0 | 106.1 | 101.8 | 80.5 | 110.4 |

3-69 续表 continued

(上年同期=100) (same period of preceding year=100)

| 地 区 | City | 衣着 Clothing | 居住 Residence | 生活用品及服务 Household Facilities,Articles and Services | 交通和通信 Transportation and Communication | 教育文化和娱乐 Education, Culture and Recreation | 医疗保健 Health Care and Medical Services | 其他用品和服务 Miscellaneous Goods and Services |
|---|---|---|---|---|---|---|---|---|
| **平均指数** | **Average Index** | **100.7** | **103.2** | **100.3** | **101.7** | **102.8** | **106.3** | **103.9** |
| 北 京 | Beijing | 98.0 | 104.2 | 99.9 | 100.9 | 102.3 | 104.8 | 104.6 |
| 天 津 | Tianjin | 99.3 | 103.1 | 99.2 | 101.4 | 101.0 | 123.6 | 103.1 |
| 石家庄 | Shijiazhuang | 101.5 | 100.9 | 98.6 | 102.2 | 102.0 | 104.1 | 103.2 |
| 太 原 | Taiyuan | 99.2 | 101.0 | 99.8 | 103.7 | 102.4 | 112.6 | 104.4 |
| 呼和浩特 | Hohhot | 102.6 | 100.5 | 102.9 | 101.7 | 100.6 | 107.5 | 104.0 |
| 沈 阳 | Shenyang | 97.8 | 102.5 | 99.0 | 100.5 | 103.9 | 104.5 | 103.3 |
| 大 连 | Dalian | 99.5 | 102.1 | 101.4 | 102.0 | 102.1 | 101.5 | 103.9 |
| 长 春 | Changchun | 101.9 | 99.5 | 100.1 | 101.5 | 102.2 | 109.1 | 102.7 |
| 哈尔滨 | Harbin | 98.8 | 102.6 | 99.9 | 101.1 | 103.5 | 101.5 | 104.3 |
| 上 海 | Shanghai | 101.2 | 104.3 | 101.0 | 99.3 | 102.5 | 108.2 | 103.5 |
| 南 京 | Nanjing | 99.4 | 103.5 | 102.5 | 103.3 | 103.8 | 100.2 | 103.4 |
| 杭 州 | Hangzhou | 101.9 | 104.3 | 101.0 | 102.5 | 103.3 | 101.1 | 103.0 |
| 宁 波 | Ningbo | 102.5 | 102.6 | 100.2 | 102.5 | 102.3 | 104.4 | 102.7 |
| 合 肥 | Hefei | 102.8 | 107.0 | 100.9 | 101.6 | 104.9 | 102.5 | 101.9 |
| 福 州 | Fuzhou | 108.3 | 103.3 | 98.4 | 102.5 | 105.6 | 101.7 | 108.8 |
| 厦 门 | Xiamen | 102.0 | 102.4 | 102.3 | 101.8 | 102.2 | 101.9 | 108.7 |
| 南 昌 | Nanchang | 101.1 | 103.0 | 100.0 | 103.5 | 101.6 | 101.0 | 103.0 |
| 济 南 | Jinan | 100.7 | 104.0 | 101.1 | 102.3 | 104.3 | 111.2 | 103.4 |
| 青 岛 | Qingdao | 97.7 | 101.9 | 98.5 | 101.5 | 99.2 | 113.3 | 106.1 |
| 郑 州 | Zhengzhou | 100.6 | 106.4 | 100.5 | 100.2 | 101.7 | 102.5 | 105.7 |
| 武 汉 | Wuhan | 101.7 | 101.5 | 100.4 | 102.4 | 100.5 | 115.7 | 103.7 |
| 长 沙 | Changsha | 101.9 | 106.3 | 100.1 | 100.8 | 101.9 | 101.7 | 102.8 |
| 广 州 | Guangzhou | 100.5 | 104.1 | 99.2 | 102.9 | 104.7 | 104.6 | 105.1 |
| 深 圳 | Shenzhen | 105.7 | 101.3 | 101.7 | 101.5 | 103.7 | 107.9 | 102.5 |
| 南 宁 | Nanning | 102.8 | 102.9 | 98.5 | 103.1 | 99.7 | 101.3 | 104.1 |
| 海 口 | Haikou | 92.9 | 108.0 | 98.5 | 101.2 | 103.1 | 111.8 | 106.0 |
| 重 庆 | Chongqing | 102.6 | 101.2 | 100.2 | 103.9 | 102.2 | 102.2 | 101.2 |
| 成 都 | Chengdu | 101.2 | 102.9 | 100.2 | 103.1 | 108.6 | 107.4 | 107.1 |
| 贵 阳 | Guiyang | 99.4 | 99.1 | 101.3 | 102.2 | 103.1 | 102.8 | 100.8 |
| 昆 明 | Kunming | 101.8 | 98.4 | 98.9 | 104.3 | 98.9 | 102.8 | 105.6 |
| 拉 萨 | Lasa | 105.4 | 103.2 | 100.4 | 101.7 | 100.2 | 103.3 | 101.3 |
| 西 安 | Xi'an | 98.7 | 100.3 | 99.3 | 102.1 | 100.8 | 102.0 | 104.4 |
| 兰 州 | Lanzhou | 100.4 | 99.7 | 100.3 | 100.5 | 100.6 | 104.3 | 101.9 |
| 西 宁 | Xining | 99.5 | 106.7 | 100.0 | 101.2 | 100.1 | 104.5 | 102.1 |
| 银 川 | Yinchuan | 100.1 | 104.6 | 102.1 | 105.2 | 101.1 | 106.4 | 104.4 |
| 乌鲁木齐 | Urumqi | 99.7 | 99.4 | 103.4 | 100.3 | 106.4 | 101.1 | 99.7 |

# 3-70 36个大中城市居民消费价格分类指数(累计比)
# Consumer Price Indices by Category for 36 Major Large and Medium-sized Cities
## (2017年1-3月)

(上年同期=100) (same period of preceding year=100)

| 地 区 | City | 居民消费价格指数 Consumer Price Index | 食品烟酒 Food, Tobacco and Liquor | 粮食 Grain | 鲜菜 Fresh Vegetables | 畜肉 Meat | 水产品 Aquatic Products | 蛋 Eggs | 鲜果 Fresh Fruits |
|---|---|---|---|---|---|---|---|---|---|
| **平均指数** | **Average Index** | **101.7** | **99.5** | **101.3** | **79.7** | **102.1** | **103.8** | **89.9** | **104.4** |
| 北 京 | Beijing | 101.6 | 99.6 | 101.1 | 80.3 | 102.0 | 105.2 | 86.5 | 105.1 |
| 天 津 | Tianjin | 102.4 | 98.9 | 103.4 | 81.1 | 103.1 | 103.5 | 84.4 | 103.3 |
| 石家庄 | Shijiazhuang | 100.6 | 98.2 | 100.2 | 83.6 | 104.7 | 96.7 | 80.7 | 103.1 |
| 太 原 | Taiyuan | 101.8 | 99.0 | 102.9 | 79.4 | 104.4 | 102.3 | 77.7 | 104.1 |
| 呼和浩特 | Hohhot | 101.5 | 100.4 | 102.9 | 90.9 | 101.9 | 103.1 | 81.0 | 101.7 |
| 沈 阳 | Shenyang | 101.1 | 99.4 | 100.7 | 87.5 | 99.0 | 104.6 | 87.8 | 104.4 |
| 大 连 | Dalian | 101.1 | 100.0 | 101.9 | 82.6 | 99.7 | 103.0 | 90.1 | 109.4 |
| 长 春 | Changchun | 101.8 | 100.4 | 100.1 | 85.5 | 100.6 | 102.0 | 87.7 | 122.4 |
| 哈尔滨 | Harbin | 101.4 | 100.9 | 102.0 | 90.4 | 102.1 | 96.2 | 86.9 | 96.7 |
| 上 海 | Shanghai | 102.2 | 100.7 | 101.5 | 81.5 | 103.8 | 104.9 | 93.7 | 108.8 |
| 南 京 | Nanjing | 102.1 | 100.6 | 101.9 | 81.8 | 100.8 | 106.9 | 90.6 | 101.7 |
| 杭 州 | Hangzhou | 102.5 | 101.6 | 100.5 | 75.0 | 106.0 | 111.4 | 91.3 | 101.6 |
| 宁 波 | Ningbo | 101.6 | 99.1 | 101.1 | 76.9 | 101.1 | 102.9 | 93.9 | 100.2 |
| 合 肥 | Hefei | 101.9 | 97.0 | 98.5 | 73.9 | 98.3 | 110.3 | 84.3 | 92.7 |
| 福 州 | Fuzhou | 101.4 | 96.7 | 102.4 | 66.0 | 101.4 | 101.9 | 102.4 | 99.9 |
| 厦 门 | Xiamen | 101.5 | 98.8 | 97.3 | 68.4 | 107.9 | 101.6 | 94.7 | 104.5 |
| 南 昌 | Nanchang | 101.5 | 99.0 | 102.2 | 73.1 | 101.6 | 114.9 | 93.1 | 104.4 |
| 济 南 | Jinan | 102.4 | 99.2 | 101.9 | 75.8 | 101.8 | 99.2 | 89.9 | 107.4 |
| 青 岛 | Qingdao | 101.3 | 99.5 | 105.9 | 80.9 | 100.0 | 96.9 | 89.7 | 111.4 |
| 郑 州 | Zhengzhou | 101.4 | 99.0 | 101.1 | 86.2 | 101.3 | 103.5 | 87.2 | 104.4 |
| 武 汉 | Wuhan | 102.4 | 101.3 | 101.2 | 94.1 | 101.7 | 108.3 | 97.9 | 100.9 |
| 长 沙 | Changsha | 101.7 | 99.4 | 101.5 | 82.2 | 101.8 | 107.7 | 97.3 | 108.1 |
| 广 州 | Guangzhou | 102.1 | 99.8 | 98.9 | 74.8 | 105.1 | 102.3 | 86.6 | 102.2 |
| 深 圳 | Shenzhen | 101.4 | 98.7 | 101.9 | 70.2 | 103.1 | 101.0 | 96.0 | 101.8 |
| 南 宁 | Nanning | 101.2 | 99.5 | 100.4 | 82.6 | 102.4 | 103.4 | 95.2 | 106.9 |
| 海 口 | Haikou | 102.7 | 100.5 | 101.3 | 81.0 | 104.7 | 102.8 | 98.7 | 109.2 |
| 重 庆 | Chongqing | 100.6 | 97.8 | 102.2 | 80.6 | 98.8 | 101.9 | 90.6 | 101.2 |
| 成 都 | Chengdu | 102.1 | 97.6 | 100.7 | 74.8 | 99.6 | 104.0 | 93.5 | 100.7 |
| 贵 阳 | Guiyang | 100.5 | 98.9 | 99.9 | 87.0 | 97.6 | 102.1 | 93.6 | 104.0 |
| 昆 明 | Kunming | 100.3 | 98.9 | 99.8 | 87.4 | 101.6 | 106.4 | 93.0 | 89.8 |
| 拉 萨 | Lasa | 102.6 | 103.2 | 106.2 | 93.8 | 99.3 | 100.2 | 101.9 | 104.2 |
| 西 安 | Xi'an | 100.3 | 98.5 | 99.1 | 75.6 | 98.9 | 109.1 | 81.1 | 108.3 |
| 兰 州 | Lanzhou | 100.2 | 99.3 | 100.6 | 85.3 | 101.8 | 100.0 | 89.7 | 101.0 |
| 西 宁 | Xining | 101.3 | 98.7 | 102.7 | 82.8 | 100.8 | 106.7 | 86.9 | 102.6 |
| 银 川 | Yinchuan | 101.5 | 97.5 | 100.8 | 77.4 | 101.2 | 103.9 | 91.1 | 107.2 |
| 乌鲁木齐 | Urumqi | 101.9 | 102.8 | 101.0 | 84.5 | 104.9 | 102.9 | 82.0 | 107.5 |

## 3-70 续表 continued

(上年同期=100) (same period of preceding year=100)

| 地区 | City | 衣着 Clothing | 居住 Residence | 生活用品及服务 Household Facilities,Articles and Services | 交通和通信 Transportation and Communication | 教育文化和娱乐 Education, Culture and Recreation | 医疗保健 Health Care and Medical Services | 其他用品和服务 Miscellaneous Goods and Services |
|---|---|---|---|---|---|---|---|---|
| **平均指数** | **Average Index** | **100.7** | **103.0** | **100.4** | **101.8** | **102.6** | **106.4** | **103.5** |
| 北京 | Beijing | 97.9 | 104.1 | 100.0 | 101.0 | 102.1 | 104.9 | 104.1 |
| 天津 | Tianjin | 99.5 | 102.6 | 99.6 | 101.4 | 101.2 | 123.7 | 102.5 |
| 石家庄 | Shijiazhuang | 100.9 | 101.5 | 98.8 | 102.1 | 101.6 | 104.0 | 103.1 |
| 太原 | Taiyuan | 99.7 | 101.0 | 99.9 | 103.7 | 102.8 | 112.6 | 104.3 |
| 呼和浩特 | Hohhot | 102.7 | 100.3 | 102.7 | 101.7 | 100.5 | 107.6 | 103.5 |
| 沈阳 | Shenyang | 98.9 | 102.2 | 99.0 | 100.2 | 104.3 | 104.8 | 103.0 |
| 大连 | Dalian | 99.5 | 101.9 | 101.6 | 102.1 | 102.2 | 101.5 | 103.2 |
| 长春 | Changchun | 101.8 | 100.2 | 100.0 | 101.8 | 102.0 | 110.8 | 102.3 |
| 哈尔滨 | Harbin | 99.2 | 102.4 | 100.2 | 101.0 | 103.1 | 101.7 | 103.8 |
| 上海 | Shanghai | 101.0 | 103.9 | 101.0 | 99.3 | 101.3 | 108.7 | 102.8 |
| 南京 | Nanjing | 99.4 | 103.5 | 102.6 | 103.3 | 103.6 | 100.2 | 103.3 |
| 杭州 | Hangzhou | 101.7 | 104.2 | 101.0 | 102.7 | 103.1 | 101.1 | 102.8 |
| 宁波 | Ningbo | 102.0 | 103.0 | 100.3 | 102.4 | 102.4 | 104.4 | 102.5 |
| 合肥 | Hefei | 102.8 | 106.6 | 101.0 | 101.9 | 104.9 | 102.6 | 102.0 |
| 福州 | Fuzhou | 107.4 | 103.1 | 98.1 | 102.1 | 105.7 | 101.7 | 108.2 |
| 厦门 | Xiamen | 102.1 | 102.8 | 102.5 | 101.7 | 102.0 | 104.1 | 108.6 |
| 南昌 | Nanchang | 103.6 | 102.9 | 100.3 | 103.7 | 101.9 | 100.9 | 102.9 |
| 济南 | Jinan | 100.3 | 104.1 | 101.3 | 102.3 | 104.4 | 111.2 | 103.0 |
| 青岛 | Qingdao | 97.7 | 102.1 | 98.8 | 101.6 | 99.3 | 113.7 | 105.2 |
| 郑州 | Zhengzhou | 100.7 | 105.9 | 100.3 | 100.0 | 101.2 | 102.2 | 105.4 |
| 武汉 | Wuhan | 101.6 | 101.5 | 100.3 | 102.3 | 100.4 | 115.7 | 103.2 |
| 长沙 | Changsha | 101.9 | 106.4 | 100.1 | 100.8 | 102.2 | 101.7 | 102.4 |
| 广州 | Guangzhou | 100.5 | 103.8 | 99.0 | 102.9 | 104.4 | 104.7 | 104.9 |
| 深圳 | Shenzhen | 105.6 | 101.1 | 101.6 | 102.0 | 103.4 | 107.7 | 102.2 |
| 南宁 | Nanning | 103.4 | 103.0 | 98.6 | 103.1 | 100.0 | 101.3 | 103.4 |
| 海口 | Haikou | 93.7 | 107.9 | 98.6 | 101.6 | 102.2 | 112.0 | 105.4 |
| 重庆 | Chongqing | 102.4 | 101.0 | 100.4 | 103.5 | 102.2 | 102.1 | 100.8 |
| 成都 | Chengdu | 101.0 | 103.1 | 100.2 | 103.1 | 108.4 | 107.2 | 106.8 |
| 贵阳 | Guiyang | 100.0 | 99.7 | 101.6 | 102.6 | 102.5 | 101.9 | 100.6 |
| 昆明 | Kunming | 101.9 | 98.4 | 99.0 | 104.2 | 99.2 | 103.0 | 105.1 |
| 拉萨 | Lasa | 105.3 | 103.2 | 100.4 | 101.5 | 100.2 | 103.3 | 101.1 |
| 西安 | Xi'an | 99.5 | 100.7 | 99.4 | 102.4 | 101.1 | 101.8 | 103.4 |
| 兰州 | Lanzhou | 100.3 | 99.3 | 100.5 | 101.0 | 100.5 | 104.5 | 101.5 |
| 西宁 | Xining | 99.7 | 106.5 | 100.3 | 101.2 | 99.2 | 104.5 | 102.1 |
| 银川 | Yinchuan | 100.1 | 104.4 | 102.2 | 105.0 | 101.2 | 107.2 | 104.1 |
| 乌鲁木齐 | Urumqi | 100.0 | 99.4 | 103.4 | 100.9 | 106.5 | 101.1 | 99.9 |

# 3-71 36个大中城市居民消费价格分类指数(累计比)
# Consumer Price Indices by Category for 36 Major Large and Medium-sized Cities
# (2017年1-4月)

(上年同期=100) (same period of preceding year=100)

| 地区 | City | 居民消费价格指数 Consumer Price Index | 食品烟酒 Food, Tobacco and Liquor | 粮食 Grain | 鲜菜 Fresh Vegetables | 畜肉 Meat | 水产品 Aquatic Products | 蛋 Eggs | 鲜果 Fresh Fruits |
|---|---|---|---|---|---|---|---|---|---|
| **平均指数** | **Average Index** | **101.7** | **99.3** | **101.4** | **79.4** | **100.8** | **104.1** | **90.1** | **104.5** |
| 北京 | Beijing | 101.7 | 99.5 | 100.8 | 79.5 | 100.8 | 105.4 | 86.6 | 106.3 |
| 天津 | Tianjin | 102.4 | 98.9 | 103.5 | 80.6 | 102.0 | 103.9 | 85.0 | 103.8 |
| 石家庄 | Shijiazhuang | 100.7 | 98.1 | 99.9 | 83.1 | 103.7 | 97.8 | 82.5 | 104.4 |
| 太原 | Taiyuan | 101.9 | 98.9 | 102.9 | 80.3 | 103.0 | 102.4 | 78.7 | 103.6 |
| 呼和浩特 | Hohhot | 101.3 | 99.9 | 103.1 | 86.9 | 100.7 | 105.3 | 83.6 | 101.7 |
| 沈阳 | Shenyang | 101.0 | 98.9 | 100.8 | 83.3 | 98.1 | 105.3 | 87.8 | 105.6 |
| 大连 | Dalian | 101.1 | 99.7 | 102.0 | 81.6 | 98.1 | 103.1 | 89.5 | 108.3 |
| 长春 | Changchun | 101.7 | 99.9 | 100.0 | 84.9 | 98.9 | 102.7 | 87.5 | 119.7 |
| 哈尔滨 | Harbin | 101.1 | 99.9 | 101.9 | 85.9 | 100.0 | 95.5 | 87.2 | 95.4 |
| 上海 | Shanghai | 102.1 | 100.6 | 101.7 | 81.9 | 102.9 | 104.8 | 93.5 | 107.4 |
| 南京 | Nanjing | 102.1 | 100.9 | 101.8 | 82.5 | 99.6 | 108.0 | 90.1 | 103.9 |
| 杭州 | Hangzhou | 102.5 | 101.3 | 100.6 | 75.2 | 104.0 | 111.9 | 91.4 | 101.7 |
| 宁波 | Ningbo | 101.6 | 98.9 | 101.3 | 77.1 | 100.0 | 103.1 | 94.3 | 98.9 |
| 合肥 | Hefei | 101.9 | 97.5 | 99.0 | 74.7 | 96.3 | 110.7 | 84.0 | 101.4 |
| 福州 | Fuzhou | 101.3 | 96.7 | 102.4 | 66.3 | 99.9 | 102.4 | 102.9 | 101.1 |
| 厦门 | Xiamen | 101.5 | 98.6 | 97.5 | 69.3 | 105.8 | 101.7 | 95.2 | 104.2 |
| 南昌 | Nanchang | 101.6 | 99.3 | 102.0 | 75.4 | 100.5 | 115.4 | 93.1 | 107.1 |
| 济南 | Jinan | 102.3 | 99.0 | 102.3 | 75.8 | 99.6 | 100.2 | 90.0 | 106.5 |
| 青岛 | Qingdao | 101.4 | 99.5 | 106.1 | 81.4 | 98.1 | 98.0 | 89.9 | 111.1 |
| 郑州 | Zhengzhou | 101.3 | 98.8 | 101.6 | 84.8 | 100.3 | 104.1 | 87.1 | 103.7 |
| 武汉 | Wuhan | 102.1 | 100.5 | 101.1 | 89.4 | 100.2 | 108.9 | 97.1 | 100.6 |
| 长沙 | Changsha | 101.6 | 98.8 | 101.5 | 80.2 | 100.2 | 108.1 | 96.6 | 108.2 |
| 广州 | Guangzhou | 102.1 | 99.9 | 99.3 | 75.6 | 104.3 | 102.8 | 86.8 | 103.4 |
| 深圳 | Shenzhen | 101.3 | 98.6 | 101.7 | 71.3 | 101.5 | 101.4 | 96.0 | 101.0 |
| 南宁 | Nanning | 101.1 | 99.1 | 100.4 | 82.9 | 100.6 | 103.2 | 94.2 | 105.6 |
| 海口 | Haikou | 102.8 | 100.4 | 101.5 | 81.6 | 103.3 | 102.7 | 97.8 | 108.4 |
| 重庆 | Chongqing | 100.5 | 97.3 | 102.1 | 80.2 | 97.0 | 101.8 | 90.9 | 100.1 |
| 成都 | Chengdu | 102.2 | 97.7 | 100.9 | 76.6 | 98.9 | 104.2 | 94.2 | 101.0 |
| 贵阳 | Guiyang | 100.5 | 98.6 | 99.9 | 86.0 | 96.8 | 102.5 | 93.6 | 103.9 |
| 昆明 | Kunming | 100.2 | 98.5 | 99.8 | 85.5 | 99.9 | 106.8 | 93.2 | 92.8 |
| 拉萨 | Lasa | 102.1 | 101.6 | 104.9 | 90.7 | 97.9 | 99.7 | 101.7 | 99.5 |
| 西安 | Xi'an | 100.6 | 98.5 | 99.8 | 75.3 | 97.7 | 109.0 | 81.3 | 109.4 |
| 兰州 | Lanzhou | 100.3 | 99.3 | 100.8 | 85.3 | 101.0 | 100.8 | 89.9 | 102.1 |
| 西宁 | Xining | 100.9 | 98.4 | 103.0 | 81.4 | 100.0 | 107.3 | 87.4 | 102.1 |
| 银川 | Yinchuan | 101.6 | 97.6 | 100.9 | 77.5 | 100.4 | 104.4 | 92.1 | 109.7 |
| 乌鲁木齐 | Urumqi | 101.9 | 102.7 | 101.1 | 83.3 | 104.2 | 104.3 | 82.9 | 108.4 |

3-71 续表 continued

(上年同期=100) (same period of preceding year=100)

| 地 区 | City | 衣着 Clothing | 居住 Residence | 生活用品及服务 Household Facilities,Articles and Services | 交通和通信 Transportation and Communication | 教育文化和娱乐 Education, Culture and Recreation | 医疗保健 Health Care and Medical Services | 其他用品和服务 Miscellaneous Goods and Services |
|---|---|---|---|---|---|---|---|---|
| **平均指数** | **Average Index** | **100.7** | **102.9** | **100.4** | **101.7** | **102.7** | **106.6** | **103.5** |
| 北 京 | Beijing | 97.8 | 104.1 | 100.0 | 101.0 | 102.4 | 105.6 | 104.0 |
| 天 津 | Tianjin | 99.6 | 102.4 | 99.8 | 101.2 | 101.6 | 123.7 | 102.6 |
| 石家庄 | Shijiazhuang | 101.2 | 101.9 | 98.8 | 102.1 | 101.3 | 104.0 | 103.4 |
| 太 原 | Taiyuan | 100.8 | 101.1 | 100.0 | 103.6 | 103.1 | 112.7 | 104.2 |
| 呼和浩特 | Hohhot | 102.8 | 100.2 | 102.7 | 101.6 | 100.4 | 107.6 | 103.2 |
| 沈 阳 | Shenyang | 99.8 | 101.9 | 99.1 | 100.0 | 104.6 | 104.8 | 102.9 |
| 大 连 | Dalian | 99.6 | 101.8 | 101.9 | 102.0 | 102.4 | 101.7 | 103.4 |
| 长 春 | Changchun | 101.3 | 100.6 | 100.0 | 101.8 | 101.9 | 111.2 | 102.1 |
| 哈尔滨 | Harbin | 99.4 | 102.3 | 100.2 | 100.6 | 103.6 | 101.8 | 103.6 |
| 上 海 | Shanghai | 100.9 | 103.7 | 101.0 | 99.3 | 100.9 | 108.7 | 102.8 |
| 南 京 | Nanjing | 99.9 | 103.3 | 102.8 | 103.1 | 103.7 | 100.1 | 103.0 |
| 杭 州 | Hangzhou | 101.7 | 104.0 | 100.8 | 102.8 | 103.5 | 101.2 | 102.7 |
| 宁 波 | Ningbo | 101.6 | 103.4 | 100.2 | 102.2 | 102.5 | 104.5 | 102.4 |
| 合 肥 | Hefei | 102.8 | 106.0 | 101.1 | 102.0 | 104.8 | 102.6 | 102.2 |
| 福 州 | Fuzhou | 106.3 | 103.0 | 98.1 | 101.9 | 105.9 | 101.7 | 108.2 |
| 厦 门 | Xiamen | 100.8 | 102.9 | 102.7 | 101.6 | 101.7 | 105.2 | 108.4 |
| 南 昌 | Nanchang | 104.7 | 102.7 | 100.4 | 103.7 | 102.0 | 100.8 | 103.0 |
| 济 南 | Jinan | 100.2 | 104.1 | 101.4 | 102.1 | 104.4 | 111.0 | 102.7 |
| 青 岛 | Qingdao | 97.9 | 102.1 | 98.8 | 101.7 | 99.6 | 114.1 | 105.0 |
| 郑 州 | Zhengzhou | 100.8 | 105.6 | 100.1 | 100.0 | 101.0 | 102.9 | 105.5 |
| 武 汉 | Wuhan | 101.4 | 101.5 | 100.2 | 102.1 | 100.2 | 115.6 | 103.2 |
| 长 沙 | Changsha | 101.7 | 106.3 | 100.1 | 100.6 | 102.4 | 101.7 | 102.3 |
| 广 州 | Guangzhou | 99.9 | 103.6 | 99.1 | 102.8 | 104.8 | 104.3 | 105.1 |
| 深 圳 | Shenzhen | 105.6 | 100.7 | 101.5 | 102.2 | 103.0 | 107.7 | 102.3 |
| 南 宁 | Nanning | 103.0 | 103.0 | 98.8 | 103.1 | 100.1 | 101.2 | 103.3 |
| 海 口 | Haikou | 94.3 | 108.2 | 98.6 | 101.7 | 102.4 | 112.6 | 105.2 |
| 重 庆 | Chongqing | 102.4 | 101.2 | 100.6 | 103.6 | 102.2 | 102.1 | 100.9 |
| 成 都 | Chengdu | 101.0 | 103.1 | 100.2 | 103.0 | 108.5 | 107.2 | 107.0 |
| 贵 阳 | Guiyang | 100.4 | 100.3 | 101.8 | 102.6 | 102.2 | 101.5 | 100.6 |
| 昆 明 | Kunming | 101.7 | 98.5 | 98.9 | 104.0 | 99.3 | 103.1 | 105.0 |
| 拉 萨 | Lasa | 105.5 | 103.1 | 100.2 | 101.5 | 100.2 | 103.3 | 101.4 |
| 西 安 | Xi'an | 99.8 | 101.0 | 99.7 | 102.5 | 101.5 | 104.0 | 103.3 |
| 兰 州 | Lanzhou | 100.6 | 99.4 | 100.5 | 101.0 | 100.8 | 104.6 | 101.5 |
| 西 宁 | Xining | 99.4 | 105.1 | 100.5 | 101.1 | 98.8 | 104.6 | 102.2 |
| 银 川 | Yinchuan | 100.4 | 104.1 | 102.1 | 104.8 | 101.5 | 107.6 | 103.9 |
| 乌鲁木齐 | Urumqi | 100.2 | 99.5 | 103.3 | 101.1 | 106.0 | 101.1 | 100.1 |

# 3-72 36个大中城市居民消费价格分类指数(累计比)
# Consumer Price Indices by Category for 36 Major Large and Medium-sized Cities (2017年1-5月)

(上年同期=100) (same period of preceding year=100)

| 地 区 | City | 居民消费价格指数 Consumer Price Index | 食品烟酒 Food, Tobacco and Liquor | 粮食 Grain | 鲜菜 Fresh Vegetables | 畜肉 Meat | 水产品 Aquatic Products | 蛋 Eggs | 鲜果 Fresh Fruits |
|---|---|---|---|---|---|---|---|---|---|
| **平均指数** | **Average Index** | **101.7** | **99.6** | **101.3** | **81.8** | **99.5** | **104.6** | **89.7** | **105.6** |
| 北 京 | Beijing | 101.8 | 99.9 | 100.9 | 81.9 | 100.0 | 105.4 | 86.1 | 108.3 |
| 天 津 | Tianjin | 102.5 | 99.2 | 103.5 | 83.2 | 100.9 | 104.0 | 84.3 | 105.1 |
| 石家庄 | Shijiazhuang | 100.8 | 98.4 | 99.9 | 84.9 | 102.2 | 99.6 | 83.1 | 106.6 |
| 太 原 | Taiyuan | 101.9 | 99.0 | 102.8 | 83.5 | 101.5 | 102.0 | 77.9 | 104.8 |
| 呼和浩特 | Hohhot | 101.2 | 99.9 | 103.0 | 87.0 | 99.7 | 106.7 | 84.4 | 103.1 |
| 沈 阳 | Shenyang | 100.9 | 98.8 | 101.0 | 83.1 | 96.7 | 106.2 | 86.5 | 106.9 |
| 大 连 | Dalian | 101.1 | 99.7 | 102.1 | 82.8 | 96.4 | 103.9 | 88.4 | 107.4 |
| 长 春 | Changchun | 101.6 | 99.6 | 100.1 | 86.0 | 96.8 | 102.8 | 86.4 | 117.1 |
| 哈尔滨 | Harbin | 101.0 | 99.7 | 101.9 | 85.7 | 98.2 | 96.4 | 86.7 | 96.0 |
| 上 海 | Shanghai | 102.0 | 100.8 | 101.7 | 84.7 | 102.1 | 104.9 | 93.2 | 106.8 |
| 南 京 | Nanjing | 102.2 | 101.4 | 101.7 | 85.5 | 98.5 | 108.0 | 89.0 | 106.7 |
| 杭 州 | Hangzhou | 102.4 | 101.3 | 100.4 | 78.3 | 102.1 | 112.9 | 91.4 | 102.6 |
| 宁 波 | Ningbo | 101.7 | 99.4 | 101.1 | 79.7 | 98.7 | 104.2 | 94.4 | 100.4 |
| 合 肥 | Hefei | 101.9 | 98.0 | 99.5 | 77.1 | 93.8 | 110.4 | 83.3 | 108.3 |
| 福 州 | Fuzhou | 101.4 | 97.2 | 102.6 | 69.6 | 98.1 | 103.8 | 103.7 | 103.1 |
| 厦 门 | Xiamen | 101.6 | 98.8 | 97.6 | 71.8 | 104.2 | 102.7 | 95.2 | 103.9 |
| 南 昌 | Nanchang | 101.9 | 99.9 | 101.8 | 78.8 | 99.6 | 115.9 | 92.9 | 111.8 |
| 济 南 | Jinan | 102.3 | 99.1 | 102.3 | 77.6 | 97.2 | 101.3 | 89.6 | 110.2 |
| 青 岛 | Qingdao | 101.7 | 100.0 | 105.9 | 84.6 | 96.1 | 99.3 | 89.5 | 114.5 |
| 郑 州 | Zhengzhou | 101.3 | 98.8 | 102.1 | 86.4 | 98.9 | 105.2 | 86.5 | 104.7 |
| 武 汉 | Wuhan | 102.0 | 100.2 | 101.1 | 89.0 | 98.5 | 108.6 | 96.6 | 101.5 |
| 长 沙 | Changsha | 101.6 | 99.0 | 101.5 | 81.9 | 98.8 | 108.4 | 96.2 | 109.5 |
| 广 州 | Guangzhou | 102.1 | 100.3 | 99.5 | 79.5 | 103.4 | 103.4 | 86.7 | 105.1 |
| 深 圳 | Shenzhen | 101.3 | 98.9 | 101.5 | 74.2 | 100.1 | 102.2 | 96.2 | 101.2 |
| 南 宁 | Nanning | 101.4 | 99.3 | 100.3 | 86.2 | 98.6 | 103.9 | 93.6 | 107.3 |
| 海 口 | Haikou | 103.1 | 100.5 | 101.5 | 84.0 | 102.4 | 102.3 | 97.1 | 107.3 |
| 重 庆 | Chongqing | 100.5 | 97.3 | 101.6 | 82.3 | 94.9 | 102.1 | 90.7 | 100.1 |
| 成 都 | Chengdu | 102.3 | 98.0 | 100.7 | 80.3 | 97.7 | 103.7 | 94.4 | 102.9 |
| 贵 阳 | Guiyang | 100.7 | 98.9 | 99.9 | 87.7 | 96.1 | 102.8 | 93.5 | 106.6 |
| 昆 明 | Kunming | 100.2 | 98.6 | 99.8 | 87.8 | 98.5 | 107.2 | 93.4 | 95.8 |
| 拉 萨 | Lasa | 101.9 | 101.0 | 104.0 | 90.3 | 97.2 | 99.9 | 101.5 | 97.2 |
| 西 安 | Xi'an | 101.0 | 98.9 | 100.1 | 76.9 | 96.5 | 108.5 | 80.0 | 111.8 |
| 兰 州 | Lanzhou | 100.4 | 99.5 | 100.8 | 87.4 | 100.0 | 101.2 | 88.9 | 103.3 |
| 西 宁 | Xining | 101.0 | 98.6 | 103.0 | 83.4 | 99.1 | 107.5 | 86.6 | 103.3 |
| 银 川 | Yinchuan | 101.6 | 97.9 | 101.0 | 79.1 | 99.6 | 104.4 | 91.8 | 111.5 |
| 乌鲁木齐 | Urumqi | 102.0 | 103.3 | 101.6 | 85.6 | 104.0 | 104.8 | 82.5 | 110.7 |

## 3-72 续表 continued

(上年同期=100) (same period of preceding year=100)

| 地 区 | City | 衣着 Clothing | 居住 Residence | 生活用品及服务 Household Facilities,Articles and Services | 交通和通信 Transportation and Communication | 教育文化和娱乐 Education, Culture and Recreation | 医疗保健 Health Care and Medical Services | 其他用品和服务 Miscellaneous Goods and Services |
|---|---|---|---|---|---|---|---|---|
| **平均指数** | **Average Index** | **100.7** | **102.8** | **100.5** | **101.6** | **102.7** | **106.7** | **103.3** |
| 北 京 | Beijing | 97.8 | 104.0 | 100.1 | 101.0 | 102.4 | 106.5 | 103.9 |
| 天 津 | Tianjin | 99.6 | 102.2 | 99.9 | 101.1 | 101.8 | 123.8 | 102.4 |
| 石家庄 | Shijiazhuang | 101.0 | 102.2 | 98.9 | 102.0 | 101.3 | 104.1 | 103.3 |
| 太 原 | Taiyuan | 100.1 | 101.1 | 100.1 | 103.3 | 103.1 | 112.6 | 104.1 |
| 呼和浩特 | Hohhot | 102.9 | 100.2 | 102.6 | 101.4 | 100.3 | 106.1 | 103.0 |
| 沈 阳 | Shenyang | 100.4 | 101.7 | 99.1 | 99.8 | 103.9 | 104.8 | 102.9 |
| 大 连 | Dalian | 100.0 | 101.8 | 102.0 | 101.9 | 102.4 | 101.7 | 103.1 |
| 长 春 | Changchun | 101.1 | 100.8 | 100.0 | 101.7 | 102.1 | 110.7 | 102.1 |
| 哈尔滨 | Harbin | 99.6 | 102.2 | 100.2 | 100.2 | 104.0 | 101.9 | 103.2 |
| 上 海 | Shanghai | 101.0 | 103.3 | 101.1 | 99.4 | 100.5 | 108.5 | 102.8 |
| 南 京 | Nanjing | 100.5 | 103.0 | 102.6 | 102.9 | 103.7 | 100.2 | 102.7 |
| 杭 州 | Hangzhou | 101.2 | 104.0 | 100.8 | 102.7 | 103.5 | 101.3 | 102.5 |
| 宁 波 | Ningbo | 101.6 | 103.6 | 100.3 | 102.0 | 102.5 | 104.4 | 102.1 |
| 合 肥 | Hefei | 102.7 | 105.3 | 101.2 | 101.7 | 104.8 | 102.7 | 102.4 |
| 福 州 | Fuzhou | 105.9 | 102.9 | 98.3 | 101.7 | 106.0 | 101.9 | 108.0 |
| 厦 门 | Xiamen | 100.2 | 103.1 | 102.7 | 101.4 | 101.8 | 106.2 | 108.3 |
| 南 昌 | Nanchang | 105.5 | 102.6 | 100.4 | 103.8 | 102.0 | 100.7 | 103.0 |
| 济 南 | Jinan | 99.9 | 104.2 | 101.4 | 101.8 | 104.4 | 111.2 | 102.3 |
| 青 岛 | Qingdao | 98.2 | 102.2 | 98.9 | 101.5 | 100.0 | 114.3 | 104.6 |
| 郑 州 | Zhengzhou | 100.9 | 105.2 | 100.0 | 99.8 | 100.9 | 103.2 | 105.1 |
| 武 汉 | Wuhan | 101.2 | 101.5 | 100.2 | 102.0 | 100.1 | 115.5 | 103.0 |
| 长 沙 | Changsha | 101.6 | 106.2 | 100.1 | 100.5 | 102.3 | 101.8 | 102.2 |
| 广 州 | Guangzhou | 99.7 | 103.4 | 99.4 | 102.6 | 104.9 | 104.0 | 104.6 |
| 深 圳 | Shenzhen | 105.2 | 100.5 | 101.6 | 102.2 | 102.8 | 107.6 | 102.2 |
| 南 宁 | Nanning | 103.2 | 103.2 | 99.1 | 102.8 | 100.1 | 104.0 | 102.9 |
| 海 口 | Haikou | 94.9 | 108.7 | 99.0 | 101.7 | 102.9 | 112.9 | 104.9 |
| 重 庆 | Chongqing | 102.5 | 101.3 | 100.7 | 103.3 | 102.4 | 102.2 | 100.9 |
| 成 都 | Chengdu | 101.0 | 103.1 | 100.2 | 102.8 | 109.0 | 107.1 | 106.8 |
| 贵 阳 | Guiyang | 100.9 | 100.7 | 101.9 | 102.4 | 102.2 | 101.3 | 100.5 |
| 昆 明 | Kunming | 101.8 | 98.7 | 98.9 | 103.6 | 99.3 | 103.3 | 104.9 |
| 拉 萨 | Lasa | 105.1 | 103.0 | 100.2 | 101.4 | 100.2 | 103.8 | 101.3 |
| 西 安 | Xi'an | 100.1 | 101.2 | 99.9 | 102.7 | 102.2 | 105.2 | 102.8 |
| 兰 州 | Lanzhou | 100.6 | 99.4 | 100.6 | 100.9 | 101.1 | 104.6 | 101.2 |
| 西 宁 | Xining | 99.2 | 105.0 | 100.5 | 101.6 | 98.6 | 104.9 | 102.3 |
| 银 川 | Yinchuan | 100.4 | 104.0 | 102.0 | 104.8 | 101.7 | 107.3 | 103.7 |
| 乌鲁木齐 | Urumqi | 99.9 | 99.5 | 103.2 | 101.0 | 106.1 | 101.2 | 100.2 |

# 3-73 36个大中城市居民消费价格分类指数(累计比)
# Consumer Price Indices by Category for 36 Major Large and Medium-sized Cities (2017年1-6月)

(上年同期=100) (same period of preceding year=100)

| 地区 | City | 居民消费价格指数 Consumer Price Index | 食品烟酒 Food, Tobacco and Liquor | 粮食 Grain | 鲜菜 Fresh Vegetables | 畜肉 Meat | 水产品 Aquatic Products | 蛋 Eggs | 鲜果 Fresh Fruits |
|---|---|---|---|---|---|---|---|---|---|
| **平均指数** | **Average Index** | **101.7** | **99.8** | **101.4** | **84.8** | **98.2** | **104.7** | **90.1** | **106.3** |
| 北京 | Beijing | 102.0 | 100.2 | 100.8 | 85.3 | 99.2 | 105.5 | 86.6 | 108.9 |
| 天津 | Tianjin | 102.5 | 99.5 | 103.6 | 86.9 | 99.9 | 103.6 | 85.4 | 105.7 |
| 石家庄 | Shijiazhuang | 100.9 | 98.5 | 99.9 | 87.3 | 100.8 | 101.1 | 84.6 | 104.7 |
| 太原 | Taiyuan | 101.8 | 99.2 | 102.6 | 87.2 | 99.9 | 101.6 | 79.2 | 104.9 |
| 呼和浩特 | Hohhot | 101.2 | 100.1 | 102.8 | 88.7 | 98.8 | 107.7 | 85.2 | 104.8 |
| 沈阳 | Shenyang | 100.9 | 99.0 | 101.2 | 84.4 | 95.5 | 106.5 | 87.0 | 109.8 |
| 大连 | Dalian | 101.2 | 100.0 | 102.1 | 84.9 | 95.2 | 104.0 | 89.3 | 108.6 |
| 长春 | Changchun | 101.5 | 99.5 | 100.2 | 87.6 | 95.7 | 102.4 | 86.2 | 115.5 |
| 哈尔滨 | Harbin | 101.0 | 99.7 | 101.9 | 86.4 | 96.6 | 97.2 | 87.2 | 97.6 |
| 上海 | Shanghai | 101.9 | 101.0 | 101.7 | 87.1 | 101.2 | 104.5 | 93.4 | 106.9 |
| 南京 | Nanjing | 102.2 | 101.7 | 101.3 | 88.3 | 97.3 | 107.0 | 89.2 | 108.7 |
| 杭州 | Hangzhou | 102.4 | 101.4 | 100.3 | 81.6 | 100.6 | 113.4 | 91.5 | 104.0 |
| 宁波 | Ningbo | 101.8 | 99.7 | 101.0 | 82.8 | 97.4 | 104.6 | 94.2 | 101.5 |
| 合肥 | Hefei | 101.8 | 98.2 | 100.3 | 80.0 | 92.1 | 109.2 | 84.2 | 109.5 |
| 福州 | Fuzhou | 101.5 | 97.6 | 102.7 | 74.8 | 96.5 | 104.3 | 103.3 | 102.9 |
| 厦门 | Xiamen | 101.7 | 99.2 | 97.7 | 76.3 | 103.0 | 103.3 | 95.0 | 102.1 |
| 南昌 | Nanchang | 102.0 | 100.3 | 101.7 | 82.8 | 98.7 | 115.5 | 92.7 | 112.7 |
| 济南 | Jinan | 102.2 | 99.2 | 102.5 | 81.0 | 95.4 | 102.1 | 90.6 | 110.5 |
| 青岛 | Qingdao | 101.8 | 100.3 | 105.6 | 88.6 | 94.2 | 99.6 | 90.5 | 115.2 |
| 郑州 | Zhengzhou | 101.3 | 99.0 | 102.4 | 88.7 | 97.9 | 105.8 | 87.7 | 105.4 |
| 武汉 | Wuhan | 101.9 | 99.9 | 101.1 | 89.7 | 96.5 | 107.3 | 96.3 | 101.7 |
| 长沙 | Changsha | 101.6 | 99.2 | 101.4 | 84.7 | 97.6 | 108.8 | 96.5 | 110.7 |
| 广州 | Guangzhou | 102.2 | 100.7 | 99.7 | 83.3 | 102.4 | 103.8 | 87.2 | 106.2 |
| 深圳 | Shenzhen | 101.3 | 99.3 | 101.4 | 77.7 | 98.9 | 102.8 | 96.0 | 102.3 |
| 南宁 | Nanning | 101.6 | 99.5 | 100.3 | 89.1 | 97.0 | 104.4 | 93.2 | 108.7 |
| 海口 | Haikou | 103.2 | 100.5 | 101.3 | 86.5 | 101.2 | 102.0 | 96.6 | 106.2 |
| 重庆 | Chongqing | 100.6 | 97.4 | 101.6 | 85.2 | 93.0 | 102.3 | 91.2 | 100.5 |
| 成都 | Chengdu | 102.3 | 98.3 | 100.7 | 84.7 | 96.3 | 103.3 | 94.9 | 104.6 |
| 贵阳 | Guiyang | 100.8 | 99.2 | 100.1 | 90.3 | 95.3 | 103.0 | 93.1 | 108.8 |
| 昆明 | Kunming | 100.2 | 98.7 | 99.9 | 90.6 | 97.1 | 107.5 | 94.0 | 97.5 |
| 拉萨 | Lasa | 101.8 | 100.8 | 103.4 | 91.1 | 96.8 | 100.3 | 101.2 | 96.6 |
| 西安 | Xi'an | 101.3 | 99.3 | 100.1 | 80.7 | 95.4 | 108.1 | 80.6 | 112.6 |
| 兰州 | Lanzhou | 100.6 | 99.7 | 100.8 | 90.2 | 99.0 | 101.1 | 88.6 | 105.3 |
| 西宁 | Xining | 101.2 | 99.1 | 103.1 | 87.4 | 98.6 | 107.3 | 86.7 | 104.4 |
| 银川 | Yinchuan | 101.6 | 98.1 | 101.0 | 81.5 | 98.8 | 104.5 | 92.3 | 111.8 |
| 乌鲁木齐 | Urumqi | 102.1 | 103.6 | 101.9 | 89.3 | 103.9 | 105.2 | 83.5 | 110.7 |

3-73 续表 continued

(上年同期=100) (same period of preceding year=100)

| 地 区 | City | 衣着 Clothing | 居住 Residence | 生活用品及服务 Household Facilities,Articles and Services | 交通和通信 Transportation and Communication | 教育文化和娱乐 Education, Culture and Recreation | 医疗保健 Health Care and Medical Services | 其他用品和服务 Miscellaneous Goods and Services |
|---|---|---|---|---|---|---|---|---|
| **平均指数** | **Average Index** | **100.8** | **102.8** | **100.6** | **101.3** | **102.7** | **106.8** | **103.2** |
| 北 京 | Beijing | 97.8 | 104.0 | 100.3 | 100.8 | 102.6 | 106.9 | 103.7 |
| 天 津 | Tianjin | 99.8 | 102.1 | 100.1 | 100.7 | 102.0 | 123.9 | 102.2 |
| 石家庄 | Shijiazhuang | 101.1 | 102.5 | 98.9 | 101.9 | 101.5 | 104.1 | 103.3 |
| 太 原 | Taiyuan | 99.9 | 101.1 | 100.1 | 102.8 | 103.1 | 112.5 | 104.1 |
| 呼和浩特 | Hohhot | 102.9 | 100.8 | 102.4 | 101.2 | 100.3 | 105.1 | 102.9 |
| 沈 阳 | Shenyang | 101.0 | 101.5 | 99.1 | 99.5 | 103.6 | 104.8 | 103.0 |
| 大 连 | Dalian | 100.4 | 101.8 | 102.2 | 101.6 | 102.1 | 101.7 | 102.9 |
| 长 春 | Changchun | 100.8 | 100.9 | 99.9 | 101.5 | 102.0 | 110.1 | 102.0 |
| 哈尔滨 | Harbin | 99.9 | 102.2 | 100.2 | 99.6 | 104.3 | 101.8 | 103.0 |
| 上 海 | Shanghai | 100.9 | 103.0 | 101.2 | 99.3 | 100.4 | 108.3 | 102.8 |
| 南 京 | Nanjing | 101.2 | 102.7 | 102.6 | 102.5 | 103.6 | 100.3 | 102.6 |
| 杭 州 | Hangzhou | 100.8 | 104.2 | 100.7 | 102.4 | 103.5 | 101.4 | 102.4 |
| 宁 波 | Ningbo | 101.3 | 103.8 | 100.3 | 101.6 | 102.5 | 104.2 | 102.0 |
| 合 肥 | Hefei | 102.9 | 104.6 | 101.2 | 101.2 | 104.7 | 102.7 | 102.3 |
| 福 州 | Fuzhou | 105.3 | 102.8 | 98.4 | 101.5 | 105.7 | 101.9 | 107.9 |
| 厦 门 | Xiamen | 99.6 | 103.3 | 102.7 | 101.1 | 101.8 | 106.8 | 108.2 |
| 南 昌 | Nanchang | 105.9 | 102.6 | 100.6 | 103.4 | 101.9 | 100.7 | 103.0 |
| 济 南 | Jinan | 99.7 | 104.3 | 101.3 | 101.4 | 104.5 | 109.9 | 102.1 |
| 青 岛 | Qingdao | 98.5 | 102.2 | 99.0 | 101.2 | 100.4 | 114.2 | 104.5 |
| 郑 州 | Zhengzhou | 101.0 | 104.9 | 100.0 | 99.6 | 100.8 | 103.4 | 104.9 |
| 武 汉 | Wuhan | 101.1 | 101.5 | 100.2 | 101.7 | 100.1 | 116.6 | 102.9 |
| 长 沙 | Changsha | 101.6 | 106.2 | 100.1 | 100.4 | 102.3 | 101.8 | 102.0 |
| 广 州 | Guangzhou | 99.6 | 103.4 | 99.7 | 102.2 | 105.0 | 103.8 | 104.2 |
| 深 圳 | Shenzhen | 104.9 | 100.4 | 101.6 | 102.0 | 102.6 | 107.5 | 102.0 |
| 南 宁 | Nanning | 103.8 | 103.4 | 99.4 | 102.3 | 100.1 | 105.9 | 102.8 |
| 海 口 | Haikou | 95.3 | 108.8 | 99.2 | 101.4 | 103.1 | 113.4 | 104.7 |
| 重 庆 | Chongqing | 102.5 | 101.4 | 100.6 | 102.8 | 102.7 | 102.3 | 101.0 |
| 成 都 | Chengdu | 101.1 | 103.1 | 100.1 | 102.3 | 108.7 | 107.0 | 106.6 |
| 贵 阳 | Guiyang | 101.3 | 101.0 | 102.0 | 102.1 | 101.9 | 101.2 | 100.4 |
| 昆 明 | Kunming | 101.9 | 98.8 | 98.9 | 103.2 | 99.4 | 103.4 | 104.7 |
| 拉 萨 | Lasa | 104.8 | 103.0 | 100.1 | 101.0 | 100.1 | 104.3 | 101.3 |
| 西 安 | Xi'an | 100.2 | 101.3 | 100.1 | 102.5 | 102.2 | 106.2 | 102.6 |
| 兰 州 | Lanzhou | 100.7 | 99.8 | 100.7 | 100.9 | 101.3 | 104.7 | 101.1 |
| 西 宁 | Xining | 99.9 | 105.0 | 100.5 | 101.4 | 98.5 | 105.1 | 102.4 |
| 银 川 | Yinchuan | 100.1 | 103.9 | 102.0 | 104.5 | 101.8 | 107.1 | 103.5 |
| 乌鲁木齐 | Urumqi | 99.8 | 99.7 | 103.1 | 100.6 | 106.2 | 101.3 | 100.2 |

# 3-74 36个大中城市居民消费价格分类指数(累计比)
# Consumer Price Indices by Category for 36 Major Large and Medium-sized Cities (2017年1-7月)

(上年同期=100) (same period of preceding year=100)

| 地 区 | City | 居民消费价格指数 Consumer Price Index | 食品烟酒 Food, Tobacco and Liquor | 粮食 Grain | 鲜菜 Fresh Vegetables | 畜肉 Meat | 水产品 Aquatic Products | 蛋 Eggs | 鲜果 Fresh Fruits |
|---|---|---|---|---|---|---|---|---|---|
| **平均指数** | **Average Index** | **101.7** | **100.0** | **101.4** | **87.6** | **97.5** | **104.7** | **91.1** | **105.6** |
| 北 京 | Beijing | 101.9 | 100.3 | 100.8 | 88.1 | 98.7 | 105.6 | 87.6 | 106.8 |
| 天 津 | Tianjin | 102.4 | 99.8 | 103.6 | 89.5 | 99.3 | 103.3 | 86.7 | 104.9 |
| 石家庄 | Shijiazhuang | 101.0 | 98.5 | 99.9 | 89.1 | 99.8 | 102.7 | 86.1 | 102.9 |
| 太 原 | Taiyuan | 101.8 | 99.1 | 102.7 | 89.6 | 98.9 | 101.4 | 81.0 | 102.8 |
| 呼和浩特 | Hohhot | 101.2 | 100.3 | 102.6 | 90.2 | 98.2 | 108.5 | 87.1 | 105.3 |
| 沈 阳 | Shenyang | 100.9 | 99.2 | 101.3 | 86.7 | 94.9 | 106.5 | 88.2 | 108.6 |
| 大 连 | Dalian | 101.2 | 100.2 | 102.1 | 88.5 | 94.6 | 104.3 | 90.7 | 106.9 |
| 长 春 | Changchun | 101.4 | 99.5 | 100.2 | 90.4 | 95.1 | 102.4 | 86.7 | 112.4 |
| 哈尔滨 | Harbin | 101.0 | 99.8 | 101.9 | 87.8 | 95.4 | 97.9 | 88.2 | 98.6 |
| 上 海 | Shanghai | 101.8 | 101.0 | 101.8 | 89.3 | 100.5 | 104.0 | 94.0 | 105.9 |
| 南 京 | Nanjing | 102.2 | 101.7 | 101.1 | 90.1 | 96.5 | 106.5 | 89.9 | 108.3 |
| 杭 州 | Hangzhou | 102.4 | 101.5 | 100.4 | 84.5 | 99.7 | 113.2 | 92.2 | 104.2 |
| 宁 波 | Ningbo | 101.8 | 100.0 | 101.1 | 85.8 | 96.7 | 104.7 | 94.6 | 101.2 |
| 合 肥 | Hefei | 101.6 | 98.1 | 100.6 | 81.7 | 91.4 | 108.2 | 85.4 | 107.6 |
| 福 州 | Fuzhou | 101.6 | 98.3 | 102.9 | 79.5 | 95.5 | 104.8 | 103.4 | 102.5 |
| 厦 门 | Xiamen | 101.7 | 99.5 | 97.4 | 80.4 | 102.1 | 103.6 | 95.3 | 101.2 |
| 南 昌 | Nanchang | 102.0 | 100.6 | 101.7 | 86.5 | 98.3 | 114.6 | 93.6 | 111.7 |
| 济 南 | Jinan | 102.1 | 99.3 | 102.5 | 84.4 | 94.8 | 102.4 | 91.6 | 108.5 |
| 青 岛 | Qingdao | 101.8 | 100.4 | 105.5 | 91.8 | 93.3 | 99.7 | 91.2 | 113.8 |
| 郑 州 | Zhengzhou | 101.2 | 99.1 | 102.7 | 90.5 | 97.3 | 106.0 | 88.5 | 104.4 |
| 武 汉 | Wuhan | 101.8 | 99.5 | 101.1 | 89.0 | 95.3 | 106.1 | 96.7 | 101.3 |
| 长 沙 | Changsha | 101.6 | 99.5 | 101.4 | 88.0 | 96.5 | 108.9 | 97.2 | 110.8 |
| 广 州 | Guangzhou | 102.2 | 101.0 | 100.1 | 87.2 | 101.4 | 104.2 | 89.0 | 106.0 |
| 深 圳 | Shenzhen | 101.3 | 99.6 | 101.0 | 81.6 | 98.2 | 103.3 | 96.1 | 102.1 |
| 南 宁 | Nanning | 101.8 | 99.7 | 100.3 | 92.5 | 96.1 | 104.7 | 93.2 | 109.1 |
| 海 口 | Haikou | 103.3 | 100.6 | 101.3 | 89.5 | 100.6 | 101.3 | 96.3 | 105.5 |
| 重 庆 | Chongqing | 100.6 | 97.6 | 101.4 | 88.1 | 91.9 | 102.4 | 92.5 | 100.9 |
| 成 都 | Chengdu | 102.3 | 98.5 | 100.5 | 88.0 | 95.4 | 103.3 | 95.6 | 105.4 |
| 贵 阳 | Guiyang | 100.9 | 99.6 | 100.1 | 93.2 | 94.9 | 103.1 | 93.5 | 110.1 |
| 昆 明 | Kunming | 100.3 | 99.1 | 100.0 | 94.9 | 96.2 | 107.5 | 94.9 | 98.9 |
| 拉 萨 | Lasa | 101.7 | 100.8 | 103.0 | 92.2 | 96.5 | 100.5 | 100.8 | 96.6 |
| 西 安 | Xi'an | 101.4 | 99.8 | 100.2 | 83.8 | 94.9 | 107.9 | 82.6 | 112.7 |
| 兰 州 | Lanzhou | 100.8 | 99.9 | 100.8 | 92.2 | 98.1 | 100.9 | 89.1 | 106.3 |
| 西 宁 | Xining | 101.4 | 99.3 | 102.8 | 90.0 | 98.2 | 107.0 | 87.8 | 104.3 |
| 银 川 | Yinchuan | 101.6 | 98.3 | 101.0 | 84.1 | 98.3 | 104.4 | 93.5 | 110.4 |
| 乌鲁木齐 | Urumqi | 102.1 | 103.7 | 102.1 | 91.1 | 103.8 | 105.4 | 85.0 | 109.0 |

3-74 续表 continued

(上年同期=100) (same period of preceding year=100)

| 地区 | City | 衣着 Clothing | 居住 Residence | 生活用品及服务 Household Facilities,Articles and Services | 交通和通信 Transportation and Communication | 教育文化和娱乐 Education, Culture and Recreation | 医疗保健 Health Care and Medical Services | 其他用品和服务 Miscellaneous Goods and Services |
|---|---|---|---|---|---|---|---|---|
| **平均指数** | **Average Index** | **100.8** | **102.7** | **100.6** | **101.1** | **102.7** | **106.7** | **102.8** |
| 北京 | Beijing | 97.8 | 103.9 | 100.4 | 100.6 | 102.4 | 107.2 | 103.3 |
| 天津 | Tianjin | 99.8 | 102.0 | 100.2 | 100.4 | 102.3 | 121.4 | 101.8 |
| 石家庄 | Shijiazhuang | 101.1 | 102.6 | 99.0 | 101.7 | 101.7 | 104.1 | 103.1 |
| 太原 | Taiyuan | 99.8 | 101.1 | 100.1 | 102.5 | 103.0 | 112.7 | 104.1 |
| 呼和浩特 | Hohhot | 102.9 | 101.2 | 102.2 | 100.9 | 100.2 | 104.4 | 102.5 |
| 沈阳 | Shenyang | 101.3 | 101.4 | 99.2 | 99.3 | 103.1 | 104.8 | 102.9 |
| 大连 | Dalian | 100.6 | 101.7 | 102.3 | 101.3 | 102.5 | 101.7 | 102.3 |
| 长春 | Changchun | 100.4 | 101.0 | 99.9 | 101.3 | 102.2 | 109.7 | 101.6 |
| 哈尔滨 | Harbin | 100.3 | 102.2 | 100.2 | 99.2 | 104.6 | 101.5 | 102.5 |
| 上海 | Shanghai | 101.0 | 102.7 | 101.2 | 99.4 | 100.2 | 108.0 | 102.7 |
| 南京 | Nanjing | 101.5 | 102.6 | 102.5 | 102.1 | 103.5 | 100.3 | 102.4 |
| 杭州 | Hangzhou | 100.5 | 104.3 | 100.6 | 102.0 | 103.7 | 101.5 | 102.2 |
| 宁波 | Ningbo | 100.9 | 103.9 | 100.2 | 101.2 | 102.5 | 104.0 | 101.6 |
| 合肥 | Hefei | 102.9 | 104.1 | 101.2 | 100.8 | 104.6 | 102.7 | 102.2 |
| 福州 | Fuzhou | 104.8 | 102.7 | 98.5 | 101.3 | 105.8 | 101.8 | 107.6 |
| 厦门 | Xiamen | 99.3 | 103.4 | 102.5 | 100.8 | 101.7 | 107.2 | 107.9 |
| 南昌 | Nanchang | 105.8 | 102.6 | 100.7 | 103.1 | 101.6 | 100.8 | 102.9 |
| 济南 | Jinan | 99.7 | 104.4 | 101.2 | 101.1 | 104.2 | 108.7 | 101.8 |
| 青岛 | Qingdao | 98.8 | 102.3 | 99.0 | 100.9 | 100.4 | 113.5 | 103.9 |
| 郑州 | Zhengzhou | 101.1 | 104.7 | 100.1 | 99.5 | 100.8 | 103.5 | 104.2 |
| 武汉 | Wuhan | 101.1 | 101.5 | 100.2 | 101.5 | 100.0 | 117.4 | 102.5 |
| 长沙 | Changsha | 101.5 | 106.1 | 100.2 | 100.2 | 102.3 | 101.8 | 101.7 |
| 广州 | Guangzhou | 99.5 | 103.3 | 99.9 | 102.0 | 105.0 | 104.3 | 103.6 |
| 深圳 | Shenzhen | 104.7 | 100.2 | 101.7 | 101.8 | 102.6 | 107.2 | 101.7 |
| 南宁 | Nanning | 104.3 | 103.5 | 99.5 | 102.0 | 100.2 | 107.2 | 102.3 |
| 海口 | Haikou | 95.7 | 108.8 | 99.3 | 101.3 | 103.2 | 113.8 | 104.3 |
| 重庆 | Chongqing | 102.6 | 101.4 | 100.6 | 102.4 | 103.0 | 102.3 | 100.8 |
| 成都 | Chengdu | 101.1 | 103.2 | 100.0 | 101.8 | 108.6 | 106.9 | 106.5 |
| 贵阳 | Guiyang | 101.6 | 101.1 | 102.0 | 101.7 | 101.6 | 101.1 | 100.2 |
| 昆明 | Kunming | 101.9 | 98.9 | 98.9 | 102.7 | 99.4 | 103.5 | 104.4 |
| 拉萨 | Lasa | 104.8 | 102.9 | 100.0 | 100.8 | 100.1 | 104.6 | 100.7 |
| 西安 | Xi'an | 100.3 | 101.3 | 100.2 | 102.3 | 102.2 | 106.8 | 102.0 |
| 兰州 | Lanzhou | 100.8 | 100.4 | 100.7 | 100.8 | 101.6 | 104.8 | 100.5 |
| 西宁 | Xining | 100.4 | 104.9 | 100.5 | 101.1 | 98.5 | 105.4 | 102.4 |
| 银川 | Yinchuan | 100.1 | 103.9 | 102.0 | 103.9 | 101.7 | 107.0 | 102.9 |
| 乌鲁木齐 | Urumqi | 99.9 | 99.8 | 103.0 | 100.3 | 106.1 | 101.4 | 100.0 |

# 3-75 36个大中城市居民消费价格分类指数(累计比)

## Consumer Price Indices by Category for 36 Major Large and Medium-sized Cities (2017年1-8月)

(上年同期=100) (same period of preceding year=100)

| 地区 | City | 居民消费价格指数 Consumer Price Index | 食品烟酒 Food, Tobacco and Liquor | 粮食 Grain | 鲜菜 Fresh Vegetables | 畜肉 Meat | 水产品 Aquatic Products | 蛋 Eggs | 鲜果 Fresh Fruits |
|---|---|---|---|---|---|---|---|---|---|
| **平均指数** | **Average Index** | **101.7** | **100.1** | **101.4** | **90.0** | **97.0** | **104.6** | **92.8** | **104.9** |
| 北京 | Beijing | 101.9 | 100.4 | 100.8 | 90.0 | 98.4 | 105.5 | 89.5 | 105.4 |
| 天津 | Tianjin | 102.3 | 100.0 | 103.5 | 91.3 | 99.0 | 103.2 | 89.4 | 104.1 |
| 石家庄 | Shijiazhuang | 101.0 | 98.7 | 99.9 | 90.5 | 99.2 | 103.9 | 88.3 | 101.6 |
| 太原 | Taiyuan | 101.8 | 99.2 | 102.6 | 92.1 | 98.1 | 101.2 | 85.6 | 101.8 |
| 呼和浩特 | Hohhot | 101.3 | 100.5 | 102.4 | 91.9 | 97.9 | 108.9 | 89.6 | 106.0 |
| 沈阳 | Shenyang | 100.9 | 99.3 | 101.4 | 87.9 | 95.0 | 106.5 | 90.4 | 108.4 |
| 大连 | Dalian | 101.3 | 100.3 | 102.0 | 90.3 | 94.8 | 104.1 | 92.9 | 105.4 |
| 长春 | Changchun | 101.4 | 99.5 | 100.3 | 92.0 | 95.0 | 102.4 | 88.2 | 110.4 |
| 哈尔滨 | Harbin | 101.4 | 100.0 | 101.8 | 89.7 | 94.9 | 98.3 | 90.2 | 99.1 |
| 上海 | Shanghai | 101.8 | 101.1 | 101.8 | 91.8 | 100.0 | 103.9 | 95.1 | 105.1 |
| 南京 | Nanjing | 102.2 | 102.0 | 101.0 | 93.0 | 96.1 | 106.3 | 91.8 | 108.5 |
| 杭州 | Hangzhou | 102.4 | 101.4 | 100.3 | 87.0 | 98.9 | 111.3 | 93.3 | 103.3 |
| 宁波 | Ningbo | 101.8 | 100.1 | 101.3 | 88.8 | 96.3 | 104.5 | 95.3 | 100.3 |
| 合肥 | Hefei | 101.5 | 98.4 | 100.9 | 84.6 | 91.2 | 107.3 | 87.6 | 106.7 |
| 福州 | Fuzhou | 101.6 | 98.8 | 102.8 | 83.7 | 94.9 | 105.0 | 103.7 | 102.1 |
| 厦门 | Xiamen | 101.8 | 99.8 | 97.3 | 83.8 | 101.5 | 104.0 | 96.3 | 100.6 |
| 南昌 | Nanchang | 102.0 | 100.7 | 101.7 | 89.1 | 98.0 | 113.7 | 94.5 | 110.5 |
| 济南 | Jinan | 102.1 | 99.4 | 102.7 | 87.2 | 94.4 | 102.5 | 93.7 | 107.6 |
| 青岛 | Qingdao | 101.8 | 100.7 | 105.3 | 94.4 | 92.9 | 99.9 | 93.2 | 113.0 |
| 郑州 | Zhengzhou | 101.2 | 99.2 | 102.8 | 92.2 | 96.8 | 106.0 | 90.3 | 103.5 |
| 武汉 | Wuhan | 101.8 | 99.5 | 101.1 | 90.1 | 94.6 | 105.2 | 97.9 | 100.7 |
| 长沙 | Changsha | 101.6 | 99.6 | 101.4 | 90.4 | 95.8 | 108.9 | 97.7 | 110.5 |
| 广州 | Guangzhou | 102.3 | 101.1 | 100.5 | 89.3 | 100.6 | 104.6 | 91.2 | 105.5 |
| 深圳 | Shenzhen | 101.3 | 99.8 | 101.0 | 84.6 | 97.8 | 103.6 | 96.2 | 101.7 |
| 南宁 | Nanning | 102.0 | 99.9 | 100.2 | 94.7 | 95.7 | 105.0 | 93.7 | 108.5 |
| 海口 | Haikou | 103.3 | 100.6 | 101.3 | 91.4 | 100.1 | 100.9 | 96.5 | 104.7 |
| 重庆 | Chongqing | 100.7 | 97.8 | 101.1 | 90.7 | 91.4 | 102.7 | 94.4 | 100.6 |
| 成都 | Chengdu | 102.3 | 98.9 | 100.5 | 91.0 | 94.9 | 102.9 | 96.4 | 106.1 |
| 贵阳 | Guiyang | 100.9 | 99.8 | 100.1 | 94.9 | 94.8 | 103.1 | 93.9 | 110.7 |
| 昆明 | Kunming | 100.4 | 99.5 | 100.0 | 98.8 | 95.6 | 107.6 | 95.5 | 99.7 |
| 拉萨 | Lasa | 101.7 | 100.8 | 102.6 | 93.5 | 96.3 | 100.6 | 100.6 | 96.8 |
| 西安 | Xi'an | 101.6 | 100.2 | 100.3 | 87.1 | 94.7 | 107.5 | 86.4 | 112.3 |
| 兰州 | Lanzhou | 101.0 | 100.1 | 100.7 | 95.0 | 97.5 | 101.1 | 91.5 | 107.0 |
| 西宁 | Xining | 101.5 | 99.8 | 102.6 | 93.4 | 98.2 | 106.7 | 90.7 | 104.7 |
| 银川 | Yinchuan | 101.6 | 98.5 | 100.9 | 86.6 | 97.9 | 104.1 | 95.7 | 108.4 |
| 乌鲁木齐 | Urumqi | 102.2 | 104.1 | 102.2 | 94.3 | 103.6 | 105.2 | 88.4 | 107.5 |

3-75 续表 continued

(上年同期=100) (same period of preceding year=100)

| 地 区 | City | 衣着 Clothing | 居住 Residence | 生活用品及服务 Household Facilities,Articles and Services | 交通和通信 Transportation and Communication | 教育文化和娱乐 Education, Culture and Recreation | 医疗保健 Health Care and Medical Services | 其他用品和服务 Miscellaneous Goods and Services |
|---|---|---|---|---|---|---|---|---|
| **平均指数** | **Average Index** | **100.8** | **102.7** | **100.6** | **101.0** | **102.7** | **106.7** | **102.6** |
| 北 京 | Beijing | 97.8 | 103.8 | 100.4 | 100.5 | 102.4 | 107.3 | 103.1 |
| 天 津 | Tianjin | 99.9 | 101.8 | 100.3 | 100.3 | 102.6 | 119.6 | 101.6 |
| 石家庄 | Shijiazhuang | 101.2 | 102.6 | 99.0 | 101.7 | 101.7 | 104.1 | 102.9 |
| 太 原 | Taiyuan | 99.8 | 101.2 | 100.0 | 102.3 | 102.9 | 112.7 | 103.5 |
| 呼和浩特 | Hohhot | 102.9 | 101.5 | 102.1 | 100.8 | 100.2 | 103.9 | 102.3 |
| 沈 阳 | Shenyang | 101.6 | 101.3 | 99.2 | 99.2 | 102.8 | 104.8 | 102.7 |
| 大 连 | Dalian | 100.8 | 101.6 | 102.3 | 101.4 | 102.8 | 101.8 | 101.9 |
| 长 春 | Changchun | 100.1 | 101.1 | 99.9 | 101.1 | 102.2 | 109.4 | 101.3 |
| 哈尔滨 | Harbin | 100.9 | 102.0 | 100.3 | 99.1 | 104.7 | 103.9 | 102.2 |
| 上 海 | Shanghai | 100.9 | 102.4 | 101.2 | 99.7 | 100.1 | 107.8 | 102.7 |
| 南 京 | Nanjing | 101.5 | 102.6 | 102.4 | 101.8 | 103.4 | 100.4 | 102.4 |
| 杭 州 | Hangzhou | 100.3 | 104.6 | 100.5 | 101.8 | 103.9 | 101.6 | 102.0 |
| 宁 波 | Ningbo | 100.6 | 104.0 | 100.1 | 101.1 | 102.6 | 103.8 | 101.3 |
| 合 肥 | Hefei | 102.9 | 103.7 | 101.2 | 100.7 | 104.6 | 102.6 | 102.1 |
| 福 州 | Fuzhou | 103.8 | 102.7 | 98.6 | 101.2 | 105.5 | 101.8 | 107.3 |
| 厦 门 | Xiamen | 99.0 | 103.4 | 102.5 | 100.8 | 101.6 | 107.4 | 107.7 |
| 南 昌 | Nanchang | 105.5 | 102.6 | 100.8 | 103.0 | 101.3 | 100.9 | 102.7 |
| 济 南 | Jinan | 99.9 | 104.5 | 101.1 | 101.0 | 103.9 | 107.8 | 101.6 |
| 青 岛 | Qingdao | 99.0 | 102.3 | 99.2 | 100.6 | 100.6 | 112.3 | 103.6 |
| 郑 州 | Zhengzhou | 101.2 | 104.5 | 100.2 | 99.5 | 100.8 | 103.7 | 103.8 |
| 武 汉 | Wuhan | 101.0 | 101.4 | 100.3 | 101.5 | 100.0 | 118.0 | 102.3 |
| 长 沙 | Changsha | 101.5 | 106.0 | 100.2 | 100.1 | 102.3 | 101.7 | 101.5 |
| 广 州 | Guangzhou | 99.3 | 103.2 | 100.0 | 101.8 | 105.1 | 105.2 | 103.1 |
| 深 圳 | Shenzhen | 104.4 | 100.2 | 101.7 | 101.7 | 102.6 | 106.9 | 101.4 |
| 南 宁 | Nanning | 104.4 | 103.6 | 99.7 | 101.8 | 100.3 | 108.2 | 102.0 |
| 海 口 | Haikou | 96.1 | 108.7 | 99.4 | 101.6 | 103.3 | 114.2 | 104.1 |
| 重 庆 | Chongqing | 102.6 | 101.5 | 100.6 | 102.0 | 103.2 | 102.4 | 100.7 |
| 成 都 | Chengdu | 101.2 | 103.0 | 100.1 | 101.7 | 108.5 | 106.8 | 106.4 |
| 贵 阳 | Guiyang | 101.7 | 101.2 | 102.0 | 101.6 | 101.3 | 101.0 | 100.1 |
| 昆 明 | Kunming | 101.8 | 99.0 | 99.0 | 102.7 | 99.4 | 103.7 | 104.2 |
| 拉 萨 | Lasa | 104.7 | 102.9 | 100.0 | 100.8 | 100.1 | 104.8 | 100.3 |
| 西 安 | Xi'an | 100.5 | 101.4 | 100.3 | 102.3 | 102.2 | 107.4 | 101.6 |
| 兰 州 | Lanzhou | 100.9 | 100.9 | 100.8 | 100.7 | 101.8 | 104.7 | 100.2 |
| 西 宁 | Xining | 100.8 | 104.9 | 100.5 | 100.7 | 98.5 | 105.7 | 102.3 |
| 银 川 | Yinchuan | 100.0 | 103.7 | 102.0 | 103.4 | 101.7 | 106.8 | 102.5 |
| 乌鲁木齐 | Urumqi | 99.8 | 99.8 | 102.7 | 100.2 | 106.0 | 101.3 | 99.6 |

# 3-76 36个大中城市居民消费价格分类指数(累计比)
# Consumer Price Indices by Category for 36 Major Large and Medium-sized Cities
# (2017年1-9月)

(上年同期=100) (same period of preceding year=100)

| 地区 | City | 居民消费价格指数 Consumer Price Index | 食品烟酒 Food, Tobacco and Liquor | 粮食 Grain | 鲜菜 Fresh Vegetables | 畜肉 Meat | 水产品 Aquatic Products | 蛋 Eggs | 鲜果 Fresh Fruits |
|---|---|---|---|---|---|---|---|---|---|
| **平均指数** | **Average Index** | **101.8** | **100.2** | **101.4** | **91.0** | **96.8** | **104.4** | **94.0** | **104.2** |
| 北京 | Beijing | 101.9 | 100.4 | 100.8 | 90.1 | 98.2 | 105.1 | 91.3 | 104.3 |
| 天津 | Tianjin | 102.2 | 100.0 | 103.6 | 91.4 | 99.0 | 102.9 | 91.5 | 102.9 |
| 石家庄 | Shijiazhuang | 101.1 | 98.6 | 99.7 | 90.6 | 99.0 | 104.8 | 89.9 | 99.5 |
| 太原 | Taiyuan | 101.8 | 99.2 | 102.6 | 92.8 | 97.6 | 101.0 | 88.6 | 100.5 |
| 呼和浩特 | Hohhot | 101.3 | 100.5 | 102.3 | 92.1 | 98.1 | 108.9 | 91.4 | 105.6 |
| 沈阳 | Shenyang | 101.0 | 99.3 | 101.4 | 88.1 | 95.0 | 106.6 | 92.0 | 107.2 |
| 大连 | Dalian | 101.5 | 100.2 | 102.1 | 90.8 | 94.8 | 103.7 | 94.0 | 103.9 |
| 长春 | Changchun | 101.3 | 99.5 | 100.4 | 92.1 | 95.2 | 102.1 | 89.1 | 108.9 |
| 哈尔滨 | Harbin | 101.5 | 99.9 | 101.6 | 90.6 | 94.6 | 98.6 | 91.6 | 98.9 |
| 上海 | Shanghai | 101.8 | 101.2 | 101.7 | 93.2 | 99.6 | 103.7 | 96.0 | 104.3 |
| 南京 | Nanjing | 102.1 | 102.2 | 100.9 | 94.5 | 95.9 | 105.8 | 93.4 | 108.5 |
| 杭州 | Hangzhou | 102.4 | 101.2 | 100.3 | 88.1 | 98.3 | 109.6 | 94.6 | 102.9 |
| 宁波 | Ningbo | 101.8 | 100.2 | 101.4 | 90.3 | 96.0 | 104.3 | 95.8 | 100.3 |
| 合肥 | Hefei | 101.5 | 98.6 | 101.3 | 86.4 | 91.3 | 106.8 | 89.6 | 105.4 |
| 福州 | Fuzhou | 101.5 | 98.9 | 102.7 | 84.5 | 94.4 | 104.8 | 103.7 | 101.2 |
| 厦门 | Xiamen | 101.9 | 99.8 | 97.1 | 84.8 | 101.1 | 104.3 | 96.5 | 100.6 |
| 南昌 | Nanchang | 102.1 | 100.8 | 101.7 | 90.4 | 97.7 | 112.4 | 95.4 | 109.9 |
| 济南 | Jinan | 102.0 | 99.4 | 102.7 | 88.4 | 94.2 | 102.7 | 95.4 | 106.1 |
| 青岛 | Qingdao | 101.7 | 100.6 | 104.9 | 94.3 | 92.9 | 99.9 | 94.6 | 111.6 |
| 郑州 | Zhengzhou | 101.4 | 99.2 | 103.0 | 92.9 | 96.4 | 105.9 | 91.8 | 102.6 |
| 武汉 | Wuhan | 101.8 | 99.4 | 101.1 | 90.8 | 94.0 | 104.4 | 98.9 | 99.9 |
| 长沙 | Changsha | 101.6 | 99.6 | 101.4 | 91.4 | 95.2 | 108.7 | 98.2 | 109.7 |
| 广州 | Guangzhou | 102.3 | 101.2 | 100.6 | 90.8 | 99.9 | 104.5 | 93.1 | 104.6 |
| 深圳 | Shenzhen | 101.3 | 100.0 | 101.1 | 86.7 | 97.5 | 103.7 | 96.4 | 101.3 |
| 南宁 | Nanning | 102.1 | 99.9 | 100.1 | 95.1 | 95.4 | 105.0 | 94.1 | 107.7 |
| 海口 | Haikou | 103.3 | 100.5 | 101.2 | 92.2 | 99.5 | 100.5 | 96.6 | 104.5 |
| 重庆 | Chongqing | 100.8 | 98.0 | 101.0 | 91.6 | 91.3 | 102.9 | 95.7 | 100.3 |
| 成都 | Chengdu | 102.3 | 99.0 | 100.6 | 92.0 | 94.9 | 102.6 | 96.2 | 106.9 |
| 贵阳 | Guiyang | 100.9 | 99.9 | 100.1 | 95.6 | 94.7 | 102.9 | 95.2 | 109.9 |
| 昆明 | Kunming | 100.4 | 99.6 | 100.1 | 100.5 | 95.4 | 107.4 | 96.8 | 99.9 |
| 拉萨 | Lasa | 101.6 | 100.8 | 102.4 | 95.0 | 96.3 | 100.6 | 100.7 | 97.1 |
| 西安 | Xi'an | 101.7 | 100.3 | 100.6 | 88.0 | 94.6 | 107.5 | 89.1 | 111.5 |
| 兰州 | Lanzhou | 101.1 | 100.1 | 100.7 | 95.5 | 97.1 | 101.5 | 92.9 | 106.6 |
| 西宁 | Xining | 101.6 | 99.9 | 102.4 | 94.6 | 98.3 | 106.1 | 92.5 | 104.6 |
| 银川 | Yinchuan | 101.5 | 98.5 | 100.8 | 87.2 | 97.8 | 104.0 | 96.8 | 106.2 |
| 乌鲁木齐 | Urumqi | 102.4 | 104.4 | 102.3 | 96.8 | 103.8 | 104.7 | 91.1 | 104.7 |

3-76 续表 continued

(上年同期=100) (same period of preceding year=100)

| 地区 | City | 衣着 Clothing | 居住 Residence | 生活用品及服务 Household Facilities,Articles and Services | 交通和通信 Transportation and Communication | 教育文化和娱乐 Education, Culture and Recreation | 医疗保健 Health Care and Medical Services | 其他用品和服务 Miscellaneous Goods and Services |
|---|---|---|---|---|---|---|---|---|
| **平均指数** | **Average Index** | **100.7** | **102.6** | **100.7** | **100.9** | **102.7** | **106.9** | **102.4** |
| 北京 | Beijing | 97.8 | 103.8 | 100.5 | 100.4 | 102.4 | 107.4 | 102.9 |
| 天津 | Tianjin | 99.9 | 101.7 | 100.5 | 100.2 | 102.8 | 118.4 | 101.4 |
| 石家庄 | Shijiazhuang | 101.1 | 102.6 | 99.1 | 101.6 | 101.7 | 105.3 | 102.8 |
| 太原 | Taiyuan | 100.1 | 101.3 | 100.0 | 101.9 | 103.0 | 112.8 | 103.1 |
| 呼和浩特 | Hohhot | 102.9 | 101.8 | 101.9 | 100.7 | 100.2 | 103.5 | 102.1 |
| 沈阳 | Shenyang | 101.6 | 101.3 | 99.4 | 99.2 | 102.6 | 106.8 | 102.6 |
| 大连 | Dalian | 100.8 | 101.5 | 102.3 | 101.3 | 103.8 | 103.5 | 101.6 |
| 长春 | Changchun | 99.9 | 101.2 | 99.9 | 100.8 | 102.1 | 109.3 | 101.2 |
| 哈尔滨 | Harbin | 101.4 | 101.9 | 100.5 | 99.0 | 104.5 | 105.8 | 102.0 |
| 上海 | Shanghai | 100.8 | 102.2 | 101.3 | 100.0 | 100.4 | 107.5 | 102.5 |
| 南京 | Nanjing | 101.4 | 102.6 | 102.3 | 101.6 | 103.1 | 100.4 | 102.1 |
| 杭州 | Hangzhou | 100.3 | 104.8 | 100.4 | 101.6 | 103.9 | 101.6 | 101.7 |
| 宁波 | Ningbo | 100.2 | 104.2 | 100.1 | 101.0 | 102.6 | 103.7 | 101.1 |
| 合肥 | Hefei | 103.0 | 103.4 | 101.2 | 100.6 | 104.5 | 102.5 | 102.0 |
| 福州 | Fuzhou | 103.0 | 102.6 | 98.7 | 101.1 | 105.3 | 101.7 | 107.2 |
| 厦门 | Xiamen | 98.6 | 103.6 | 102.4 | 100.7 | 101.8 | 107.6 | 107.5 |
| 南昌 | Nanchang | 105.6 | 102.6 | 100.8 | 102.9 | 101.2 | 103.0 | 102.6 |
| 济南 | Jinan | 99.9 | 104.6 | 101.0 | 100.9 | 103.4 | 107.2 | 101.4 |
| 青岛 | Qingdao | 99.3 | 102.3 | 99.3 | 100.5 | 101.0 | 111.4 | 103.6 |
| 郑州 | Zhengzhou | 101.2 | 104.4 | 100.3 | 99.6 | 101.0 | 105.3 | 103.6 |
| 武汉 | Wuhan | 101.0 | 101.4 | 100.3 | 101.3 | 100.0 | 118.4 | 102.2 |
| 长沙 | Changsha | 101.5 | 105.8 | 100.2 | 100.1 | 102.3 | 101.6 | 101.4 |
| 广州 | Guangzhou | 99.2 | 103.3 | 100.2 | 101.6 | 104.6 | 105.8 | 102.8 |
| 深圳 | Shenzhen | 104.1 | 100.3 | 101.6 | 101.7 | 102.6 | 106.7 | 101.3 |
| 南宁 | Nanning | 104.5 | 103.6 | 99.8 | 101.6 | 100.5 | 109.0 | 101.7 |
| 海口 | Haikou | 96.4 | 108.6 | 99.4 | 101.6 | 103.5 | 114.5 | 104.2 |
| 重庆 | Chongqing | 102.7 | 101.7 | 100.6 | 101.8 | 103.5 | 102.9 | 100.7 |
| 成都 | Chengdu | 101.2 | 102.9 | 100.2 | 101.7 | 107.7 | 106.7 | 106.0 |
| 贵阳 | Guiyang | 101.8 | 101.3 | 102.1 | 101.5 | 101.0 | 101.0 | 100.0 |
| 昆明 | Kunming | 101.6 | 99.1 | 99.1 | 102.5 | 99.1 | 103.9 | 103.7 |
| 拉萨 | Lasa | 104.4 | 102.9 | 99.8 | 100.7 | 100.1 | 104.9 | 100.2 |
| 西安 | Xi'an | 100.7 | 101.5 | 100.5 | 102.3 | 102.3 | 107.8 | 101.2 |
| 兰州 | Lanzhou | 101.0 | 101.2 | 100.9 | 100.7 | 101.9 | 105.6 | 100.0 |
| 西宁 | Xining | 101.0 | 104.9 | 100.6 | 100.7 | 98.9 | 105.7 | 102.2 |
| 银川 | Yinchuan | 100.1 | 103.5 | 102.0 | 103.1 | 102.1 | 106.7 | 102.4 |
| 乌鲁木齐 | Urumqi | 99.9 | 99.9 | 102.4 | 99.8 | 106.0 | 103.7 | 99.5 |

# 3-77 36个大中城市居民消费价格分类指数(累计比)
# Consumer Price Indices by Category for 36 Major Large and Medium-sized Cities (2017年1-10月)

(上年同期=100) (same period of preceding year=100)

| 地区 | City | 居民消费价格指数 Consumer Price Index | 食品烟酒 Food, Tobacco and Liquor | 粮食 Grain | 鲜菜 Fresh Vegetables | 畜肉 Meat | 水产品 Aquatic Products | 蛋 Eggs | 鲜果 Fresh Fruits |
|---|---|---|---|---|---|---|---|---|---|
| **平均指数** | **Average Index** | **101.8** | **100.3** | **101.3** | **91.9** | **96.7** | **104.3** | **95.0** | **103.8** |
| 北京 | Beijing | 101.9 | 100.4 | 100.9 | 90.8 | 98.2 | 104.8 | 92.8 | 103.8 |
| 天津 | Tianjin | 102.2 | 100.2 | 103.6 | 92.2 | 99.1 | 102.9 | 93.0 | 102.6 |
| 石家庄 | Shijiazhuang | 101.2 | 98.7 | 99.7 | 91.5 | 98.9 | 105.5 | 91.1 | 98.6 |
| 太原 | Taiyuan | 101.8 | 99.3 | 102.7 | 93.3 | 97.4 | 100.9 | 90.7 | 100.4 |
| 呼和浩特 | Hohhot | 101.4 | 100.6 | 102.2 | 92.9 | 98.6 | 109.0 | 93.1 | 104.9 |
| 沈阳 | Shenyang | 101.1 | 99.4 | 101.4 | 88.1 | 95.3 | 106.9 | 93.0 | 107.4 |
| 大连 | Dalian | 101.7 | 100.3 | 102.2 | 91.6 | 95.0 | 103.7 | 95.3 | 102.6 |
| 长春 | Changchun | 101.3 | 99.5 | 100.5 | 92.3 | 95.3 | 101.9 | 89.5 | 108.0 |
| 哈尔滨 | Harbin | 101.5 | 99.8 | 101.4 | 90.8 | 94.6 | 98.5 | 92.7 | 98.5 |
| 上海 | Shanghai | 101.7 | 101.2 | 101.7 | 94.1 | 99.4 | 103.7 | 96.8 | 104.2 |
| 南京 | Nanjing | 102.0 | 102.3 | 101.0 | 95.5 | 95.9 | 105.6 | 94.4 | 108.3 |
| 杭州 | Hangzhou | 102.4 | 101.0 | 100.4 | 89.1 | 97.9 | 108.8 | 95.8 | 102.6 |
| 宁波 | Ningbo | 101.8 | 100.3 | 101.5 | 91.0 | 95.9 | 104.3 | 96.2 | 100.4 |
| 合肥 | Hefei | 101.5 | 98.9 | 101.6 | 88.1 | 91.5 | 106.4 | 90.9 | 104.3 |
| 福州 | Fuzhou | 101.5 | 99.0 | 102.6 | 84.9 | 94.2 | 104.8 | 103.7 | 100.4 |
| 厦门 | Xiamen | 101.9 | 99.9 | 97.4 | 85.5 | 100.8 | 104.3 | 96.9 | 100.4 |
| 南昌 | Nanchang | 102.1 | 100.9 | 101.7 | 92.1 | 97.5 | 111.6 | 96.0 | 109.4 |
| 济南 | Jinan | 102.0 | 99.6 | 102.6 | 89.7 | 94.4 | 103.0 | 96.4 | 105.2 |
| 青岛 | Qingdao | 101.8 | 100.8 | 104.8 | 95.0 | 93.3 | 100.4 | 95.7 | 110.8 |
| 郑州 | Zhengzhou | 101.5 | 99.4 | 103.1 | 93.3 | 96.3 | 105.8 | 92.7 | 101.9 |
| 武汉 | Wuhan | 101.8 | 99.5 | 101.1 | 91.8 | 93.9 | 104.0 | 99.5 | 99.9 |
| 长沙 | Changsha | 101.5 | 99.6 | 101.4 | 92.8 | 94.8 | 108.6 | 98.2 | 108.8 |
| 广州 | Guangzhou | 102.3 | 101.3 | 100.5 | 92.2 | 99.5 | 104.7 | 94.5 | 104.6 |
| 深圳 | Shenzhen | 101.4 | 100.1 | 101.0 | 88.2 | 97.3 | 103.9 | 96.7 | 101.2 |
| 南宁 | Nanning | 102.2 | 100.0 | 100.1 | 95.8 | 95.2 | 105.0 | 94.3 | 106.5 |
| 海口 | Haikou | 103.3 | 100.4 | 101.2 | 93.1 | 99.1 | 100.3 | 96.7 | 104.1 |
| 重庆 | Chongqing | 100.9 | 98.1 | 100.8 | 92.3 | 91.5 | 102.9 | 96.5 | 99.8 |
| 成都 | Chengdu | 102.2 | 99.2 | 100.2 | 92.8 | 94.9 | 102.4 | 96.4 | 107.2 |
| 贵阳 | Guiyang | 100.9 | 100.0 | 100.2 | 95.9 | 94.7 | 103.0 | 96.4 | 109.2 |
| 昆明 | Kunming | 100.4 | 99.7 | 100.1 | 101.2 | 95.3 | 107.4 | 98.0 | 100.4 |
| 拉萨 | Lasa | 101.6 | 100.8 | 102.2 | 95.3 | 96.3 | 100.7 | 100.8 | 97.5 |
| 西安 | Xi'an | 101.8 | 100.4 | 100.7 | 89.3 | 94.7 | 107.6 | 91.0 | 110.4 |
| 兰州 | Lanzhou | 101.3 | 100.1 | 100.7 | 95.9 | 96.8 | 101.7 | 93.5 | 106.6 |
| 西宁 | Xining | 101.7 | 99.9 | 102.3 | 95.1 | 98.5 | 105.6 | 93.4 | 103.5 |
| 银川 | Yinchuan | 101.6 | 98.6 | 100.8 | 88.0 | 97.9 | 104.0 | 97.6 | 105.3 |
| 乌鲁木齐 | Urumqi | 102.5 | 104.6 | 102.3 | 97.9 | 104.5 | 104.3 | 93.0 | 102.2 |

3-77 续表 continued

(上年同期=100) (same period of preceding year=100)

| 地　区 | City | 衣着 Clothing | 居住 Residence | 生活用品及服务 Household Facilities,Articles and Services | 交通和通信 Transportation and Communication | 教育文化和娱乐 Education, Culture and Recreation | 医疗保健 Health Care and Medical Services | 其他用品和服务 Miscellaneous Goods and Services |
|---|---|---|---|---|---|---|---|---|
| **平均指数** | **Average Index** | **100.7** | **102.6** | **100.7** | **100.9** | **102.7** | **107.0** | **102.4** |
| 北　京 | Beijing | 97.8 | 103.7 | 100.6 | 100.3 | 102.4 | 107.4 | 102.8 |
| 天　津 | Tianjin | 100.0 | 101.6 | 100.6 | 100.1 | 102.9 | 117.4 | 101.4 |
| 石家庄 | Shijiazhuang | 101.0 | 102.6 | 99.3 | 101.6 | 101.6 | 106.2 | 102.7 |
| 太　原 | Taiyuan | 100.2 | 101.3 | 100.1 | 101.8 | 103.0 | 112.8 | 102.8 |
| 呼和浩特 | Hohhot | 102.8 | 102.1 | 101.8 | 100.5 | 100.1 | 103.2 | 101.8 |
| 沈　阳 | Shenyang | 101.5 | 101.3 | 99.5 | 99.2 | 102.4 | 108.4 | 102.4 |
| 大　连 | Dalian | 100.8 | 101.4 | 102.3 | 101.3 | 104.7 | 104.9 | 101.5 |
| 长　春 | Changchun | 99.8 | 101.2 | 99.9 | 100.7 | 102.0 | 109.2 | 101.1 |
| 哈尔滨 | Harbin | 101.6 | 101.8 | 100.6 | 98.8 | 104.5 | 107.3 | 101.9 |
| 上　海 | Shanghai | 100.8 | 102.0 | 101.3 | 100.2 | 100.6 | 107.2 | 102.5 |
| 南　京 | Nanjing | 101.2 | 102.5 | 102.2 | 101.4 | 102.8 | 100.5 | 101.9 |
| 杭　州 | Hangzhou | 100.1 | 105.1 | 100.4 | 101.5 | 104.1 | 101.7 | 101.6 |
| 宁　波 | Ningbo | 100.1 | 104.3 | 100.0 | 100.9 | 102.5 | 103.7 | 100.9 |
| 合　肥 | Hefei | 103.0 | 103.2 | 101.3 | 100.6 | 104.4 | 102.5 | 102.1 |
| 福　州 | Fuzhou | 102.4 | 102.6 | 98.7 | 101.0 | 105.1 | 101.7 | 107.0 |
| 厦　门 | Xiamen | 98.2 | 103.7 | 102.3 | 100.6 | 101.9 | 107.8 | 107.4 |
| 南　昌 | Nanchang | 105.4 | 102.6 | 100.7 | 102.8 | 101.1 | 104.7 | 102.5 |
| 济　南 | Jinan | 100.1 | 104.7 | 101.0 | 100.8 | 103.2 | 106.7 | 101.3 |
| 青　岛 | Qingdao | 99.8 | 102.4 | 99.4 | 100.5 | 101.3 | 110.7 | 103.8 |
| 郑　州 | Zhengzhou | 101.2 | 104.2 | 100.5 | 99.8 | 101.0 | 106.7 | 103.6 |
| 武　汉 | Wuhan | 101.0 | 101.4 | 100.3 | 101.3 | 100.0 | 118.8 | 102.2 |
| 长　沙 | Changsha | 101.5 | 105.6 | 100.2 | 100.1 | 102.0 | 101.5 | 101.2 |
| 广　州 | Guangzhou | 99.3 | 103.3 | 100.4 | 101.6 | 104.2 | 106.3 | 102.6 |
| 深　圳 | Shenzhen | 104.0 | 100.5 | 101.6 | 101.6 | 102.6 | 106.5 | 101.2 |
| 南　宁 | Nanning | 104.6 | 103.6 | 99.9 | 101.4 | 100.6 | 109.7 | 101.6 |
| 海　口 | Haikou | 96.7 | 108.3 | 99.4 | 101.7 | 103.8 | 114.7 | 104.4 |
| 重　庆 | Chongqing | 102.8 | 101.8 | 100.6 | 101.6 | 103.4 | 103.5 | 100.7 |
| 成　都 | Chengdu | 101.0 | 102.8 | 100.2 | 101.7 | 107.1 | 106.6 | 105.8 |
| 贵　阳 | Guiyang | 102.0 | 101.4 | 102.0 | 101.5 | 100.7 | 101.0 | 100.2 |
| 昆　明 | Kunming | 101.4 | 99.1 | 99.2 | 102.5 | 99.2 | 104.0 | 103.4 |
| 拉　萨 | Lasa | 104.3 | 102.9 | 99.7 | 100.7 | 100.0 | 105.0 | 100.3 |
| 西　安 | Xi'an | 100.6 | 101.6 | 100.6 | 102.3 | 102.4 | 108.1 | 101.1 |
| 兰　州 | Lanzhou | 101.1 | 101.5 | 101.0 | 100.8 | 102.1 | 106.2 | 99.9 |
| 西　宁 | Xining | 101.2 | 104.8 | 100.6 | 100.9 | 99.3 | 105.7 | 102.2 |
| 银　川 | Yinchuan | 100.5 | 103.3 | 102.1 | 102.9 | 102.4 | 106.5 | 102.4 |
| 乌鲁木齐 | Urumqi | 99.9 | 99.9 | 102.1 | 99.7 | 105.8 | 105.5 | 99.4 |

# 3-78 36个大中城市居民消费价格分类指数(累计比)
# Consumer Price Indices by Category for 36 Major Large and Medium-sized Cities
# (2017年1-11月)

(上年同期=100) (same period of preceding year=100)

| 地区 | City | 居民消费价格指数 Consumer Price Index | 食品烟酒 Food, Tobacco and Liquor | 粮食 Grain | 鲜菜 Fresh Vegetables | 畜肉 Meat | 水产品 Aquatic Products | 蛋 Eggs | 鲜果 Fresh Fruits |
|---|---|---|---|---|---|---|---|---|---|
| **平均指数** | **Average Index** | **101.8** | **100.3** | **101.3** | **91.7** | **96.7** | **104.2** | **95.9** | **103.9** |
| 北京 | Beijing | 101.9 | 100.5 | 100.8 | 90.3 | 98.3 | 104.6 | 94.1 | 103.8 |
| 天津 | Tianjin | 102.2 | 100.2 | 103.5 | 92.2 | 99.3 | 102.7 | 94.5 | 102.5 |
| 石家庄 | Shijiazhuang | 101.3 | 98.7 | 99.3 | 91.2 | 98.9 | 105.9 | 92.2 | 99.0 |
| 太原 | Taiyuan | 101.8 | 99.4 | 102.8 | 93.3 | 97.3 | 100.8 | 92.8 | 101.1 |
| 呼和浩特 | Hohhot | 101.4 | 100.7 | 102.1 | 93.6 | 99.0 | 109.1 | 94.1 | 104.2 |
| 沈阳 | Shenyang | 101.3 | 99.7 | 101.4 | 88.0 | 95.4 | 107.0 | 94.1 | 110.1 |
| 大连 | Dalian | 101.9 | 100.5 | 102.2 | 92.0 | 95.1 | 103.6 | 96.8 | 103.7 |
| 长春 | Changchun | 101.3 | 99.5 | 100.6 | 92.1 | 95.4 | 102.0 | 90.0 | 107.5 |
| 哈尔滨 | Harbin | 101.6 | 99.7 | 101.1 | 90.6 | 94.6 | 98.4 | 93.5 | 99.6 |
| 上海 | Shanghai | 101.7 | 101.2 | 101.7 | 93.8 | 99.4 | 103.6 | 97.6 | 104.3 |
| 南京 | Nanjing | 101.9 | 102.2 | 101.0 | 94.3 | 96.0 | 105.4 | 95.4 | 108.5 |
| 杭州 | Hangzhou | 102.4 | 100.9 | 100.4 | 89.0 | 97.6 | 108.2 | 96.9 | 102.5 |
| 宁波 | Ningbo | 101.8 | 100.2 | 101.6 | 90.6 | 95.9 | 104.3 | 96.6 | 100.3 |
| 合肥 | Hefei | 101.5 | 98.9 | 101.9 | 87.7 | 91.6 | 106.1 | 92.2 | 104.5 |
| 福州 | Fuzhou | 101.4 | 99.1 | 102.3 | 84.4 | 94.1 | 104.6 | 104.2 | 100.8 |
| 厦门 | Xiamen | 101.9 | 99.9 | 97.8 | 85.6 | 100.7 | 104.3 | 97.1 | 100.3 |
| 南昌 | Nanchang | 102.1 | 100.8 | 101.7 | 91.9 | 97.4 | 111.3 | 96.6 | 108.8 |
| 济南 | Jinan | 102.0 | 99.7 | 102.4 | 89.7 | 94.6 | 103.1 | 97.4 | 105.0 |
| 青岛 | Qingdao | 101.9 | 100.9 | 104.8 | 94.7 | 93.5 | 100.7 | 96.8 | 110.6 |
| 郑州 | Zhengzhou | 101.6 | 99.5 | 103.2 | 93.1 | 96.4 | 105.6 | 93.9 | 100.8 |
| 武汉 | Wuhan | 101.9 | 99.5 | 101.1 | 91.5 | 93.9 | 103.8 | 100.0 | 100.2 |
| 长沙 | Changsha | 101.4 | 99.5 | 101.3 | 92.8 | 94.6 | 108.4 | 98.2 | 108.0 |
| 广州 | Guangzhou | 102.3 | 101.3 | 100.4 | 92.2 | 99.1 | 104.7 | 95.7 | 104.4 |
| 深圳 | Shenzhen | 101.4 | 100.1 | 101.3 | 88.5 | 97.2 | 103.9 | 97.0 | 101.0 |
| 南宁 | Nanning | 102.2 | 100.0 | 100.1 | 95.6 | 95.2 | 104.9 | 94.7 | 105.8 |
| 海口 | Haikou | 103.3 | 100.3 | 101.1 | 93.7 | 98.7 | 100.2 | 96.8 | 103.5 |
| 重庆 | Chongqing | 101.0 | 98.1 | 100.8 | 92.2 | 91.8 | 103.0 | 97.4 | 99.5 |
| 成都 | Chengdu | 102.1 | 99.3 | 100.2 | 93.2 | 95.1 | 102.2 | 96.7 | 107.6 |
| 贵阳 | Guiyang | 101.0 | 100.0 | 100.2 | 95.8 | 94.7 | 103.0 | 97.4 | 108.9 |
| 昆明 | Kunming | 100.4 | 99.7 | 100.2 | 101.6 | 95.3 | 107.4 | 98.9 | 100.9 |
| 拉萨 | Lasa | 101.5 | 100.7 | 102.0 | 95.8 | 96.3 | 100.8 | 100.9 | 97.7 |
| 西安 | Xi'an | 101.9 | 100.4 | 100.9 | 89.4 | 94.9 | 107.6 | 92.7 | 109.9 |
| 兰州 | Lanzhou | 101.4 | 100.2 | 100.7 | 96.0 | 96.7 | 101.9 | 94.4 | 106.8 |
| 西宁 | Xining | 101.8 | 99.9 | 102.2 | 94.5 | 98.8 | 105.0 | 94.6 | 103.0 |
| 银川 | Yinchuan | 101.7 | 98.7 | 100.8 | 88.5 | 98.1 | 104.2 | 98.4 | 105.0 |
| 乌鲁木齐 | Urumqi | 102.6 | 104.7 | 102.3 | 97.6 | 105.0 | 104.2 | 94.9 | 100.8 |

3-78 续表 continued

(上年同期=100) (same period of preceding year=100)

| 地区 | City | 衣着 Clothing | 居住 Residence | 生活用品及服务 Household Facilities,Articles and Services | 交通和通信 Transportation and Communication | 教育文化和娱乐 Education, Culture and Recreation | 医疗保健 Health Care and Medical Services | 其他用品和服务 Miscellaneous Goods and Services |
|---|---|---|---|---|---|---|---|---|
| **平均指数** | **Average Index** | **100.7** | **102.6** | **100.8** | **100.9** | **102.6** | **107.1** | **102.3** |
| 北京 | Beijing | 97.8 | 103.8 | 100.6 | 100.3 | 102.3 | 107.4 | 102.7 |
| 天津 | Tianjin | 100.1 | 101.5 | 100.7 | 100.1 | 103.1 | 116.5 | 101.4 |
| 石家庄 | Shijiazhuang | 101.1 | 102.7 | 99.4 | 101.7 | 101.5 | 106.9 | 102.5 |
| 太原 | Taiyuan | 100.3 | 101.3 | 100.1 | 101.8 | 103.0 | 112.3 | 102.6 |
| 呼和浩特 | Hohhot | 102.7 | 102.4 | 101.7 | 100.4 | 100.1 | 103.0 | 101.7 |
| 沈阳 | Shenyang | 101.4 | 101.3 | 99.6 | 99.3 | 102.2 | 109.7 | 102.3 |
| 大连 | Dalian | 100.8 | 101.3 | 102.3 | 101.3 | 105.3 | 106.0 | 101.3 |
| 长春 | Changchun | 99.8 | 101.3 | 100.0 | 100.8 | 102.0 | 109.2 | 101.0 |
| 哈尔滨 | Harbin | 101.5 | 101.6 | 100.7 | 98.7 | 104.5 | 108.5 | 101.8 |
| 上海 | Shanghai | 100.6 | 101.9 | 101.4 | 100.5 | 100.7 | 106.9 | 102.5 |
| 南京 | Nanjing | 101.1 | 102.4 | 102.3 | 101.3 | 102.6 | 100.5 | 101.8 |
| 杭州 | Hangzhou | 100.0 | 105.4 | 100.3 | 101.5 | 104.1 | 101.7 | 101.5 |
| 宁波 | Ningbo | 100.1 | 104.5 | 100.0 | 100.9 | 102.5 | 103.6 | 100.8 |
| 合肥 | Hefei | 103.0 | 103.0 | 101.3 | 100.7 | 104.2 | 102.5 | 102.1 |
| 福州 | Fuzhou | 102.0 | 102.5 | 98.8 | 100.8 | 104.9 | 101.7 | 106.9 |
| 厦门 | Xiamen | 98.2 | 104.0 | 102.3 | 100.6 | 101.7 | 107.9 | 107.3 |
| 南昌 | Nanchang | 104.7 | 102.6 | 100.8 | 102.7 | 101.0 | 106.1 | 102.4 |
| 济南 | Jinan | 100.3 | 104.7 | 100.9 | 100.8 | 103.0 | 106.3 | 101.2 |
| 青岛 | Qingdao | 100.1 | 102.4 | 99.6 | 100.6 | 101.5 | 110.1 | 103.9 |
| 郑州 | Zhengzhou | 101.2 | 104.1 | 100.5 | 100.0 | 101.1 | 107.8 | 103.6 |
| 武汉 | Wuhan | 101.0 | 101.4 | 100.4 | 101.3 | 99.9 | 119.1 | 102.1 |
| 长沙 | Changsha | 101.5 | 105.3 | 100.2 | 100.1 | 101.9 | 101.4 | 101.0 |
| 广州 | Guangzhou | 99.6 | 103.3 | 100.5 | 101.6 | 103.8 | 106.7 | 102.5 |
| 深圳 | Shenzhen | 103.7 | 100.6 | 101.5 | 101.6 | 102.6 | 106.3 | 101.2 |
| 南宁 | Nanning | 104.5 | 103.7 | 100.0 | 101.4 | 100.8 | 110.2 | 101.5 |
| 海口 | Haikou | 97.0 | 108.1 | 99.3 | 101.8 | 103.9 | 114.8 | 104.4 |
| 重庆 | Chongqing | 102.8 | 101.9 | 100.6 | 101.6 | 103.4 | 103.9 | 100.7 |
| 成都 | Chengdu | 100.9 | 102.7 | 100.2 | 101.7 | 106.4 | 106.6 | 105.6 |
| 贵阳 | Guiyang | 102.2 | 101.4 | 102.0 | 101.6 | 100.6 | 100.9 | 100.2 |
| 昆明 | Kunming | 101.1 | 99.2 | 99.3 | 102.5 | 99.3 | 104.2 | 103.0 |
| 拉萨 | Lasa | 104.1 | 102.6 | 99.6 | 100.8 | 100.0 | 105.0 | 100.3 |
| 西安 | Xi'an | 100.6 | 101.7 | 100.6 | 102.3 | 102.5 | 108.4 | 101.0 |
| 兰州 | Lanzhou | 101.2 | 101.9 | 101.0 | 100.9 | 102.2 | 106.8 | 99.9 |
| 西宁 | Xining | 101.3 | 104.8 | 100.7 | 101.1 | 99.8 | 105.6 | 102.1 |
| 银川 | Yinchuan | 101.1 | 103.1 | 102.1 | 103.0 | 102.6 | 106.4 | 102.4 |
| 乌鲁木齐 | Urumqi | 99.8 | 100.0 | 101.9 | 99.7 | 105.6 | 107.0 | 99.5 |

# 3-79 36个大中城市居民消费价格分类指数(累计比)
# Consumer Price Indices by Category for 36 Major Large and Medium-sized Cities
# (2017年1-12月)

(上年同期=100) (same period of preceding year=100)

| 地区 | City | 居民消费价格指数 Consumer Price Index | 食品烟酒 Food, Tobacco and Liquor | 粮食 Grain | 鲜菜 Fresh Vegetables | 畜肉 Meat | 水产品 Aquatic Products | 蛋 Eggs | 鲜果 Fresh Fruits |
|---|---|---|---|---|---|---|---|---|---|
| **平均指数** | **Average Index** | **101.8** | **100.3** | **101.3** | **91.8** | **96.8** | **104.2** | **97.1** | **104.1** |
| 北京 | Beijing | 101.9 | 100.5 | 100.9 | 90.0 | 98.4 | 104.4 | 95.8 | 103.9 |
| 天津 | Tianjin | 102.1 | 100.3 | 103.2 | 91.7 | 99.3 | 102.9 | 96.5 | 102.6 |
| 石家庄 | Shijiazhuang | 101.4 | 98.8 | 99.1 | 90.3 | 98.9 | 106.1 | 93.7 | 99.7 |
| 太原 | Taiyuan | 101.8 | 99.4 | 102.6 | 92.7 | 97.5 | 100.7 | 95.9 | 101.9 |
| 呼和浩特 | Hohhot | 101.4 | 100.7 | 102.0 | 93.6 | 99.3 | 109.0 | 95.7 | 103.7 |
| 沈阳 | Shenyang | 101.4 | 99.8 | 101.4 | 87.6 | 95.5 | 106.9 | 95.5 | 112.1 |
| 大连 | Dalian | 102.1 | 100.7 | 102.2 | 92.1 | 95.2 | 103.8 | 98.1 | 104.9 |
| 长春 | Changchun | 101.3 | 99.5 | 100.6 | 91.8 | 95.5 | 102.0 | 90.9 | 106.8 |
| 哈尔滨 | Harbin | 101.6 | 99.7 | 100.8 | 90.6 | 94.6 | 98.4 | 94.8 | 100.5 |
| 上海 | Shanghai | 101.7 | 101.2 | 101.7 | 94.1 | 99.3 | 103.5 | 98.5 | 104.1 |
| 南京 | Nanjing | 101.9 | 102.2 | 100.9 | 93.7 | 96.2 | 105.5 | 96.6 | 109.0 |
| 杭州 | Hangzhou | 102.5 | 100.9 | 100.5 | 88.9 | 97.6 | 107.9 | 97.9 | 102.2 |
| 宁波 | Ningbo | 101.8 | 100.3 | 101.6 | 90.7 | 96.0 | 104.0 | 97.1 | 100.7 |
| 合肥 | Hefei | 101.4 | 99.0 | 102.1 | 87.7 | 91.6 | 105.9 | 93.4 | 105.3 |
| 福州 | Fuzhou | 101.4 | 99.3 | 102.3 | 84.3 | 94.1 | 104.4 | 104.4 | 101.1 |
| 厦门 | Xiamen | 102.0 | 100.0 | 97.9 | 85.8 | 100.6 | 104.4 | 97.6 | 100.3 |
| 南昌 | Nanchang | 102.1 | 100.8 | 101.6 | 92.2 | 97.2 | 111.0 | 97.3 | 109.0 |
| 济南 | Jinan | 102.0 | 99.8 | 102.3 | 89.3 | 94.9 | 103.2 | 98.7 | 104.7 |
| 青岛 | Qingdao | 102.0 | 100.9 | 104.8 | 94.5 | 93.9 | 101.0 | 98.3 | 110.2 |
| 郑州 | Zhengzhou | 101.8 | 99.6 | 103.3 | 92.8 | 96.4 | 105.3 | 95.7 | 100.8 |
| 武汉 | Wuhan | 101.9 | 99.5 | 101.1 | 90.9 | 94.0 | 103.6 | 100.6 | 101.1 |
| 长沙 | Changsha | 101.3 | 99.5 | 101.3 | 93.3 | 94.5 | 108.2 | 98.5 | 107.8 |
| 广州 | Guangzhou | 102.3 | 101.4 | 100.4 | 92.7 | 98.8 | 104.9 | 97.5 | 104.8 |
| 深圳 | Shenzhen | 101.4 | 100.2 | 101.4 | 89.1 | 97.1 | 104.0 | 97.4 | 101.0 |
| 南宁 | Nanning | 102.3 | 100.0 | 100.1 | 95.9 | 95.3 | 104.9 | 94.9 | 104.6 |
| 海口 | Haikou | 103.3 | 100.2 | 101.1 | 94.1 | 98.4 | 100.3 | 97.1 | 103.0 |
| 重庆 | Chongqing | 101.0 | 98.2 | 100.6 | 92.3 | 92.1 | 103.0 | 98.3 | 99.5 |
| 成都 | Chengdu | 102.0 | 99.4 | 100.1 | 93.8 | 95.2 | 102.2 | 97.2 | 108.0 |
| 贵阳 | Guiyang | 101.0 | 100.1 | 100.2 | 95.7 | 94.8 | 103.1 | 98.2 | 108.7 |
| 昆明 | Kunming | 100.5 | 99.8 | 100.2 | 101.5 | 95.3 | 107.4 | 99.8 | 101.7 |
| 拉萨 | Lasa | 101.4 | 100.7 | 101.9 | 95.8 | 96.3 | 101.3 | 100.9 | 97.7 |
| 西安 | Xi'an | 102.0 | 100.5 | 101.1 | 89.5 | 95.1 | 107.5 | 95.1 | 109.9 |
| 兰州 | Lanzhou | 101.5 | 100.1 | 100.7 | 95.7 | 96.7 | 102.0 | 95.7 | 107.0 |
| 西宁 | Xining | 101.8 | 99.9 | 102.1 | 94.0 | 99.1 | 104.5 | 96.2 | 103.0 |
| 银川 | Yinchuan | 101.7 | 98.8 | 100.8 | 88.9 | 98.3 | 104.2 | 99.7 | 104.6 |
| 乌鲁木齐 | Urumqi | 102.8 | 104.7 | 102.3 | 97.0 | 105.3 | 104.2 | 96.9 | 100.2 |

3-79 续表 continued

(上年同期=100) (same period of preceding year=100)

| 地 区 | City | 衣着 Clothing | 居住 Residence | 生活用品及服务 Household Facilities,Articles and Services | 交通和通信 Transportation and Communication | 教育文化和娱乐 Education, Culture and Recreation | 医疗保健 Health Care and Medical Services | 其他用品和服务 Miscellaneous Goods and Services |
|---|---|---|---|---|---|---|---|---|
| **平均指数** | **Average Index** | **100.7** | **102.6** | **100.8** | **100.9** | **102.6** | **107.2** | **102.3** |
| 北 京 | Beijing | 97.8 | 103.8 | 100.6 | 100.3 | 102.3 | 107.4 | 102.7 |
| 天 津 | Tianjin | 100.2 | 101.4 | 100.8 | 100.1 | 103.2 | 115.4 | 101.5 |
| 石家庄 | Shijiazhuang | 101.2 | 102.8 | 99.6 | 101.7 | 101.5 | 107.4 | 102.5 |
| 太 原 | Taiyuan | 100.4 | 101.3 | 100.1 | 101.8 | 103.0 | 111.9 | 102.4 |
| 呼和浩特 | Hohhot | 102.7 | 102.6 | 101.6 | 100.4 | 100.1 | 102.8 | 101.6 |
| 沈 阳 | Shenyang | 101.5 | 101.3 | 99.7 | 99.4 | 102.1 | 110.7 | 102.2 |
| 大 连 | Dalian | 101.0 | 101.2 | 102.3 | 101.3 | 105.7 | 106.9 | 101.2 |
| 长 春 | Changchun | 99.8 | 101.3 | 100.0 | 100.8 | 102.0 | 109.2 | 101.0 |
| 哈尔滨 | Harbin | 101.5 | 101.5 | 100.8 | 98.7 | 104.5 | 109.6 | 101.8 |
| 上 海 | Shanghai | 100.5 | 101.7 | 101.5 | 100.7 | 100.9 | 106.6 | 102.6 |
| 南 京 | Nanjing | 101.1 | 102.4 | 102.4 | 101.1 | 102.3 | 100.5 | 101.8 |
| 杭 州 | Hangzhou | 100.0 | 105.7 | 100.2 | 101.5 | 104.1 | 101.7 | 101.4 |
| 宁 波 | Ningbo | 100.2 | 104.6 | 100.0 | 101.0 | 102.5 | 103.5 | 100.7 |
| 合 肥 | Hefei | 102.8 | 102.9 | 101.4 | 100.6 | 104.0 | 102.4 | 102.0 |
| 福 州 | Fuzhou | 101.3 | 102.5 | 98.9 | 100.7 | 104.7 | 101.7 | 106.8 |
| 厦 门 | Xiamen | 97.8 | 104.3 | 102.2 | 100.5 | 101.7 | 108.0 | 107.3 |
| 南 昌 | Nanchang | 104.1 | 102.5 | 100.8 | 102.6 | 101.0 | 107.2 | 102.4 |
| 济 南 | Jinan | 100.5 | 104.7 | 100.8 | 100.7 | 102.9 | 106.0 | 101.2 |
| 青 岛 | Qingdao | 100.5 | 102.3 | 99.7 | 100.7 | 101.7 | 109.6 | 104.1 |
| 郑 州 | Zhengzhou | 101.1 | 104.0 | 100.7 | 100.2 | 101.1 | 108.8 | 103.6 |
| 武 汉 | Wuhan | 100.9 | 101.4 | 100.4 | 101.3 | 99.9 | 119.3 | 102.0 |
| 长 沙 | Changsha | 101.4 | 105.0 | 100.3 | 100.2 | 101.7 | 101.3 | 101.0 |
| 广 州 | Guangzhou | 100.0 | 103.3 | 100.6 | 101.6 | 103.6 | 107.0 | 102.4 |
| 深 圳 | Shenzhen | 103.2 | 100.9 | 101.5 | 101.6 | 102.5 | 106.2 | 101.2 |
| 南 宁 | Nanning | 104.2 | 103.8 | 100.1 | 101.2 | 100.9 | 110.6 | 101.5 |
| 海 口 | Haikou | 97.0 | 107.8 | 99.4 | 101.9 | 103.9 | 114.8 | 104.4 |
| 重 庆 | Chongqing | 102.8 | 101.9 | 100.7 | 101.5 | 103.3 | 104.2 | 100.8 |
| 成 都 | Chengdu | 100.8 | 102.6 | 100.3 | 101.7 | 105.8 | 106.4 | 105.5 |
| 贵 阳 | Guiyang | 102.3 | 101.4 | 102.0 | 101.6 | 100.5 | 100.9 | 100.2 |
| 昆 明 | Kunming | 100.9 | 99.2 | 99.5 | 102.4 | 99.5 | 104.3 | 102.8 |
| 拉 萨 | Lasa | 103.9 | 102.3 | 99.6 | 100.8 | 100.0 | 105.0 | 100.4 |
| 西 安 | Xi'an | 100.7 | 101.7 | 100.6 | 102.4 | 102.6 | 108.7 | 101.0 |
| 兰 州 | Lanzhou | 101.2 | 102.2 | 100.9 | 100.9 | 102.2 | 107.2 | 99.8 |
| 西 宁 | Xining | 101.4 | 104.8 | 100.7 | 101.1 | 100.1 | 105.6 | 102.2 |
| 银 川 | Yinchuan | 101.7 | 103.0 | 102.1 | 102.9 | 102.7 | 106.3 | 102.3 |
| 乌鲁木齐 | Urumqi | 99.8 | 100.1 | 101.8 | 99.7 | 105.4 | 108.2 | 99.6 |

# 主要统计指标解释

**城市居民消费价格指数** 是反映城市居民购买的消费品及服务价格水平的变动趋势和变动程度的相对数。它是宏观经济分析和决策、价格总水平监测和调控以及国民经济核算的重要指标。其按年度计算的变动率通常被用来作为反映通货膨胀（或紧缩）程度的指标。

城市居民消费价格的调查范围包括城市居民购买并用于日常生活消费的商品和服务项目价格。按用途划分为8个大类，包括食品烟酒、衣着、居住、生活用品及服务、交通和通信、教育文化和娱乐、医疗保健、其他用品和服务等。

**城市商品零售价格指数** 是工业、商业、餐饮业和其他零售企业向城市居民、机关团体出售生活消费品和办公用品的价格水平变动趋势和变动程序的相对数。其目的在于掌握零售商品价格的变动趋势，为国家宏观调控和国民经济核算提供参考依据。

商品零售价格的调查范围涉及到各种类型的工业、商业、餐饮业和其他行业的零售商品以及农民对非农民居民出售商品的价格。包括食品、饮料烟酒、服装鞋帽、纺织品、家用电器及音响器材、文化办公用品、日用品、体育娱乐用品、交通通信用品、家具、化妆品、金银饰品、中西药品及医疗保健用品、书报杂志及电子出版物、燃料、建筑材料及五金电料等16大类。

**固定资产投资价格指数** 是反映一定时期内固定资产投资额价格变动趋势和程度的相对数。固定资产投资额是由建筑安装工程投资完成额、设备、工器具购置投资完成额和其他费用投资完成额三部分组成的。编制固定资产投资价格指数首先编制上述三部分投资的价格指数，然后采用加权算术平均法求出固定资产投资价格总指数。该指数可以准确地反映固定资产投资中涉及的各类商品和取费项目价格变动趋势和变动幅度，消除按现价计算的固定资产投资指标中的价格变动因素，真实地反映固定资产投资的规模、速度、结构和效，为国家科学地制定、检查固定资产投资计划并提高宏观调控水平，为完善国民经济核算体系提供科学的、可靠的依据。

**工业生产者出厂价格指数** 是反映一定时期内全部工业产品出厂价格总水平的变动趋势和程度的相对数，包括工业企业售给本企业以外所有单位的各种产品和直接售给居民用于生活消费的产品。通过工业生产者出厂价格指数能观察出厂价格变动对工业总产值的影响。

**工业生产者购进价格指数** 是反映一定时期内全部工业企业作为生产投入，从物资交易市场和能源、原材料生产企业购买原材料、燃料和动力产品时，所支付的价格水平变动趋势和程度的相对数，是扣除工业企业物质消耗成本中的价格变动影响的重要依据。

**住宅销售价格** 指房产所有权转移时买卖双方实际成交的价格（合同价格）。房产买卖时，买房人购买的是房产的所有权，卖房人将房产所有权出让，同时要获得房产所有权出让的价值补偿。它主要包括新建住宅销售和二手住宅销售两部分。

**新建商品住宅销售价格** 指新建的、用于居住的进入房地产市场进行交易的房屋，第一次进行产权登记时的实际交易价格（合同价格）。其价格由成本、税金、利润、代收费用等组成，它受地段、层次、朝向、质量、材料差价等因素的影响。

**二手住宅销售价格** 指用于居住的进入房地产市场进行交易的房屋，再次进行产权登记时的实际交易价格。该指标取自《存量房屋买卖合同》。若合同中含有相关税费，则应将其扣除。

# Explanatory Notes on Main Statistical Indicators

**Urban Consumer Price Index** reflects the trend and degree of changes in prices of consumer goods and services purchased by urban households. It is an indicator used for government decision making, price monitoring &controlling and improving the current national accounting system. The annual price index is used to reflect the degree of inflation and deflation.

Its survey field covers the prices of goods and services purchased by urban households and used for living. It is classified into 8 categories by food tobacco and liquor, clothing, residence, household facilities articles and services, transportation and communication, education, culture and recreation, health care and medical services, miscellaneous goods and services.

**Urban Retail Price Index** reflects the trend and degree of changes in retail prices of living consumer goods and office equipment which are sold to residents and organizations by retail enterprises. It can be used to know about the change tendency of the price of retailed goods, provides reliable data for government decision making and further improving the current national accounting system.

Its survey field covers the retail price of industry, commerce, catering trade and other sectors and prices of goods sold to non-agricultural population by farmers. Now it is classified into 16 categories by food, beverages tobacco and liquor, garments shoes and hats, textiles, household appliances music and video equipment, cultural and office appliances, articles for daily use, sports and recreation articles, transportation and communication appliances, furniture, cosmetics, gold silver and jewelry, traditional chinese and western medicines and health care articles,books newspapers magazines and electronic publications, fuels, building materials and hardware.

**Price Index of Investment in Fixed Assets** reflects the trend and degree of changes in prices of investment in fixed assets during a given period. The investment in fixed assets consists of three components, namely the investment in construction and installation, the investment in purchases of equipment and instrument, and the investment in other items. Price index of investment in fixed assets is calculated as the weighted arithmetic mean of the price indices of the three components of investment in fixed assets. Removing the factor of price change in the aggregates of investment at current prices, this indicator shows the changes in the prices of commodities and fees involved in the investment of fixed assets, and can be used to observe the actual size, growth, structure, and efficiency of investment in fixed assets and provides reliable and scientific date for government planning, management, decision making, and further improving the current national accounting system.

**Industrial Producer Ex-factory Price Indices** reflects the trend and degree of changes in general ex-factory prices of all industrial products during a given period, including sales of industrial products by an industrial enterprise to all units outside the enterprise, as well as sales of consumer goods to residents. It can be used to analyze the impact of ex-factory prices on gross industrial output value.

**Industrial Producer Purchasing Price Indices** reflects the trend and degree of changes in purchasing price of raw material, fuel and power paid by industrial enterprises when they purchase production as input from the market or other energy and raw material producers during a given period, and provide basis for measuring the material consumption of industrial enterprises after removing influence of price from cost.

**Residential Houses Selling Price Index** refers to the transfers the ownership of the property buyers and sellers of the actual clinch a deal price (the contract price). Estate sale, is the ownership of the property buyers to purchase, sellers will property ownership transfer, at the same time to obtain the value of the property ownership transfer compensation. It mainly includes two parts of the new housing sales and second-hand housing sales.

**New Commodity Residential Houses Selling Price Index** refers to the newly built into the real estate market, used to live in trading houses, undertake property right registration for the first time the actual transaction price of (the contract price). Its price by cost, taxes and profits, collecting fees, etc, it is location, level, orientation, quality, the factors of material price difference.

**Second-hand Housing Sales price** refers to enter the real estate market for residential houses, which trade, undertake property right registration of actual transaction prices again. The index from the stock of the sale and purchase contract. If contract is contained in the relevant taxes, it should be deducted.

# 四、农　业

# Chapter 4

# AGRICULTURE

# 4-1 农村平均每天创造的价值
# Average Daily Value Created by Rural
# (2007-2017)

| 指 标 | Item | 单位 | Unit | 2007 | 2008 | 2009 | 2010 | 2011 | 2012 |
|---|---|---|---|---|---|---|---|---|---|
| 粮食总产量 | Yield of Grain | 吨 | ton | 4039 | 4095 | 4305 | 4399 | 4470 | 4481 |
| #小 麦 | Wheat | 吨 | ton | 1381 | 1428 | 1466 | 1442 | 1460 | 1498 |
| 玉 米 | Corn | 吨 | ton | 2332 | 2312 | 2435 | 2546 | 2592 | 2540 |
| 水 稻 | Rice | 吨 | ton | 285 | 312 | 348 | 348 | 360 | 391 |
| 生猪出栏 | Slaughtered Hogs | 头 | head | 7142 | 8163 | 8870 | 9608 | 9410 | 9931 |
| 牛出栏 | Slaughtered Cattle and Buffaloes | 头 | head | 633 | 598 | 576 | 496 | 493 | 521 |
| 羊出栏 | Slaughtered Sheep and Goats | 只 | head | 1640 | 1722 | 1754 | 1785 | 1737 | 1698 |
| 家禽出栏 | Slaughtered Poultry | 只 | head | 154558 | 162678 | 165639 | 184779 | 190372 | 209726 |
| 肉类总产量 | Output of Meat | 吨 | ton | 911 | 998 | 1054 | 1131 | 1128 | 1199 |
| #猪 肉 | Pork | 吨 | ton | 557 | 637 | 692 | 750 | 737 | 775 |
| 牛 肉 | Beef | 吨 | ton | 107 | 101 | 97 | 85 | 85 | 89 |
| 羊 肉 | Mutton | 吨 | ton | 37 | 39 | 40 | 40 | 40 | 38 |
| 禽蛋产量 | Output of Poultry Eggs | 吨 | ton | 526 | 531 | 525 | 498 | 493 | 489 |
| 奶类产量 | Output of Milk | 吨 | ton | 1786 | 1797 | 1706 | 1725 | 1726 | 1547 |

4-1 续表 continued

| 指 标 | Item | 单位 | Unit | 2013 | 2014 | 2015 | 2016 | 2017 |
|---|---|---|---|---|---|---|---|---|
| 粮食总产量 | Yield of Grain | 吨 | ton | 4861 | 4882 | 5054 | 5491 | 5816 |
| #小 麦 | Wheat | 吨 | ton | 1533 | 1567 | 1591 | 1614 | 1710 |
| 玉 米 | Corn | 吨 | ton | 2808 | 2789 | 2954 | 3252 | 3268 |
| 水 稻 | Rice | 吨 | ton | 470 | 452 | 448 | 549 | 721 |
| 生猪出栏 | Slaughtered Hogs | 头 | head | 10076 | 10149 | 9874 | 9738 | 8143 |
| 牛出栏 | Slaughtered Cattle and Buffaloes | 头 | head | 522 | 532 | 537 | 550 | 534 |
| 羊出栏 | Slaughtered Sheep and Goats | 只 | head | 1682 | 1725 | 1735 | 1740 | 1513 |
| 家禽出栏 | Slaughtered Poultry | 只 | head | 209935 | 213042 | 205285 | 200980 | 168154 |
| 肉类总产量 | Output of Meat | 吨 | ton | 1212 | 1220 | 1191 | 1178 | 988 |
| #猪 肉 | Pork | 吨 | ton | 787 | 789 | 763 | 758 | 619 |
| 牛 肉 | Beef | 吨 | ton | 90 | 92 | 93 | 95 | 93 |
| 羊 肉 | Mutton | 吨 | ton | 39 | 40 | 41 | 41 | 39 |
| 禽蛋产量 | Output of Poultry Eggs | 吨 | ton | 491 | 501 | 517 | 524 | 520 |
| 奶类产量 | Output of Milk | 吨 | ton | 1555 | 1570 | 1371 | 1371 | 1426 |

说明：2017年全国和各地区粮食及主要畜禽相关数据已根据第三次全国农业普查结果进行了修订。

Note: Data on national and regional grain and main livestock and poultry in 2007-2017 have been revised according to the result of the third national agricultural census.

# 4-2 粮食作物播种面积
# Sown Area of Grain Crops
## (2007-2017)

单位：万亩 (10000mu)

| 指　　标 | Item | 2007 | 2008 | 2009 | 2010 | 2011 | 2012 |
|---|---|---|---|---|---|---|---|
| **粮食作物** | **Grain Crops** | **438.17** | **440.56** | **460.14** | **467.05** | **466.01** | **484.37** |
| (一)谷　物 | Cereal | 423.06 | 425.33 | 440.80 | 446.13 | 447.60 | 467.31 |
| #稻　谷 | Rice | 22.42 | 24.43 | 27.16 | 26.85 | 26.16 | 27.93 |
| 小　麦 | Wheat | 156.75 | 160.47 | 163.65 | 163.95 | 165.63 | 166.33 |
| 玉　米 | Corn | 243.39 | 239.91 | 249.24 | 253.90 | 254.15 | 269.80 |
| 谷　子 | Millet | 0.05 | 0.07 | 0.12 | 0.13 | 0.18 | 1.38 |
| 高　粱 | Sorghum | 0.38 | 0.38 | 0.53 | 1.06 | 1.28 | 1.80 |
| (二)豆类合计 | Beans | 14.09 | 14.19 | 18.13 | 19.82 | 17.18 | 16.02 |
| #大　豆 | Soybean | 13.44 | 13.48 | 17.38 | 19.02 | 16.26 | 15.16 |
| 绿　豆 | Green Gram | 0.19 | 0.22 | 0.39 | 0.48 | 0.59 | 0.68 |
| 红小豆 | Ormosia | 0.18 | 0.20 | 0.20 | 0.11 | 0.17 | 0.13 |
| (三)薯类(折粮) | Tubers (converted into grain) | 1.02 | 1.04 | 1.21 | 1.10 | 1.23 | 1.05 |

4-2 续表 continued

单位：万亩 (10000mu)

| 指　　标 | Item | 2013 | 2014 | 2015 | 2016 | 2017 |
|---|---|---|---|---|---|---|
| **粮食作物** | **Grain Crops** | **500.95** | **520.00** | **528.22** | **543.01** | **527.10** |
| (一)谷　物 | Cereal | 490.82 | 509.09 | 519.76 | 534.15 | 517.06 |
| #稻　谷 | Rice | 33.49 | 33.38 | 33.23 | 39.77 | 45.73 |
| 小　麦 | Wheat | 161.77 | 162.00 | 158.95 | 160.94 | 163.15 |
| 玉　米 | Corn | 288.51 | 305.41 | 323.57 | 329.29 | 302.13 |
| 谷　子 | Millet | 0.63 | 1.37 | 3.66 | 1.21 | 1.65 |
| 高　粱 | Sorghum | 6.27 | 6.93 | 0.35 | 2.39 | 3.84 |
| (二)豆类合计 | Beans | 9.54 | 10.18 | 7.65 | 5.76 | 5.66 |
| #大　豆 | Soybean | 9.12 | 9.58 | 7.12 | 5.31 | 5.06 |
| 绿　豆 | Green Gram | 0.19 | 0.37 | 0.31 | 0.11 | 0.20 |
| 红小豆 | Ormosia | 0.23 | 0.21 | 0.20 | 0.10 | 0.20 |
| (三)薯类(折粮) | Tubers (converted into grain) | 0.60 | 0.73 | 0.81 | 3.09 | 4.38 |

说明：2017年全国和各地区粮食及主要畜禽相关数据已根据第三次全国农业普查结果进行了修订。
Note: Data on national and regional grain and main livestock and poultry in 2007-2017 have been revised according to the result of the third national agricultural census.

# 4-3 粮食作物种植结构
## Planting Structure of Grain Crops
## (2007-2017)

单位：%

| 指 标 | Item | 2007 | 2008 | 2009 | 2010 | 2011 | 2012 |
|---|---|---|---|---|---|---|---|
| **粮食作物** | **Grain Crops** | **100.0** | **100.0** | **100.0** | **100.0** | **100.0** | **100.0** |
| (一)谷 物 | Cereal | 96.6 | 96.5 | 95.8 | 95.5 | 96.0 | 96.5 |
| #稻 谷 | Rice | 5.1 | 5.5 | 5.9 | 5.7 | 5.6 | 5.8 |
| 小 麦 | Wheat | 35.8 | 36.4 | 35.6 | 35.1 | 35.5 | 34.3 |
| 玉 米 | Corn | 55.5 | 54.5 | 54.2 | 54.4 | 54.5 | 55.7 |
| 谷 子 | Millet | 0.0 | 0.0 | 0.0 | 0.0 | 0.0 | 0.3 |
| 高 粱 | Sorghum | 0.1 | 0.1 | 0.1 | 0.2 | 0.3 | 0.4 |
| (二)豆类合计 | Beans | 3.2 | 3.2 | 3.9 | 4.2 | 3.7 | 3.3 |
| #大 豆 | Soybean | 3.1 | 3.1 | 3.8 | 4.1 | 3.5 | 3.1 |
| 绿 豆 | Green Gram | 0.0 | 0.1 | 0.1 | 0.1 | 0.1 | 0.1 |
| 红小豆 | Ormosia | 0.0 | 0.0 | 0.0 | 0.0 | 0.0 | 0.0 |
| (三)薯类(折粮) | Tubers (converted into grain) | 0.2 | 0.2 | 0.3 | 0.2 | 0.3 | 0.2 |

4-3 续表 continued

单位：%

| 指 标 | Item | 2013 | 2014 | 2015 | 2016 | 2017 |
|---|---|---|---|---|---|---|
| **粮食作物** | **Grain Crops** | **100.0** | **100.0** | **100.0** | **100.0** | **100.0** |
| (一)谷 物 | Cereal | 98.0 | 97.9 | 98.4 | 98.4 | 98.1 |
| #稻 谷 | Rice | 6.7 | 6.4 | 6.3 | 7.3 | 8.7 |
| 小 麦 | Wheat | 32.3 | 31.2 | 30.1 | 29.6 | 31.0 |
| 玉 米 | Corn | 57.6 | 58.7 | 61.3 | 60.6 | 57.3 |
| 谷 子 | Millet | 0.1 | 0.3 | 0.7 | 0.2 | 0.3 |
| 高 粱 | Sorghum | 1.3 | 1.3 | 0.1 | 0.4 | 0.7 |
| (二)豆类合计 | Beans | 1.9 | 2.0 | 1.4 | 1.1 | 1.1 |
| #大 豆 | Soybean | 1.8 | 1.8 | 1.3 | 1.0 | 1.0 |
| 绿 豆 | Green Gram | 0.0 | 0.1 | 0.1 | 0.0 | 0.0 |
| 红小豆 | Ormosia | 0.0 | 0.0 | 0.0 | 0.0 | 0.0 |
| (三)薯类(折粮) | Tubers (converted into grain) | 0.1 | 0.1 | 0.2 | 0.6 | 0.8 |

说明：2017年全国和各地区粮食及主要畜禽相关数据已根据第三次全国农业普查结果进行了修订。

Note: Data on national and regional grain and main livestock and poultry in 2007-2017 have been revised according to the result of the third national agricultural census.

# 4-4 粮食作物总产量
# Yield of Grain Crops
# (2007-2017)

单位：万吨 (10000tons)

| 指 标 | Item | 2007 | 2008 | 2009 | 2010 | 2011 | 2012 |
|---|---|---|---|---|---|---|---|
| **粮食作物** | **Grain Crops** | **147.41** | **149.46** | **157.13** | **160.56** | **163.16** | **163.56** |
| (一) 谷 物 | Cereal | 145.97 | 147.95 | 155.17 | 158.47 | 161.22 | 161.93 |
| #稻 谷 | Rice | 10.41 | 11.40 | 12.71 | 12.70 | 13.13 | 14.26 |
| 小 麦 | Wheat | 50.42 | 52.12 | 53.49 | 52.62 | 53.31 | 54.66 |
| 玉 米 | Corn | 85.12 | 84.37 | 88.87 | 92.93 | 94.62 | 92.73 |
| 谷 子 | Foxtail millet | 0.00 | 0.01 | 0.03 | 0.03 | 0.03 | 0.13 |
| 高 粱 | Sorghum | 0.01 | 0.04 | 0.06 | 0.13 | 0.12 | 0.14 |
| (二)豆类合计 | Beans | 1.13 | 1.19 | 1.59 | 1.75 | 1.54 | 1.30 |
| #大 豆 | Soybean | 1.10 | 1.12 | 1.49 | 1.68 | 1.46 | 1.23 |
| 绿 豆 | Green Gram | 0.01 | 0.01 | 0.02 | 0.03 | 0.04 | 0.05 |
| 红 小 豆 | Ormosia | 0.01 | 0.01 | 0.01 | 0.01 | 0.01 | 0.01 |
| (三)薯类(折粮) | Tubers (converted into grain) | 0.30 | 0.31 | 0.37 | 0.35 | 0.40 | 0.34 |

4-4 续表 continued

单位：万吨 (10000tons)

| 指 标 | Item | 2013 | 2014 | 2015 | 2016 | 2017 |
|---|---|---|---|---|---|---|
| **粮食作物** | **Grain Crops** | **177.44** | **178.19** | **184.48** | **200.40** | **212.27** |
| (一) 谷 物 | Cereal | 176.47 | 176.99 | 183.08 | 198.60 | 209.94 |
| #稻 谷 | Rice | 17.16 | 16.50 | 16.35 | 20.04 | 26.33 |
| 小 麦 | Wheat | 55.96 | 57.21 | 58.06 | 58.90 | 62.41 |
| 玉 米 | Corn | 102.50 | 101.80 | 107.82 | 118.69 | 119.29 |
| 谷 子 | Foxtail millet | 0.05 | 0.35 | 0.71 | 0.24 | 0.33 |
| 高 粱 | Sorghum | 0.77 | 1.12 | 0.15 | 0.64 | 1.48 |
| (二)豆类合计 | Beans | 0.79 | 0.90 | 1.01 | 0.89 | 0.85 |
| #大 豆 | Soybean | 0.75 | 0.83 | 0.95 | 0.83 | 0.78 |
| 绿 豆 | Green Gram | 0.02 | 0.04 | 0.04 | 0.01 | 0.02 |
| 红 小 豆 | Ormosia | 0.02 | 0.02 | 0.02 | 0.01 | 0.02 |
| (三)薯类(折粮) | Tubers (converted into grain) | 0.18 | 0.30 | 0.39 | 0.91 | 1.49 |

说明：2017年全国和各地区粮食及主要畜禽相关数据已根据第三次全国农业普查结果进行了修订。

Note: Data on national and regional grain and main livestock and poultry in 2007-2017 have been revised according to the result of the third national agricultural census.

# 4-5 畜牧业生产情况
# Production of Animal Husbandry
# (2007-2017)

| 指 标 | Item | 单位 | Unit | 2007 | 2008 | 2009 | 2010 | 2011 | 2012 |
|---|---|---|---|---|---|---|---|---|---|
| **一、畜禽存栏** | **Livestock and poultry stocks** | | | | | | | | |
| 猪 | Livestock and poultry stocks | 万头 | 10000 heads | 147.17 | 178.37 | 179.06 | 183.02 | 186.28 | 187.71 |
| 牛 | Cattle and Buffaloes | 万头 | 10000 heads | 26.45 | 24.71 | 25.36 | 25.97 | 26.47 | 24.95 |
| 1.肉牛 | Beef cattle | 万头 | 10000 heads | 11.58 | 9.28 | 9.89 | 11.86 | 12.29 | 12.05 |
| 2.奶牛 | Cows | 万头 | 10000 heads | 14.87 | 14.08 | 14.32 | 13.74 | 14.09 | 12.80 |
| 羊 | Sheep and Goats | 万只 | 10000 heads | 35.01 | 36.69 | 37.17 | 36.22 | 34.65 | 39.45 |
| 活家禽 | Poultry | 万只 | 10000 heads | 1762.93 | 1873.77 | 1934.16 | 2042.74 | 2229.78 | 2429.90 |
| 其中：活鸡 | Chickens | 万只 | 10000 heads | 1683.96 | 1767.13 | 1817.85 | 1945.60 | 2123.76 | 2351.61 |
| **二、畜禽出栏** | **Number of slaughtered livesock and poultry** | | | | | | | | |
| 猪 | Hogs | 万头 | 10000 heads | 260.69 | 297.94 | 323.74 | 350.68 | 343.47 | 362.49 |
| 牛 | Cattle and Buffaloes | 万头 | 10000 heads | 23.11 | 21.83 | 21.01 | 18.11 | 18.00 | 19.02 |
| 羊 | Sheep and Goats | 万只 | 10000 heads | 59.87 | 62.87 | 64.03 | 65.15 | 63.42 | 61.97 |
| 活家禽 | Poultry | 万只 | 10000 heads | 5641.38 | 5937.73 | 6045.82 | 6744.42 | 6948.59 | 7654.99 |
| **三、畜禽产品产量** | **Output of ivestock and poultry products** | | | | | | | | |
| 猪肉 | Pork | 万吨 | ton | 20.35 | 23.23 | 25.26 | 27.38 | 26.91 | 28.29 |
| 牛肉 | Beef | 万吨 | ton | 3.89 | 3.68 | 3.55 | 3.10 | 3.09 | 3.26 |
| 羊肉 | Mutton | 万吨 | ton | 1.35 | 1.42 | 1.44 | 1.45 | 1.46 | 1.40 |
| 禽肉 | Poultry | 万吨 | ton | 7.66 | 8.09 | 8.23 | 9.34 | 9.73 | 10.81 |
| 禽蛋 | Poultry Eggs | 万吨 | ton | 19.21 | 19.39 | 19.16 | 18.18 | 17.98 | 17.83 |
| 其中：鸡蛋 | Hen's Eggs | 万吨 | ton | 15.15 | 15.29 | 15.11 | 14.34 | 14.18 | 12.04 |
| 牛奶 | Cow Milk | 万吨 | ton | 65.18 | 65.60 | 62.28 | 62.97 | 63.01 | 56.46 |

说明：2017年全国和各地区粮食及主要畜禽相关数据已根据第三次全国农业普查结果进行了修订。

Note: Data on national and regional grain and main livestock and poultry in 2007-2017 have been revised according to the result of the third national agricultural census.

4-5 续表 continued

| 指 标 | Item | 单位 | Unit | 2013 | 2014 | 2015 | 2016 | 2017 |
|---|---|---|---|---|---|---|---|---|
| **一、畜禽存栏** | **Livestock and poultry stocks** | | | | | | | |
| 猪 | Hogs | 万头 | 10000 heads | 193.70 | 191.52 | 187.80 | 180.80 | 179.95 |
| 牛 | Cattle and Buffaloes | 万头 | 10000 heads | 23.64 | 24.40 | 23.16 | 23.21 | 25.85 |
| 1.肉牛 | Beef cattle | 万头 | 10000 heads | 11.53 | 12.22 | 12.32 | 12.39 | 13.84 |
| 2.奶牛 | Cows | 万头 | 10000 heads | 12.01 | 12.08 | 10.74 | 10.75 | 11.95 |
| 羊 | Sheep and Goats | 万只 | 10000 heads | 42.96 | 43.87 | 44.63 | 43.82 | 43.48 |
| 活家禽 | Poultry | 万只 | 10000 heads | 2606.62 | 2718.39 | 2590.18 | 2601.44 | 2294.51 |
| 其中：活鸡 | Chickens | 万只 | 10000 heads | 2489.05 | 2627.22 | 2498.61 | 2443.06 | 2173.29 |
| **二、畜禽出栏** | **Number of slaughtered livesock and poultry** | | | | | | | |
| 猪 | Hogs | 万头 | 10000 heads | 367.78 | 370.45 | 360.38 | 355.43 | 297.22 |
| 牛 | Cattle and Buffaloes | 万头 | 10000 heads | 19.05 | 19.43 | 19.62 | 20.07 | 19.49 |
| 羊 | Sheep and Goats | 万只 | 10000 heads | 61.39 | 62.97 | 63.32 | 63.51 | 55.22 |
| 活家禽 | Poultry | 万只 | 10000 heads | 7662.64 | 7776.05 | 7492.90 | 7335.77 | 6137.62 |
| **三、畜禽产品产量** | **Output of ivestock and poultry products** | | | | | | | |
| 猪肉 | Pork | 万吨 | ton | 28.73 | 28.78 | 27.85 | 27.67 | 22.59 |
| 牛肉 | Beef | 万吨 | ton | 3.28 | 3.36 | 3.39 | 3.45 | 3.39 |
| 羊肉 | Mutton | 万吨 | ton | 1.41 | 1.47 | 1.49 | 1.49 | 1.42 |
| 禽肉 | Poultry | 万吨 | ton | 10.83 | 10.91 | 10.73 | 10.39 | 8.67 |
| 禽蛋 | Poultry Eggs | 万吨 | ton | 17.92 | 18.28 | 18.87 | 19.13 | 18.99 |
| 其中：鸡蛋 | Hen's Eggs | 万吨 | ton | 12.16 | 17.17 | 16.26 | 17.78 | 17.68 |
| 牛奶 | Cow Milk | 万吨 | ton | 56.77 | 57.31 | 50.03 | 50.04 | 52.05 |

说明：2017年全国和各地区粮食及主要畜禽相关数据已根据第三次全国农业普查结果进行了修订。

Note: Data on national and regional grain and main livestock and poultry in 2007-2017 have been revised according to the result of the third national agricultural census.

# 主要统计指标解释

**农作物总播种面积** 指应该在本日历年度内收获农产品的作物播种面积之和。其计算公式为:

农作物总播种面积=上年秋冬播作物面积+本年春播作物面积+本年夏播作物面积=本年夏收作物播种面积+本年秋收作物播种面积

**粮食总产量** 指全社会的产量。包括国有经济经营的、集体统一经营的和农民家庭经营的粮食产量，还包括工矿企业家属办的农场和其他生产单位的产量。包括稻谷、小麦、玉米、高粱、谷子、其他杂粮、薯类、大豆。其计算方法，豆类按去豆荚后的干豆计算；薯类按 5 公斤鲜薯折 1 公斤粮食计算。其他粮食一律按脱粒后的原粮计算。

**当年出栏头数** 指农林牧渔企业生产单位饲养的，供屠宰并已出栏的全部牲畜头数。包括交售给国家，集市上出售的部分。

# Explanatory Notes on Main Statistical Indicators

**Sown areas of Farm Crops** refer to area of land sown incurrent year. The formula is:

Sown areas of Farm crops=area of land sown in previous autumn and winter+area of land sown in current spring+area of land sown in current summer=sown area of current summer crops+sown area of current autumn crops.

**Grain Output** refer to the total output in the whole region including grain produced by state farms, collective units, rural households, as well as by farms affiliated to industrial and mining enterprises and other production units. Grain includes rice, wheat.

**Number of Livestock Slaughtered** refers to the total number of animals for butchering by farming, forestry, animal husbandry and fishery, including parts of selling to country and markets.